범죄 수사론

박영수 · 오세연
조형근 · 이창용

法 文 社

머리말

오늘날 우리 사회는 온라인 업무 증가 등 급속한 변화와 복잡한 사회 현상으로 인하여 원한이나 치정 및 우발적 범행뿐만 아니라 동기가 명확하지 않은 범죄가 증가하는 등, 최근의 범죄는 날로 광역화, 지능화, 암흑화되는 현상을 보이고 있으며, 과거와는 다른 범죄유형들이 크게 증가하고 있다. 그리고 치안서비스의 수요자인 국민들의 의식은 놀랄 만큼 성장하였다. 이에 따라 경찰의 공권력 행사에 대한 높은 기대로 인하여 단순히 범죄에 대한 소극적인 대응을 넘어 국민이 진정으로 원하는 문제해결자로서의 참다운 경찰의 모습을 보여야 할 것이다. 또한 형사소송법 및 경찰법 개정으로 최근 경찰의 수사종결권이 인정되면서 수사 권한이 확대된 반면, 검찰은 직접수사 범위 축소 및 검사 작성 피의자신문조서의 증거 능력 제한으로 경찰수사의 입증책임은 한층 더 가중되었다. 그 외에도 자치경찰제 도입 및 시도자치경찰위원회 출범으로 치안행정 추진 과정에서의 이해관계가 복잡해지는 등 사법환경이 크게 변화하였다.

이러한 시대적 환경변화에 부응하기 위해서 경찰에서는 미래 치안환경을 능히 감당할 이론과 실무를 겸비한 창의적인 경찰을 요구하고 있다.

이 책은 경찰학과 학생들과 경찰특채시험을 준비하는 수험생들에게 범죄수사에 대한 기초적인 소양과 실력을 갖추도록 도움을 주는 데 중점을 두었다. 책의 내용으로는 먼저 총론과 각론으로 구분하였고, 총론에서는 범죄수사의 기초이론을 이해하고, 현장의 수사활동과 조사요령, 예측치안과 인공지능(AI) 등 과학수사, 유전자지문 그리고 범죄유형별 특징과 수사방법 및 수사행정에 이르기까지 경찰수사의 전반에 관한 기초이론을 중심으로 소개하였으며, 향후 경찰에 입문하여 수사관으로서 범죄수사에 종사하게 될 학생들에게 수사분야의 현장능력을 제고하는 데 관심을 두었다. 또한 현재 경찰에서 수사업무에 종사하고 있는 경찰관들이 실무에서 직접 사용하고 있는 형사사법정보시스템(KICS: Korea Information System of Criminal－Justice Services)과 관련된 '형사사법절차 전자화 촉진법'과 '약식절차 등에서의 전자문서 이용 등에 관한 법률'을 부록에 첨부하여 그 중요성을 강조하였다. 각론에서는 강력범죄, 절도범죄, 지능범죄, 마약류범죄, 사이버범죄 등을 세분하여 구체적으로 서술하는 등, 이론과 실무의 조화를 지향하는 책이 되도록 노력하였으나 아직은 부족한 점이 많아 아쉬움이 남는다. 향후 계속적인 연구와 보완으로 더 좋은 기본서가 되도록 노력하겠다.

끝으로 본서가 완성되게끔 관심을 가져주시고 출간을 허락하여 주신 법문사 사장님과 편집부 김제원 이사님, 기획영업부 김성주 과장님께도 진심으로 감사의 마음을 전한다.

2023년 7월

남산기슭 연구실에서

저자 일동

차 례

제1편
수사 총론

제 1 장 수사의 기초이론

제 2 장 수사의 개시

제 3 장 현장수사활동

제 4 장 조사요령

제 5 장 과학수사

제 6 장 수사행정

제 2 편
수사 각론

제 1 장 강력범죄 수사

제 2 장 절도범죄 수사

제 3 장 지능범죄 수사

제 4 장 마약류 수사

제 5 장 사이버범죄 수사

제 1 편

수사 총론

제1장
수사의 기초이론

제1절 수사(搜査)의 개관

1 수사(搜査)의 의의

1) 의 의

수사(搜査)는 수사기관이 범죄 혐의 유무를 명백히 하여 공소제기와 유지 여부를 결정하기 위하여 범죄사실을 조사하고 범인 및 증거를 발견 수집, 보전하는 활동을 말한다.[1)]

2) 형식적 · 실질적 의미의 수사

구 분	형식적 의미의 수사	실질적 의미의 수사
의 의	수사의 수단과 방법을 중시하는 절차적 면에서의 수사	수사의 목적과 내용을 중시한 실체적 면에서의 수사

1) 형사소송법 제197조: 사법경찰관은 범죄의 혐의가 있다고 사료하는 때에는 범인, 범죄사실과 증거를 수사한다.

내 용	• 수사의 수단과 방법을 중시 • 절차적 면에서의 수사 • 합법성을 중시 • 인권보장과 공공복리를 중시	• 수사의 목적과 내용을 중시 • 실체 면에서의 수사 • 합리성을 중시 • 실체적 진실발견을 중시

3) 수사 절차: 수사 활동의 법적 규제 절차

(1) 사인(私人)의 현행범체포는 수사가 아니다 → 수사기관의 활동이 아니므로.

(2) 수사개시 이전의 활동은 수사가 아니다: 내사(內査), 경찰관의 불심검문 · 변사자검시.

(3) 공소유지를 위한 준비행위도 수사이다: 피고인수사 · 참고인조사 · 임의제출물의 압수.

4) 수사 이전의 단계(범죄혐의를 인정하기 위한 조사 단계)

(1) 내사(內査): 범죄 혐의 유무에 대한 조사 단계.

(2) 내사를 위한 전제: 상당한 정도의 범죄정보, 진정, 투서 등의 수사단서의 수집.

5) 적극적 의미의 수사

수사실행 전 단계에 이루어지는 수사단서 수집 등도 포함.

6) 구별 개념(區別概念)

(1) 일반경찰상(一般警察上)의 행위(行爲)와의 구별: 일반(예방)경찰상의 행위는 범죄예방과 사회질서유지 ↔ 범죄수사는 이미 발생된 범죄진압을 목적으로 하는 행위이다.

(2) 행정기관(行政機關)의 조사행위(調査行爲): 행정목적의 수행을 위한 행위.

(3) 공소제기(公訴提起) · 재판(裁判) 등과의 구별: 범죄수사도 형사소송의 성질을 내포하고 있으나 순수한 소송절차와는 다르다.

2 수사의 목적(目的)

→ 피의사건(被疑事件)의 진상파악(眞相把握)

1) 범죄수사의 일차적 목적

수사기관이 수사의 단서를 통하여 범죄에 관한 주관적 혐의점을 발견하고 그에 관한 범인 및 범죄사실에 관한 진위를 명백히 하여 객관적 혐의로 발전시키는 것.

2) 기소(起訴)·불기소(不起訴) 결정

(1) 수사의 결과를 토대로 법률적 평가를 거쳐 기소 여부를 결정.

(2) 결정시 고려사항: 범죄의 사실적 내용, 법률적 내용(구성요건 해당성, 위법성, 책임성 및 소송조건).

3) 공소제기(公訴提起)와 유지(維持)

(1) 공소제기: 검거된 범인과 수집된 증거를 토대로 검사(檢事)가 제기.

(2) 추가 수사: 공소의 유지를 위해 필요시에 실시 → 수사는 원칙적으로 공소제기로 종결하나 공소제기 후에 공소유지를 위한 수사는 가능하다.

가) 임의수사: 원칙적으로 허용될 수 있다.

ㄱ) 참고인조사, 감정·통역·번역의 위촉, 공무소에의 조회 → 제1회 공판기일 전후를 불문하고 허용.

ㄴ) 피고인신문: 다수설은 불허, 판례는 허용.

나) 강제수사: 원칙적으로 허용될 수 없다 → 임의제출물의 압수, 피고인구속영장의 집행을 수사기관이 하는 경우 그 집행현장에서 영장없이 압수·수색·검증하는 경우는 예외로 허용.

4) 유죄판결(有罪判決)

공소제기 및 유지의 궁극적 목적.

5) 형사소송법의 목적(目的) 실현(實現)

(1) 절차면: 공공복리의 유지와 기본적 인권보장.

(2) 실체면: 실체적 진실발견주의.

3 수사의 성질(性質)

1) 사실(事實)의 진상(眞相)을 탐지(探知)하는 활동(活動)

(1) 진상(眞相): 진실에 대한 고도의 근사 개념으로서 누구에게도 의심을 불러일으키지 않고 수긍할 정도의 것.

(2) 사실의 인정: 증거에 의한 것이어야 함.

2) 형사절차(刑事節次)의 일환(一環)

(1) 직접적으로 공소의 제기 · 수행을 위한 준비활동인 동시에 국가형벌권 행사를 뒷받침한다(범죄의 발생 ⇒ 수사 ⇒ 공소제기 및 유지 ⇒ 재판 ⇒ 형의 집행).

(2) 공소제기를 위해 필요한 자료를 수집하는 것도 범죄수사의 목적이 된다.

3) 심증형성(心證形成)을 지향(指向)하는 활동(活動)

수사의 결과가 법관의 심증을 획득할 수 있는 것이어야 한다.

4) 획득(獲得)한 판단(判斷)을 설명(說明)하는 활동(活動)

(1) 심증의 진실성을 증명해야 하는 시기: 수사관이 확신 있는 판단에 도달했을 때.

(2) 심증이 증명될 때: 검사(檢事)에게 영향 → 공소제기 → 법관의 심증에 영향 → 유죄판결이 행해짐.

5) 범죄수사(犯罪搜査)의 2 과정(過程)

(1) 제1단계(하강과정): 범죄사실에 대한 수사관 자신의 심증을 형성하기 위한 과

정 → 증거가 필요 없고, 연역적 추리.

(2) 제2단계(상승과정): 수사관이 검사 및 법관에게 제시하여 틀림없다는 심증을 가지도록 증명하기 위하여 필요한 증거를 수집하는 과정 → 객관적 증거가 필요, 귀납적 추리.

(3) 범죄수사의 과정: 보통 하강과정을 거쳐 상승과정으로 발전.

가) 현행범인을 체포한 경우

ㄱ) 범죄사실의 진상이 처음부터 명백한 경우 → 상승과정의 활동만이 전개.

ㄴ) 수사관은 자신의 심증을 얻기까지는 엄격한 의미에서 증거는 필요 없고, 수사자료를 기초로 합리적인 추리를 하여 수사할 수 있다는 것을 명확하게 하기 위함.

나) 상승과정의 중요성: 하강과정에서의 수사는 수사관의 자유로운 추리에 따라 추진할 수 있으나, 상승과정의 수사는 객관적 증거를 제시해야 하므로.

4 수사의 구조(構造)

1) 수사구조의 의의와 종류

(1) 의의: 수사절차에서 활동 주체간(법원, 검찰, 경찰, 피의자 등)의 관계를 어떻게 정립시킬 것인가를 규명하기 위한 이론.

(2) 수사구조의 종류: 규문적 수사관(다수설)과 탄핵적 수사관 및 소송적 수사관이 있다.

2) 수사구조의 내용

구 분	규문적 수사관(다수설)	탄핵적 수사관	소송적 수사관
수사절차	수사기관이 피의자를 조사하는 과정	수사기관이 독립하여 행하는 공판준비단계	공판과는 별개 기소 여부를 결정하는 절차
수사기관	강제처분은 고유권한	공판준비기관	사법경찰관↔피의자
영장의성질	강제처분 남용방지위한 허가장 → 집행하지 않을 수 있다.	법원의 명령장 → 검사는 반드시 집행	

피의자	수사의 대상 → 신문위한 강제수사 가능	독립적 준비활동 가능 → 구인 등 강제처분 불가	수사의 주체
특 징	실체적 진실발견을 중시	법의 적정절차를 중시	

3) 현행 형사소송법상 수사의 구조

(1) 수사절차의 기본구조 → 수사절차는 수사기관과 피의자의 대립관계: 대등한 관계가 아니다 → 수사의 주체는 수사기관.

(2) 피의자는 수사의 주체가 아니라 수사의 대상: 준 당사자로서의 지위도 갖는다 → 수사 절차구조는 소송구조가 아니다 → 수사의 민주화: 수사절차에서 인권이 침해되지 않도록 인권보장을 강화하는 것.

5 수사의 조건(條件)

1) 의 의

수사기관이 수사권을 발동·행사하기 위한 조건

(1) 수사개시의 조건과 수사실행의 조건, 즉 수사권의 발동·행사에 관한 조건.

(2) 임의수사와 강제수사를 불문하고 대개의 경우 인권 제한적 처분을 수반하는 경우가 많으므로 수사에 있어서 수사권의 발동과 행사에 대한 실정법 내지 이론적 제한이 필요.

2) 수사의 조건

수사의 필요성과 상당성

(1) 수사의 필요성(必要性)

가) 의의: 수사의 목적달성을 위한 필요성이 있는 경우에만 수사가 인정된다는 것.

ㄱ) 임의수사(任意搜查): 피의자신문, 참고인조사, 감정·통역·번역의 위촉, 공무소에 대한 조회와 같은 경우는 「수사에 필요한 때」가 조건.

ㄴ) 강제수사(强制搜查): 체포·구속의 필요성, 압수·수색·검증의 필요성

이 조건.

나) 수사의 필요성의 요건: 범죄혐의의 존재와 공소제기의 가능성

ㄱ) 범죄혐의의 존재: 범죄사실 존재의 개연성.

a) 주관적 혐의: 수사기관이 범죄의 혐의를 주관적으로 인정한 경우 → 합리적 근거가 있어야 함 → 수사는 수사기관의 주관적 혐의에 의하여 개시된다.

b) 객관적 혐의: 범죄의 혐의가 증거에 의하여 객관적으로 뒷받침되는 경우 → 그 혐의가 합리적이고 현저해야 함.

ㄴ) 공소제기의 가능성

a) 수사는 공소제기의 가능성이 있어야 한다.

b) 문제의 제기: 친고죄에서 고소가 없는 경우 수사를 제기할 수 있는가.

ⓐ 전면적 허용설: 고소가 없더라도 임의수사는 물론 강제수사도 가능하다.

ⓑ 전면적 부정설: 고소가 없더라도 임의수사는 물론 강제수사도 부정된다는 견해.

ⓒ 제한적 허용설(판례 · 다수설): 고소의 가능성이 있는 경우에 한하여 임의수사는 물론 강제수사도 가능하다는 견해.

ⓓ 강제수사부정설: 고소가 없으면 강제수사는 부정된다는 견해.

(2) 수사의 상당성(相當性)

가) 의의: 수사의 목적달성을 위한 상당한 범위 내에서만 수사가 인정된다는 것.

나) 수사의 상당성의 내용: 수사의 신의칙(信義則)과 수사비례의 원칙.

ㄱ) 수사의 신의칙: 범죄를 유발하는 함정수사는 신의칙에 반하므로 허용되지 않는다.

a) 함정수사(陷穽搜査): 수사기관의 범죄를 교사하여, 그 실행이 있으면 범인을 체포하는 수사 방법 → 미수의 교사 문제.

b) 기회제공형 함정수사: 이미 범죄 의사를 가지고 있는 자에게 범행의 기회를 제공하는 경우 → 적법하다고 본다.

c) 범의유발형 함정수사: 범죄 의사가 없는 자에게 범의를 유발하는 방법

→ 위법하다고 본다.(다수설)

d) 함정수사의 소송법상 효과

(a) 함정수사에 의해 공소제기된 경우 → 법원은 공소기각 판결을 해야 한다.(다수설)

(b) 범의유발형 함정수사에 의하여 수집한 증거 → 영장주의와 적정절차에 위반한 것이므로 위법수집증거가 되어 증거능력을 부정한다.

ㄴ) 수사비례의 원칙: 수사는 목적 달성을 위한 최소한도에 그쳐야 한다.

3) 수사조건 위반시의 효과

(1) 준항고(準抗告): 수사의 조건을 위반한 위법수사에 대하여 준항고를 할 수 있다.

(2) 증거능력 부정: 수사조건을 위반하여 수집된 증거는 위법수집증거배제법칙에 의하여 증거능력을 부정한다.

6 수사의 특성(特性)과 한계(限界)

1) 수사(搜査)의 특성

(1) 소송의 전(前) 단계: 수사는 원칙상 공소제기 전에 행하여진다.

(2) 기술성 · 사실성 · 기동성 · 임기성.

(3) 합목적성을 중시: 수사는 공공의 복리를 목적으로 한다 → 특히 수사는 공판절차보다 법률적 색채가 약하므로 합목적성이 더욱 요구된다.

(4) 법률적 색채가 약하다: 공판절차에 비해 엄격한 통제가 요구된다.

(5) 준당사자 지위: 공소제기 전에 있는 피의자는 당사자인 피고인의 지위에 준하여 지위가 인정된다 → (우리나라) 아직은 수사의 주체로서의 인정을 의미하지는 않는다.

2) 수사의 한계

(1) 수사개시 · 진행상의 한계: 범죄혐의의 존재(주관적 판단)와 유죄판결의 가능

성, 즉 공소제기의 가능성이 있어야 한다.

(2) 수사수단상의 한계: 원칙상 임의수사이고 예외로 강제수사는 법률의 특별한 규정이 있는 경우에 한하여 인정된다.

(3) 수사관할의 한계: 수사는 관할에 의하여 지역적 한계를 갖는다. 따라서 사법경찰관리가 관할구역 외에서 수사하는 경우에는 관할지방검찰청 검사장 또는 지청장에게 보고하여야 한다.

(4) 수사방법상의 한계: 수사기관은 증인신문이나 감정·마약수사 등을 할 수 없다. 또는 국회의원의 불체포특권인정 등의 방법상의 한계가 있다.

(5) 시간적 한계: 원칙상 공소제기 전에 행하여야 하나 예외로 공소제기 후에도 가능하다. 단, 공소시효가 완성된 경우에는 수사할 수 없다.

7 수사의 대상(對象)

1) 의 의

범죄, 즉 수사를 통하여 탐색하여야 할 목적사항 → 수사의 사실적 내용과 수사의 법률적 내용이 있다.

2) 수사(捜査)의 사실적(事實的) 내용(內容)

(1) 사실적 실체면: 범죄행위의 유무에 따르는 범죄의 사실적 내용.

가) 법률적 평가 이전의 소재가 되는 사람의 구체적 행위를 명확하게 하는 활동.

나) 범죄사실을 알아내는 방법과 재현하는 방법이 중요.

다) 재현방법: 범행에 의해서 남겨진 극히 일부분의 결과(범행흔적)의 사실을 수집하고 그것에 의하여 범행 전체를 재현.

(2) 범행을 재현함에 있어 중요한 세 가지

가) 수사요소(捜査要素)의 충족(充足)

ㄱ) 수사의 요소: 범행재현의 요소, 소송절차에 있어서는 요증사실(要證事實)이라고도 하며, 사실인정에는 이러한 요소가 완비되어야 한다. 보통

수사에서는 6하원칙이 적용되고 있으나, 구체적으로 수사요소를 구비하자면 8하원칙을 구비.

ㄴ) 수사요소의 형태

4하의 원칙	6하의 원칙	8하의 원칙
• 누가(主體) • 언제(日時) • 어디서(場所) • 무엇을 했나(行爲)	• 누가(主體) • 언제(日時) • 어디서(場所) • 왜(動機) • 어떻게 해서(手段方法) • 어떻게 되었나(結果)	• 누가(主體) • 언제(日時) • 어디서(場所) • 누구와(共犯) • 왜(動機) • 누구에게(客體) • 어떻게 해서(手段方法) • 어떻게 되었나(結果)

나) 행위(行爲)의 필연성(必然性)

ㄱ) 범행이 관념적으로 재현되기 위한 요건: 수사요소, 그 요소들의 생생한 현실성.

a) 현실성: 다른 사건과의 구별되는 그 사건만의 특성을 포착, 즉 그 범행이 일어나지 않으면 안 되었던 조건을 묘사.

b) 사람의 행위의 필연성: 사람의 행위는 반드시 그렇게 되지 않으면 안 되는 이유나 원인이 선행.

ㄴ) 필연성의 증명요건: 범행의 이유, 경과, 조건 등.

다) 사건의 형태성(形態性): 사건이 전체적으로 집약되는 것.

ㄱ) 범행 전부에 대한 완전한 자료(증거) 획득의 불가능 → 일부의 자료로 전체의 사건을 묘사.

ㄴ) 수집된 자료가 질서 있게 정리되어 형태성을 갖게 하는 것이 가장 중요.

ㄷ) 수집된 자료는 항상 전체와 관련시켜 종합된 형태로 정비해야 함.

3) 수사(搜査)의 법률적(法律的) 내용(內容)

(1) 법률적 실체면: 그 행위가 형벌규정에 비추어 범죄의 구성요건을 충족하는가 여부를 규명하는 범죄의 법률적 평가 내용.

가) 범죄로 될 행위 → 법률적으로 평가하여 범죄가 되는가, 그리고 그 행위가

어떠한 범죄가 되는가를 명확하게 하여야 한다.

나) 범행사실의 인정과 법률적용의 관계: 항상 동시적 또는 순차적 관계를 갖는 것은 아니다.

(2) 형사소송법(제196조 제1항): "검사는 범죄의 혐의가 있다고 사료하는 때에는 범인, 범죄사실과 증거를 수사한다"고 규정 → 법률적인 평가 이전의 주관적인 혐의만으로도 수사의 개시 가능.

4) 범죄행위가 되는가의 여부

(1) 구성요건해당성의 여부: 형벌의 전제인 범죄에 관한 금지 또는 요구되는 행위를 일반적·추상적으로 규정하여 놓은 것.

(2) 위법성 여부: 구성요건에 해당하는 행위가 법률상 허용되지 아니하는 것.

(3) 책임성 여부: 구성요건에 해당하고 위법한 행위를 한 자에 대한 비난가능성을 말함.

(4) 가벌성 여부: 처벌조건을 요하는 범죄는 처벌조건까지 구비하여야 함.

8 수사의 기본이념(基本理念)

1) 현행법상 수사의 지도원리

(1) 실체적(實體的) 진실주의(眞實主義): 법원(法院)이 당사자의 주장·제출된 증거에 구속되지 아니하고 실질적으로 사안(事案)의 진상을 규명하여 객관적 진실을 발견하려는 소송법상의 원리.

- 적극적 실체진실주의(實體眞實主義): 범죄 사실을 명백히 하여 죄 있는 자를 빠짐없이 벌하도록 하자는 입장 → 대륙의 직권주의적 형사 소송 구조.

(2) 소극적 실체진실주의(實體眞實主義): '죄 없는 자'를 유죄로 하여서는 안 된다고 하여 무고한 사람이 처벌을 받지 않도록 하는 입장.

가) "열 사람의 범인을 놓치는 한이 있어도 한 사람의 죄 없는 사람을 벌하여서는 안 된다."

나) "의심스러운 때는 피고인의 이익으로."

다) 형사 피고인 무죄추정(無罪推定)의 원리를 강조: 형사피고인·피의자는 유죄판결이 확정될 때까지는 무죄로 추정한다는 원리.

(3) 실체적 진실주의의 한계

가) 인간능력에서 오는 한계(사실상의 한계): 인간의 능력·시간·비용에 따른 한계.

나) 초소송법적 이익에 의한 한계: 증언거부권.

다) 적정절차에 의한 한계: 위법수집증거능력 제한.

라) 인권보장을 위한 한계: 진술거부권·불이익변경금지원칙.

2) 적정절차(適正節次)의 법리(法理)

인권보장을 위하여 법이 정한 절차에 의하여야 한다는 원리

• 기본적(基本的) 인권보장(人權保障)

가) 수사상의 기본권의 제약: 증거를 수집하고 범인의 신병을 확보하는 과정에서 필연적으로 신체의 자유 등 국민의 여러 가지 기본권이 제약됨.

나) 임의수사의 원칙: 국민의 기본권 보장을 위하여 임의수사 원칙에 따르고, 강제처분은 법에 특별한 규정이 있을 때에만 예외적으로 할 수 있도록 규정 → 필요최소한도의 법리.

9 수사의 전개과정

1) 수사의 전개과정

(1) 광의의 시기: 수사의 단서 ~ 사건의 확정판결에 이르기까지.

(2) 협의의 시기: 수사의 단서(端緖) ~ 공소제기까지.

(3) 형사절차의 일환임에 비추어: 수사는 수사의 단서 → 수사활동 → 공소제기 → 공판 → (유죄)판결의 일관성을 가지므로 수사는 공소제기와 공판의 심리를 염두에 두고 추진.

2) 범죄수사(犯罪搜査)의 단계(段階)

(1) 단계적 과정: 수사의 단서 → 입건 → 수사착수 → 현장관찰 → 수사방침수립 → 수사실행 → 사람과 물건 등의 조치 → 조사 → 송치.

(2) 수사(搜査): 공통된 순서에 의하여 법령의 규제와 절차에 따라 공소제기와 유죄판결을 지향하여 전진하는 목적(궁극적인 목적: 유죄판결) 지향적인 일련의 과정.

3) 범죄수사(犯罪搜査)의 단계적 고찰(考察)

(1) 내사(內査)

가) 수사의 前 단계: 진상을 밝히기 위하여 입건(立件)하지 아니하고 범죄혐의를 조사하는 단계(용의자).

나) 조사결과 범죄혐의가 있고 입건의 필요와 가치가 있는 경우: 수사개시의 단서가 됨 → 범죄인지서(犯罪認知書)를 작성하여 입건.

다) 조사결과 범죄혐의가 없는 경우: 내사 종결하고, 내사보고 후 내사사건기록철에 기록함.

(2) 수사(搜査)의 개시(開始)

가) 입건(立件): 수사기관이 사건을 수리하여 수사를 개시.

나) 입건의 원인: 내사를 통한 범죄의 인지, 고소·고발의 접수, 자수, 자복(自服), 변사체 검시, 검사의 수사지휘, 他 사법경찰 업무취급 관서로부터의 이송사건수리.

다) 실무상 입건(立件): 수사기관에 비치된 사건접수부에 사건을 기재하고 사건번호를 부여하는 단계이며, 그 이후에는 혐의자(용의자)가 피의자의 신분임.

라) 범죄인지: 수사기관이 직접 범죄혐의를 인정하고 수사를 개시하는 것.

ㄱ) 요건: 범죄의 주관적 혐의의 인정.

ㄴ) 주체: 검사(檢事)와 사법경찰관(司法警察官) → 사법경찰관의 범죄인지는 검사의 지휘를 요하지 않으며, 사법경찰리는 범죄인지권이 없다.

ㄷ) 범죄인지로 수사에 착수한 때: 사법경찰관은 범죄인지서를 작성하여야 함.

(3) 수사(搜査)의 실행(實行)

가) 사법경찰관: 형사소송법(刑事訴訟法), 사법경찰관리집무규칙(司法警察官吏執務規則), 범죄수사규칙(犯罪搜査規則) 등 관계법령을 준수하면서 그 범위 내에서 수사를 실행.

나) 수사방침(搜査方針) 수립: 수사의 실행 전에 현장에서 수집된 여러 가지 자료를 검토하여 수사를 어떠한 방향으로 전개할 것인가를 결정.

ㄱ) 수사방침이 어긋나면 범인검거가 어렵거나 많은 시간과 노력을 낭비하게 된다.

ㄴ) 중요한 사건에 있어서는 수사회의를 개최하고 각 수사관의 의견을 종합하여 수사 방침을 결정.

다) 범죄 수사 방법: 현장에서 수집된 유형·무형의 증거자료를 충분히 활용하여야 한다.

ㄱ) 현장 및 그 부근에서부터의 범인의 「행적수사」.

ㄴ) 범인이 떨어뜨린 것은 없는가를 살피는 「유류품수사」.

ㄷ) 현장상황과 피해자의 생활상태 등으로 보아 범인은 피해자 또는 주변지역을 잘 아는 자인가를 밝히는 「연고수사」.

ㄹ) 범인의 침입 도주한 방법, 범행 전후의 사정 또는 수단방법을 살피는 「수법수사」.

ㅁ) 지문조회, 혈액감정 등을 포함하는 「감식수사」 등을 종합적이고 유기적으로 활용하여 범인을 발견하고 증거를 수집.

(4) 사건(事件)의 송치(送致)

가) 사법경찰관: 사건에 대하여 진상이 파악되고 적용할 법령, 처리의견을 제시할 수 있을 정도가 되면 사건을 검찰청에 송치.

나) 사법경찰관의 수사행위는 일단 종결: 수사종결권자는 원칙적으로 검사(檢事) → 즉결심판의 경우는 경찰서장.

(5) 송치(送致) 후의 수사(搜査)

사건 송치 후 피의자의 여죄가 발견되거나 검사의 공소제기 또는 유지를 위한 보강수사지시가 있을 경우 이에 상응하는 추가적인 수사 활동을 전개.

제 2 절 범죄수사의 원리(原理)

1 범죄수사의 추리(推理)

1) 추리(推理)의 개념(概念)

(1) 수사에서 추리는 범죄수사에 있어서 가장 중요한 것으로 사건해결에 결정적인 영향을 줌.

(2) 수사의 진행 순서: 범죄의 결과로 나타난 범죄흔적, 범죄정보 등 각종 수사자료를 수집 · 종합 → 관찰 · 분석 · 판단 → 추리 → 범인과 범죄사실을 추정.

(3) 수사의 개시: 수사관은 수사선상에 떠오른 여러 사람의 용의자를 대상으로 그들에 대한 시간적 · 장소적 상황, 범행 전후의 상태, 알리바이 등 모든 점을 추리하여 어떤 판단을 내리고, 그 판단이 가장 합리적이고 타당성 있는 점에 도달했을 때 그 용의자를 범인의 적격자로 추정하여 수사 개시.

(4) 수사관에게 요구되는 능력: 가장 전문적이고, 신중하고, 정확한 사고방식으로 추리를 전개하는 능력.

2) 추리(推理)의 요소(要素)

(1) 추리의 대상: 범죄의 사실적 내용을 이루는 범인과 범죄사실이며, 수사의 전제가 되는 사유작용(思惟作用)으로 그 궤(軌)를 같이한다.

(2) 파악방법: 4하, 6하, 8하의 요소가 있고, 그 내용은 범인의 주체(범인) · 일시 · 장소 · 동기 · 행동 또는 방법 · 결과 그리고 공범과 객체.

3) 추리(推理)의 종류(種類)

연역적 · 전개적 추리와 귀납적 · 집중적 추리.

4) 추리(推理)의 방법(方法)

(1) 추리의 방법: 어떤 정형(定型)이 있는 것이 아니며, 구체적인 경우에 따라 다를 수 있다.

(2) 추리함에 있어서 일반적으로 유의할 점

가) 추리에 앞서 범죄수사의 가능성(범죄흔적)과 관련된 수사자료를 완전히 수집.

나) 수집된 수사자료를 면밀히 감식 · 검토.

다) 과학적 지식과 건전한 사회상식을 이용하여 범인 및 범죄사실에 대한 합리적인 추리.

라) 예측 가능한 모든 사태의 추이를 고려하여 다각적인 추리.

마) 자료의 수집이나 감식 · 검토의 과정에서 직감이나 상상을 기록해 두었다가 후에 의문점을 보다 깊이 파헤치는 자세가 필요.

바) 과거에 취급한 동 종류 사건의 해결 예(例)를 참작.

사) 자료 검토시에 나타난 현 상태에 대하여 가장 합리적인 설명방법을 강구해야 한다는 것.

구분	연역적(演繹的) 추리	귀납적(歸納的) 추리
의의	하나의 사실로써 다수의 가능한 사실을 추론하는 것(전개적 추리)	다수의 사실로써 하나의 결론을 추론(집중적 추리)
수사과정	하강과정: 하나의 자료로써 다수의 추리의 선을 전개하여 진상규명이라는 목적에 도달하는 추리방식	상승과정: 입증하려고 하는 사실을 초점으로 그 사실을 증명할 증거가 갖추어졌는가의 여부를 검토하는 추리방식
내용	하나의 범죄사실로서 다수의 용의자를 상정하여 거기에서 합리성(合理性)이 있는 추리를 전개하는 것	상정한 다수의 용의자 중에서 합리성있는 추리를 하여 한 사람의 진범인에 도달하는 추리방법
사례	형사 甲은 살인범행수법이 잔혹한 것으로 보아 면식범의 소행으로 보고 피해자 乙과 원한관계가 있는 A, B, C를 용의자로 선정하여 수사를 행한다	형사 甲은 살인사건의 용의자 A, B, C를 통해 C의 알리바이 수사가 진범이라고 판단하여 수사를 행한다

5) 사실상(事實上)의 추정(推定)의 예(例)

(1) 어떠한 사실이 합리적인 의심을 넘어설 만큼 신빙성이 있는 경우에는 소송법

상 증명을 요하지 아니하는 사실(불요증사실)로 되는 경우.

(2) 판례(判例) 등을 통하여 발전된 추정례

가) 절도품(竊盜品)의 소지(所持)와 절도(竊盜)의 추정(推定)

ㄱ) 절도피해가 있고 절도품을 소지한 자가 있는 경우.

ㄴ) 그 소지가 타인의 개입을 허용하지 않는 정도.

ㄷ) 절도품의 입수경로에 대하여 합리적인 설명을 하지 못할 경우 그 자를 절도범인으로 추정하여 유죄판결을 한 판례가 있음.

나) 인간(人間)의 정상성(正常性) 추정(推定)

ㄱ) 인간은 특별한 사정이 증명되지 않는 한 정상인으로 추정.

ㄴ) 일정한 시기에 존재한 사실이 증명될 경우 특별한 사정이 없는 한 장구한 시일을 경과하지 않는 시기에도 존재하였을 것이라고 추정.

다) 행위(行爲)와 의사(意思)와의 관계(關係): 행위는 사람의 보통 의식하는 과정을 밟는 것으로 추정.

라) 상태계속(狀態繼續)의 추정(推定)

ㄱ) 사람이나 사물의 상태는 특별한 사정이 없는 한 보통 같은 상태로 계속되는 것으로 추정.

ㄴ) 사적관계의 지속·상거래의 계속·만성질병의 계속·교우관계의 계속 등.

마) 중간상태(中間狀態)의 추정(推定)

ㄱ) 사물의 시작과 끝이 확정되면 중간상태는 추정됨.

ㄴ) 예컨대 오후 6시와 9시에 주취(酒醉) 상태에 있었던 자는 그 중간 시간에도 주취 상태에 있었다고 추정됨.

바) 기타(其他)의 추정(推定)

ㄱ) 정규의 우편물: 반송이나 특별한 배달불능(예: 천재지변 등)의 사유가 없는 한 배달된 것으로 추정.

ㄴ) 인거인(隣居人): 보통의 경우 이웃의 사정을 잘 알고 있는 것으로 추정.

2 범죄수사의 제원칙(諸原則)

1) 범죄수사 성공의 3대 원칙(原則): 3S의 원칙

(1) 신속착수(迅速着手)의 원칙(原則)

가) 모든 범죄수사는 가급적 신속히 착수하여 죄증이 인멸되기 전에 수사를 수행 종결해야 한다는 것.

나) 이유: 범죄의 흔적은 시간의 경과에 따라 자연적 또는 인위적으로 멸실, 훼손되어 범죄수사의 가능성은 점차 희박하게 되므로.

(2) 현장보존(現場保存)의 원칙(原則)

가) 범죄현장은 범죄흔적의 보고이며 범인과 범행을 무언(無言)으로 말해주는 곳.

나) 눈, 비 등의 자연적 원인은 물론 범인 등 인위적 원인에 의한 현장변경을 막고 그 보존된 현장의 철저한 관찰로 범죄의 흔적을 완전무결하게 포착하여야 함.

다) 임장수사(臨場搜査)를 요하는 살인, 방화, 강도 등 강력 범죄의 수사에 있어서는 특히 중요.

(3) 공중협력(公衆協力)의 원칙(原則)

가) 범죄의 흔적은 목격자(目擊者)나 전문자(傳聞者)의 기억에 오래 남음 → 목격자나 전문자가 살고 있는 사회는 '증거의 바다'라고 할 수 있다.

나) 증거의 바다: 공중의 기억에 남은 범죄의 흔적이 '사회의 파문'이라고 하여 사람의 입과 귀를 통하여 많은 사람에게 전파되기 때문.

다) 공중의 협력을 얻기 위한 방침

ㄱ) 수사기관의 방침이나 활동을 항상 시민들에게 주지시켜 이해를 얻을 것.

ㄴ) 수사기관에 대한 시민들의 의식구조를 부단히 조사하여 개선할 것.

ㄷ) 성실한 사건해결과 시민의 권익보호를 통하여 신뢰받는 풍토를 조성할 것.

ㄹ) 수사관 자신의 솔선적인 법규준수, 건전한 생활태도로 공중으로부터 존

경을 받을 수 있도록 할 것.

ㅁ) 조사나 면접시 공손한 언행태도로 공중의 호응을 받도록 할 것.

2) 수사(搜査)의 기본원칙(基本原則)

(1) 임의수사(任意搜査)의 원칙(原則)

가) 임의수사를 원칙: 강제수사는 형사소송법에 특별한 규정이 있는 경우에 한하여 예외적으로 허용(형사소송법 제199조 제1항).

나) 형사피고인 무죄추정의 법리 또는 필요최소한도의 법리의 제도적 표현.

다) 임의수사 자유의 원칙을 의미하는 것이 아님 → 현행법은 임의수사의 적정을 도모하고 피의자의 인권을 보장하기 위하여 법률적 규제를 가함.

(2) 수사비례(搜査比例)의 원칙(原則)

가) 수사결과에 따른 이익과 수사로 인한 법익침해가 부당하게 균형을 잃어서는 안 된다는 원칙.

나) 공통: 강제수사와 임의수사에 있어서 공통적으로 요구되는 수사의 기본원칙.

다) 수사권의 행사, 특히 수사기관이 강제처분을 위한 실력행사를 하는 경우에 강조되나 수사권의 발동에 관해서도 적용.

라) 죄질과 피해가 극히 경미한 사건의 입건: 이 원칙에 범죄인지권의 남용 문제가 발생.

(3) 수사비공개(搜査非公開)의 원칙(原則): 수사밀행(搜査密行)의 원칙(原則)

가) 수사의 개시와 실행을 공개하지 않음 → 공판절차는 공개의 원칙.

나) 공개하지 않는 이유

ㄱ) 범인의 발견, 검거 또는 증거의 발견·수집·보전을 위해.

ㄴ) 관계자(피해자, 참고인, 피의자 등)의 개인적 비밀·사생활·명예 등 인권보호를 위해.

ㄷ) 피의자의 검거 및 증거확보에 대한 지장을 방지하기 위해.

(4) 자기부죄강요금지(自己負罪强要禁止)의 원칙(原則)

가) 자기부죄거부(自己負罪拒否)의 특권을 명시(헌법 제12조 제2항).

나) 피의자의 진술거부권(眞術拒否權)을 보장.

다) 피의자 등에 대한 고문의 절대적인 금지(헌법 제12조 제2항; 형법 제125조).

(5) 강제수사법정주의(强制搜査法定主義): 강제처분법정주의

가) 형사소송법에 특별한 규정이 있는 경우에 한해서 허용.

나) 헌법 제12조 제1항: 강제처분에 대한 법률적 규제를 내용으로 함.

(6) 영장주의(令狀主義)

가) 헌법 제12조 제3항: 수사기관의 강제처분에 관하여는 영장주의 원칙이 적용.

나) 엄격한 요건하에 영장주의의 예외가 적용 → 현행범체포, 긴급체포, 비상계엄의 선포시.

(7) 제출인환부(提出人還付)의 원칙(原則)

가) 수사기관이 압수물을 환부함에 있어서는 피압수자(제출인)에게 환부함을 원칙.

나) 이유: 국가형벌권의 실현을 목적으로 하는 형사절차에서는 사인(私人)간의 실체법상 권리관계에 관여하지 아니함을 원칙으로 하므로.

다) 예외: 압수물이 장물인 경우 피해자를 보호하기 위하여 일정 요건하에 피해자 환부를 허용함(형사소송법 제218조, 제134조) → 피해자에게 환부할 이유가 명백한 때에는 피고사건의 종결전이라도 결정으로 피해자에게 환부할 수 있다.

3) 범죄수사상(犯罪搜査上) 준수원칙(遵守原則)

(1) 필요 이유: 수사권의 한계를 명백히 함 → 수사권의 남용방지 → 국민의 인권보장 위해.

(2) 선증거수집후체포(先證據收集後逮捕)의 원칙(原則): 사건에 관하여 먼저 조사하고 증거를 확보한 후에 범인을 체포.

(3) 법령준수(法令俊秀)의 원칙(原則): 관련법규를 숙지하고 이를 철저히 준수.

(4) 민사관계불간섭(民事關係不干涉)의 원칙(原則): 형사사건에 한하여 행해짐.

(5) 종합수사(綜合搜査)의 원칙(原則): 모든 정보자료, 수사자료를 종합하여 상황을 파악하고, 모든 기술과 지식 · 조직을 동원하여 체계적이고 조직적인 종합수사를 행하여야 함.

4) 수사실행(搜查實行)의 5원칙(原則)

(1) 수사자료완전수집(搜查資料完全蒐集)의 원칙(原則)

가) 사건에 관련된 모든 수사자료를 수사관이 완전히 수집하여야 함.

나) 범죄가 어떠한 구조인가를 명확하게 인식하는 것.

다) 문제를 명확히 하기 위한 원칙

ㄱ) 기초수사: 수사개시 이전 또는 이와 동시에 하여야 할 수사자료의 수집 활동.

ㄴ) 기초수사를 철저히 하여 대소의 자료를 완전히 수집하여 문제를 명확히 하는 데 있음.

ㄷ) 보다 많은 사실을 알게 되면 그에 관한 문제를 명확하고 구체적으로 알 수가 있다.

(2) 수사자료 감식(鑑識)·검토(檢討)의 원칙(原則)

가) 과학수사(科學搜查)는 수사상 귀중한 가치를 지님 → 수사자료는 문제를 해결하는 데 있어서 중요한 도구로서의 역할을 수행.

나) 감식·검토: 수집된 자료에서 지금까지 알지 못했던 자료의 가치의 발견이 가능.

다) 수집·검토 → 수사에 있어서 '어떠한 점이 명확한가' 그리고 '어떠한 점이 불명확한가'라는 문제점이 명확히 밝혀짐.

라) 과학자나 전문기술자의 조력이 필요: 단순히 수사관의 상식적인 검토나 경험적인 판단에만 그치는 것이 아니고 감식 기타 과학적 지식 또는 시설을 유용하게 이용해야 함.

마) 과학적 지식의 도입: 수사에 활용할 수 있는 과학적 지식·기술·시설들을 수사에 도입하고 활용하는 노력을 요함.

(3) 적절(適切)한 추리(推理)의 원칙(原則)

가) 대책: 문제에 대한 해결방법을 추측하고 예측해 보는 것.

나) 사건의 추측: 범인과 범죄사실에 대해 추측하는 것으로 지금까지 알지 못했던 새로운 사실을 파악해 가는 과정에서 우선 어떠한 사실이 있었을 것인가를 예상하여 그 하나하나에 대해서 검증해 보는 방법.

다) 추측할 경우 명심하여야 할 것

ㄱ) 수집된 자료를 기초로 합리적인 판단을 할 것.

ㄴ) 추측은 모든 경우를 고려하여 검토할 것.

라) 추측(판단): 가상적인 것이긴 하나 그 후의 수사로서 입증이 되면 그것이 그대로 진실로서 인정되므로 수사를 선도하고 수사계획이나 방침의 기본이 되는 것임.

마) 검토시 적용하는 방법

ㄱ) 자료를 수집하고 검토하는 과정에서 떠오르는 직감이나 상상을 항상 기록해 두고 후에 잘 검토하여 볼 것.

ㄴ) 과거에 경험한 사건의 실례를 고려하여 해결방법이 없는가 어떤가를 검토할 것.

ㄷ) 자료검토의 결과를 기초로 현실에 일어난 사건을 어떻게 하면 가장 합리적으로 설명할 수 있는가를 연구하여 볼 것.

바) 추측능력을 함양하기 위한 방법: 자진해서 많은 사건을 경험하고 많은 실례를 연구하며 과학적 지식을 습득하여 직감력과 상상력을 풍부하게 배양.

(4) 검증적(檢證的) 수사(捜査)의 원칙(原則)

가) 의의: 어떤 추측이 정당한 것인가를 가리기 위해서 추측 하나하나를 모든 각도에서 검토해야 한다는 것.

나) 사건에 대한 추측을 검증하는 방법

ㄱ) 수사사항(捜査事項)의 결정(決定)

a) 그 추측이 정당하다고 했을 경우, 어떠한 것이 있어야 한다는 것을 추론해야 함.

b) "甲이 절도범인이다"라는 추측의 진실성을 확인할 수사 상황

(a) 甲이 범행시간에 자신의 집에 있지 않을 것.

(b) 甲은 금전에 궁했어야 할 것.

(c) 甲은 현장에 유류된 족적과 합치되는 신발을 가지고 있어야 할 것.

(d) 甲은 피해자의 내부사정에 정통해야 할 것 등.

c) 추론이 많으면 많을수록 수사는 정밀하게 되어 진실에 접근할 수 있음.

ㄴ) 수사방법(捜査方法)의 결정(決定): 사건의 성질·양상에 따라 다름(위의

예로 설명).

a) 甲(용의자)의 가족, 주변사람들에 대하여 범행 당시의 상황을 탐문 또는 수사할 것.

b) 甲의 소행, 성격, 금전 소비상황을 조사할 것.

c) 甲과 피해자의 관계 또는 피해자 가(家)의 출입상황을 조사할 것.

d) 甲의 신발 종류를 조사하고 그 족적을 채증할 것.

e) 수사실행(搜査實行)

(a) 실제의 수사결과가 먼저 추측한 사실을 입증할 수 있는 것이라면 그 추측사항은 일응 옳았다는 것이 인정되고, 반대로 입증할 수 없다면 그 추측은 인정할 수 없음.

(b) 확인수사는 여러 각도에서 모든 수단을 동원하여 여러 번 반복하여 실행.

(c) 조금이라도 변명의 여지가 있고 반증을 용납할 가능성이 있다면 '의심스러울 때는 피고인의 이익으로'라는 원칙이 적용.

(d) 추측을 확인하는 동시에 새로운 자료수집을 의미하며 항상 순환적으로 행해짐.

(5) 사실판단증명(事實判斷證明)의 원칙(原則)

가) 수사관의 판단: 형사절차에 올려놓기 위해서는 그 판단이 수사관만의 주관적인 판단이 아니라 진실이라는 것을 객관적으로 증명해야 함.

나) 객관화하는 방법

ㄱ) 판단(判斷)・주장(主張)을 일정(一定)한 형식(形式)으로 표현(表現)할 것.

a) 명제화: 어떤 판단을 말이나 문자로 표현하는 것으로 객관화시킴.

b) 수사결과는 명제 중에 집약되어 송치되고 소송의 객체로 되어가는 것.

ㄴ) 판단(判斷)이 진실(眞實)이라는 이유(理由)・근거(根據)를 제시(提示)할 것.

a) 진실성을 증명하기 위함.

b) 판단은 검증 가능성이 있어야 함 → 검증 후에야 비로소 진위의 판별이 가능.

c) 수사자료는 사건을 판단・추정해 가는 근거이자 증명에 있어서 증거

가 됨.

d) 사실적 실체형성의 과정: 수사관이 단정한 판단이 중심이 되어 진위가 확인되어 가는 과정.

3 수사실패의 원인(原因)

1) 기초수사가 불충분하여 수집해야 될 자료를 완전히 수집하지 못한 경우

(1) 현장보존이 불완전.

(2) 현장관찰이 불철저.

(3) 탐문 기타 정보수집이 불충분.

2) 수집된 자료의 검토가 불충분하여 수사나 설명(說明)에 있어서 그 가치가 적절하게 효과를 발휘하지 못한 경우

(1) 과학적인 감정이 불충분.

(2) 정보의 정확도 검토가 불충분.

(3) 수집된 자료가 수사에 있어서 제대로 활용되지 않음.

(4) 자료의 멸실 또는 증거가치를 상실함으로써 증명력을 발휘하지 못함.

3) 범죄사실(犯罪事實)이나 범인(犯人)의 추정(推定)·판단(判斷)에 근거가 없고 그 가설적(假說的) 성격을 망각한 경우

(1) 육감에 의존하여 결정.

(2) 선입견을 과신하고 거기에 합치되도록 주력.

(3) 반증에 대하여 이유 없이 등한시.

4) 검증적(檢證的) 수사(搜査)를 이행하지 않거나 불철저(不徹底)한 경우

(1) 형식적 조사로 결말을 짓는다.

(2) 다른 증거와 대비하지 않는다.

4 사법경찰관의 마음가짐(범죄수사규칙)

1) 확고(確固)한 신념(信念)과 신속(迅速)한 수사(搜査)

(1) 피의사건(被疑事件)의 진상파악: 형사재판의 공정성을 위해서 선행되어야 하는 조건으로 피의사건의 실체적 진실을 발견하는 것.

(2) 수사경찰 개개인의 사건해결에 대한 집념과 의욕에 의해서만 구현.

2) 인권보장(人權保障)

수사는 적법절차에 의해서 진행하여 피의자의 인권보장에 중점을 두어야 함 → 적법(합법)수사.

3) 법령(法令) 등의 엄수(嚴守)

(1) 형사소송법 등 관계법령과 규칙 엄수 → 부당하게 개인의 자유와 권리를 침해하는 것 방지.

(2) 임의수사가 원칙이며 강제수사는 형사소송법에 특별한 규정이 있는 경우에 한하여 예외적으로 허용되며 불가피한 국민권리침해의 경우에도 최소한도에 그쳐야 함.

4) 합리수사(合理搜査)

기초수사를 철저히 하여 모든 증거의 발견·수집에 힘쓰는 동시에 감식시설과 자료를 충분히 활용하여 합리적으로 수사를 진행 → 능률수사.

(1) 과학수사: 사용 가능한 감식시설이나 과학적인 방법을 이용하여 체계적으로 진행하는 수사 → 현대 범죄의 지능화·교묘화·음성화·복잡화로 인하여 더욱 강조됨.

(2) 감식수사: 과학수사의 한 방법으로 감식시설을 활용하여 진행하는 수사.

5) 종합수사(綜合搜査)

(1) 조직력에 의한 종합적인 수사: 모든 정보, 자료를 종합하여 판단하는 동시에 모든 지식과 기술을 활용하고, 언제나 체계 있는 조직력에 의하여 수사를 종합적으로 진행.

(2) 긴밀한 공조수사체제의 구축 → 신속한 범인검거 또는 사건해결을 도모.

(3) 합리수사, 과학수사, 공조수사를 포함.

6) 착실한 수사(搜査)

범죄의 규모·방법 기타 제반 사항을 냉정·면밀히 판단하여 사건의 완급에 따른 수사속도의 조절과 빠른 해결보다는 완벽한 해결을 지향.

7) 공소(公訴)·공판(公判)의 배려(配慮)

(1) 수사: 심증형성을 지향하는 활동으로 수사관의 심증 형성에 기초.

(2) 법관의 심증형성 지향: 수사관이 획득한 심증을 충분한 보강증거에 의하여 법관(法官)에게 입증(立證)하여야 함 → 수사 진행시 궁극적으로는 유죄판결을 지향함.

8) 규율(規律)과 협력(協力)

수사경찰은 항상 규율을 엄수하고, 조직 내부의 위계질서를 따르고, 직무상 상사의 명령에 복종하여야 하며, 수사요원 상호간에 자발적인 복종과 협력관계의 유지가 필요.

9) 비밀(秘密)의 보안(保安)

수사상 지장이 없도록 하고, 고소·고발·범죄신고자 등 수사관계자의 보호, 피의사실 공표로 인한 피의자의 인권침해를 방지하기 위해.

10) 관계자에 대한 배려(配慮)

관계자의 편리를 고려하여 필요 이상으로 불편이나 혐오감 기타의 괴로움을 주는 일이 없도록 유의.

11) 자료제공자 보호(保護)

(1) 자료제공자: 고소, 고발, 범죄신고 기타 범죄수사의 단서 또는 자료를 제공한 자.

(2) 자료제공자의 명예나 신용 보호: 필요한 경우에는 성명 또는 이들을 알게 될 만한 사항을 누설하지 않도록 유의.

(3) 특히 필요가 있을 경우에는 적당한 보호가 필요.

12) 연구와 개선(改善)

경찰관은 항상 관계법령의 연구와 수사에 관한 지식과 기술의 습득에 노력하고 수사방법의 개선·향상에 열의를 가져야 함.

13) 비망록(備忘錄)

공판심리의 증인으로 출석, 장래의 수사에 참고로 하기 위하여 수사 경과, 기타 참고가 될 사항을 비망록에 세밀히 기록.

14) 수사(搜査)의 회피(回避)

(1) 수사회피가 발생하는 때: 피의자, 피해자 또는 기타 관계자와 친족 기타 특별한 관계로 인해 수사의 공정성을 잃을 염려가 있거나 의심을 받을 염려가 있을 때 상사의 허락을 받아서 회피가 가능.

(2) 수사회피제도를 두는 이유: 법률상의 규정도 아니고 피의자에게 요구할 신청권이 있는 것도 아니나 수사의 적정, 합리화를 추구하기 위하여 운영.

제 3 절 수사기관(搜査機關)

1 수사기관(搜査機關)의 의의(意義)

1) 법률상 범죄수사의 권한이 인정되어 있는 국가기관

2) 전국적 조직망을 갖는 이유

기동성과 신속성이 특히 요청되므로 이에 대처하기 위해

3) 재판기관과 수사기관의 분리

(1) 과거 규문절차(糾問節次) : 재판기관이 직접 범죄사건에 대해 조사, 수사기관과 재판기관이 분리되지 않음.

(2) 탄핵주의적(彈劾主義的) 형사소송제도 : 소추기관의 소추에 의해서 심리를 개시하는 제도로 수사기관과 재판기관이 분리 → 현행법에서도 수사 기관과 재판기관은 분리.

2 수사기관(搜査機關)의 종류(種類)

1) 검사(檢事)

(1) 검찰권을 행사하는 국가기관

(2) 공익의 대표자로서 형사절차와 관련하여 제한된 범위의 범죄수사(검찰청법 제4조①), 공소제기와 그 유지에 필요한 사항, 범죄수사에 관한 특별사법경찰관리 및 사법경찰관리의 직무를 행하는 자치경찰공무원의 지휘 · 감독

(3) 법원에 대한 법령의 정당한 적용의 청구

(4) 재판집행의 지휘 · 감독을 그 직무와 권한으로 하고 있다.

2) 사법경찰관리

(1) 국가경찰공무원인 사법경찰관리: 국가경찰공무원 중 경무관(警務官), 총경(總警), 경정(警正), 경감(警監), 경위(警衛)는 사법경찰관으로서 범죄의 혐의가 있다고 사료하는 때에는 범인, 범죄사실과 증거를 수사한다. 경사(警査) · 경장(警長) · 순경(巡警)은 사법경찰리로서 수사의 보조를 하여야 한다.

(2) 단, 치안총감, 치안정감, 치안감은 사법경찰관이 아니다.

(3) 국가경찰공무원으로 구성되는 사법경찰관리는 담당하는 범죄수사의 대상에 제한이 없다.

(4) 검사와 사법경찰관은 수사, 공소제기 및 공소유지에 관하여 서로 협력하여야 한다. 이에 따른 일반적 수사준칙에 관한 사항은 대통령령으로 정한다(형사소송법 제195조).

3) 특별사법경찰관리(特別司法警察官吏)

(1) 삼림 · 해사(海事) · 세무 · 전매 · 군수사기관 그 밖에 특별한 사항에 관하여 사법경찰관리의 직무를 행할 특별사법경찰관리와 그 직무의 범위는 법률로 정한다.

(2) 특별사법경찰관리는 그 권한의 범위가 사항별로 제한되어 있다는 점에서 일반사법경찰관리와 구별된다.

(3) 국가경찰공무원인 사법경찰관과 달리 특별사법경찰관은 모든 수사에 관하여 검사의 지휘를 받는다.

3 일반사법경찰관리와 특별경찰관리의 관계(關係)

1) 일반사법경찰관은 특별사법경찰관리의 직무범위에 속하는 범죄를 특별사법경찰관리에 앞서서 먼저 알았을 경우

(a) 특별사법경찰관리에게 인계하지 아니하고 직접 수사하는 것이 적당하다고 인정할 때에는 경찰관서장에게 보고하여 그 지휘를 받아 수사하여야 한다. 이 경우 당해 특별사법경찰관리와 긴밀히 협조하여

그 전문적 지식에 의한 조언 등을 받았을 때에는 이를 존중하여야 한다.

(b) 위 'a)'의 경우 특별사법경찰관리에게 인계하는 것이 적당하고 인정할 때에는 직접 급속을 요하는 조치를 한 후 경찰관서장에게 보고하여 그 지휘를 받아 신속히 필요한 수사자료를 첨부하여 특별사법경찰관리에게 이송하여야 한다. 이 경우에도 특별사법경찰관리의 수사를 위한 협력요구가 있을 때에는 되도록 이에 협력하여야 한다.

(c) 만약 특별사법경찰관리의 직무범위에 속하는 범죄를 수사하는 경우에 있어서 그 수사가 당해 특별사법경찰관리가 행하는 수사와 경합될 경우에는 경찰관서장에게 보고, 지휘를 받아 당해 특별사법경찰관리와 수사에 필요한 사항을 협의 → 필요한 경우에는 지방검찰청 또는 지청의 검사(檢事)에게 보고하여 그 조정에 관한 지휘를 받을 수 있다.

2) 일반사법경찰관리는 모든 범죄에 대하여 수사할 수 있어 그 권한이 일반적이고 포괄적임에 비하여, 특별사법경찰관리는 법률에서 지정한 특정의 죄명에 대하여만 수사할 수 있다는 점에서 그 권한이 제한적이다.

4 수사권에 관한 논의

1) 검사(檢事)와 사법경찰관리(司法警察官吏)와의 관계(關係)

2011년 형사소송법과 검찰청법이 개정되기 전에는 검사가 명실상부한 수사의 주체로서 범죄수사에 관하여 검사의 사법경찰관리에 대한 지휘·감독을 인정하고(구, 형사소송법 제196조, 검찰청법 제4조) 사법경찰관리의 검사에 대한 복종의무를 명문화함으로써 양자의 관계를 상명하복관계로 규정하고 있었다. 그러나 2011년 개정 형사소송법에서 사법경찰관의 독자적인 수사 개시 및 진행권을 규정하고(구, 형사소송법 제196조 제2항), 검찰청법 제53조의 복종의무가 삭제(2011.7.18.일 공포와 더불어 시행)되면서 범죄수사에 있어서 사법경찰관과 검사의 관계가 1차로 재설정되는 전기를 마련하게 되었다. 그후 검찰과 경찰로 하여금 국민의 안전과 인권 수호를 위하여

서로 협력하게 하고, 수사권이 국민을 위해 민주적이고 효율적으로 행사되도록 하려는 취지에서 2020. 2. 4. 법률 제16924호에서는 검사와 사법경찰관은 수사에 관하여 상호 협력관계로 법이 개정되었다.

2) 2020년 2월 4일 법률 제16924호로 개정(신법)된 주요내용

(a) 검사와 사법경찰관은 수사, 공소제기 및 공소유지에 관하여 서로 협력하도록 함(제195조 신설).

(b) 경무관, 총경, 경정, 경감, 경위가 하는 모든 수사에 관하여 검사의 지휘를 받도록 하는 규정 등을 삭제하고, 경무관, 총경 등은 범죄의 혐의가 있다고 사료하는 때에 범인, 범인사실과 증거를 수사하도록 함.

(c) 검사는 송치사건의 공소제기 여부 결정 또는 공소의 유지에 관하여 필요한 경우 등에 해당하면 사법경찰관에게 보완수사를 요구할 수 있고, 사법경찰관은 정당한 이유가 없는 한 지체 없이 이를 이행하도록 함

(d) 검사는 사법경찰관리의 수사과정에서 법령위반, 인권침해 또는 현저한 수사권 남용이 의심되는 사실의 신고가 있거나 그러한 사실을 인식하게 된 경우에는 사법경찰관에게 사건기록 등본의 송부를 요구할 수 있고, 송부를 받은 검사는 필요한 경우 사법경찰관에게 시정조치를 요구할 수 있으며, 검사는 시정조치 요구가 정당한 이유 없이 이행되지 않은 경우에 사법경찰관에게 사건을 송치할 것을 요구할 수 있도록 함.

(e) 검사는 사법경찰관과 동일한 범죄사실을 수사하게 된 때에는 사법경찰관에게 사건을 송치할 것을 요구할 수 있고, 요구를 받은 사법경찰관은 지체 없이 검사에게 사건을 송치하도록 하되, 검사가 영장을 청구하기 전에 동일한 범죄사실에 관하여 사법경찰관이 영장을 신청한 경우에는 해당영장에 기재된 범죄사실을 계속 수사할 수 있도록 함.

(f) 검사가 사법경찰관이 신청한 영장을 정당한 이유 없이 판사에게 청

구하지 아니한 경우
사법경찰관은 관할 고등검찰청에 영장 청구 여부에 대한 심의를 신청할 수 있고, 이를 심의하기 위하여 각 고등검찰청에 외부 위원으로 구성된 영장심의위원회를 둠.

(g) 사법경찰관은 범죄를 수사한 때에는 범죄의 혐의가 인정되면 검사에게 사건을 송치하고, 그 밖의 경우에는 그 이유를 명시한 서 면과 함께 관계 서류와 증거물을 검사에게 송부하도록 함.

(h) 사법경찰관은 사건을 검사에게 송치하지 아니한 경우에는 서면으로 고소인 · 고발인 · 피해자 또는 그 법정대리인에게 사건을 검사에게 송치하지 아니하는 취지와 그 이유를 통지하도록 함.

(i) 사법경찰관으로부터 사건을 검사에게 송치하지 아니하는 취지와 그 이유를 통지받은 사람은 해당 사법경찰관의 소속 관서의 장에게 이의를 신청할 수 있고, 사법경찰관은 이의신청이 있는 때에는 지체 없이 검사에게 사건을 송치하도록 함.

(j) 검사는 사법경찰관이 사건을 송치하지 아니한 것이 위법 또는 부당한 때에는 그 이유를 문서로 명시하여 사법경찰관에게 재수사를 요청할 수 있도록 하고, 사법경찰관은 요청이 있으면 사건을 재수사하도록 함.

(k) 특별사법경찰관은 모든 수사에 관하여 검사의 지휘를 받음(제245조의10 신설).

(l) 검사가 작성한 피의자신문조서는 공판준비 또는 공판기일에 그 피의자였던 피고인 또는 변호인이 그 내용을 인정할 때에 한하여 증거로 할 수 있음(제312조).

3) 수사의 실행

수사의 실행에 있어서도 경찰은 형사소송법의 규정에 따라 독자적 권한이 부여되어 있다고 볼 수 있다. 그러나 사법경찰관이 수사진행을 함에 있어서는 여러 가지 제약이 따른다. 우선 각종의 영장청구는 검사만이 할 수 있도록 규정하고 있다.

(1) 영장청구

가) 검사(檢事)만이 청구 가능

나) 사법경찰관: 검사에게 신청 → 검사가 그 필요 여부를 판단한 후 판사에게 청구

다) 영장의 집행: 검사의 지휘아래 사법경찰관리가 집행함

(2) 재수사 요청

가) 검사는 사법경찰관이 사건을 송치하지 아니한 것이 위법 또는 부당한 때에는 그 이유를 문서로 명시하여 사법경찰관에게 재수사를 요청할 수 있음.

나) 사법경찰관은 요청이 있으면 사건을 재수사하도록 함.

4) 수사(搜査)의 종결(終結)

가) 사법경찰관은 범죄를 수사한 때에는 범죄의 혐의가 인정되면 검사에게 사건을 송치하고, 그 밖의 경우에는 그 이유를 명시한 서면과 함께 관계서류와 증거물을 검사에게 송부하도록 함.

나) 사법경찰관은 사건을 검사에게 송치하지 아니한 경우에는 서면으로 고소인·고발인·피해자 또는 그 법정대리인에게 사건을 검사에게 송치하지 아니하는 취지와 그 이유를 통지하도록 함.

◇ 종합적인 내용

2020. 2. 4. 법률 제16924호로 개정된 신법에서 검사와 사법 경찰관은 수사, 공소제기 및 공소유지에 관하여 서로 협력하는 관계로 재설정되면서 이제는 상명하복 관계가 아니라 수사에 있어서 상호 협력관계가 되었다.

제2장

수사의 개시

제1절 범죄수사의 기초(基礎)

1 수사선(搜査線)과 수사수단

1) 수사선(搜査線)

범죄수사에 공통되는 추리의 선 → 범죄현장에서 구체적으로 수집된 범죄흔적을 기초로 범인 및 범죄사실을 추리하는 선.

(1) 수사선(搜査線)의 종류

가) 개인의 특징에 관한 수사선

ㄱ) 신체적 특징에 의한 개인 식별선: 인상, 신체적 특징, 지문, 혈액형, 연령, 성별 등.

ㄴ) 성격 또는 습성에 의한 개인의 식별선: 수법, 습벽, 동기, 범행 후의 행동, 회화, 성격, 가정환경 등.

나) 사회관계에 관한 수사선

ㄱ) 사람의 사회적 환경에 의한 특징: 성명, 주거, 배회처, 직업, 비행경력, 혼인관계, 교우관계 등.

ㄴ) 사람의 행동유형에 의한 특징: 행적, 수법, 집단성, 행동방식, 사용 물건, 문서, 장부, 상거래 절차 등.

ㄷ) 범죄의 사회적 파문에 의한 특징: 동기, 사회적 배경, 풍설, 인심의 동향 등.

다) 자연과학에 의한 수사선

ㄱ) 물건의 특징: 제조자, 판매자, 소지자, 이화학적 검사, 물건과 사회관계, 인체의 일부인 물건 등.

ㄴ) 물건의 이동: 전소지자와 현소지자의 확정 물건소재장소, 물건이동경로, 물건의 화학적 변화, 물건형상의 변화 등.

ㄷ) 현장관찰: 현장의 형상, 범행의 유형 행적, 유류물건, 지리관계, 사회관계 등.

ㄹ) 문서: 문서의 특징, 문서 내용, 인영(印影) 등.

ㅁ) 자연현상: 일시(日時)의 결정, 기상, 수류, 조류, 지형, 전기현상, 폭발연료, 법의학적 현상, 약품관계, 기계 등.

(2) 수사에 있어서의 수사선(搜查線)

가) 수사선은 미확정의 사실을 향하여 방사(放射): 수사는 확정된 사실을 기초로 미확정의 사실을 향한다.

나) 수사선은 추리와 자료수집의 선: 기존의 자료에서 추리의 선을 발견하고, 추리의 선을 따라 자료를 수집한다.

2) 수사수단(搜查手段)

수사상 자료를 입수하는 방법 → 범죄의 흔적으로써 남겨진 징표를 수사상 자료로 입수하는 방법.

(1) 수사수단의 종류

가) 듣는 수사: 범죄를 직접 경험했거나 타인의 경험을 전문한 자의 기억을 증거화하는 수사수단 → 용의자 조사, 참고인 조사, 풍설의 탐문 등.

나) 보는 수사: 시각을 동원하여 현장 또는 물건의 형상과 이동에 따라 남겨진 수사자료를 입수하여 증거화하는 수사수단 → 광의의 현장관찰.

ㄱ) 목적: 증거물을 발견하고(수색), 물건 또는 장소의 현상을 관찰하기 위

하여.

ㄴ) 내용: 장소의 관찰 장소에서의 물건입수 및 그 관찰, 물건의 수색 발견, 물건형상의 관찰, 감식적인 검사.

ㄷ) 추리 수사: 듣는 수사와 보는 수사로써 추리의 선에 따라 수사자료를 입수하는 수사수단.

(2) 수사수단의 방향

구 분	횡적 수사	종적 수사
의 의	<자료수집을 위한 수사> →폭을 넓혀 가는 수사, 범행에 관계 있는 모든 자료의 발견·수집을 목적으로 하는 수사 활동	<수사 자료에 의한 수사> →깊이 파고드는 수사, 수집된 특정자료의 성질·이동·특징 등을 통찰하여 범인에 도달하려는 수사 활동
특 징	• 장점: 사건의 신중한 판단과수사의 확실성 • 단점: 노력과 시간에 비해 비경제적 • 방법: 현장관찰, 탐문수사, 행적수사, 은신, 파수, 미행, 수색 등	• 장점: 신속한 범인검거 ← 집중적인 수사 활동으로 인하여 가능 • 단점: 한정된 자료로 판단오류 가 능성 • 방법: 유류품수사, 장물수사, 수법 수사, 인상특징수사 등

2 범죄수사의 가능성(可能性)

1) 범죄(犯罪)의 흔적(痕迹)·범적(犯跡)

(1) 범죄의 흔적(범적): 범죄행위 과정에서 남기는 흔적.

(2) 완전범죄: 전혀 흔적을 남기지 않는 범행이며, 범죄수사의 대상이 될 수 없음 → 완전수사가 없는 것과 같이, 완전히 범적을 남기지 않는 완전범죄란 있을 수 없다.

2) 범적(犯跡)과 범죄(犯罪)와의 인과관계(因果關係)

(1) 범죄수사: 범적을 통하여 범죄사건의 전부 또는 일부를 추리하고 추리한 바에 대한 사실 확인의 과정으로 추진.

(2) 인과관계: 범죄의 결과물로서 범적을 통하여 범죄를 본다는 것은 결과를 살펴서 원인되는 행위인 범죄를 탐색해 낸다는 것 → 정상인의 추리를 통하여 범인의 행동과정을 파악할 수 있게 되는 것.

3) 범죄수사(犯罪搜査) 가능성(可能性)의 3대 근간(根幹)

(1) 모든 범죄가 흔적을 남기게 되는 세 가지의 인간의 행위법칙.

(2) 범죄(犯罪)는 인간(人間)의 행동(行動)이다: 인간의 생물학적 · 심리학적 징표에 관한 흔적(예: 혈액 · 정액 · 수법 등)을 남기게 된다.

(3) 범죄(犯罪)는 사회적(社會的) 행동(行動)이다: 사회적 제반법칙에 따른 흔적(예: 도구 입수 · 목격자 등)을 남기게 된다.

(4) 범죄(犯罪)는 자연현상(自然現象)을 수반한 행동(行動)이다: 범죄는 자연현상(地 · 空 · 海) 속에서 이루어지며, 필연적으로 자연과학적 법칙에 따른 흔적(예: 현장의 변화, 지문, 족적 등)을 남기게 된다.

3 범죄의 징표(徵表)

1) 개설(槪說)

(1) 범죄징표(犯罪徵表)의 정의(定義): 범죄에 수반하여 나타나는 내적 · 외적 현상.

(2) 범죄흔적(犯罪痕迹) · 범적(犯跡)

가) 수사의 대상이며 수사자료로 될 수 있는 것으로 수사수단에 의해서 수집되는 것.

나) 범적(犯跡): 주로 외적으로 표현되는 징표로서 외적 징표를 범적(犯跡), 즉 범죄(犯罪)의 흔적(痕迹)이라고 한다.

(3) 범죄징표(犯罪徵表)의 형태(形態)

가) 범죄는 사회와 자연환경 속에서의 인간의 행동이기에 범행시 범인이 관계한 여러 가지 대상에서 찾을 수 있는 중요한 것.

나) 유형적(類型的) 징표와 무형적(無形的) 징표: 심리적 · 사회적 징표.

다) 직접적(直接的) 징표와 간접적(間接的) 징표: 사람의 기억을 진술에 의하여 간접적으로 듣는 것.

(4) 범죄징표(犯罪徵表)의 기능(機能)

가) 범인 및 범죄사실의 발견을 위한 수사자료로서의 기능.

나) 범인, 범죄일시, 범행장소, 물건 등의 수사요소 확정하는 데 이용.

(5) 범죄징표(犯罪徵表)와 수사선(搜查線)과의 관계: 범죄징표이론은 「범행에서 징표로」의 이론적 지식체계 → 수사선은 「징표에서 범죄로」의 추리적 체계화.

2) 범인(犯人)의 생물학적(生物學的) 특징(特徵)에 의한 범죄징표(犯罪徵表)

(1) 범인(犯人)의 특정(特定): 범인이 인간으로서의 가지는 생물학적 제 특징으로 범인이 누구인가를 특정하게 됨.

(2) 범인(犯人)의 생물학적(生物學的) 특징(特徵)

가) 인간의 동일성 식별: 인간은 생물학적 존재이므로 개별적인 신체적 특징을 정확하게 측정하여 동일성 여부를 가려낼 수 있다.

ㄱ) 벨존의 신체 측정법

a) 신장, 좌고(坐高), 사지 등 11개 부분의 치수를 기초로 하여 다시 세분하는 것.

b) 너무 복잡하고 그처럼 정확한 치수나 형상이 범적으로 남겨진다는 것도 거의 바랄 수 없는 실정이므로 수사상 이용하기에는 난점이 있어 이용가치가 거의 없음.

ㄴ) 순수한 생물학적 특징 외의 것: 머리모양(hair style), 외모, 복장 등 사회적인 부속물까지를 종합적으로 고려하여 판단.

나) 수사상 이용되는 징표: 인상, 지문, 혈액형, 기타의 신체특징

ㄱ) 인상(印象)

a) 피의자의 인상

(a) 사회생활에서 개인식별: 성명이나 얼굴, 즉 인상으로 식별하는 경우가 많고, 성명은 속이기 쉬운 결점이 있지만 인상은 생물학적 특징이므로 변경이 용이하지 않음.

(b) 얼굴모양, 안색, 머리모양, 머리색, 눈 모양, 눈썹형, 콧날, 귀 모양, 입 모양, 입술 모양, 인중 모양 등 사람의 특징을 피의자 수배의 필수적인 부분으로 포함시키거나 범죄수법자료로서 수사상 많이 이용.

(c) 단점: 목격자의 기억 또는 표현의 착오로 인한 불완전성.

b) 피의자의 사진: 피의자의 사진 또는 금융기관에 설치된 폐쇄회로 TV

필름 사진은 범죄 식별상 가장 정확한 자료임.

c) 몽타주의 사진

(a) 상을 알고 있는 자의 진술을 토대로 피의자의 특징을 종합하여 재현한 합성사진.

(b) 피의자사진을 입수할 수 없을 때 대용함.

d) 통면수사법(通面搜査法)

(a) 인상을 알고 있는 자에게 피의자 본인이나 피의자의 사진을 보임으로써 사람의 동일성을 식별하는 방법.

(b) 단점: 자칫 선입감이나 예감만으로 동일인 또는 동일인과 유사하다는 진술을 할 염려가 많으므로 다른 증거와 종합하여 확정하여야 한다.

ㄴ) 지문(指紋): 만인부동(萬人不同), 종생불변(終生不變)의 특성 때문에 개인식별에 있어서 아직까지 가장 정확한 방법.

ㄷ) 혈액형(血液型)

a) 혈청(血淸)의 교응상(交凝上)의 특징을 이용하여 사람의 혈액을 분류한 것으로, 현재 우리나라에서는 A형, B형, AB형, O형, ABO식 분류, MN식, Rh식의 분류법이 사용.

b) 혈액형은 개인의 동일성을 적극적으로 증명할 수는 없으나, 혈액이 다른 경우에 소극적으로 동일인이 아니라는 과학적 증명에 이용.

c) 혈액 외에 타액, 콧물, 땀, 정액, 오줌, 눈물, 등에서도 검출 가능하므로 그것들이 부착되어 있을 가능성이 있는 물건, 즉 담배꽁초, 손수건, 코푼 종이, 양말, 침구, 거울, 내의 등의 수집에 유의.

d) 기타(其他) 신체적(身體的) 특징(特徵)

(a) 인상은 용이하게 재현하기 어려운 것이지만 불구 등 신체적 특징은 개인 식별에 보다 유력한 자료가 되며 이형(耳形), 치형(齒形)의 특징도 다양해서 개인식별의 유력한 자료.

(b) 외국의 경우의 예: 현장에서 유류된 이문(耳紋), 즉 귓바퀴의 형태를 이용하여 범인을 검거하고 유력한 물적 증거로 활용.

(c) 모발의 특징, 음성, 동작 등도 수사에 활용.

3) 범인(犯人)의 심리적(心理的) 특징(特徵)에 의한 범죄징표(犯罪徵表)

(1) 범죄심리(犯罪心理)의 응용(應用)

가) 심리적 흔적: 인간은 육체적인 동시에 심리적인 존재이므로 인간의지의 외적표현인 행위에는 인간의 심리가 작용하여 흔적이 남음.

나) 범죄심리에 관한 지식: 범죄징표의 발견은 물론 진술, 도주, 증거인멸, 위장 등의 심리를 포착하여 수사수단의 기술로 이용.

(2) 범죄자(犯罪者)의 인격(人格)의 성격(性格)

가) 범죄자의 인격과 성격

ㄱ) 범죄자의 인격: 범행 당시에 표현되는 인간으로서의 심리적 태도.

ㄴ) 성격의 의미: 대체로 10세를 전후하여 사회 환경적으로 형성되어 성장과 더불어 변경하기 어렵게 고정화되는 심리태도.

나) 범죄자의 성격: 사회환경적인 것으로 가정환경, 교우관계, 교육정도, 직업관계, 집단 관계 등의 수사자료를 제공하여서 수사관의 추리를 용이하게 해 줌.

다) 성격(性格)의 특징적(特徵的) 유형(類型)

ㄱ) 사람의 언행, 동작, 수법 등에는 성격적 특징이 나타나므로 이에 의하여 범인을 특정하는 자료로 이용.

ㄴ) 단점: 지문과 같이 고정 불변적인 것이 아니라 어느 정도 변동성이 있고, 성격의 분류가 어렵고 외적 표현만으로 성격의 정확한 파악이 곤란.

ㄷ) 성격 특징들은 여러 성격유형이 복합되어 하나의 성격을 형성.

ㄹ) 여성, 소녀, 노인 등에게는 특수한 심리적 특징이 형성.

(3) 범죄심리(犯罪心理)의 종류(種類)와 내용(內容)

가) 보통심리(普通心理): 정상인의 심리과정, 범행과 관련하여 동기·결의·범행·범행후의 과정에 있어서의 각 징표를 수반.

ㄱ) 범행의 동기

a) 동기: 범행을 결의하게 된 사회적 조건, 즉 환경으로 인한 자극 → 인간의지의 소산인 범행에는 반드시 동기를 수반.

b) 범인불명의 살인·방화 등: 범행의 유형, 피해자의 신원, 사회환경 등

의 자료 → 원한, 치정, 미신, 이욕(利慾) 등의 범행동기를 추리 → 그러한 동기를 가질 만한 개연성이 있는 자에 대하여 수사를 전개.

ㄴ) 범행의 결의

a) 음모(陰謀): 동기에 이어 범행을 결의함에는 정신병자, 이상성격자, 상습범, 확신범, 우발범 등을 제외한 정상인은 그 징표로서 불안, 초조, 친지와의 상담 등의 심리적 갈등이 나타남.

b) 예비(豫備): 흉기·용구의 준비, 현장의 사전답사, 알리바이 공작 등 범죄실행을 위한 준비를 하게 되는바 수사상 이에 주의해야 한다.

ㄷ) 범행의 심리

a) 인간의 행위는 심리적인 것으로 행위 그 자체로서 심리상태의 추리가 가능.

b) 범인의 심리법칙: 목적달성에 필요한 용이한 방법, 범행에 이미 숙지, 숙달한 기술을 활용하려는 경향.

c) 범행의 추리 가능: 이러한 특징에 의하여 범행의 종류, 범행의 목적, 동기, 범행의 계획성과 우발성, 범행시 사용한 물건의 입수방법, 수법 등.

ㄹ) 범행후의 심리: (처음) 흥분과 긴장의 해소로 일시 안도감 → (점차) 후회와 체포에 대한 공포심 → 다음과 같은 행동을 보임.

a) 특수한 꿈·잠꼬대.

b) 피해자에 대한 위로(성묘, 장례식 등에의 참여).

c) 친지 등에의 고백.

d) 자살이나 도주.

e) 증거인멸(알리바이 위장 등).

f) 변명준비 등 이상심리적(異常心理的) 징표를 남김.

나) 이상심리(異常心理)

ㄱ) 범행의 심리과정에 합리적인 일관성을 결한 것으로 정신병자, 이상성격자의 심리.

ㄴ) 보통심리의 추리: 수사관이 '자신이 범인이라면 어떠한 심리일 것인가'라는 방법으로 추리 가능.

ㄷ) 이상심리의 추리: 각종 수사자료를 검토하여 범행심리에 합리적 일관성을 결하고 있는 것이 발견되면 이를 이상심리 소유자의 소행이 아닌가를 검토.

4) 범인(犯人)의 사회관계(社會關係)에 의한 범죄특징(犯罪特徵)

(1) 개설(槪說)

가) 범죄는 반드시 사회관계와 관련된 범죄 특징을 남김.

나) 사회관계는 범인의 동기, 범인의 성격, 범인의 도주로 등에 영향.

다) 범죄가 사회관계에 영향 → 사회적 파문 · 소문의 형태로 범적을 남기는 경우도 있음.

라) 현대 사회관계의 두드러진 특질

ㄱ) 지역사회: 인습과 인적 연결성이 강한 농촌과 개인주의적이고 냉정한 도시가 복합.

ㄴ) 가족관계는 대가족 중심에서 부부 중심적인 핵가족 제도로 변모.

ㄷ) 신문, 라디오, 텔레비전 등 매스컴이 대중의 여론을 주도.

ㄹ) 거래 및 사상의 교류에 있어서 문서를 많이 사용.

(2) 지능범(知能犯) 수사(搜查)의 사회관계(社會關係)

가) 지능범(知能犯): 사회발전에 편승하는 교묘한 범죄 → 사기, 횡령, 독직(瀆職) 등 공무원범죄, 경제, 선거, 폭발물, 도박, 문서범죄, 특별법 위반 범죄.

나) 지능범 수사 시 필요한 사항: 사회 전반에 관한 광범한 지식과 자료를 수집 · 정리.

(3) 사회적(社會的) 지문(指紋): 사회와의 연대관계를 갖고 있는 것으로 개인을 특정할 수 있는 것.

가) 성명, 가족, 주거, 경력(일반 경력과 비행경력을 포함), 직업 등.

나) 직업을 추정하는 방법: 범인의 착의, 조발, 회화, 범행의 방법, 직업에 따른 특질 등.

예: 과거의 종적 사회관계와 현재의 횡적 사회관계로서 연결되고 있는 것.

(4) 사회관계(社會關係)에 의한 범죄사실(犯罪事實)의 확정(確定)

가) 사회양식(社會樣式)에 의한 범행방법(犯行方法)의 수사(搜查)

ㄱ) '범행의 방법은 사회양식에 따라 행하여진다'는 법칙을 수사에 응용.

ㄴ) 금융범죄, 경리범죄 등은 금융 및 장부에 대한 지식의 활용으로, 수표거래 및 부동산 매매 등에 의한 사기는 그 법적 절차 및 거래관행에 대한 지식을 활용.

나) 사회집단(社會集團)에 의한 범인수사(犯人搜査): 관청, 회사, 학교, 연합회, 조합, 클럽 등 사회집단에 관한 지식을 활용하여 범인 특히 지명수배중인 범인을 수사하면 효과적 임.

다) 지능범 수사: 사기, 횡령, 독직(瀆職) 등 공무원범죄, 위조, 경제, 선거, 폭발물, 도박, 문서범죄, 특별법 위반 범죄 → 범죄수사 고유의 기술보다 사회기구·거래관행 및 절차, 장부, 조직, 인적연결관계(고용·지인 관계 등) 등 사회관계(社會關係)에 대한 제반 지식이나 자료를 활용하는 것이 필요.

(5) 사회적(社會的) 파문(波紋): 대표적인 것이 소문(所聞)

가) 범죄수사와 단서로 또는 수사수행의 자료로 활용.

나) 유언성(流言性)·전파성(傳播性)이 강함.

다) 소문의 가치

ㄱ) 직접적으로 아는 자의 것과 간접적으로 아는 자의 것에 차이가 있음.

ㄴ) 전파범위가 확대될수록 그 진실성이 퇴색되어 신빙성을 잃게 됨.

5) 자연현상(自然現象)에 의한 범죄징표(犯罪徵表)

(1) 개설(槪說)

가) 범행은 자연현상 속에서 이루어지고 범죄도 자연현상을 수반하고 자연현상 속에 범죄징표로서의 범적을 남김.

나) 자연현상에 대한 광범위한 지식은 수사상 극히 긴요함.

다) 감식수사: 전문적인 자연과학의 힘으로 자연현상 속에 남은 범적을 찾는 수사방법.

라) 여기서는 감식분야에 해당하지 않는 부분만을 설명하기로 함.

(2) 일시(日時)의 확정(確定)

가) 범죄일시: 범죄사실의 구성요소로서 범죄의 특정(特定)에 중요한 요소 → 사회적 요소(일력, 일기, 신문 등)와 자연현상(일출, 일몰 등)의 양자를 고려.

나) 시간의 확정

ㄱ) 살인 · 방화, 알리바이에 다툼이 있는 사건 등: 반증(反證)을 요하는 경우에 절대적으로 필요.

ㄴ) 이용방법: 식사시간으로 부터의 추정계산, 라디오 및 TV 시보와 프로그램, 버스 · 기차의 발착시간, 신문, 우유배달 등 정기 배달물, 시계를 본 자가 있을 경우 그 전후의 시간관계, 시간적으로 정확한 생활을 하는 사람의 습관(기상, 식사, 출근, 퇴근, 산책, 취침 등)을 기준으로 한 추정, 경찰관, 수위 등의 순찰시간 등을 기준으로 한 추정 등.

(3) 물건(物件)의 특정(特定)

가) 필요성(必要性) 및 물건특정(物件特定)의 본질(本質)

ㄱ) 필요성: 범죄에는 흉기와 같은 범행수단 또는 도품(盜品)과 같은 피해물건 등 여러 물건이 관련되어 있고 범죄사실의 확정을 위해 필요.

ㄴ) 물건의 특정의 본질

a) 과학적으로 확정하는 것

(a) 물건을 구성하고 있는 물질이 무엇인가.

(b) 주로 감식의 분야에 속함.

b) 물건의 동일성을 다른 유사한 물건과 식별하는 것

(a) 수사상 더욱 중요한 것.

(b) 동종 · 동질의 물건이 둘 이상 존재할 때에 수사목적인 물건과 다른 물건과 식별하는 물건의 동일성 판단.

나) 물건특정(物件特定)의 방법(方法)

ㄱ) 상식에 의한 물건의 특정

a) 수사관이 가진 물건의 종류 및 명칭에 대한 광범한 상식을 이용.

b) 시계, 안경, 양복지 등의 품종, 총기, 자동차 등의 부속품 명칭 같은 것을 광범위하게 알고 있음으로써 참고인의 형체에 관한 진술만으로 그 물건을 추정 가능.

ㄴ) 특징에 의한 물건의 특정

a) 대량 생산품이 아닌 공예품, 서화, 골동품 등에 사용.

b) 제조자나 판매자의 판단, 규격 · 형상의 비교 등으로 물건의 개별특정

이 가능.

c) 대량생산품인 경우의 예: 시계의 번호형태 · 딱지 · 부분품, 반지의 마크 · 보석의 종류, 자동차의 형태 · 번호 · 엔진번호, 모직물의 마크 등을 활용.

ㄷ) 사회적 부가물에 의한 물건의 특정

a) 사용자에 의해서 생겨진 사회적 부가물에 의하여 물건을 특정하는 방법.

b) 소지자의 성명표시가 되어 있거나 사용자의 습벽의 흔적, 모자의 접는 방식, 의복의 주름, 구두 뒤축의 마모상태, 자동차나 기구의 사용 습벽, 마멸형상 또는 인체의 부착물, 혈액, 정액, 체액, 분뇨 등 인체에서 분리된 것이 물건에 부착된 경우.

다) 물건(物件)의 이동(移動)

ㄱ) 도범사건의 장물수사

a) 장물 처분 및 은닉장소, 이동경로를 밝혀야 함.

b) 유의 사항

(a) 추정범인의 출입관계를 충분히 내탐(內探)하여 장물의 은닉처 및 행방발견.

(b) 피해자의 발견과 동시에 조속히 조사.

(c) 의심 있는 모든 곳을 철저히 반복 조사.

c) 피해자측은 적극적으로 협력.

ㄴ) 증 · 수뢰 등 금품수수사건

a) 금품의 특징이 범죄사실의 확정에 중요한 요소.

b) 공여자나 수령자가 다 같이 범죄를 구성 → 수사에 협력하지 않고 수사를 방해.

c) 금품의 이동으로 범인을 찾는 것보다 소문 기타 자료로서 대체적인 범죄의 윤곽을 잡은 후에 본인조사에 의하여 수사를 진전시키는 것이 타당.

6) 문서(文書)에 의한 범죄징표(犯罪徵表)

(1) 개설(槪說)

가) 현대는 많은 문서가 작성되고 유통되고 있으므로 문서범죄(특히 지능범)가 빈발.

나) 문서상에 범죄의 징표로서의 범적을 남김.

다) 문서의 작성권자, 작성절차, 작성형식, 결재권자, 장부기입 등에 관한 지식이 필요.

(2) 문서(文書)의 특정(特定)

가) 의문문서가 수사대상문서와 동일성을 갖는가를 식별함에 있어서 주의할 점.

ㄱ) 문서의 위조 여부, 부분적인 말소 또는 가필이 있는가의 여부.

ㄴ) 작성자 또는 변조자가 누구인가를 확정하는 것.

나) 문서의 동일성 확정시 이용되는 것: 지질의 감정, 사용잉크의 감정, 문자의 감정 등.

제 2 절 범죄첩보(犯罪諜報)

1 범죄첩보의 의의와 중요성 및 특징

1) 의의(意義)

수사첩보의 한 내용으로서 범죄수사상 참고가 될 만한 제반사항

(1) 수사의 단서가 될만한 사실, 이미 발생한 범죄에 관한 사항.

(2) 범죄수사의 제1차적 책임은 수사경찰: 범죄의 종류 발생지역을 묻지 않고 적극적으로 수사의 단서를 얻는 데 노력하여야 한다.

2) 중요성(重要性)

사회가 복잡·다양화해짐에 따라 교묘화되는 범죄에 대처하고, 지능범 또는 폭력단에 의한 범죄는 잠재화(潛在化)하는 경우가 많음.

3) 특징(特徵)

(1) 시한성(時限性): 범죄첩보는 시간이 경과함에 따라 가치가 감소 → 수집시기 및 내사 착수시기의 타이밍이 중요.

(2) 가치변화성(價値變化性): 선별적 가치를 가지고 있으며 범죄첩보는 필요성에 따라 가치가 달라짐.

(3) 결합성(結合性): 결합되고 가공(加工)됨.

가) 기초첩보가 다른 기초첩보와 결합 → 구체적인 사건첩보.

나) 사건첩보가 다른 사건첩보와 결합 → 범죄첩보가 됨.

(4) 결과지향성(結果指向性): 수사에 착수하여 사건으로서 현출(現出)되는 결과가 있어야 함.

(5) 혼합성(混合性): 그 속에 하나의 원인과 결과를 내포 → 다른 첩보와 연결되어 있어 이를 분해하고 혼합함으로써 완전한 사건으로서 새로운 모습을 갖게 됨.

2 기관규정(機關規定)

1) 수사첩보활동규칙(경찰청 예규 제62호)

2) 수사정보비취급규칙(경찰청 예규 제63호)

3 범죄첩보의 수집(蒐集)

1) 관내실태(官內實態)의 수사적(搜査的) 파악(把握)

범죄첩보의 수집을 위하여 외근형사들이 항상 파악해 두어야 할 사항

(1) 새로운 수법에 의한 범죄, 모방성·발전성이 있는 범죄와 그 피해상황.

(2) 범죄로 이행될 염려가 있는 제반 사회현상.
(3) 노름꾼 · 불량배 등 폭력단체의 동향.
(4) 상습폭력행위자 · 불량서클 등 죄를 범할 우려가 있는 자의 동향.
(5) 금융업자 · 각종 브로커 등의 영업상황.
(6) 전당포 · 고물상 · 각종 시장관계의 영업상황.
(7) 요정 · 음식점 · 기타 풍속영업자의 영업상태 및 손님들의 유흥상태.
(8) 극장 기타의 흥행장, 각종 유기장의 실태.
(9) 여관 · 여인숙 · 하숙집의 실태.
(10) 범죄자의 온상으로 되는 지역.
(11) 전과자 · 보석중인 자 · 구속집행정지중인 자 등의 동향.
(12) 장물의 처분경향 · 흉기 등의 입수경로의 실태.
(13) 수사중인 사건에 관련되는 제반 사회 현상 등.

2) 정보원(情報員)

(1) 의의: 수사관 등 수사기관에 종사하는 특정한 자에게 자신이 알고 있거나 부탁 받은 사항에 대하여 조사한 바를 주기적으로 알려주는 자.

(2) 종 류

가) 경제적인 보상을 대가로 수사관에게 범죄첩보를 제공하는 경우.
나) 경미한 범죄를 저지르는 경우.
다) 본인의 면책을 조건으로 정보를 제공하는 경우.
라) 수사관에게 정보를 제공하여 자신의 중요성을 높이기 위한 경우.
마) 범죄와 관련하여 위험한 상황에 직면하게 되리라는 염려에서 관련 범죄에 대한 정보를 제공하는 경우.

(3) 주의점: 사법경찰관이 정보원에 대한 통제가 유지되지 않으면 오히려 범죄자와의 유착이나 수사기밀의 누설 등 비리의 온상이 될 수 있으므로 주의가 요구.

3) 범죄첩보(犯罪諜報)의 수집(蒐集) 요령(要領)

(1) 먼저 관내실태(管內實態) 완전 파악

가) 관내 민심의 동향을 주시, 주도면밀한 통찰력을 가지고 주민의 신뢰와 협

조를 받아야 하며 관계된 기관과의 연락을 긴밀히 함.

나) 대인 접촉 기술을 연마: 탐문, 관찰, 내탐, 불심검문의 방법을 자주 이용하므로 면담, 질문, 조사의 기술이 곧 정보의 가치를 좌우 함.

(2) 사전(事前)의 준비(準備)

가) 첩보수집의 목적을 이해.

나) 시간과 장소: 상대방이 편하게 택함.

다) 면담 前에 상대방의 취미·기호 등을 알아두면 도움.

(3) 면담(面談)의 마음가짐

가) 면담시작 前: 먼저 시사문제 등 화제를 풍부히 내 놓아서 상대방의 긴장과 불안을 제거.

나) 대화시

ㄱ) 관습을 존중하여 그에 대응하는 말씨나 태도로 대하고 대화의 내용이 상대방이 6할, 이쪽이 4할 정도의 비율을 유지.

ㄴ) 상대방의 안색·동작의 변화 등에 유의하고 상대방의 처지를 이해하여 상대방의 감정을 상(傷)하지 않도록 유의.

ㄷ) 질문시: 상대방이 잘 알 수 있는 방법으로 명령조 또는 강요하는 것 같은 인상을 주지 않도록 유의.

ㄹ) 될 수 있는 대로 자세히 들어 누락되지 않도록 주의.

ㅁ) 상대방에 따라서는 말하고 있는 중에 면전에서 필기하는 것을 삼가해야 할 경우도 있음.

ㅂ) 면담은 적당한 때를 보아 그치도록 하고 상대방의 협력에 의하여 성과를 얻었는지 여부를 불문하고 상대방의 협력에 대한 감사의 표시를 잊어서는 안 됨.

(4) 보고(報告)의 확행(確行)

가) 범죄에 관계있다고 인정되는 사항, 기타 수사상 참고가 될 만한 사항을 인지하였을 때에는 신속히 상사(上司)에게 보고.

나) 적절한 보고시기를 놓치게 되는 경우, 첩보는 가치를 상실.

4) 수사첩보(搜査諜報)의 검증(檢證)

(1) 수집된 첩보를 분류하여 다방면으로 검토

가) 첩보제공자의 성별, 연령, 직업, 경력, 사회적인 지위, 성격, 전과의 유무, 피의자 · 피해자와의 관계 등을 종합하여 신빙성 여부와 정보제공의 이유를 검토.

나) 첩보를 얻게 된 때의 상황 즉 첩보제공자가 특별한 관심이나 주의를 가졌었는지 여부를 판단.

다) 다른 첩보자료와의 관계를 비교 검토.

(2) 첩보 수집자: 정보에 대하여 종합 판단한 후 책임자에게 즉시 보고하여 정보가 한 곳으로 모이도록 함.

5) 수사첩보(搜査諜報)의 수집기준

(1) 지방경찰청 및 경찰서의 수사형사(외근요원): 월 4건 이상.

(2) 수사내근요원과 지구대 및 파출소요원: 월 1건 이상.

(3) 기타 직원: 월 1건 이상.

(4) 예외: 소속관서장이 인정하는 부서에 근무하는 자는 이를 면제할 수 있다.

6) 수사첩보(搜査諜報)의 성적평가

(1) 특보(特報): 전국적 수사 또는 중앙부서에서 기획수사 할 사안 → 10점.

(2) 중보(中報): 지방청 단위에서 수사 또는 시행해야 할 사안 → 5점.

(3) 통보(通報): 경찰서 단위에서 수사 또는 시행해야 할 사안 → 2점.

(4) 기록(記錄): 내사할 사항은 아니나 추 후 참고할 사안 → 1점.

7) 수사정보비의 사용

(1) 범인검거 유공자 시상금.

(2) 중대 범인 수배현상금: 범인검거에 협조한 자에 대해서는 일당을 지급하지 않는다.

(3) 현장증거 감식비용.

(4) 긴급치료비: 일반인이 수사에 협조하다 부상하는 경우.

(5) 회의비: 범죄수사 관련 긴급회의시.

제 3 절 수사자료(搜査資料)

1 수사자료의 개념(概念)

1) 의의(意義)

범죄의 존재를 명백히 하고 범죄와 범인과의 결부를 추리·판단·단정하기 위하여 수집되는 유형·무형의 증거가치 있는 자료와 수사활동에 도움이나 뒷받침이 되는 모든 자료.

2) 특징(特徵)

(1) 수사자료는 범죄수사의 주요대상이 아님: 범죄수사는 궁극적으로 범죄의 사실적 내용의 파악을 목적으로 하는바, 이는 증거가치 있는 수사자료의 수집을 통하여 가능.

(2) 수사자료는 수사과정에서 범인 및 범죄사실을 명백히 하는 데 이용되는 자료이다: 소송절차에서 범인 및 범죄사실을 명백히 하기 위하여 증거방법을 조사하여 얻어지는 결과로서의 증거자료(증언 및 증거물)의 상태로 이용되는 것.

(3) 수사자료는 특정의 구체적 사건자료에 국한하지 않는다

가) 증거방법(證據方法)으로서의 증거: 증인이나 증거서류, 증거물처럼 사실인정의 자료가 되는 유형물 자체.

나) 증거자료(證據資料)로서의 증거: 증인의 증언(證言)이나 서증(書證)의 내용적 의미처럼 증거방법을 조사해서 알게 된 내용 → 소송의 목적이 되는 특정의 구체적 사건의 처리에 필요한 한도로 그 수집 및 조사가 국한.

다) 수사자료(搜査資料): 이미 일어난 사건은 물론 앞으로 일어날 사건의 해결

을 위해서 평소에 수집하는 기초자료까지 포함.

3) 수사자료(搜査資料)의 중요성(重要性)

(1) 범죄수사규칙: "수사를 함에 있어서는 범죄에 관한 유형·무형의 자료, 정탐에 의한 자료, 기타 제반의 정보 등 자료를 수집하고 이에 의거하여 수사를 진행시켜야 한다" → 수사자료의 중요성을 강조.

(2) 형사소송법

가) 죄를 범하였다고 의심할 만한 상당한 이유가 있을 것을 구속요건으로 하고 구속영장의 청구에는 이의 소명자료를 첨부하도록 규정.

나) 자백이 피고인에게 불이익한 유일한 증거인 때에는 다른 증거가 없이는 유죄로 할 수 없게 규정.

2 수사자료의 가치(價値)

1) 공판(公判)에서 증거(證據)로 제출(提出)되는 경우

수사자료는 법관에 의한 범죄사실의 진위를 밝히는 증거자료가 됨.

2) 수사목적(搜査目的)의 달성(達成)에 제공(提供)되는 경우

범인 및 범죄사실의 적극적 인정을 위한 증거로서 보다 순수하게 수사목적의 달성만을 위한 자료가 있는 바, 예컨대 범인이나 물건의 소재발견을 위한 참고 등.

3) 사실(事實)의 소명자료(疏明資料)로 제공(提供)되는 경우

구속영장청구의 경우, 구속사유를 소명(疏明)하기 위하여 첨부하는 수사자료.

3 수사자료의 종류(種類)

1) 기초자료(基礎資料)

구체적인 사건수사와 관계없이 평소의 수사활동을 통하여 범죄가 발생하였을 때

수사에 제공하기 위하여 수집하는 자료.

(1) 내용: 널리 범죄와 관계있는 사회적 모든 사정, 통계 및 죄를 범할 우려가 있는 자, 기타 수사상 주의를 요한다고 인정되는 자의 동향 등에 대하여 수집.

(2) 평소에 계획적이고 조직적으로 수집·정리해 놓으면 범죄 발생시 수사의 추진에 도움이 될 수 있음.

2) 사건자료(事件資料)

구체적인 사건수사와 관련하여 그 사건의 수사방침수립과 범인 및 범죄사실의 발견을 위하여 수집되는 자료.

(1) 유류물품 등과 같은 유형의 자료.

(2) 수법, 구술, 냄새와 같은 무형의 자료.

(3) 탐문, 미행, 은신파수와 같은 내탐(內探)에 의한 자료.

(4) 사회는 증거의 바다: 민(民)중 협력의 원칙에 따라 목격자나 전문자(傳聞者)를 확보하여 증거 수집.

3) 감식자료(鑑識資料)

수사를 과학적으로 추진하기 위하여 과학적 지식과 기술을 이용하여 감식을 함으로써 범인의 발견·범죄의 증명에 활용되는 자료 → 지문, 수법, 사진 등.

4) 참고자료(參考資料)

수사과정의 반성, 분석, 검토를 통하여 얻어진 자료 → 사후의 수사에 활용될 수 있는 수사 성패의 교훈과 새로 발견된 범행수법 등은 향후수사의 참고자료가 됨.

4 수사자료의 수집(蒐集)

1) 수사자료(搜査資料)의 범위(範圍) 및 체제(體制)

(1) 광범위(廣範圍)한 자료수집(資料蒐集): 범인 및 범죄사실을 명백히 하기 위해서는 가능한 한 모든 자료를 수집.

(2) 조직적(組織的)·계획적(計劃的) 활동(活動): 수사종사요원은 물론 모든 경찰관을 동원한 조직적이고 계획적인 활동이 필요 → 외근경찰관의 순찰(巡察), 제조사, 임검(臨檢)(또는 현장검증 ; 현장에 직접 가서 조사하는 것) 등 일상직무 중 수사자료의 발견 및 수집을 병행하도록 적극 지도.

(3) 국민(國民)의 협력체제(協力體制): 범죄수사활동이 바로 국민을 위한 것임을 주지시켜 자발적으로 수사자료를 제공해 올 수 있도록 국민의 협력을 유도 → 자료제공자의 명예와 신용의 보호 및 적절한 비밀유지로 계속적인 협조를 주저하는 일이 없도록 배려.

2) 수사자료(搜査資料)의 시기(時期)에 다른 분류(分類)

(1) 사전(事前)·평소(平素) 수집(蒐集): 특정의 범죄사건과 관계없이 앞으로 발생이 예상되는 범죄사건의 수사에 대비하여 평소에 범죄와 관계되는 각종 자료를 수집하는 것.

가) 자료조사(資料調査)에 의한 수집(蒐集): 지문, 족적, 필적, 사진, 범죄수법, 은어 등의 자료를 사전에 수집, 정리, 보존하여 수사자료로 활용하는 것.

나) 우범자(虞犯者)의 조사(調査)에 의한 수집(蒐集): 우범지대, 불량배들이 자주 모이는 장소 등에서 도박상습자, 창녀, 소매치기, 전과자, 마약중독자 등 범죄의 경험이 있는 자들을 조사, 그 명단, 두목과 부하관계 등 계보를 파악하고 그 동향을 내사(內査)함.

다) 영업소임검(營業所臨檢) 등에 의한 수집: 전당포, 고물상, 극장, 여인숙 등의 임검 → 출입자, 범죄용의자 등의 파악과 그 동향관찰로 수사자료를 입수하는 것.

(2) 사건현장(事件現場)의 자료수집(資料蒐集): 구체적인 범죄사건이 발생하였을 경우 → 족적, 지문, 유류물품, 목격자 등 각종의 유형·무형의 자료를 그 현장의 관찰, 조사, 판단 등에 의하여 수집하는 것.

(3) 사후수집(事後蒐集): 사건을 검사에게 송치(送致)한 後에도 관계자의 언동 등에 의하여 새로운 자료를 수집하는 것 → 이런 경우에는 수집된 자료를 추송(追送)하여야 함.

3) 수사자료수집상(搜查資料蒐集上) 유의사항(留意事項)

(1) 자료발견시(資料發見時) 상태(狀態)의 객관화(客觀化)

가) 자료발견시의 현황: 사진촬영 하거나 실황조서(實況調書)의 작성 등으로 객관화시켜 놓아야 함.

나) 족적 취급의 경우: 그 위치, 방향, 상태 등의 사진촬영 및 실황조서로 옮겨 놓음으로써 증거로서의 가치를 발휘할 수 있게 되기 때문.

다) 사진 촬영시: 참여인 및 촬영연월일시를 기입한 표찰을 넣어 촬영.

(2) 자료발견자(資料發見者) 주위(周圍)에 있던 자(者)의 인적사항(人的事項) 확인(確認): 수사자료에 대한 증거가치에 대하여 추후의 시비가 있는 경우에 그 입증자료가 되기 때문에 필요.

가) 발견자의 발견경위를 청취, 기록.

나) 수사자료에 손을 댄 자, 목격자, 주위 통행자 등을 조사하고 인적사항을 기록.

(3) 자료(資料)의 채취(採取)・보관(保管) 기타의 취급상 주의(取扱上注意)

가) 신중(愼重)한 채취(採取)

ㄱ) 유류물품 등 수사자료를 맨손으로 줍거나 하여 그의 변질이나 훼손을 가져오지 않도록 주의.

ㄴ) 확대경이나 과학적 검사의 방법으로 세심한 관찰을 하여 수사자료의 원형을 채취하도록 노력.

나) 보관(保管) 및 송부시(送付時)의 주의(注意)

ㄱ) 채취된 수사자료가 보관 및 송부의 과정에서 훼손이 생기지 않도록 주의.

ㄴ) 채취된 모발이나 족적, 지문 등을 유리병, 봉투 등에 넣어 사건명, 채취연월일, 장소 등을 표기하여 타사건의 수사자료와 혼동하지 않도록 주의.

제4절 수사의 단서(端緖)

1 수사의 단서의 유형

1) 수사의 단서

수사 개시의 원인.

2) 수사의 단서의 유형

(1) 수사기관 자신의 체험에 의한 경우: 현행범 체포, 불심검문, 변사자검시(變死者檢視), 다른 사건 수사 중의 범죄 발견, 기사, 세평, 풍설 등.

(2) 타인의 체험의 청취에 의한 경우: 범죄 신고, 진정(陳情), 고소, 고발, 자수 → 즉시 수사가 개시된다.

3) 범죄의 인지(認知)

수사기관이 타인의 경험에 의한 수사의 단서(고소, 고발, 자수는 제외) 없이, 스스로 범죄의 혐의가 있다고 인정하여 수사를 개시하는 것.

2 수사기관 자신의 체험 · 직접인지

1) 현행범인(現行犯人)의 발견(發見)(형사소송법 제211조)

(1) 현행범인(現行犯人): 범죄의 실행 중이거나 실행직후인 자

가) 범죄의 실행에 착수하여 아직 종료하지 못한 자와 범죄실행행위 종료 직후인 자.

나) 예비 · 음모죄: 예비 · 음모행위가 곧 실행행위가 된다.

다) 교사범 · 방조범: 정범의 실행행위가 개시된 때.

(2) 준현행범(準現行犯)

가) 범인으로 호창(呼唱)되어 추적되고 있는 때.

나) 장물이나 범죄에 사용되었다고 인정함에 충분한 흉기 기타의 물건을 소지하고 있는 때.

다) 신체 또는 의복류에 현저한 증적이 있는 때.

라) 누구임을 물음에 대하여 도망하려고 하는 때.

2) 현행범인(現行犯人)의 처리(處理)

(1) 수사기관이 현행범인을 체포하거나 인도받았을 때 → 즉시 수사를 개시.

가) 일반인이 현행범인을 체포한 때: 즉시 검사 또는 사법경찰관리에게 인도(형사소송법 제213조) → 현행범체포는 수사의 개시 요인.

나) 사법경찰관리가 현행범인을 체포하였을 때: 경위를 자세히 기재한 체포경위서를 작성 → 현행범체포는 수사의 개시 요인이자 수사가 된다.

(2) 사법경찰관리가 현행범인의 인도를 받았을 때: 체포자의 성명・주거・체포의 사유를 물어야 하고, 필요한 때에는 경찰관서까지 동행을 요구.

(3) 즉시 조사 後: 계속 구금할 필요가 없다고 인정할 때에는 즉시 석방, 계속 구금할 필요가 있다고 인정하는 때에는 48시간 이내에 구속영장 발부를 청구 → 48시간 이내에 구속영장의 발부를 받지 못한 경우는 즉시 석방.

(4) 현행범인을 체포하는 현장: 영장 없이 압수・수색・검증 가능.

3) 거동수상자(擧動殊常者)의 불심검문(不審檢問)(경찰관직무집행법)

(1) 불심검문(不審檢問): 경찰관이 ① 수상한 거동, ② 기타 주의의 사정을 합리적으로 판단하여 어떤 죄를 범하였거나 또는 범하려 하고 있다고 의심할 만한 상당한 이유가 있는 자, 또는 ③ 이미 행하여진 범죄나 행하여지려고 하는 범죄에 관하여 그 사실을 안다고 인정되는 자 등을 정지(停止)시켜 질문(質問)하는 것(경찰관직무집행법 제3조 제1항).

가) 수사의 단서이지, 수사(搜査) 자체는 아니다.

나) 수사가 아니라 행정경찰작용에 해당한다.

(2) 불심검문(不審檢問)의 방법

가) 정지(停止)와 질문(質問)

ㄱ) 정지(停止): 질문을 위한 수단으로 진행을 멈추게 하는 것

a) 강제수단에 의한 정지는 허용되지 않는다.

b) 강제에 이르지 않을 정도의 유형력 행사는 인정: 정지를 위하여 길을 막거나, 추적하거나, 자전거 핸들이나 짐받이를 잡거나, 뒤에서 어깨에 손을 얹는 정도는 허용된다.(다수설) → 사태의 급박성이나 의혹을 풀 필요성에서 정지시키기 위한 행위로서 허용.

ㄴ) 질문(質問): 거동 불심자에게 행선지나 용건 또는 성명, 주소 등을 묻고 필요한 경우 소지품의 내용을 질문하는 방법으로 한다.

a) 질문하는 경찰관: 신분증을 제시하면서 소속과 성명을 밝히고, 그 목적과 이유를 설명하여야 한다.

b) 상대방: 질문을 강요당하지 않는다 → 상대방을 설득하여 질문하도록 하는 것은 가능.

c) 질문의 횟수, 방법 등에 대한 제한 규정은 없다.

나) 동행의 요구(임의동행): 정지한 장소에서 질문하는 것이 ① 당해인에게 불리하거나, ② 교통에 방해가 된다고 인정하는 때에 한하여 부근의 경찰서 등에 동행을 요구할 수 있다.

ㄱ) 상대방은 동행 요구를 거절할 수 있다.

ㄴ) 동행시: 자살방지, 도주방지, 임의성의 확보에 주의.

ㄷ) 동행을 한 경우: 경찰관은 당해인의 가족 또는 친지 등에게 동행한 경찰관의 신분, 동행장소, 동행목적과 이유를 고지하거나 본인으로 하여금 즉시 연락할 수 있는 기회를 부여하여야 하며, 변호인의 조력을 받을 권리가 있음을 고지하여야 한다 → 6시간을 초과하여 머무르게 할 수 없다.

ㄹ) 구호기관에 긴급구호 요청: 미아·병자·부상자(당해인이 거절하는 경우는 예외), 정신착란자, 만취하여 타인에 위해 또는 자살을 기도하는 자 등 → 경찰관에서의 보호는 24시간을 초과할 수 없다.

ㅁ) 피보호조치자 휴대의 흉기 등: 경찰관서에 임시 영치할 수 있다 → 10일을 초과할 수 없다.

(3) 소지품검사(所持品檢査): 불심검문에 수반하여 흉기 기타 물건의 소지 여부를 밝히기 위해 거동 불심자가 입고 있는 옷과 휴대품을 조사하는 것.

가) 흉기의 소지 여부: 조사할 수 있다(경찰관직무집행법 제3조 제3항).

나) 소지품 검사의 한계(限界)

ㄱ) Stop and Frisk: 의복이나 휴대품의 외부를 손으로 만져서 확인하는 것 → 기원은 미국의 Terry 사건(1968년).

ㄴ) 내부를 직접 뒤지는 것: 주머니에 손을 넣어 뒤지는 경우 등 → 불허.

ㄷ) 소지품의 내용 개시 요구: 강요적인 언동에 의하지 않는 한 허용된다고 해석(다수설) → 상대방이 응하지 않을 경우, 흉기 조사의 경우에는 실력 행사할 수 있지만, 일반 소지품 조사의 경우에는 허용되지 않는다고 본다.

ㄹ) 주의사항: 상대방의 행동에 주의하여야 한다 → 장소와 위치선정에 주의, 뜻밖의 공격에 대비.

다) 범죄수사를 위한 소지품검사: 불허 → 수색(강제수사)에 해당함.

(4) 자동차 검문(檢問): 범죄 예방과 범인 검거를 위하여 통행 중인 자동차를 정지케 하여 운전자 또는 동승자에게 질문하는 것 → 교통검문, 경계검문, 긴급수배검문.

가) 교통검문: 도로교통법의 일시 정지권에 근거.

나) 경계·긴급수배검문: 명문규정(明文規定)이 없으므로 문제가 되는데 경찰관직무집행법과 형사소송법의 임의수사 규정에 근거를 가진다고 해석하는 것이 일반적이다.

ㄱ) 경계검문: 불특정한 일반 범죄의 예방과 검거 목적.

ㄴ) 긴급수배검문: 특정범죄 발생시, 범인검거와 수사 정보수집 목적.

다) 한계: 중대 범죄에 한하여 임의적 수단에 의해 자동차 이용자의 자유 제한을 필요 최소한으로 하는 경우에만 인정된다고 할 것이다.

4) 변사자검시(變死者檢視)와 처리(處理)

(1) 변사자(變死者)의 정의(定義)

가) 변사자(變死者): 고령사·병사 등의 자연사가 아니고 부자연한 사망을 하

여 그 사인이 불명확하며, 범죄에 기인한 의심(범죄에 의한 것일 가능성) 있는 사체.

나) 변사(變死)의 의심(疑心)이 있는 사체(死體)

ㄱ) 자연사 여부가 판명되지 않은 것으로서 범죄에 기인한 것이 아닌가 의심 있는 사체.

예 일견 병사와 같으나 사망 전 타인으로부터 구타당한 사실이 있는 경우.

ㄴ) 실무상의 변사(變死)의 개념

a) 변사자와 변사의 의심이 있는 사체를 따로 구분하지 않고 양자를 포함하여 사용.

b) 자연사 이외의 부자연사에 의한 사체를 통틀어 의미.

c) 변사자검시(變死者檢視)는 수사의 단서(端緖)가 되기는 하지만 수사가 아닌 데 비해, 변사자검시(變死者檢屍)는 검증(檢證)의 방법으로 검증영장(실무는 압수·수색영장)에 의한 강제수사.

ㄷ) 변사자검시(變死者檢視): 변사자 또는 변사의 의심이 있는 사체를 그 소재지를 관할하는 지방검찰청 검사가 검시(檢視)하는 것(형사소송법 제222조 제1항).

(2) 변사사건처리(變死事件處理)의 목적(目的)

가) 수사단서의 확보: 변사체의 사인을 규명하여 자살·타살 여부를 명확히 하고 변사가 범죄에 기인한 것일 때 → 수사의 개시.

나) 신원 파악 및 사체를 유가족에게 인도.

(3) 처리(處理)의 방침(方針)

가) 사인(死因) 규명 → 자살·타살 여부를 명확히 함.

나) 신원불명 변사자: 긴급사건수배에 준하여 수배하고 지문규칙 제8조에 의거 십지지문(十指指紋)을 채취 조회하여 신속히 신원을 파악.

다) 신원이 판명되지 않은 사건: 계속 수사 필요시 → 변사자수배카드를 작성 관리.

(4) 근거법규(根據法規)

가) 형사소송법(刑事訴訟法) 제222조: 변사자(變死者)의 검시(檢視).

나) 사법경찰관리집무규칙(司法警察官吏執務規則) 제7절.

다) 범죄수사규칙(犯罪搜查規則) 제31조~제38조.

라) 변사사건(變死事件) 처리(處理): 경찰업무편람(京察業務便覽).

마) 지문규칙(指紋規則) 제8조.

바) 행정검시규칙(行政檢視規則): 1992.10.30. 경찰청(警察廳) 예규(例規) 제92호(號).

사) 형법(刑法) 제163조: 변사체검시방해죄(變死體檢視妨害罪).

아) 경범죄처벌법(輕犯罪處罰法)

ㄱ) 제1조 6호: 사체은닉(死體隱匿)·장소변경(場所變更).

ㄴ) 제1조 7호: 사체(死體) 신고불이행죄(申告不履行罪).

ㄷ) 제24조: 변사체(變死體)의 신고(申告).

(5) 처리요령(處理要領)

가) 변사자(變死者)의 발견(發見), 보고(報告).

나) 경찰관은 변사자 또는 변사의 의심이 있는 사체를 발견하거나 사체가 있다는 신고를 받았을 때에는 즉시 경찰서장(警察署長)에게 보고 → 변사자 발생보고를 받은 사법경찰관은 형사소송법 제222조에 의한 검시(검사(檢事)가 검시)가 행하여지도록 즉시 관할 지방검찰청 또는 지청의 검사(檢事)에게 보고하여 그 지휘를 받아야 함.

(6) 검시(檢視)의 대행(代行)

가) 형사소송법 제222조 제3항에 의한 검사의 지휘를 받았을 때에는 사법경찰관이 검시를 행함.

ㄱ) 사법경찰관에게 대행을 명할 수 있다 → 사법경찰리는 변사자검시권이 없다.

ㄴ) 범죄의 혐의가 인정되고 긴급을 요하는 경우 → 영장 없이 검증할 수 있다.

ㄷ) 타인의 주거: 주거권자의 동의가 없는 한 영장을 요한다.(다수설)

나) 사법경찰관은 의사의 참여를 요구하여 검시를 행하고 즉시 그 결과를 경찰서장과 검사에게 보고하는 동시에 검시조서(檢屍調書)를 작성.

다) 검시를 함에 있어 관계자 등의 진술조서를 작성하였을 때에는 의사의 사체

검안서와 촬영한 사진 등과 같이 검시조서를 첨부.

(7) 검시(檢視)와 참여인(參與人)

가) 사법경찰관리(司法警察官吏)와 의사(醫師)를 참여하게 한다.

나) 그 외에 검시에 특별한 지장이 없다고 인정할 때: 변사자의 가족 · 친구 · 동거인, 구 · 군 · 읍 · 면 · 동의 공무원 기타 필요하다고 인정되는 자를 참석시켜야 한다(사법경찰관리집무규칙 제35조).

(8) 검시시(檢視時)의 조사사항(調査事項)

가) 변사자의 본적 · 주거 · 직업 · 성명 · 연령과 성별.

나) 변사장소 주위의 지형과 사물의 상황.

다) 변사자의 위치 · 자세 · 인상 · 치아 · 전체의 형상 · 인상 · 문신 기타 특징.

라) 사망의 추정 연월일시.

마) 사인(死因)(특히 범죄행위에 기인 여부).

바) 흉기 기타 범죄행위에 사용되었다고 의심되는 물건.

사) 발견 일시와 발견자.

아) 의사의 검안과 관계인의 진술.

자) 착의 및 휴대품.

차) 참고인.

카) 중독사의 의심이 있을 때에는 정상(情狀), 독물의 종류의 중독에 이른 경위 등.

(9) 검시(檢視)를 행함에 있어서 주의사항(注意事項)

가) 검시착수 전에 변사자의 위치 · 상태 등이 변하지 아니하도록 현장을 보존할 것.

나) 변사자의 소지금품이나 기타 유류한 물건으로서 수사에 필요가 있다고 인정될 때에는 이를 보존하는 데 유의할 것.

다) 잠재지문과 변사자 지문 채취에 유의하고 의사로 하여금 사체검안서를 작성하게 할 것.

라) 자살자나 자살의 의심 있는 사체를 검시할 때에는 교사자 또는 방조자의 유무, 유서가 있을 때에는 그 진위를 조사할 것.

마) 익사체(溺死體)의 경우: 사체 자체만으로는 투신자살인지, 과실사인지, 살

인인지 그 사인이 불명한 때가 많으므로 소지품을 잘 검토하고 변사자의 유족, 친족, 인거인(隣居人), 친구, 변사전 최후에 변사자를 본 사람 등의 진술을 세심하게 검토하여 사인을 규명.

5) 검시(檢視)에 연속(連續)된 수사(搜査)

(1) 사법경찰관이 검시를 한 경우: 사망이 범죄에 기인한 것으로 인정될 때 → 즉시 경찰서장과 당해 검시를 지휘한 검사에게 보고하는 동시에 수사를 착수.

(2) 전항의 경우에 있어서 수사상 필요할 때에는 압수·수색·검증 영장을 받아 검증을 하되 의사 기타 적당한 감정인에게 사체의 해부를 위촉 → 검증조서와 감정서만을 작성하고 검시조서(檢屍調書)의 작성을 생략.

(3) 범행 중 또는 범행직후의 범행 장소에서 긴급을 요하고 영장을 발부받을 수 없을 때: 영장 없이 압수·수색 또는 검증 등을 행하고 사후에 지체 없이 영장을 받아야 함.

6) 사체(死體)의 인도(引渡)

(1) 사법경찰관의 변사체검시 결과 범죄에 기인하지 아니한 것으로 명백히 인정되었을 때.

가) 검사의 지휘를 받아 사체를 (12시간 이내에) 신속히 유족 등에게 인도(引渡).

나) 사체를 인수할 자가 없거나, 그 신원이 판명되지 아니한 때: 사체 현존지의 구청장·시장 또는 읍·면장에게 인도.

(2) 전항의 인도를 하였을 때에는 사체 및 소지금품 인수서를 받아야 함.

(3) 변사체는 후일을 위하여 매장(埋葬)함이 원칙.

7) 사진(寫眞)의 촬영(撮影)과 지문(指紋)의 채취(採取)

특히 인상·전신의 형상·착의 기타 특징 있는 소지품의 촬영, 지문의 채취 등으로 사후의 수사 또는 신원조사에 대비.

8) 호적법(戶籍法)에 의한 통보(通報)

(1) 사법경찰관의 변사자검시 결과 사망자의 본적이 분명하지 아니하거나 사망자를 인식할 수 없을 때: 지체 없이 사망지의 구·시·읍·면의 장에게 검시조서를 첨부하여 사망통보서를 송부하여야 한다고 규정(호적법 제93조 제1항).

(2) 사법경찰관은 전 '가)'항에 의하여 통보한 사망자의 본적이 분명하여졌거나 사망자를 인식할 수 있게 된 때: 지체 없이 그 취지를 당해 구·시·읍·면의 장에게 추보하여야 한다(호적법 제93조 제2항).

3 변사자(變死者)의 수배요령(手配要領)

1) 변사사건의 수배

긴급사건 수배요령에 준하여 행하고, 긴급사건 수배를 받는 지방경찰청에서는 긴급수배를 하여야 함.

2) 신원이 발견되지 않은 사건

계속 수사할 필요가 있을 때 → 변사자수배카드를 작성 관리.

3) 변사자 발생 경찰서에서는 지문 규칙 제8조에 의거

(1) 십지지문 채취하여 경찰청에 조회 의뢰.

(2) 변사자의 인상과 특징 등을 사진 촬영하여 변사자수배카드를 작성 활용.

(3) 지문 조회시는 반드시 성별·연령·사망일시 및 장소 등을 기입 조회.

4) 경찰서에서 변사자 수배카드를 작성 → 당해 지방경찰청에 송부 → 그 카드를 피의자사진 관리규정에 의한 신체특징 종별기준법에 의거 분류하여 지방경찰청에서 보관 → 연고자 열람 또는 경찰조회 등에 활용.

5) 타시도 연고지 경찰서에 수배가 필요한 때에는 카드의 필요매수를 작성하여 연고지 지방경찰청으로 한하여 수배.

6) 언제나 수배사항에 유의하여 수사하고, 연고지 지방경찰청에서는 적극적으로 수사하여 연고자의 발견이나 열람이 필요할 때에는 당해 지방경찰청에 조회하여 확인.

4 행정검시(行政檢視)

1) 목 적

행정검시규칙(1992.10.30. 경찰청 예규 제92호)에 근거 → 범죄와 관련이 없는 사체처리를 간소화하여 국민편익 도모와 동시에 신속을 기하기 위해서.

2) 범죄에 기인되지 아니한 사체

사법검시(司法檢視) 대상에서 제외하여 간단한 절차인 행정검시로 완결할 수 있도록 함.

3) 대 상

화재 · 낙뢰 · 파선 등 자연재해로 인한 사망자 또는 행려병사자로서 범죄에 기인되지 아니한 것이 명백한 사체.

4) 지구대장 및 파출소장

관내에서 변사체를 발견하거나 사체가 있다는 신고를 받았을 때에는 즉시 범죄수사규칙 제52조 제2항에 의거 지방검찰청 또는 지청의 검사에게 보고하는 것과 동일한 내용을 보고하여야 함.

5) 지구대장 및 파출소장의 보고 → 경찰서장(警察署長)은 변사체가 행정검시대상에 해당 한다고 인정될 때에는 파출소장에게 행정검시를 命함 → 命을 받은 파출소장은 의사의 검안을 거쳐 → 행정검시조서를 작성 → 사체는 즉시 유족에게 인도하여야 한다. 다만, 사체를 인수할 자가 없거나 신원이 판명되지 아니한 때는 변사자검시(變死者檢視)와 같은 방법으로 조치.

6) 행정검시를 실시한 파출소장: 행정검시조서, 의사검안서, 사체인수서를 첨부하여 처리 결과를 보고 → 경찰서장(警察署長)은 파출소장이 보고한 변사사건발생보고서(여백에 행정검시 지휘서명날인)에 행정검시결과보고서를 첨부, 일자순으로 빠짐없이 철하고, 별지 제2호 서식에 의한 색인을 기록한 행정검시부(行政檢視簿)를 비치하여야 함.

7) 행정검시 中 사체가 범죄에 기인한 것으로 의심될 경우: 지체 없이 경찰서장에게 보고 → 경찰서장은 수사에 착수하여야 함.

8) 타사건(他事件) 수사중(捜査中) 범죄발견(犯罪發見)

(1) 새로 인지한 범죄사실에 대해서도 고발이 소추요건인 경우: 고발을 의뢰하거나 또는 이첩하고 중요사건인 경우에는 상급청에 보고.

(2) 공무원범죄인 경우: 소속장에게 수사개시를 통보하는 등 반드시 필요한 절차를 밟아야 함.

(3) 별도의 사건번호를 부여하고 인지절차를 밟아야 하며 관련사건으로 합철처리하기도 함.

5 기타(其他): 보도(報道) · 풍설(風說)

1) 사법경찰관리집무규칙 제20조

(1) 신문·방송의 보도, 기타 출판물의 기사, 밀고, 풍설의 내용 가운데 범죄에 관한 것이 있을 때: 특히 출처에 주의 → 그 진상을 內査 → 범죄혐의가 있다고 인정할 때에는 즉시 수사에 착수.

(2) 내사를 빙자하여 막연히 관계인의 출석을 요구하거나 물건을 압수하는 일이 없도록 하여야 함.

(3) 수사단서로서 가치가 없다고 인정될 때에는 내사하지 아니할 수도 있음.

2) 범죄혐의가 없다고 인정한 때

즉시 내사를 종결(내사보고서) → 익명 또는 허무인 명의의 진정·탄원 및 투서에 대하여는 그 내용을 정확히 판단.

6 타인의 체험을 청취(聽取)한 경우

1) 고소(告訴)

(1) 고소(告訴): 피해자(被害者) 또는 그와 일정한 관계에 있는 고소권자가 수사기관에 범죄 사실을 신고(申告)하여 범인의 처벌을 구하는 의사표시 → 친고죄는 고소가 소송 조건임.

가) 고소가 아닌 것: 법원에 진정서(陳情書)를 제출하거나 피고인의 처벌을 바란다고 증언(證言)하는 것, 단순한 도난신고 등.(판례)

나) 범인의 특정 불요(不要): 범죄인이 누구인가를 반드시 확정하여 제시할 필요는 없다.

(2) 친고죄(親告罪)

가) 상대적 친고죄: 범인과 피해자간에 특수한 신분관계로 친고죄가 되는 경우 → 친족상도례(親族相盜例)가 적용되는 범죄.

나) 절대적 친고죄: 모욕죄와 같이 신분과 관계없이 범죄사실 그 자체가 친고죄에 해당 하는 것 → 비밀침해죄, 사자명예훼손죄, 모욕죄 등.

다) 반의사불벌죄: 피해자가 "처벌을 원치 않는다"는 의사표시가 소송조건이 되는 범죄 → 폭행죄, 협박죄, 명예훼손죄, 과실치상죄 등.

라) 친고죄(親告罪) 등의 수사(搜査)

ㄱ) 친고죄의 고소, 반의사불벌죄의 "처벌을 원치 않는다"는 의사표시: 소송조건 → 범죄의 성부에는 영향이 없음.

ㄴ) 고소 등이 없는 경우

a) 즉시 그 수사를 하지 아니하면 증거의 수집 기타 사후에 있어서의 수사가 현저히 곤란하게 될 우려가 있다고 인정될 때 → 아직 고소가 없더

라도 임의수사뿐만 아니라 강제수사할 수 있음(범죄수사규칙 제68조).

b) 고소하지 않을 것이 명백한 경우: 수사할 수 없다.

c) 고소권자의 명시한 의사에 반(反)하여 수사를 할 수 없으며, 상대방의 명예를 존중하면서 은밀하게 수사해야 함 → 공개시, 형법상 피의사실 공표죄의 성립 가능.

d) 사건수사 중 그 사건이 친고죄인 것을 알았을 경우: 고소권자의 의사를 확인하고 강제수사는 고소를 수리(受理)한 後에 수사를 진행.

마) 처리: 수사절차는 불기소처분으로 종결, 공판절차는 공소기각판결로 종결.

(3) 고소권자(告訴權者)(제223조~제233조)

가) 피해자(被害者): 범죄로 인한 직접적인 피해자를 말한다 → 간접적인 피해자는 제외.

ㄱ) 자기 또는 배우자의 직계존속(直系尊屬)은 고소할 수 없다.

ㄴ) 고소권은 상속·양도될 수 없다.

ㄷ) 특허권·저작권 등: 침해가 계속적인 경우로 권리가 이전되면 고소권도 이전된다.(다수설)

ㄹ) 성폭력범죄 → 자기 또는 배우자의 직계존속도 고소할 수 있다(성폭력범죄의 처벌 및 피해자보호 등에 관한 법률 제18조).

ㅁ) 가정폭력범죄 → 자기 또는 배우자의 직계존속도 고소할 수 있다(가정폭력범죄의 처벌 등에 관한 특례법 제6조 제2항).

나) 법정대리인(法定代理人): 미성년자의 친권자·후견인, 금치산자의 후견인 등(무능력자의 행위를 대리).

ㄱ) 고소시(告訴時)에 법정대리인의 지위가 있으면 족하다: 범죄행위시 또는 고소 후에 지위가 없어도 고소의 효력에는 영향이 없다.

ㄴ) 범죄행위시에 피해자의 법정대리인은 독립(獨立)하여 고소(告訴)할 수 있다 → 피해자의 의사에 反하여도 가능.

ㄷ) 판례: 「독립하여 고소하는 것」에 대하여 무능력자의 보호를 위하여 법정대리인에게 주어진 고유권(固有權)이라고 해석.

a) 피해자의 고소권 소멸 여부와 관계없이 고소 가능.

b) 법정대리인이 범인을 안 날로부터 고소기간이 진행된다.

ㄹ) 다수설: 독립대리권 → 피해자의 고소권이 소멸되면 법정대리인의 고소권도 소멸.

다) 법인의 대표자.

라) 배우자 · 친족

ㄱ) 피해자가 사망한 때

a) 그 배우자, 직계친족 또는 형제자매는 고소할 수 있다.

b) 피해자 자신의 명시한 의사에 반하여 고소하지는 못한다.

ㄴ) 피해자의 법정대리인 또는 그 친족이 피의자인 경우 → 피해자의 친족은 독립하여 고소할 수 있다.

ㄷ) 사자(死者)의 명예를 훼손한 범죄 → 그 친족 또는 자손은 고소할 수 있다(제227조).

ㄹ) 지정 고소권자: 친고죄의 경우, 고소할 자가 없는 경우 → 이해 관계인의 신청이 있으면 검사는 10일 이내에 고소할 수 있는 자를 지정하여야 한다.

(4) 고소기간

가) 친고죄(親告罪): 범인을 알게 된 후로부터 6개월이 경과한 때에는 고소할 수 없다(제230조 제1항).

ㄱ) 단순히 범행 사실만을 알게 된 것만으로는 고소기간이 진행되지 않는다.

ㄴ) 혼인빙자간음죄의 경우: 범인을 알게 된 날이란 범인이 피해자와 혼인할 의사가 없음을 알게 된 날이라고 보고 있다.(법 폐지)

ㄷ) 「성폭력 범죄의 처벌 및 피해자 보호 등에 관한 법률」 위반

a) 적용 범죄: 특수강도강간 · 강제추행, 친족관계에 의한 강간 · 강제추행, 장애인에 대한 강간 · 강제추행, 13세 미만의 여자에 대한 강간 · 강제추행, 강간 상해 · 치상 · 살인 · 치사 · 업무상위력 등에 의한 추행 등.

b) 고소제한에 대한 특례: 자기 또는 배우자의 직계존속을 고소할 수 있다.

c) 고소기간의 특례: 범인을 알게 된 날로부터 1년.

ㄹ) 「가정폭력범죄의 처벌 등에 관한 특례법」 위반

a) 적용 범죄: 상해, 폭행, 유기, 학대, 체포감금, 협박, 명예훼손, 모욕, 주거 및 신체수색, 강요, 공갈, 재물손괴죄 등.

b) 고소제한에 대한 특례: 자기 또는 배우자의 직계존속을 고소할 수 있다.

나) 간통죄의 경우: 혼인이 해소되거나 이혼소송 제기 후라야 고소가 가능하다.(법 폐지)

다) 고소할 수 없는 불가항력의 사유가 있는 경우: 그 사유가 없어진 날로부터 기산(起算)한다.

라) 혼인을 위한 약취·유인죄의 경우: 약취·유인된 자가 혼인을 한 경우 → 혼인의 무효 또는 취소의 확정된 날로부터 고소의 기간이 진행된다.

마) 고소할 수 있는 자가 수인(數人)인 경우

ㄱ) 각 고소권자에 대하여 개별적으로 범인을 알게 된 날을 결정 → 그 중 1인에 대한 기간의 해태(懈怠)는 타인의 고소에 영향이 없다.

ㄴ) 1인의 고소취소의 효력은 타인에 미치지 아니한다.

바) 고소능력이 없다가 생긴 경우: 범행 당시 피해자가 11세의 소년에 불과하여 고소능력이 없다가 고소 당시에 비로소 고소능력이 생긴 경우 → 고소기간은 고소능력이 생긴 때로부터 기산(起算)하여야 한다.(판례)

(5) 고소의 방식

가) 구두(口頭) 또는 서면(書面)으로 검사 또는 사법경찰관에게 하여야 한다(제237조).

ㄱ) 고소는 고소인이 서면고소(書面告訴)로 하는 것이 원칙 → 고소권이 없는 자의 고소는 고소의 효력이 없다.

a) 고소인은 고소능력이 있어야 한다: 고소의 의미를 이해할 수 있는 사실상의 능력.

b) 기한부, 조건부 고소는 불허(不許).

ㄴ) 구두(口頭)에 의한 고소를 받은 경우 → 검사 또는 사법경찰관은 고소인 진술조서를 작성하여야 한다.

ㄷ) 고소장을 수리하면 보충진술조서를 작성하고 피고소인의 인적사항, 범죄사실, 고소의 취지, 피고소인에 대한 처벌희망 여부 등을 상세히 청취하여 보충하여야 한다.

ㄹ) 전보 또는 전화, FAX에 의한 고소는 조서를 작성하지 않는 한 유효하다고 볼 수 없다.

ㅁ) 고소조서는 반드시 독립된 조서일 필요는 없다 → 참고인진술조서에 "고소권자가 처벌을 희망하는 의사표시"를 한 경우도 유효한 고소이다.(판례)

나) 대리고소(代理告訴) 가능(형사소송법 제236조)

ㄱ) 형식: 대리인으로서 위임장이 필요(사법경찰관리집무규칙 제37조, 범죄수사규칙 제45조).

a) 표시 대리: 고소인의 처벌의사 전달 → 대리 인정.

b) 의사 대리: 처벌 희망의사에 대한 결정 → 대리 인정.(다수설)

ㄴ) 실질면에서는 범죄사실을 위시하여 제반사정을 피해자가 잘 알고 있으므로 피해자의 진술을 청취하고 진술조서(피해자)를 작성.

다) 사법경찰관(司法警察官)이 고소를 받은 경우: 신속히 조사하여 관계서류와 증거물을 검사(檢事)에게 송부(送付)하여야 한다.

라) 고소사건(告訴事件)의 처리(處理)

ㄱ) 고소를 수리한 날로부터 2개월 이내에 수사를 완료(범죄수사규칙 제48조 제1항).

ㄴ) 2개월 이내에 수사를 완료하지 못하였을 때: 그 이유를 경찰서장에게 보고하고 지방검찰청 또는 지청 검사의 지휘를 받아야 한다(동규칙 제48조 제2항).

ㄷ) 수사기관이 고소권자를 참고인으로 신문하는 중, 범인의 처벌을 요구하는 의사표시를 하고, 그 의사표시가 조서에 기재된 경우 → 수사기관이 피해자에게 고소 의사의 유무를 묻고 피해자가 고소의 의사 표시를 한 때에도 고소는 적법하다.(판례)

ㄹ) 검사는 3월 이내에 공소제기 여부를 결정하여야 한다 → 훈시기간이므로 위반해도 효력에는 문제없다.

마) 고소사건(告訴事件) 조사(調査)의 주의사항(注意事項)

ㄱ) 고소권의 유무(자기 또는 배우자의 직계존속에 대한 고소 여부).

ㄴ) 친고죄에 있어서는 형사소송법(제230조)에 의한 소정의 고소기간의 경과 여부.

ㄷ) 반의사불벌죄(反意思不罰罪), 즉 피해자의 명시한 의사에 반하여 공소를

제기할 수 없는 사건에 대하여는 처벌을 희망하는가 여부를 각각 조사하여야 한다.

(6) 고소불가분(告訴不可分)의 원칙

친고죄의 고소의 효력이 미치는 범위에 관한 것으로서 고소의 효력은 불가분이라는 원칙 → 친고죄(親告罪)의 고소에 대해서만 적용.

가) 반의사불벌죄에 있어서 공범자 사이에는 이 원칙이 적용되지 않는다.(판례)

나) 수사기관에 범죄사실을 신고하여 처벌을 요구하는 경우가 아닌 조세범처벌법이나 관세법상의 즉시 고발의 경우: 즉시 고발의 특별 요건을 구비했는가는 개개의 범인마다 따져야 하므로 이 원칙이 적용되지 않는다.(판례)

다) 객관적 고소불가분의 원칙: 한 개의 범죄 사실의 일부(一部)에 대한 고소(告訴) 또는 그 취소(取消)는 그 범죄 사실 전부(全部)에 대하여 효력(效力)이 미치는 것.

ㄱ) 단순 1죄의 경우: 이 원칙이 예외 없이 적용된다.

예 강간죄의 경우→ 폭행·협박에 대한 고소는 강간 행위에 대해서도 그 효력이 미치고, 강간을 제외하고 그 수단인 폭행·협박에 대해서만 기소할 수는 없다.

ㄴ) 과형상(科刑上) 1죄의 경우

a) 과형상 1죄의 각 부분이 모두 친고죄이고, 피해자가 동일인일 때: 객관적 불가분의 원칙이 적용된다.

예 여러 사람 앞에서 강제추행을 하면서 모욕적인 언사를 사용한 경우 → 모욕죄에 대한 고소는 강제추행죄에 대한 고소로서의 효력이 있다.

b) 1죄의 각 부분이 친고죄이지만 피해자가 다른 경우: 이 원칙이 적용되지 않는다. 예: 하나의 문서로 甲·乙을 모욕한 경우 → 甲의 고소는 乙에 대한 모욕에 영향을 미치지 않는다.

c) 1죄의 일부만 친고죄인 경우: 비친고죄에 대한 고소의 효력은 친고죄에 미치지 않는다.

예 강간의 수단으로 감금을 한 후 강간한 경우 → 감금죄에 대한 고소는 강간죄에 그 영향을 미치지 않는다.

ㄷ) 수죄(數罪)인 경우: 적용되지 않는다.

예 수회의 간통행위가 있는 경우: 하나의 간통행위에 대한 고소는 다른 간통행위에 대하여 효력이 없다.(판례) → 하나의 간통행위에 대한 고소취소 후 다른 간통행위에 대한 고소 가능(2015.2.26, 간통죄는 폐지되었다. 따라서 '객관적 고소불가분의 원칙'에 대한 의미만 이해할 것).

라) 주관적 고소불가분의 원칙: 친고죄의 공범(共犯) 중 1인 또는 수인에 대한 고소와 그 취소는 다른 공범자에 대하여도 효력이 있다는 원칙(제233조).

ㄱ) 절대적 친고죄의 경우: 언제나 적용 → 공범 중 1인에 대한 고소의 효력은 전원에 대하여 미친다.

ㄴ) 상대적 친고죄(親告罪): 범인과 피해자 사이에 일정한 신분관계에 있는 경우에만 친고죄로 되는 범죄

a) 공범자 전원이 피해자와 신분관계로 친고죄가 되는 경우: 1인에 대한 고소는 다른 공범자에게도 효력을 미친다.

b) 공범자 중 일부가 피해자와 신분관계로 친고죄가 되는 경우

(a) 비신분자에 대한 고소(告訴)의 효력(效力) → 신분관계 있는 공범에게 미치지 않음.

(b) 신분관계 있는 자에 대한 고소의 취소(取消) → 비신분자에게 영향을 미치지 않음.

ㄷ) 공범자 1인에 대하여 1심 판결이 선고되어 고소를 취소할 수 없게 된 경우 → 고소의 주관적 불가분의 원칙에 반(反)하고 불공평한 결과가 초래되므로 고소를 취소할 수 없다.(통설 · 판례)

(7) 고소의 취소(取消)

가) 시기: 제1심 판결 선고(宣告) 전까지 할 수 있다(제232조 제1항).

ㄱ) 친고죄: 제1심 판결 선고 전까지.

ㄴ) 반의사불벌죄: "처벌의사가 없다"는 의사표시 가능 시기 → 제1심 판결 선고 전까지.

ㄷ) 항소심에서 공소장변경된 경우: 반의사불벌죄의 "처벌희망 의사표시의 철회"를 인정하지 않는다.(판례)

ㄹ) 비친고죄: 기간의 제한이 없는 것으로 보아야 한다.

나) 취소의 방법

ㄱ) 고소의 방법과 같이 서면 또는 구두로 할 수 있다: 공소제기 전에는 수사기관에, 공소제기 후에는 수소법원에 하여야 한다.

ㄴ) 구체적인 예

a) 적법한 고소취소로 인정되는 예: 검사의 진술 조서 작성시에 고소 취소의 진술을 한 경우, 합의서와 함께 관대한 처벌을 바란다는 탄원서를 법원에 제출한 경우, 합의서를 제출한 경우 등.

b) 고소의 취소로 인정되지 않는 경우: 고소인과 피해자간에 합의서만 작성된 경우, 법대로 처벌하되 관대하게 처리하여 달라는 취지의 진술 등.

ㄷ) 고소의 취소 → 대리가 인정된다.

ㄹ) 고소권자는 대리 행사권자가 한 고소를 취소할 수 있지만 대리 행사권자는 고유의 고소권자가 한 고소를 취소할 수 없다.

다) 취소(取消)의 효과: 다시 고소할 수 없다(제232조 제2항) → 고소불가분의 원칙이 적용된다.

(8) 고소(告訴)의 포기(抛棄)

친고죄의 고소기간 內에 장차 고소권을 행사하지 않겠다는 의사를 표시하는 것.

가) 절충설(다수설): 고소권의 포기는 인정하지만 고소의 취소와 같은 방식으로 해야 한다.

나) 소극설(부정설)(판례): 고소권은 공법상의 권리이므로 자유 처분권을 인정할 수 없다.

2) 고발(告發)

(1) 고발(告發)

범인 및 고소권자 이외의 제3자가 범죄사실을 수사기관에 신고하여 범인의 처벌을 구하는 의사표시(형사소송법 제234조 제1항).

가) 고발권자: 누구든지 범죄사실이 있다고 사료할 때에는 고발 가능 → 고발권자의 제한은 없다.

나) 단순한 피해신고는 고발이라고 할 수 없다.

다) 공무원(公務員): 직무를 행함에 있어서 범죄가 있다고 사료한 때에는 고발할 의무가 있음(형사소송법 제234조 제2항) → 공무원일지라도 그 직무에 해당하지 않는 범위에 대해서는 고발의무가 없다.

라) 고발의 효력: 수사개시의 단서에 불과 → 예외로 특별법에서 소송조건이 될 경우가 있음.

마) 고발의 제한

ㄱ) 자기 또는 배우자의 직계존속은 고발하지 못한다.

ㄴ) 대리인에 의한 고발 및 그 취소는 인정하지 아니한다.

(2) 고발(告發)의 절차(節次) 및 처리(處理)

가) 고발기간에는 제한이 없고, 고발을 취소한 후에도 다시 고발할 수 있다.

나) 고발과 취소의 방법 및 절차: 고소의 경우와 동일.

다) 구두고발을 수리하였을 때: 범죄의 성질과 피해자 · 범죄일시 · 장소 · 범죄내용 또는 관계자 및 수사상의 참고사항 등 구체적인 내용을 진술케 하기 위하여 고발조서를 작성.

라) 서면에 의한 고발 취소장을 제출한 경우: 그 취소의 내용을 명확히 하기 위하여 진술조서를 작성.

마) 고발(告發)에 대한 예외적(例外的) 법규(法規)

ㄱ) 조세범처벌법(租稅犯處罰法).

ㄴ) 조세범처벌절차법(租稅犯處罰法節次法).

ㄷ) 관세법(關稅法).

ㄹ) 연초전매법(煙草專賣法).

ㅁ) 홍삼전매법(紅蔘專賣法).

ㅂ) 위에 예시한 법률위반에 해당될 때는 소속기관의 고발을 받아 수사할 수 있다 → 특정범죄가중처벌등에관한법률위반에 해당될 때에는 고발 없이도 수사할 수 있음.

(3) 고발(告發)에 대한 주의사항(注意事項)

가) 고발인과 피고발인과의 관계 및 고발인의 신분관계를 명백히 할 것.

나) 고발인이 고발을 하게 된 동기 및 목적을 충분히 조사할 것.

다) 고발사실 내용은 어떻게 알게 되었는가를 조사할 것.

〈고소, 고발, 자수의 비교〉

구 분	고소(告訴)	고발(告發)	자수(自首)
주체	고소권자(피해자)	피해자 및 범인 이외	범인 자신
대리	인정	부정	부정
기간	범인을 안 날로부터 6월 이내	제한 없음	체포 전
취소	제1심판결 선고 전까지 인정	제한 없이 인정	불가능
취소 후	재고소 불가	재고발 가능	
제한	자기 또는 배우자의 직계존속은 고소 또는 고발할 수 없다.		

3) 자수(自首)

(1) 자수(自首): 범인이 수사기관에 대하여 체포 前에 자발적으로 자기의 범죄사실을 신고하여 자신의 처벌을 구하는 의사표시(형사소송법 제240조).

가) 신고하는 시기: 제한이 없으며, 범죄사실이 발각된 후에 신고하거나 지명수배를 받은 후라 할지라도 체포 前에 자발적으로 신고한 이상 자수에 해당.

나) 자수의 신고 수단·방법

ㄱ) 법률상 특별한 제한이 없으므로 반드시 범인 자신이 신고하지 않고 타인을 시켜서 자수(自首)의사를 전달하는 것도 가능.

ㄴ) 제3자에게 자수의사를 전달하여 달라고 한 것만으로는 자수라고 할 수 없음.

ㄷ) 자수는 대리(代理)나 취소(取消)가 있을 수 없다.

다) 구별되는 개념

ㄱ) 자백(自白): 수사기관의 조사를 받아 자기의 범죄사실을 승인하는 것.

ㄴ) 자복(自服): 피해자에게 범죄사실을 알리고 그 용서를 구하는 것.

(2) 자수(自首)의 수리(受理)

가) 자수제도를 인정하는 이유

ㄱ) 수사기관의 노력과 비용을 절약하여 수사권의 발동을 원활 신속하게 하기 위함.

ㄴ) 범인이 뉘우치는 마음을 유발시키기 위한 것.

나) 형법 제52조: 자수에 대하여 그 형을 감경 또는 면제할 수 있도록 규정

→ 임의적 감면.

다) 자수의 방법과 절차: 고발의 경우와 동일.

라) 자수인진술조서 작성시 유의점

ㄱ) 다른 진범인을 숨기기 위한 술책은 아닌가.

ㄴ) 자수같이 가장하여 중대한 사건을 숨기기 위한 계략이 아닌가.

ㄷ) 공범관계를 진술할 때는 고의로 타인을 개입시키는 것이 아닌가.

4) 피해신고(被害申告)

(1) 종류(種類)

가) 살인·강도·현행범인의 도주·날치기 등 범죄피해: 수사의 단서가 됨은 물론 범인검거 활동에 즉시 착수하는 경우가 많다.

나) 천재지변·도로의 붕괴·인명구조의 요청 등 경찰관의 도움을 필요로 하는 신고: 긴급한 사건의 신고에 접한 경찰관은 기민한 활동으로 범인의 검거·인명의 구조·경계경비 등 긴급조치를 취하여야 함.

(2) 피해신고(被害申告) 처리요령(處理要領): 피해신고를 접수한 경찰관은 사건의 대소를 막론하고 피해자의 입장에서 조속한 수리를 해야 함.

가) 피해신고처리요령(被害申告處理要領)

ㄱ) 피해신고자가 서면으로 제출하는 것이 원칙이나 대부분의 경우 112전화 등을 이용한 구술신고인 경우가 많음.

ㄴ) 피해신고가 있을 때에는 그 신고에 관한 사건이 관할구역 내의 사건 여부를 불문하고 즉시 접수하여야 함(범죄수사규칙 제50조 제1항).

ㄷ) 구술신고의 경우에는 피해신고서를 작성하여야 하며 피해신고서에 그 내용을 충분히 기재하지 아니하였거나 기재할 수 없을 때에는 진술조서를 작성 보충하여야 함.

나) 피해신고서(被害申告書) 작성요령(作成要領)

ㄱ) 신고인 및 피해자의 인적사항 기재(피해신고서식에는 피해자란과 신고인란이 구별되어 있으므로 해당 구분에 따라서 기입).

ㄴ) 피해일시 및 장소의 기재.

ㄷ) 피해금품의 품목, 수량, 시가 및 소유자 등의 기재.

ㄹ) 피해상황의 기재.

ㅁ) 기타 참고상황의 기재.

ㅂ) 삭제, 삽입의 경우에는 그 부분을 신고인의 인장(무인)을 사용한다. 대서한 경우에도 그 작성자 명의는 어디까지나 신고인으로 하고 대리자가 되어서는 안 된다.

다) 익명(匿名)의 신고(申告): 투서(投書)·밀서(密書): 자기의 주소·성명을 기재하지 않고 전화 또는 편지로 범죄신고를 하는 경우.

ㄱ) 출처를 확인하고 신고사실의 진위 여부도 확인.

ㄴ) 경솔하게 신고만을 믿고 선량한 사람을 괴롭히거나, 무기명투서라고 경시하여 의외로 중대한 사건의 단서를 놓쳐버리지 않도록 하여야 함.

제 5 절 임의수사(任意搜査)

1 의 의

1) 형사소송법 제199조 제1항

범죄수사는 그 목적을 달성하기 위하여 법률이 정한 범위 내에서 필요한 조사를 할 수 있다 → 임의수사(任意搜査)의 원칙, 강제수사법정주의(强制搜査法定主義).

(1) 직권 수사: 고소와 상관없이 수사기관의 직무상 실체적 진실발견 의무에 의해 수행.

(2) 수사비례의 원칙: 수사 목적 달성에 필요한 최소한의 범위에서 수사해야 한다 → 수사의 이익과 수사에 의한 법익침해가 부당하게 균형을 잃지 않도록 하여야 한다.

(3) 임의수사(任意搜査): 강제력을 행사하지 아니하고 상대방의 동의·승낙을 얻어서 수사하는 방법 → 영장 불요(不要).

(4) 강제수사(强制搜査): 상대방의 의사 여하를 불문하고 강제처분에 의해 수사하

는 방법 → 영장 요(要).

(5) 영장주의(令狀主義): 강제수사의 경우에는 일부 법정된 예외를 제외하고는 법관이 발부한 영장에 의할 것을 요구하는 영장주의(令狀主義) 원칙을 채택(헌법 제12조 제3항).

2) 강제력(强制力)을 사용하지 않고(영장 불요(不要)), 상대방(相對方)의 동의(同意) 또는 승낙(承諾)을 받아서 행하는 수사(搜査) → 상대방의 법익 침해를 수반하지 않는 수사(搜査).

(1) 임의수사와 강제수사의 구별에 관한 학설

가) 형식설: 형사소송법에 규정된 강제처분의 유형만이 강제수사라는 견해(체포・긴급체포・구속・압수・수색 등).

나) 실질설(다수설): 상대방의 의사에 반하여 실질적으로 법익을 침해하는 것이 강제수사라는 견해.

다) 적법절차기준설: 적법절차의 원칙에 따라 최소한도의 기본적 인권을 침해할 위험성이 있는 경우에는 강제수사라는 견해.

(2) 임의수사의 종류

가) 대인적 임의수사: 피의자신문, 참고인 조사, 감정・통역의 위촉 등.

나) 대물적 임의수사: 승낙에 의한 수색・검증, 임의 제출물의 압수, 공무소의 조회, 실황 조사 등.

해설 ☞ 일반적으로 검증은 대물적 강제처분이라고 분류하기는 했으나 실질적으로 피의자의 신체(상해의 흔적 등) 자체가 검증의 대상이 된 경우는 대인적 강제처분이 된다.

2 임의수사(任意搜査)의 방법

1) 피의자신문(被疑者訊問)

수사기관이 수사상 필요에 의하여 형사피의자를 신문하여 피의자의 진술을 구하는 수사절차.

(1) 피의자신문의 시기: 공소제기 前에 하여야 함(원칙) → 예외로, 공소제기 후

에도 피고인이 거부하지 않는 한 인정된다.(다수설)

(2) 피의자신문의 주체: 수사기관, 즉 검사와 사법경찰관.

(3) 피의자신문의 절차 및 방식

가) 출석요구

ㄱ) 수사기관은 수사상 필요한 때에는 피의자나 참고인에 대해서는 진술을 듣기 위하여 출석을 요구할 수 있다(형사소송법 제200조, 사법경찰관리집무규칙 제16조 제1항) → 피의자는 출석의무가 없으므로 출석을 거부할 수 있고, 신문 도중 언제라도 퇴거(退去)할 수 있다.

ㄴ) 출석요구의 방식에는 제한이 없다 → 서면 · 구두 · 전화 등을 불문.

ㄷ) 출석장소는 반드시 수사관서일 필요는 없다(단, 사건기록에 그 근거를 남겨야 함).

나) 진술거부권의 고지

ㄱ) 사전(事前)에 진술거부권이 있음을 알려야 한다.

ㄴ) 신문시마다 할 필요는 없고, 처음 신문을 시작할 때 한번의 고지로 충분하다.

ㄷ) 진술거부권을 고지하지 아니하고 작성된 피의자신문조서: 위법한 절차에 의하여 수집된 증거 → 증거능력이 없다.(다수설 · 판례)

다) 신문사항

ㄱ) 인정신문: 피의자의 성명 · 연령 · 본적 · 주거 · 직업 등을 물어 피의자의 동일성을 확인 → 피의자는 인정신문에 대하여 진술거부권을 행사할 수 있다.

ㄴ) 범죄사실 등: 수사기관은 범죄사실과 정상에 관한 필요사항을 신문 → 피의자에게 이익이 되는 사실을 진술할 기회를 주어야 한다.

ㄷ) 대질신문: 필요한 때에는 대질신문도 할 수 있다.

라) 피의자신문의 참여자

ㄱ) 검사의 피의자신문시: 검찰수사관 또는 검찰서기관 · 서기 등을 참여하게 함.

ㄴ) 사법경찰관의 피의자신문시: 사법경찰관리를 참여하게 하여야 함.

ㄷ) 변호인(辯護人)과 법관(法官)의 참여권은 부정된다 → 실무에서는 사법

경찰관의 피의자신문시 변호인 참여를 권장함(실무상, 피의자신문과정에서 경찰서장이 변호인을 참여하게 할 수 있다).

마) 신문시 참여제도의 목적: 신문내용의 정확성과 절차의 적법성을 보장하기 위하여.

(4) 조서의 작성

가) 작성권자(검사 · 사법경찰관): 수사기관은 피의자를 신문한 경우에는 신문내용을 조서에 기재하여야 한다.

나) 조서의 열람 · 낭독 · 증감변경요구권: 신문조서는 피의자에게 열람시키거나 읽어 주어야 하고, 오기가 없는지 물어 피의자가 증감 · 변경을 요구한 때에는 그 진술을 조서에 기재하여야 한다 → 열람, 낭독하지 않아도 증거능력 인정.(판례)

다) 피의자의 서명날인 및 간인: 피의자가 조서에 오기가 없음을 확인하면 피의자로 하여금 그 조서에 간인을 하고 서명 또는 기명날인을 하도록 한다 → 피의자의 서명날인이 없으면 증거능력 부정.(판례)

라) 조사관 · 참여자의 서명날인 · 간인: 피의자의 서명 · 날인이 있은 후 신문조서에 참여한 조사관 · 참여자는 서명날인 및 간인을 하여야 한다 → 피의자의 서명날인이 없는 피의자신문조서의 증거능력은 부정.(판례)

2) 참고인조사

(1) 참고인(參考人): 피의자가 아닌 제3자 → 강제로 소환(召喚)당하거나 신문(訊問)당하지 않음.

(2) 형사소송법 제221조: 수사기관은 필요한 경우에는 피의자 아닌 자의 출석을 요구하여 진술을 들을 수 있다.

가) 참고인에 대한 출석요구, 진술청취, 진술조서작성 방법 등 → 피의자신문의 경우와 동일.

나) 참고인과 피의자의 차이점

ㄱ) 참고인(參考人): 진술조서 작성, 진술거부권을 고지할 필요가 없다.

ㄴ) 피의자(被疑者): 피의자신문조서 작성, 진술거부권을 고지해야 함.

(3) 참고인조사의 절차

가) 참고인은 진술의무도 없으며, 참고인에게는 진술거부권을 고지할 필요가 없다.

나) 피의자를 참고인과 대질(對質)하여 신문할 수 있다.

다) 참고인이 출석을 거부하거나 진술을 거부하는 경우: 검사는 제1회 공판기일 전(前)에 한하여 판사에게 증인신문을 청구할 수 있다.

(4) 참고인과 증인의 구별

구 분	참고인	증 인
진술 기관	수사기관	법원 또는 법관
구인 여부	구인 부정	구인 인정
각종 의무	선서 · 출석 · 증언의무 없음	선서 · 출석 · 증언의무 있음
제재 여부	과태료부과 부인	과태료부과 인정

3) 조서(調書)와 진술서(陳述書)의 증거능력

(1) 성립의 진정(眞正)

가) 형식적 성립의 진정: 조서에 기재된 서명, 날인 등이 진술자의 것임에 틀림없는 경우.

나) 실질적 성립의 진정: 진술자의 진술 그대로 조서에 기재된 경우.

(2) 내용의 인정(認定): 조서에 기재된 내용이 진실과 부합하다고 진술하는 것.

4) 수사상 감정(鑑定) · 통역(通譯) · 번역(飜譯)의 위촉(委囑)

(1) 형사소송법 제221조 제2항: 수사기관은 수사에 필요한 때에는 감정 · 통역 또는 번역을 위촉할 수 있다.

(2) 수사상 감정위촉(鑑定委囑)

가) 특별한 학식, 경험이 있는 제3자에게 그 학식, 경험을 토대로 한 실험법칙의 결과나 구체적 사실에 관한 판단의 결과를 알려 주도록 요청하는 수사방법.

ㄱ) 임의수사이다: 수사상 감정위촉의 수락 여부, 출석이나 퇴거는 자유이므로.

ㄴ) 감정(鑑定)과 구별: 법원의 증거조사 방법 → 법원으로부터 감정위촉을 받은 자를 감정인(鑑定人)이라고 하며, 감정인은 증인으로 소환할 수 있으나 구인은 안 되며, 증언거부권이 있다.

나) 수사상 감정 후, 감정수탁자를 참고인으로 조사할 수 있으며 감정을 위촉하는 경우에 유치처분(留置處分)이 필요하다고 인정할 때 → 검사는 감정유치 청구 가능.

다) 수사상 감정의 위촉을 받은 자: 판사의 허가를 얻어 감정에 필요한 처분을 할 수 있음.

(3) 통역(通譯)

가) 외국인에 대하여 피의자신문을 하는 경우에는 통역을 통하여 피의자신문조서를 작성.

나) 통역에 대하여는 별도로 참고인진술조서를 작성

ㄱ) 내용: 통역인에 대한 사항, 통역을 할 수 있는지, 전에 통역해 본 일이 있는지 또는 피의자가 진술한 바를 사실대로 통역하겠다는 등의 요지의 진술이 포함.

ㄴ) 통역으로 피의자신문조서, 진술조서 등을 작성한 때: 말미에 진술자와 통역인 공동으로 서명하여야 함.

다) 농자(聾者)나 아자(啞者): 그 진술에는 통역인으로 하여금 통역할 수 있음.

5) 승낙에 의한 수색 · 검증(다수설)

승낙의 임의성(任意性)이 인정되는 경우에는 임의수사로서 허용된다.

6) 거짓말 탐지기 사용(다수설 · 판례)

피검자(被檢者)의 동의(同意)가 있는 경우에는 임의수사로서 허용된다.

7) 실황조사(實況調査)

수사기관이 강제력을 사용하지 않고 범죄현장 기타 범죄관련장소 · 물건 · 신체 등의 존재상태를 5관(五官)의 작용으로 실험 · 경험 · 인식한 사실을 명확히 하는 수사활동.

(1) 실황조사서: 그 결과를 기재한 서면.

(2) 실무상 검증(檢證)과 다를 바가 없으나 차이점은 강제력이 따르지 않음 → 임의수사이다.

(3) 오관(五官): 눈(시각), 코(후각), 귀(청각), 혀(미각), 피부(촉각).

8) 사실조회(事實照會)

(1) 형사소송법 제199조 제2항: 수사상 필요한 때에는 공무소 기타 공사단체에 필요한 특정사항을 조회하여 그 회답은 요구할 수 있다.

(2) 조회를 의뢰받은 자: 회답의무가 있으나 그 이행을 강제할 수 없음 → 임의수사의 일종.

(3) 조회를 받은 사항이 법령에 의하여 비밀로 된 때에는 그 사유를 제시하여 거부할 수 있음.

9) 촉탁수사(囑託搜査) · 공조수사(共助搜査)

(1) 의미: 타수사기관(타서사법경찰관리)에게 일정한 사실의 수사를 의뢰하는 것.

(2) 촉탁사항에는 제한이 없으나 수사의 성질상 직접 수사하여야 할 필요가 있을 때에는 출장수사를 하여야 함.

(3) 공조수사의 종류

가) 평상공조: 평소 예견가능한 일반적인 공조 → 수배, 통보, 조회, 촉탁 등.

나) 비상공조: 중요특이사건발생시 수사비상배치, 수사본부설치, 특별사법경찰관리 등과의 합동수사 등 → 정사복, 내외근 경력이 총동원되는 것이 상례.

다) 횡적공조: 지방경찰청 상호간, 각부서 내지 동료 상호간의 수사공조, 대외적으로 국제형사기구와의 협조도 포함 → 정보교환, 자료활용, 수배통보, 촉탁, 합동수사 등.

라) 종적공조: 상하급관서간의 상명하복관계.

마) 자료공조: 모든 수사정보를 자료화하여 모든 경찰이 활용하는 것 → 이상향.

바) 활동공조: 현재 제기되는 당면문제에 대한 공조수사 활동 → 수사비상배치, 불심검문, 미행, 잠복, 현장긴급출동 등.

3 기타의 수사(搜査) 방법

1) 임의동행(任意同行)

수사기관이 피의자(被疑者)의 동의(同意)를 얻어 피의자와 수사기관까지 동행하는 것.

(1) 『형사소송법』상 명문의 규정이 없다 → 판례는 엄격히 제한

(2) 임의동행이 가능한 경우.

가) 당해인에게 불리하거나 교통의 방해가 되는 경우에 인정된다.

나) 범죄 행위에 관하여 그 사실을 안다고 인정되는 자도 대상이 될 수 있다.

(3) 다수설: 수사상 필요한 조사를 하기 위하여(제199조 제1항) 사회통념상 신체의 속박이나 심리적 압박에 의한 자유의 구속이 있었다고 할 수 없는 객관적인 상황이 있는 때에는 임의수사로서 허용된다.

(4) 임의동행(任意同行)의 형식을 취하더라도 강제적인 요소가 있는 때에는 강제수사이다.

2) 보호실 유치(판례)

피의자(被疑者)의 사전동의(事前同意)를 받더라도 그 효과는 구속(拘束)과 다를 바 없으므로 영장(令狀) 없이 피의자를 보호실(保護室)에 유치(留置)하는 것은 위법(違法)하다.

3) 마취 분석(통설)

피의자의 동의(同意) 여부(與否)에 관계없이 허용되지 않는다.

4) 사진촬영(寫眞撮影)

피촬영자의 초상권(肖像權)을 침해한다는 점에서 강제수사의 일종 → 공개된 장소에서의 사진 촬영은 임의수사라고 해석하는 견해도 있다.

5) 신체수색(身體搜索)

신체 외부와 착의(着衣)에서 증거물을 찾는 것

(1) 강제수사: 압수・수색영장을 사용 → 불심검문 과정에서의 허용되는 신체수색(신체 외부에서 의심스러운 부분을 만져보는 것)은 영장 없이 가능 함.

(2) 여자의 신체수색인 경우 → 성년의 여자가 참여해야 함.

6) 신체검사(身體檢查)

신체 자체를 검사의 대상으로 하는 것 → 강제수사이므로 영장에 의한다. 여자의 신체검사인 경우는 의사나 성년여자의 참여를 요한다.

(1) 체내검사(體內檢查): 정액, 혈액, 오줌의 채취, 항문・위장 내부 검사 등 → 신체에 대한 수색(搜索)이면서 검증(檢證)의 성격을 띠므로 압수・수색 영장 외에도 검증 영장 또는 감정 처분 허가장을 발부(發付)받아야 한다.

(2) 연하물검사: 정액, 혈액, 오줌 등의 채취

(3) 외과수술: 증거물을 찾기 위한 외과수술은 어떠한 경우에도 허용되지 아니한다.

(4) 체포・구속된 피의자에 대한 지문 채취나 신장과 체중 등을 측정하는 것: 영장 없이 가능하다.

7) 도청(盜聽)(다수설)

개인의 사생활에 대한 중대한 침해이므로 강제수사로 보아야 한다 → 일방(一方) 당사자(當事者)의 동의가 있는 경우에는 법원(法院)의 허가(許可)가 없어도 도청(盜聽)이 허용된다고 해석한다.

8) 범죄수사를 위한 통신제한 조치(통신비밀보호법)

(1) 목적(目的): 통신비밀을 보호하고 통신의 자유 신장.

가) 우편물의 검열 또는 전기통신의 감청을 하거나 공개되지 아니한 타인간의 대화를 녹음 또는 청취에 대한 제한.

나) 통신제한조치는 ① 범죄수사 또는 ② 국가안전보장을 위하여 보충적인 수단으로 이용 되어야 하며, 국민의 통신비밀에 대한 침해가 최소한에 그치

도록 노력하여야 함.

(2) 통신제한조치가 가능한 범죄

가) 형법: 국가적 법익에 대한 범죄: 내란의 죄(제1장), 외환의 죄(제2장), 국교에 관한 죄(제4장), 공안을 해하는 죄(제5장), 폭발물에 관한 죄(제6장), 제7장 중 공무상 비밀누설죄 · 뇌물죄, 도주와 범인은닉의 죄(제9장).

나) 형법: 사회적 법익에 대한 범죄: 방화와 실화의 죄(과실폭발성물건파열 등 제외), 아편에 관한 죄(제17장), 통화에 관한 죄(제18장), 유가증권의 위조 · 행사죄.

다) 형법: 개인적 법익에 대한 범죄: 살인의 죄(제24장), 체포 · 감금의 죄(제29장), 협박의 죄(존속협박죄 제외), 약취 · 유인의 죄(제31장), 강간 · 추행의 죄(제32장), 경매 · 입찰방해죄(제315조), 인질강요죄(제324조의2), 절도 · 강도죄(제38장), 공갈죄(제350조).

라) 국가보안법에 규정된 범죄.

마) 마약류관리에관한법률에 규정된 범죄 → 장부 미기재 등(행정벌의 성격) 제외.

바) 폭력행위등처벌에관한법률의 규정에 의한 조직폭력사건 → 증거수집 및 조직계보의 파악이 용이하지 아니하므로 동법에 규정된 단체 등의 구성 · 활동, 단체 등의 이용 · 지원에 관한 죄를 대상범죄에 추가 함.

사) 총포 · 도검 · 화약류등단속법에 규정된 범죄 중 일부.

아) 특정범죄가중처벌 등에 관한 법률에 규정된 범죄 → 산림법 위반행위, 무고죄, 특수 직무 유기죄 제외.

자) 특정경제범죄가중처벌 등에 관한 법률에 규정된 범죄.

(3) 통신제한조치의 허가: 사법경찰관이 검사에 신청 → 검사가 법원에 청구 → 관할법원이 허가(許可) → 2월을 초과할 수 없다(2월의 범위내에서 연장청구 가능).

가) 검사의 청구(請求): 각 피의자별 또는 각 피내사자별로 하여야 한다 → 청구의 제한 강화.

나) 허가(許可)의 관할법원: 통신당사자의 쌍방 또는 일방의 주소지 · 소재지, 범죄지 또는 통신 당사자와 공범관계에 있는 자의 주소지 · 소재지 → 관할법원 확대.

다) 국가안보를 위한 경우: 4월을 초과할 수 없다.

(4) 통신제한조치에 관한 긴급조치: 긴급한 사유가 있는 경우에는 법원의 허가 또는 대통령(국가안보 관련시)의 승인 없이 할 수 있다 → 36시간 이내에 법원의 허가 또는 대통령의 승인을 얻지 못하면 통신제한조치를 즉시 중지해야 한다.

가) 긴급통신제한조치의 남용을 방지하기 위한 제도적 장치(제8조).

ㄱ) 긴급통신제한조치의 집행착수 후 → 지체 없이 법원에 허가청구하여야 한다.

ㄴ) 사법경찰관이 실시하는 긴급통신제한조치의 경우: 사전에 검사의 지휘를 받아야 한다 → 특히 급속을 요하는 경우에는 긴급통신제한조치의 집행착수 후 지체 없이 검사의 승인을 얻어야 한다.

ㄷ) 수사기관이 긴급통신제한조치를 하고자 하는 경우: 반드시 긴급감청서 등에 의하도록 하고 긴급통신제한조치대장을 작성·비치하여야 한다.

ㄹ) 긴급통신제한조치가 단 기간에 종료되어 법원의 허가를 받을 필요가 없는 경우: 법원에 긴급통신제한조치의 대상·목적·감청장소·방법·기간 등을 기재한 긴급통신제한 조치통보서를 송부하여야 한다.

나) 긴급통신제한조치의 남용을 방지하기 위한 제도적 장치(제9조)

ㄱ) 통신제한조치의 집행을 위탁하거나 집행에 관한 협조를 요청하는 자: 반드시 통신제한 조치 허가서 또는 긴급감청서 등의 표지의 사본을 교부하여야 한다.

ㄴ) 이를 위탁받거나 협조를 요청받은 자: 통신제한조치허가서 또는 긴급감청서 등의 표지의 사본을 보존하여야 한다.

ㄷ) 통신제한조치를 집행하는 자(수사기관 등) 또는 이를 위탁받거나 이에 협조한 자: 통신제한조치의 집행관서·대상·집행 또는 협조일시를 기재한 대장을 기재·비치 하여야 한다.

ㄹ) 통신기관 등: 대상자의 전화번호 등이 사실과 일치하지 않을 경우 → 통신제한조치의 집행을 거부할 수 있으며, 어떠한 경우에라도 비밀번호를 누설할 수 없다.

(5) 통신제한조치의 대상이 된 자의 알권리: 통신제한조치 집행에 관한 통지제도

가) 검사(檢事)가 수사목적을 위한 통신제한조치를 집행한 사건: 검사가 공소

제기 또는 불기소처분, 내사종결을 한 때 → 그 처분을 한 날부터 30일 이내에 "통신제한 조치를 집행한 사실과 집행기관 및 그 기간 등"을 서면으로 통지

ㄱ) 우편물 검열의 경우 → 그 대상자에게.

ㄴ) 감청의 경우 → 그 대상이 된 전기통신의 가입자에게.

나) 사법경찰관이 수사목적을 위한 통신제한조치를 집행한 사건: 검사로부터 종국의 처분을 한 통지를 받거나 내사사건에 관하여 입건하지 아니하는 처분을 한 때 → 그 날부터 30일 이내에 "통신제한조치를 집행한 사실과 집행기관 및 그 기간 등"을 서면으로 통지.

다) 정보수사기관이 국가안보목적을 위한 통신제한조치를 집행한 경우: 종료한 날부터 30일 이내에 "통신제한조치를 집행한 사실과 집행기관 및 그 기간 등"을 서면으로 통지.

라) 국가안전보장, 공공의 안녕질서 사람의 생명이나 신체에 중대한 위험을 초래할 염려 가 현저한 때: 그 사유가 해소될 때까지 통지를 유예할 수 있다 → 특히, 검사 또는 사법경찰관이 통지를 유예하고자하는 경우에는 관할지방검찰청 검사장의 승인을 받아야 한다.

(6) 국가기관 보유의 감청설비에 대한 최소한의 통제(統制)

가) 일반수사기관이 감청설비를 도입하고자 하는 경우 → 그 제원 및 성능 등을 정보통신부장관에게 신고(申告).

나) 정보수사기관이 감청설비를 도입하고자 하는 경우 → 국회 "정보위원회"에 통보(通報).

(7) 사생활보호와 수사기밀누설 방지

가) 비밀준수의무: 수사기관·사법기관 및 통신기관 관계직원 등 통신제한조치의 허가 집행절차에 관여하는 직원.

ㄱ) 수사기관·사법기관의 직원이 외부(外部)에 공개 또는 누설한 경우 → 10년 이하의 징역.

ㄴ) 통신제한조치에 관여한 통신기관 직원 등이 외부(外部)에 공개 또는 누설한 경우 → 7년 이하의 징역.

나) 그 밖의 사람: 통신제한조치로 취득한 내용을 공개하거나 누설금지 → 위

반시, 5년 이하의 징역

다) 타인간의 대화를 녹음 · 청취한 경우: 그 내용을 누설하거나 공개금지 → 위반시, 10년 이하의 징역 및 5년 이하의 자격정지 → 그 내용은 재판절차와 징계절차의 증거로 사용할 수 없다.

(8) 수사기관의 통신사실 자료요청: 죄명, 가입자와의 연관성, 수사상 필요한 자료의 범위를 명시한 서면으로 하여야 한다.

가) 통신사실 확인 자료 제공을 받은 때: 당해 통신사실 확인 자료 제공 요청 사실 등 필요한 사항을 기재한 대장과 통신사실 확인 자료 제공요청서 등 관련 자료를 소속기관에 비치하여야 한다.

나) 전기통신사업자: 통신내역제공현황 등을 정보통신부장관에게 年2회 보고하고, 관련 자료를 비치.

제 6 절 강제수사(强制搜査)

1 강제수사(强制搜査)

1) 의 의

강제력에 의한 수사 → 개인의 법익을 침해하는 형사절차상의 일체의 처분.

(1) 협의의 강제처분(통상의 강제처분): 오로지 강제를 내용으로 하는 처분 → 체포 · 구속 · 압수 · 수색, 수사상 검증, 소환, 제출명령, 감정유치 등.

(2) 광의의 강제처분: 협의의 강제처분(영장 요함) + 강제의 요소를 지니고 있는 증거조사의 방법을 포함하는 강제처분(영장 불요) → 체포 · 구속 · 압수 · 수색, 수사상 검증 + 법원의 검증, 증인신문, 감정 · 통역 · 번역 등.

2) 강제수사와 인권옹호

강제수사는 법률의 규정이 있는 경우에 한하여 인정된다(강제처분 법정주의) →

강제수사를 제한함으로써 인권을 옹호한다.

3) 강제수사의 종류

(1) 사전영장에 의한 강제수사: 체포 · 구속 · 압수 · 수색 · 검증.

(2) 사후영장에 의한 강제수사: 현행범인의 체포, 준현행범인의 체포, 긴급체포.

(3) 검사 청구로 판사가 하는 강제수사: 증거보전청구권 · 증인신문청구권 · 감정유치청구권.

4) 강제처분으로부터의 기본권 보장

(1) 사전적 구제

가) 강제처분 법정주의, 영장주의, 비례성의 원칙.

나) 무죄추정의 원칙, 진술거부권, 자백보강의 법칙, 변호인 제도.

다) 구속전 피의자신문(영장실질심사제도).

라) 재구속 · 재체포의 제한.

마) 검사의 구속장소감찰제도.

(2) 사후적 구제

가) 구속취소, 구속집행정지, 보석제도.

나) 체포 · 구속적부심사제도.

다) 강제처분에 대한 준항고.

라) 형사보상제도.

2 체포영장(逮捕令狀)에 의한 체포

1) 의　의

죄를 범하였다고 의심할 만한 상당한 이유가 있는 경우, 지방법원 판사가 발부한 체포영장에 의하여 피의자를 단시간동안 수사관서 등 일정한 장소에 인치하는 제도.

(1) 구속(拘束)과의 구별: 체포기간이 단기이고, 요건이 완화되어 있는 면에서.

(2) 인정 이유: 탈법적인 수사관행의 조절과 적법한 수사절차의 확립을 위해.

2) 체포(逮捕)의 요건(要件)(형사소송법 제200조의2)

(1) 범죄혐의의 상당성(相當性)

가) 피의자가 죄를 범하였다고 의심할 만한 상당한 이유가 있어야 한다.

나) 범죄혐의: 객관적인 혐의가 있어야 하며, 유죄판결에 대한 개연성 또는 충분한 범죄혐의가 있어야 한다.

(2) 체포의 필요성(必要性) → 체포의 명백한 필요성이 인정되지 아니하는 경우에는 체포해서는 안 된다(체포의 소극적 요건에 불과하다).

가) 출석요구 불응 또는 불응우려: 피의자가 수사기관의 ① 출석요구에 불응하거나 ② 불응할 우려가 있을 경우.

나) 경미한 사건: 다액 50만원 이하의 벌금, 구류 또는 과료에 해당하는 사건에 관하여는 피의자가 ① 일정한 주거가 없는 경우 또는 ② 정당한 이유없이 출석요구에 응하지 아니한 경우에 한하여 체포할 수 있다.

3) 체포의 절차

(1) 체포영장의 청구(請求)

가) 사법경찰관은 검사에게 신청 → 검사는 관할 지방법원판사에게 청구 → 판사가 발부한 체포영장에 의하여 피의자를 체포할 수 있다.

나) 체포영장의 청구: 체포의 사유 및 필요를 인정할 수 있는 자료를 제출해야 한다 → 7일을 넘는 유효기간을 필요로 하는 때에는 그 취지 및 사유.

다) 소명자료(疏明資料)의 제출(提出): 출석요구서 사본, 출석요구통지부 사본, 소재수사 결과보고서, 전화 출석요구 내용의 수사보고서, 피의자의 신분, 경력, 교우, 가정환경에 관한 보고서, 범죄경력조회, 공범자의 진술조서.

(2) 체포영장의 발부(發付)

가) 체포영장의 청구를 받은 지방법원판사: 상당하다고 인정한 때에는 체포영장을 발부.

나) 지방법원 판사의 신문(訊問): 체포영장을 발부하기 위한 지방법원판사의 피의자신문은 인정되지 않는다.

(3) 체포영장청구서(逮捕令狀請求書)의 기재사항(記載事項)

가) 기재사항: 피의자의 성명, 주민등록번호, 직업, 주거 등 피의자를 특정할 수 있는 사실.

나) 피의자에게 변호인이 있는 때 → 그 성명, 죄명 및 범죄사실의 요지.

다) 7일을 넘는 유효기간을 필요로 하는 때 → 취지 및 사유.

라) 수통의 영장을 청구하는 때 → 취지 및 사유, 인치 구금할 장소, 체포의 사유를 기재.

(4) 체포영장의 집행(執行)

가) 영장의 집행: 체포영장은 검사의 지휘에 의해서 사법경찰관리가 집행한다.

나) 체포와 강제처분

ㄱ) 영장의 제시: 영장을 소지하지 않은 경우, 긴급을 요하는 때에는 피의사실의 요지와 영장이 발부되었음을 알리고 집행할 수 있다.

ㄴ) 피의자를 체포할 때: 즉시 피의사실의 요지와 변호인을 선임할 수 있음을 고지하고 변명할 기회를 주어야 한다.

ㄷ) 체포시, 압수·수색·검증 인정: 체포영장집행현장에서 영장없이 타인의 주거에서 피의자를 수색하거나 압수·수색 검증을 할 수 있다.

ㄹ) 무기사용: 경찰관은 체포시 상당한 이유가 있으면 무기를 사용할 수 있다.

해설 ☞ 「경찰관직무집행법」 제11조(무기사용): ① 범인의 체포, ② 도주의 방지, ③ 자기 또는 타인의 생명·신체에 대한 방호, ④ 공무집행에 대한 항거의 억제를 위하여 필요하다고 인정되는 상당한 이유가 있을 때에는 그 사태를 합리적으로 판단하여 필요한 한도 내에서 무기를 사용할 수 있다. 다만, 형법에 규정한 정당방위와 긴급피난에 해당하는 때 또는 다음 각호의 1에 해당하는 때를 제외하고는 사람에게 위해(危害)를 주어서는 아니 된다. [改正 88·12·31]

ⓐ 사형·무기 또는 장기 3년 이상의 징역이나 금고에 해당하는 죄를 범하거나 범하였다고 의심할 만한 충분한 이유가 있는 자가 경찰관의 직무집행에 대하여 항거하거나 도주하려고 할 때 또는 제3자가 그를 도주시키려고 경찰관에게 항거할 때에 이를 방지 또는 체포하기 위하여 무기를 사용하지 아니하고는 다른 수단이 없다고 인정되는 상당한 이유가 있을 때.

ⓑ 구속영장과 압수·수색영장을 집행할 때에 본인이 경찰관의 직무집행

에 대하여 항거하거나 도주하려고 할 때 또는 제3자가 그를 도주시키려고 경찰관에게 항거할 때 이를 방지 또는 체포하기 위하여 무기를 사용하지 아니하고는 다른 수단이 없다고 인정되는 상당한 이유가 있을 때.

ⓒ 범인 또는 소요행위자가 무기·흉기 등 위험한 물건을 소지하고 경찰관으로부터 3회 이상의 투기명령 또는 투항명령을 받고도 이에 불응하면서 계속 항거하여 이를 방지 또는 체포하기 위하여 무기를 사용하지 아니하고는 다른 수단이 없다고 인정되는 상당한 이유가 있을 때.

ⓓ 대간첩작전수행에 있어 무장간첩이 경찰관의 투항명령을 받고도 이에 불응하는 경우

ⓔ 집행후의 절차: 변호인이 있는 경우에는 변호인에게, 변호인이 없는 때에는 피의자가 지정한 자에게 [피의사건명, 체포일시와 장소, 체포의 이유와 변호인을 선임권](제87조 제1항의 준용)을 지체 없이 고지하여야 한다.

4) 사후절차(事後節次)

(1) 구속영장청구(형사소송법 제200조의2 제5항): 체포한 피의자를 구속하고자 할 때에는 체포한 때부터 48시간 이내에 구속영장을 청구하여야 한다.

(2) 즉시 석방

가) 48시간 이내에 구속영장을 청구하지 아니할 경우: 검사의 지휘를 받아 즉시 석방.

나) 48시간의 기간 내에 구속영장 청구: 구속영장이 발부될 것을 요구하는 것은 아니다.

다) 사법경찰관의 구속영장 신청: 체포한 때로부터 36시간 이내에 하여야 한다.

(3) 체포·구속적부심사청구권(형사소송법 제214조의2): 체포영장에 의하여 체포된 피의자도 그 적부의 심사를 법원에 청구할 수 있다 → 법원(法院)이 수사관계서류와 증거물을 접수한 때로부터 결정 후 검찰청에 반환될 때까지의 기간은 48시간의 청구제한기간에 산입하지 아니함.

3 긴급체포(緊急逮捕)

1) 긴급체포(緊急逮捕)

중대한 죄(사형 · 무기 또는 장기 3년 이상의 징역 · 금고에 해당하는 죄)를 범하였다고 의심할 만한 상당한 이유가 있는 피의자를 수사기관이 영장없이 체포하는 것.

(1) 수사의 능률성 보장: 중(重)한 범인을 놓치는 것을 방지하기 위하여.

(2) 수사의 합목적성 보장.

(3) 영장주의의 예외: 긴급체포도 현행범인의 체포와 같이 영장없이 체포할 수 있으므로 영장주의의 예외를 인정.

2) 긴급체포의 요건(要件)(형사소송법 제200조의3)

(1) 범죄의 중대성(重大性): 피의자가 사형, 무기 또는 장기 3년 이상의 징역이나 금고에 해당하는 죄를 범하였다고 의심할 만한 상당한 이유가 있어야 한다.

(2) 체포의 필요성(必要性): 피의자가 증거를 인멸할 염려가 있거나 도망 또는 도망의 염려가 있어야 한다 → 단, 주거가 일정치 않다는 이유로 긴급체포를 할 수 없다.

(3) 긴급성(緊急性)

가) 긴급성이란?: 피의자를 우연히 발견한 경우 등과 같이 판사의 체포영장을 받아서는 체포가 불가능하거나 현저히 곤란한 경우에는 긴급체포할 수 있다.

나) 불가능이란?: 검사 또는 사법 경찰관의 합리적 판단에 의하여 체포의 목적이 위험하게 된다고 인정되면 족하다(다수설) → 객관적으로 불가능할 것을 요하지 않는다.

(4) 상당성: 죄를 범하였다고 의심할 만한 상당한 이유가 있어야 한다.

3) 긴급체포 절차

(1) 체포의 주체: 수사기관(검사와 사법경찰관)

가) 사법경찰관의 긴급체포시 → 검사의 사후승인을 요한다.

나) 검사의 사전지휘 없이 가능.

(2) 긴급체포의 절차

가) 수사기관: 피의자에게 긴급체포한다는 사유를 고하고 영장없이 체포할 수 있다.

나) 긴급체포시: 범죄사실의 요지와 변호인을 선임할 수 있음을 말하고, 변명의 기회를 주어야 한다.

(3) 긴급체포와 강제처분

가) 긴급체포시 압수・수색・검증 인정: 영장없이 타인의 주거에서 피의자를 수색하거나 체포현장에서 압수・수색・검증을 할 수 있다.

나) 긴급체포된 피의자가 소유・소지・보관하는 물건: 체포한 때로부터 24시간 내에는 영장 없이 압수・수색・검증을 할 수 있다(형사소송법 제217조 제1항).

다) 무기사용: 상당한 이유가 있으면 경찰관은 무기를 사용할 수 있다.

4) 사후절차(事後節次)(제200조의3 제2항)

(1) 사법경찰관이 긴급체포했을 때: 즉시 긴급체포서를 작성하여 검사의 승인을 얻어야 한다 → 12시간 이내에(기소중지된 피의자를 당해 수사관서가 위치하는 특별시・광역시・도 이외 지역은 24시간 내에) 검사에게 긴급체포한 사유와 체포를 계속하여야 할 사유 등을 기재한 긴급체포승인건의서(緊急逮捕承認建議書)를 작성하여 긴급체포를 승인건의하여야 함.

가) 검사가 긴급체포를 승인하지 아니하는 때 → 피의자를 즉시 석방하여야 함.

나) 사후영장의 성질: 긴급체포 계속의 허가장과 긴급체포의 적법에 대한 승인장과 같다.

다) 판단기준: 긴급체포계속의 필요성은 심사시를 기준으로 판단하고 긴급체포의 적부는 긴급체포시를 기준으로 판단한다.

(2) 긴급체포한 때로부터 48시간 이내에 구속영장을 청구하여야 함: 이 시간 내에 구속영장을 청구하지 아니한 때 → 피의자를 즉시 석방.

(3) 재 체포의 제한: 긴급체포 후 석방된 자는 영장없이 동일한 범죄사실에 관하

여 체포하지 못한다.(형사소송법 제200조의4 제3항) → 영장에 의한 체포는 가능하다.

4 현행범체포(現行犯逮捕)

1) 현행범인(現行犯人)

협의(俠義)의 현행범인(現行犯人)과 준현행범인(準現行犯人)을 포괄하는 개념(제211조 제2항).

(1) 현행범인(現行犯人): 범죄의 실행 중이거나 실행의 직후인 자.

가) 범죄의 실행에 착수하여 아직 종료하지 못한 자와 범죄 실행행위 종료 직후인 자(시간적 접착성이 필요).

나) 예비·음모죄: 예비·음모행위가 곧 실행행위가 된다.

다) 교사범·방조범: 정범의 실행행위가 개시된 때.

(2) 준현행범인(準現行犯人)

가) 범인으로 호창(呼唱)되어 추적되고 있는 자.

나) 장물이나 범죄에 사용되었다고 인정함에 충분한 흉기 기타의 물건을 소지하고 있는 자.

다) 누구임을 물음에 대하여 도망하려는 자.

라) 신체 또는 의복류에 현저한 범행의 증적이 있는 자.

(3) 유래: 로마법의 현행절도범에서 유래.

(4) 강제처분의 예외(例外) 규정으로 인정.

2) 현행범인의 체포

(1) 영장주의(令狀主義)의 예외: 누구든지 영장 없이 체포할 수 있다.

가) 사인(私人)도 체포의 주체가 된다.

나) 사인(私人)은 체포할 권리만 있고, 의무는 없다.

(2) 체포(逮捕)의 요건

가) 범죄의 명백성(明白性)

ㄱ) 구성요건해당성이 인정되지 않거나, 위법성 내지는 책임성 조각사유(阻

却事由)가 존재하거나 피체포자가 미성년자인 경우 → 현행범으로 체포할 수 없다.

ㄴ) 소송조건의 존재는 체포의 요건이 아니므로 친고죄의 고소(告訴)가 없는 경우에도 체포할 수 있다.

나) 체포의 필요성(必要性)의 요부(要否) 문제: 도망 또는 증거인멸의 우려와 같은 구속사유가 필요하다는 규정이 없어서 학설의 논란이 있지만 구속사유가 필요하다는 것이 다수설이다.

다) 비례성(比例性)의 원칙: 50만원 이하의 벌금, 구류 또는 과료에 해당하는 죄의 현행범은 범인의 주거가 분명하지 아니한 때에 한하여 현행범으로 체포할 수 있다(형사소송법 제214조).

(3) 현행범체포의 제한: 50만원 이하의 벌금, 구류 또는 과료에 해당하는 죄의 현행범인 → 주거가 분명하지 아니한 때에 한하여 체포할 수 있음.

(4) 주거침입죄 인정: 수사기관 아닌 자가 현행범체포를 위하여 타인의 주거에 침입하면 주거침입죄가 인정된다.

3) 사후절차

(1) 수사기관에의 신병인도

가) 검사 또는 사법경찰관리 아닌 자: 현행범인을 체포한 때에는 즉시 수사기관에 인도하여야 한다.

나) 체포자의 성명·주소·체포의 사유를 물어야 하고, 필요한 때에는 체포자에 대하여 경찰관서에 동행할 것을 요구할 수 있다.

(2) 아래의 두 경우: 모두 현행범인체포원부에 그 내용을 기재하여야 함

가) 현행범인을 인수받은 사법경찰관: 현행범인 인수서를 작성.

나) 사법경찰관이 현행범인을 체포한 경우: 범죄사실 및 체포의 사유 등을 기재한 현행범인 체포서를 작성 → 검사의 지휘 없이 사법경찰관이 석방할 수 있다.

(3) 사후영장: 검사 또는 사법경찰관이 피의자를 현행범인으로 체포한 때에는 48시간 이내에 구속영장을 청구하여야 한다.

(4) 즉시 석방: 체포한 때로부터 48시간 이내에 구속영장을 청구하지 아니한 때

→ 피의자를 즉시 석방.

(5) 재 체포의 제한: 영장에 의하지 아니하고는 다시 체포할 수 없다 → 새로이 구속영장을 발부받아서는 구속할 수 있다.

4) 현행범인의 체포와 강제처분

(1) 야간집행의 제한 적용 배제: 현행범인은 주·야를 불문하고 체포할 수 있다.

(2) 압수·수색 가능: 체포현장에서 영장없이 압수·수색할 수 있다.

〈강제수사(强制搜査) 중 체포(逮捕)의 비교〉

구 분	현행범체포	긴급체포	영장에 의한 체포
의 미		영장 없이 체포하는 것	
요 건	범죄의 실행 중 또는 실행 직후일 것	장기3년 이상의 범죄를 저질렀다고 의심할 만한 상당한 이유가 있을 것	죄를 범하였다고 의심할 만한 상당한 이유가 있고, 정당한 이유 없이 출석에 응하지 않거나 우려시
	비례성의 원칙(50만원이하 벌금 → 주거 부정시)	주거 부정은 요건 아님	(50만원 이하 벌금 → 주거 부정 또는 정당한 이유 없이 출석에 응하지 않을시)
	증거인멸, 도망의 우려가 있을 것		
체포과정	별도의 영장(令狀) 없이 압수·수색·검증할 수 있다		
사후영장	체포한 때로부터 (늦어도) 24시간 이내에 피의자가 지정하는 자에게 고지하여야 한다. 체포한 때로부터 48시간 이내에 구속 영장을 청구하여야 한다		
	청구하지 않을시 즉시 석방		
재체포 제한	제한 규정없다	영장없이 재체포 불가	제한 규정 없다

5 구속(拘束)

1) 구속(拘束)

구인(拘引)과 구금(拘禁)을 포함하는 개념으로 협의의 강제처분.

(1) 구인(拘引): 피고인을 법원 또는 기타 특정한 장소에 인치하는 강제처분 →

구금할 필요가 없으면 24시간 이내에 석방하여야 한다.

(2) 구금(拘禁): 피의자 · 피고인을 교도소 또는 구치소에 유치하는 강제처분.

(3) 구속(拘束)의 성질: 복합적 소송행위 즉 법률 행위적 소송행위와 사실 행위적 소송행위의 복합.

구 분	피고인 구속 → 명령장인 영장	피의자 구속 → 허가장인 영장
의의	법관 자신이 강제처분을 행하는 경우에 집행기관에 명령을 발하 여 이를 집행하게 하는 영장	법관이 수사기관에 대하여 강제처분을 허가하는 영장
집행기관의 집행	의무적으로 집행하여야 한다	수사기관의 재량에 의하여 집행할 수 있다
영장의 필요에 의한 판단	법원이 판단	수사기관이 판단
구속기간	2월 → 각 심급별로 2월의 범위에서 각2회 연장 가능	10일 → 검사는 10일의 범위 내에서 연장 가능

가) 피의자 구속영장: 수사기관에 대한 지방법원 판사의 허가장(許可狀)의 성격 → 사정변경으로 영장을 집행하지 않을 수 있다.

나) 피고인 구속영장: 법원(法院)의 명령장(命令狀)의 성격(재판장, 수명법관뿐만 아니라 수탁판사가 발부하는 경우도 있다) → 위임받은 검사는 반드시 집행해야 한다.

(4) 구금(拘禁): 피의자 · 피고인을 교도소 또는 구치소에 유치하는 강제처분

(5) 구속(拘束)의 목적

가) 형사절차의 진행(공판정 출석)과 형의 집행을 확보.

나) 피의자의 도주방지와 증거인멸의 방지.

(6) 관련 문제

가) 이중구속(二重拘束): 이미 구속영장이 발부되어 구속되어 있는 피고인 또는 피의자에 대하여 다시 구속영장을 집행하는 것 → (다수설) 구속영장의 효력은 구속영장에 기재된 범죄 사실에 대하여만 미치고 또한 구속된 피고인 또는 피의자가 석방되는 경우를 대비할 필요가 있다는 이유로 허용된다고 한다.

나) 별건구속(別件拘束): 수사기관이 본래 수사하고자 했던 본건(本件)(큰 사건)에 대하여는 아직 구속요건이 완비되지 않았기 때문에 본건(本件)의 수사에 이용할 목적으로 구속요건이 구비된 별건(別件)(구속영장 청구된 경미한 사건)을 요건으로 하여 구속영장을 청구하여 구속하는 것.

ㄱ) 자백 강요와 수사의 편의 도모로 수사권의 남용 우려가 있으므로 원칙적으로 금지.

ㄴ) 본건(本件)이 별건(別件)보다 경미한 경우는 허용.

2) 구속 요건(要件)(형사소송법 제201조 제1항)

(1) 실체적 요건

가) 피의자가 죄를 범하였다고 의심할 만한 상당한 이유가 있는 자로서

ㄱ) 일정한 주거가 없거나, 증거를 인멸할 염려가 있는 때, 또는 도망이나 도망의 염려가 있는 때.

ㄴ) 죄를 범하였다고 의심할 만한 상당한 이유란: 합리적 판단에 의하여 범죄의 혐의를 인정할 수 있는 정도를 말함.

나) 비례성의 원칙: 50만원 이하의 벌금, 구류 또는 과료에 해당하는 사건의 경우 → 피의자에게 일정한 주거가 없을 때에만 구속할 수 있다.

(2) 절차적 요건

가) 피의자를 구속할 때: 범죄사실의 요지와 구속의 이유 및 변호인을 선임할 수 있음을 고지하고 변명의 기회를 주어야 하며

나) 구속 후: 지정된 자에게 지체 없이 서면으로 구속의 사유와 변호인선임의 취지를 알려야 한다.

3) 구속의 절차

(1) 구속영장(拘束令狀)의 청구: 검사(檢事)만이 할 수 있다 ← 사법경찰관(司法警察官)은 검사에게 구속영장 신청권이 있다.

가) 관할 지방법원 판사에게 청구: 서면(書面)으로, 구속의 필요를 인정할 수 있는 자료를 제출하여야 한다.

나) 피고인구속: 청구나 신청절차를 요하지 않는다.

(2) 구속영장(拘束令狀)의 발부: 피고인을 구속함에는 구속영장을 발부받아야 한다(헌법 제12조 제3항; 형사소송법 제73조 및 제201조 제4항).

가) 기재사항: ① 죄명, ② 범죄사실 요지, ③ 인치·구금 장소, ④ 영장발부연월일, ⑤ 영장의 유효기간, ⑥ 유효기간이 경과하면 집행에 착수하지 못하며 반환해야 한다는 취지, ⑦ 영장청구검사의 관직·성명 → 피고인 구속영장은 기재사항이 아님, ⑧ 법관의 서명·날인.

나) 피의자 성명이 분명하지 않을 때: 인상, 체격, 기타 피의자를 특정할 수 있는 사항으로 표시.

다) 피의자의 주거가 분명하지 않을 때: 생략할 수 있다.

라) 구속사유가 있다고 인정될 때 → 구금을 위한 영장을 발부하여야 한다.

마) 영장을 발부하지 아니한 경우(영장청구기각 결정): 청구서에 그 취지와 이유를 기재하여 청구한 검사에게 교부하여야 한다 → 항고·재항고할 수 없다.

(3) 구속영장의 집행(執行)

가) 검사의 지휘(指揮)하에 사법경찰관리가 집행: 급속을 요하는 경우 → 재판장·수명법관·수탁판사의 지휘에 의하여 법원서기관 또는 서기가 집행할 수 있다.

나) 교도소에 있는 피고인: 검사의 지휘에 의하여 교도관리가 집행.

다) 구속영장을 발부받은 후 피의자를 구속하지 않거나 구속한 피의자를 석방한 때 → 검사는 지체 없이 영장을 발부한 법원에 대하여 그 사유를 서면으로 통지하여야 한다.

(4) 구속영장신청(拘束令狀申請)의 시간적(時間的) 제한(制限): 사법경찰관(司法警察官)은 체포 후 늦어도 36시간 이내에 검사에게 구속영장을 신청하여야 함.

(5) 구속영장(拘束令狀) 첨부서류(添附書類): 체포한 피의자를 구속하는 경우에는 체포영장, 긴급체포서, 현행범인체포서 또는 현행범인인수서를 구속영장청구기록에 첨부 → 구속의 이유와 필요성을 입증을 위해 체포영장을 청구할 때보다 더욱 구체적인 증거자료를 제출하여야 함.

(6) 집행주체의 의무

가) 고지의무(告知義務)

ㄱ) 구속 영장을 집행할 때에는 피고인 또는 피의자에게 범죄 사실의 요지(要旨), 구속이유, 변호인을 선임할 수 있음을 고지하고, 변명할 기회를 준 후에야 비로소 구속할 수 있다.

ㄴ) 반드시 사전에 고지하여야 한다.

나) 영장제시(令狀提示) 의무

ㄱ) 구속영장을 집행할 때에는 반드시 영장을 피고인 또는 피의자에게 제시하여야 하고 신속히 지정된 법원 기타 장소에 인치(引致)하여야 한다.

ㄴ) 구속영장을 소지하지 않았으나 급속(急速)을 요하는 경우 → 공소사실의 요지와 영장이 발부되었음을 알리고 집행할 수 있다 → 사후제시 인정.

다) 통지의무(通知義務)

ㄱ) 구속영장을 집행한 때에는 지체 없이 서면(書面)으로 변호인 또는 변호인 선임권자 가운데 피고인 또는 피의자가 지정한 자에게 구속일시, 장소, 범죄 사실의 요지, 구속의 이유와 변호인을 선임할 수 있는 권리가 있음을 통지하여야 한다(제87조 제1항의 준용).

ㄴ) 늦어도 24시간 이내에 통지해야 한다(형소규칙 제51조).

ㄷ) 피구속자의 동의(同意)가 있었더라도 통지를 생략할 수 없다.

ㄹ) 긴급한 경우: 전화나 팩스(Fax)로 통지 후 서면통지도 가능.

라) 구속(拘束) 후의 조치.

4) 구속의 통지(通知)

(1) 지체 없이 통지: 구속 후 지체 없이 서면(書面)으로 통지하여야 한다 → 급속을 요하는 경우에는 전화, FAX 등으로 통지할 수 있으나 이 경우에도 다시 서면으로 통지하여야 한다.

(2) 통지의 대상: 피고인을 구속한 때에 변호인이 있는 경우에는 변호인에게, 변호인이 없는 경우에는 변호인 선임권자 중에서 피고인이 지정한 자에게 피고사건명, 구속일시·장소, 범죄사실의 요지, 구속의 이유와 변호인을 선임할 수 있는 취지를 알려야 한다.

5) 구속된 피의자의 변호인 선임의뢰권

(1) 구속된 피의자: 수사기관, 교도소장, 구치소장 또는 그 대리자에게 변호사를 지정하여 변호인의 선임을 의뢰할 수 있다.

(2) 변호인선임의 의뢰를 받은 자: 급속히 피고인이 지명한 변호사에게 그 취지를 통지하여야 한다.

(3) 구속된 피고인(피의자)의 접견・교통・수진권: 변호인 또는 변호인이 되려는 자는 신체구속을 당한 피고인 또는 피의자를 접견하고, 서류 또는 물건을 수수할 수 있으며, 의사로 하여금 진료케 할 수 있다.

6) 구속기간(拘束期間)

(1) 법원(法院)의 구속기간(제92조): 원칙상 2월 → 예외로 구속을 계속할 필요성이 있을 때에는 심급마다 2차에 한하여 결정(決定)으로 갱신할 수 있다. 갱신한 기간도 2월로 한다.

가) 1심: 2월(수사기관의 체포・구속된 날로부터 기산) → 2차 연장시 6월.

나) 2심: 2차 연장시 4월.

다) 3심: 2차 연장시 4월.

라) 법원의 최장 구속기간: 14월.

마) 미 산입 기간: 기피신청, 공소장변경이 피고인에게 불이익을 증가할 염려가 있다고 인정한 경우, 피고인이 의사무능력 상태인 경우, 피고인이 질병으로 공판 전에 출석하지 못하는 경우 → 공판절차가 정지(停止)된 기간.

바) 구속기간의 경과 전 연장 갱신

ㄱ) 상소기간 중, 상소사건: 소송기록이 상소법원에 도달하기 전까지는 원심법원이 한다.

ㄴ) 구속기간의 경과 전에 연장 갱신하지 않은 경우: 구속영장의 효력이 당연히 실효되는 것은 아니다(판례) → 구속피고인은 즉시 석방해야 되는 것은 아니다.

(2) 구속기간의 계산(計算): 기간의 초일은 시간을 계산함이 없이 1일로 산정하며, 기간의 말일이 공휴일인 경우에도 이를 기간에 산입한다.

(3) 구속기간의 기산점(起算點)

가) 공소제기 前에 구속된 자: 구속된 날로부터 기산.

나) 공소제기 後에 구속된 자: 구속영장의 집행에 의하여 피고인을 교도소 또는 구치소 기타 지정된 장소에 인치(실제로 인치된 날)한 날부터 기산.

(4) 수사기관의 구속기간: 최장 30일(형사소송법상)

가) 사법경찰관(司法警察官): 10일.

나) 검사(檢事): 원칙은 10일 → 예외로 1차에 한하여 10일의 기간 내에서 갱신할 수 있다.

다) 「국가보안법」 위반사건(동법 제19조): 형사소송법에 더하여 사법경찰관은 1회, 검사는 2회에 한하여 구속기간의 연장을 허가할 수 있다(단, 찬양·고무죄와 불고지죄에 대한 구속기간연장은 위헌결정을 받았다).

라) 구속기간의 경과 전에 연장 갱신하지 않은 경우: 구속영장이 실효되어 즉시 석방해야 한다.

7) 재구속(再拘束)의 제한

(1) 검사 또는 사법경찰관에 의하여 구속되었다가 석방된 자: 다른 중요한 증거를 발견한 경우를 제외하고는 동일한 범죄사실에 관하여 재차 구속하지 못한다.

(2) 재구속의 제한: 형사피의자에게만 적용 → 형사피고인에게는 적용되지 않는다.(판례)

(3) 재구속의 제한 규정을 위반하여 공소가 제기된 경우: 공소제기의 효력은 무효가 되는 것은 아니다(판례) → 재구속의 제한은 구속자체의 효력에 관한 문제이고, 공소제기의 효력에는 영향을 미치지 아니한다.

(4) 구속의 실효(失效): 취소에 의한 실효와 당연 실효.

가) 취소에 의한 실효: 구속의 사유가 없거나 소멸된 때 → 법원은 직권 또는 검사·피고인·변호인 또는 변호인 선임권자(피고인의 법정대리인·배우자·직계친족·형제자매·호주)의 청구에 의하여 결정(決定)으로 구속을 취소하여야 한다.

나) 당연 실효

ㄱ) 구속적부심에 의한 석방.

ㄴ) 구속기간의 만료.

ㄷ) 사형 또는 자유형의 판결이 확정된 때.

ㄹ) 무죄·면소·형의 면제·형의 선고유예 및 집행유예·공소기각·벌금이나 과료를 과하는 판결이 선고된 때(제331조).

ㅁ) 구속 중인 소년에 대한 법원의 소년부 송치 결정.

해설 ☞ 구속영장 집행정지사유: 피의자·피고인 구속집행정지, 보석에 의한 석방, 구속적부심사청구, 감정유치 → 구속영장의 효력이 상실되는 것은 아니며, 다만 그 집행에 대해 일시 정지시키는 효력이 있다.

8) 구속기간의 본형(本刑) 산입

(1) 판결 선고 전의 구금일수

가) 판결 선고 전에 구속한 일수는 그 전부 또는 일부를 유기징역·유기금고·벌금이나 과료에 관한 유치 또는 구류에 산입한다.

나) 감정유치도 미결구금일수의 산입에 있어서는 이를 구속으로 간주한다.

다) 보석 또는 구속의 집행정지에 의한 석방 중의 일수와 도망 중의 일수는 산입하지 않는다.

라) 구금일수의 1일은 징역·금고·벌금이나 과료에 관한 유치 또는 구류 기간의 1일로 계산한다(형법 제57조 제2항).

(2) 상소제기 후 판결 선고 전의 구금일수

가) 원판결이 파기된 때 등 → 상소 중의 구금일수는 반드시 본형에 산입한다.

나) 판결선고 전 구금일수의 1일은 형기의 1일 또는 벌금이나 과료에 관한 유치기간의 1일로 계산한다.

9) 구속적부심사청구권(제214조의2)

체포영장에 의하여 체포된 피의자도 그 적부의 심사를 법원에 청구할 수 있다 → 법원이 수사관계서류와 증거물을 접수한 때로부터 결정 후 검찰청에 반환될 때까지의 기간은 48시간의 청구제한기간에 산입하지 아니함.

6 판사의 구속 前 피의자신문(被疑者訊問)

1) 도입배경

(1) 영장실질심사제도: 구속영장의 청구를 받은 판사가 피의자를 직접 심문하여 구속사유를 판단하는 것(형사소송법 제201조의2 제1항).

(2) 도입배경: 영장주의가 법관의 사법적 판단에 의하여 구속을 규제하는 제도적 기능을 다하기 위해서는 법관이 직접 피의자를 심문하여 구속사유가 충족되었는가를 판단해야 한다는 취지에서 도입.

가) 영미법: 체포된 피의자를 치안판사에 인치하여 신문한 후에 구속 여부를 결정.

나) 독일: 구속된 피의자는 즉시 판사에게 인치하여 범죄사실을 신문하도록 하고 있는 것과 같은 제도이다.

2) 구속 전 피의자심문(被疑者審問)의 방법과 절차

(1) 요건(要件)

가) 체포된 피의자의 경우: 피의자 또는 변호인 등의 신청(申請)이 있어야 한다 → 즉시 심문기일과 장소를 검사, 피의자 및 변호인에게 통지하고, 검사(檢事)는 그 기일에 피의자를 출석시켜야 한다.

나) 체포되지 않은 피의자의 경우: 구속의 사유를 판단함에 있어 판사가 필요하다고 인정할 때에만 할 수 있다 → 판사가 구인영장(拘引令狀)을 발부하여 피의자를 구인(拘引)한 후 심문할 수 있다(법원의 직권을 인정).

다) 임의적 신문제도.

(2) 심문권의 고지 및 신청절차

가) 사법경찰관: 피의자에 대하여 구속 전 피의자심문을 신청할 수 있음을 고지.

나) 검사 또는 사법경찰관: 피의자에 대하여 심문을 신청할 수 있음을 말하여야 한다.

다) 피의자신문조서: 피의자가 판사의 심문을 신청하는지 여부를 기재하여야

한다 → 특별한 사정이 있는 경우에는 피의자 작성의 확인서 기타 피의자의 의사를 표시한 서면으로 이를 갈음할 수 있다.

(3) 신청권자: 피의자, 변호인, 법정대리인, 배우자, 직계친족, 형제자매, 호주, 가족, 동거인, 고용주.

가) 심문신청: 피의자의 체포시부터 구속영장 발부 여부 결정시까지 검사 또는 사법경찰관, 판사에게 서면 또는 구술로 판사의 심문 신청 가능.

나) 피의자 이외의 신청권자: 피의자의 명시한 의사에 반(反)하여도 신청할 수 있다.

(4) 피의자의 인치(引致)

가) 체포된 피의자: 지방법원판사는 피의자 등의 신청이 있을 때에는 즉시 심문기일과 장소를 검사·피의자 및 변호인에게 통지 → 검사는 그 기일에 피의자를 출석시켜야 한다.

나) 체포되지 아니한 피의자: 구인을 위한 구인영장을 발부하여 피의자를 구인한 후에 심문한다 → 구인은 24시간을 초과할 수 없다.

(5) 심문기일(審問期日)의 출석

가) 심문기일의 통지: 지방법원판사가 신청이 있은 즉시 심문기일과 장소를 검사, 피의자 및 변호인에게 통지하여야 한다 → 서면, 전화, 모사전송기 등 신속한 방법으로.

나) 검사와 변호인: 심문기일에 출석하여 의견을 진술할 수 있으며, 사법경찰관은 검사의 지휘에 의하여 심문기일에 체포된 피의자를 출석시켜야 함.

다) 사법경찰관리가 피의자를 출석시키는 경우 → 수사상의 비밀보호를 위하여 공범의 분리 등 필요한 조치를 취하여야 함.

(6) 피의자의 출석거부 통지: 사법경찰관은 체포된 피의자가 심문기일에 출석을 거부하는 때에는 규정서식에 의거 피의자출석거부보고서에 의하여 그 사실을 검사에게 보고함.

(7) 심문기일의 절차

가) 비공개 원칙: 법원 청사 내에서 비공개로 심문한다

ㄱ) 판사는 상당하다고 인정하는 경우 → 피의자의 친족, 피해자 등 이해관계인의 방청을 허가(許可)할 수 있다.

ㄴ) 검사와 변호인의 심문: 판사의 심문이 끝난 후에 판사의 허가를 얻어 피의자를 심문할 수 있다.

나) 피의자의 출석거부 또는 질병·기타 사유로 출석이 현저히 곤란한 때: 피의자의 출석없이 신문절차를 진행할 수 있다.

다) 결정: 지방법원판사는 피의자를 심문한 후에 피의자를 구속할 필요가 있다고 인정하는 때에는 구금을 위한 구속영장을 발부해야 한다.

ㄱ) 영장을 발부하지 아니하는 경우 → 청구서에 그 취지와 이유를 기재하여 청구한 검사에게 교부하여야 한다.

ㄴ) 영장청구를 기각한 결정 → 항고나 재항고할 수 없다.(판례)

3) 효 과

심문기일은 구속기간에 산입하지 아니한다 → 법원이 구속영장청구서·수사관계 서류 및 증거물을 수수한 날 ~ 구속영장을 발부하여 검찰청에 반환한 날까지의 기간(신청일과 반환일은 각각 1일로 본다).

4) 구속 前 피의자신문의 현실적 문제점

(1) 수사기관의 업무 과중

가) 피의자심문시 피의자 호송 → 피의자 1명당 차량 1대와 경찰관 2명이 필요.

나) 사법경찰관이 피의자를 구속하는 경우 → 영장신청 후 심문까지 평균 20시간이 소요.

다) 심문 후 영장발부시까지 → 평균 9시간이 소요됨.

(2) 사전구속영장(事前拘束令狀)이 청구된 구인피의자의 유치문제

가) 현행 형사소송법: 체포된 피의자에 대하여 구속영장을 청구하는 것을 인신구속의 모델로 상정 → 피의자에 대하여 구인을 위한 구속영장을 발부하고 구인된 피의자에 대하여 심문을 하도록 규정.

나) 현재 운용실태: 체포되지 아니한 피의자(미체포 피의자)에 대한 구속영장청구건수가 상당한 비율을 차지.

다) 미검거 피의자에 대한 심문을 위하여 구인영장을 발부하여 그 구인영장의 집행으로 피의자를 법원에 인치(引致)하는 경우.

ㄱ) 인치된 피의자를 계속 유치할 수 있는지, 유치할 수 있다면 그 유치책임은 누구에게 있는지 형사소송법상 아무런 규정이 없어 혼선을 초래.

ㄴ) 사례: 수사기관에서는 피의자를 법원에 인치한 후 피의자를 그대로 두고 돌아가거나, 법원이 구속영장의 발부 여부를 검토할 때까지 경찰서 등에 유치하도록 정한 경우에 이를 거부.

ㄷ) 빠른 입법적인 해결이 필요.

(3) 피의자의 도주 우려

가) 호송업무와 책임

ㄱ) 현재 체포된 피의자의 실질검사를 위한 피의자의 호송업무와 책임은 경찰이 수행.

ㄴ) 미검거 피의자로 사전구속영장이 청구된 피의자에 대하여 판사로부터 구인영장을 발부 받아 피의자를 구인하여 호송하는 업무도 그 사건의 담당 경찰관이 수행.

나) 호송된 피의자: 해당 법원의 조사실에 도착하면 피의자의 포승과 수갑을 풀고 판사의 심문을 받게 되며 이때 호송한 경찰관은 조사실 밖에서 대기.

다) 심문이 끝나면: 경찰서 유치장으로부터 호송된 피의자들은 포승과 수갑을 조사실에서 다시 착용, 호송경찰관의 인솔로 경찰서 유치장으로 호송.

라) 구인영장을 발부 받아 심문에 출석한 피의자들: 그 경찰관이 데리고 있다가 심문결과 구속영장이 발부된 자는 경찰서 유치장으로 호송하고 불구속 피의자는 현지에서 귀가.

마) 책임한계의 문제: 조사실에 입실한 피의자에 대한 인수·인계가 불명확하여 관찰 소홀로 인한 도주 시에 책임한계의 설정에 문제가 발생.

바) 도주우려의 심화: 조사실이 도주방지를 위한 보호시설이 거의 전무한 곳에 설치되어 있음.

7 압수(押收)·수색(搜索)

1) 의의(意義)

(1) 압수(押收): 증거물 또는 몰수할 것으로 생각되는 물건의 점유를 취득하는 강제처분(형사소송법 제219조, 제106조 제1항).

가) 압류(押留): 물건의 점유·취득을 강제하는 것.

나) 영치(領置): 유류물(遺留物)과 임의제출물의 점유를 취득하는 것 → 점유 이전을 강제하지는 않으나 일단 점유 이전이 되면 임의로 회복되지 않는다.

다) 제출명령(提出命令): 법원(法院)이 일정한 물건을 지정하여 소유자, 소지자 또는 보관자에게 제출을 명령하는 것 → 수사기관(搜査機關)은 할 수 없다.

(2) 수색(搜索): 증거물 또는 몰수할 물건을 발견하기 위하여 물건 또는 주거 기타 장소에 강제력을 행사하는 것(형사소송법 제219조, 제109조).

(3) 압수와 수색은 별개의 처분이지만 실무상 함께 행하여지고, 영장도 '압수(押收)·수색영장(搜索令狀)' 한가지로 사용.

2) 압수(押收)·수색(搜索)의 성질

(1) 대물적 강제처분: 대인적 강제처분인 소환·구속과 구별된다.

(2) 협의의 강제처분: 법적 의무를 부과하는 제출명령과는 구별된다.

(3) 복합적 소송행위: 압수를 명하는 법률 행위적 소송행위 + 압수를 집행하는 사실 행위적 소송행위의 복합.

3) 압수·수색의 주체(主體)

원칙상 법원의 권한(제106조, 제109조 제1항) → 예외로 수명법관·수탁판사도 이를 행할 수 있다(제136조 제3항).

4) 압수·수색의 대상

(1) 압수(押收): 증거물 또는 몰수할 것으로 사료되는 물건 → 원칙상 법원이 필

요한 때에는 증거물 또는 몰수할 것으로 사료되는 물건을 압수할 수 있다. 단 법률에 다른 규정이 있을 때에는 예외로 한다.

(2) 수색(搜索): 사람의 신체·물건 또는 주거 기타 장소.

(3) 압수(押收)·수색(搜索)의 제한(制限)

가) 군사상의 제한(형사소송법 제110조)

ㄱ) 군사상 비밀을 요하는 장소에서의 압수·수색은 그 책임자의 승낙없이 할 수 없다.

ㄴ) 이때 책임자는 국가의 중대한 이익을 해하는 경우가 아니면 일반적으로 승낙을 거부할 수 없다.

나) 공무상의 제한(형사소송법 제111조)

ㄱ) 공무원 또는 공무원이었던 자가 소지 또는 보관하는 물건에 대하여 본인 또는 그 당해 공무소가 직무상의 비밀에 관한 것임을 신고한 경우에는 그 소속 공무원 또는 당해 감독관공서의 승낙이 없으면 압수하지 못한다.

ㄴ) 이 경우도 국가의 중대한 이익을 해하는 경우가 아니면 일반적으로 승낙을 거부하지 못한다.

다) 업무상의 제한(형사소송법 제112조)

ㄱ) 변호사, 공증인, 공인회계사, 세무사, 대서업자, 의사, 한의사, 약사, 조산사, 간호사, 종교 직종에 있는 자 또는 이러한 직종에 있던 자가 그 업무상 위탁을 받아 소지 또는 보관하는 물건으로서 타인의 비밀에 관한 것은 압수를 거부할 수 있다.

ㄴ) 타인의 승낙이 있거나 중대한 공익상 필요가 있는 때에는 거부할 수 없다.

라) 우편물의 제한(형사소송법 제107조)

ㄱ) 피의자가 발신인 또는 수신인으로 되어 있는 우편물이나 전신(電信)에 관한 것으로서 체신관서 기타가 소지·보관하는 것 → 증거물로 사료되는가를 불문하고 압수할 수 있다.

ㄴ) 그 이외의 우편물이나 전신은 피의 사건(被疑事件)과 관계가 있다고 인정되는 것에 한해서 압수할 수 있다.

마) 공무소, 군용항공기(軍用航空機) 등에서의 책임자의 참여(형사소송법 제219

조, 제123조 제1항).

바) 주택주(住宅主) 등의 참여(參與)(형사소송법 제123조 제2항).

사) 여자(女子)의 신체수색(身體搜索)(형사소송법 제124조)

ㄱ) 여자 신체수색: 신체 외부와 착의(着衣)에 대해 증거물을 수색하는 것.

ㄴ) 성년의 여자를 참여하게 하여야 한다 → 성년의 여자가 수색하는 것을 의미하지 않음.

아) 야간집행(夜間執行)의 제한(制限)(형사소송법 제125조, 제126조)

ㄱ) 영장에 야간집행을 할 수 있는 기재가 없으면 야간집행 할 수 없다.

ㄴ) 야간집행을 중지하는 경우 → 장소를 폐쇄 또는 간수를 두어 타인의 출입을 통제할 수 있다.

ㄷ) 여관, 음식점 기타 야간에 공중이 출입할 수 있는 장소 등은 야간집행의 제한을 받지 아니한다.

ㄹ) 도박 기타 풍속을 해하는 행위에 상용된다고 인정되는 장소는 제한을 받지 않는다.

5) 압수 · 수색의 방법

(1) 영장(令狀)의 발부

가) 법원(法院)의 압수 · 수색: 공판정 외(外)에서 압수할 경우에만 검사의 청구 없이 법원이 1통만 발부한다 → 영장은 명령장(命令狀)이므로 반드시 집행해야 한다.

나) 수사기관(搜査機關)에 의한 압수 · 수색

ㄱ) 검사의 청구로 지방법원 판사가 발부한 영장에 의해 압수 · 수색한다.

ㄴ) 영장은 허가장(許可狀)이다 → 검사는 집행하지 않을 수 있다.

ㄷ) 압수한 물건은 수사기관이 보관한다.

구 분	영장에 의한 경우	영장 없이 행하는 경우	
영장 발부	압수 · 수색 영장 발부	영장 없이 법원서기가 공판조서에 기재하면 된다	
		공판정에서 하는 경우	공판정 外에서 하는 경우

압수 후	압수물 있으면 압수 목록, 없으면 수색 증명서	공판조서에 기재	압수조서 작성
제출 명령			제출명령서 송부
체포구속시		영장 없이 압수·수색·검증할 수 있다	
임의제출물		영장 없이 압수할 수 있다	

다) 압수·수색영장: 피의자성명, 죄명, 압수할 물건, 수색할 장소·신체·물건, 발부연월일, 유효기간 등을 명시.

ㄱ) 압수·수색의 대상이 특정되지 않은 일반영장은 금지 → 압수·수색 대상의 예비적 기재도 불허.

ㄴ) 동일한 장소 사람의 신체·물건 또는 주거 기타 장소에 대한 수회의 압수·수색·검증 → 불가(不可).

ㄷ) 별건압수·별건수색 → 불가(不可).

ㄹ) 유효기간이 경과하면 집행할 수 없다 → 영장 반환.

(2) 압수·수색영장의 집행(執行): 검사의 지휘에 의하여 사법경찰관리가 집행.

가) 영장제시: 집행시에는 처분을 받을 자에게 반드시 사전에 영장을 제시하여야 한다 → 사후 제시는 인정 불가.

나) 당사자 등의 참여: 집행 중에는 타인의 출입을 금지, 이를 위반하는 자는 퇴거를 명하거나 간수를 붙일 수 있음.

다) 별건압수나 별건수색은 부정 → 동일한 영장으로 동일한 장소·물건에서 수회 압수·수색·검증할 수 없다.

라) 압수절차가 위법한 경우: 영장 없이 압수하는 경우 등 → 압수물 자체의 형상·성질에 변경을 가져오는 것은 아니므로 증거능력(證據能力) 인정(판례).

(3) 물건을 압수(押收)하였을 때: 압수조서를 작성하여야 하고, 소유자 등에게 목록을 교부하여야 함.

(4) 몰수(沒收)할 물건이 없을 때: 그 취지의 증명서를 교부.

6) 영장에 의하지 아니한 압수·수색

(1) 체포장소(逮捕場所)에서의 압수(押收)·수색(搜索)

가) 구속·체포영장을 집행할 경우 긴급체포·현행범인을 체포할 경우: 필요

한 타인의 주거, 간수하는 가옥, 건조물, 항공기, 선차(船車) 내에서의 피의자수사 가능하고, 체포현장에서는 별도의 영장 없이 압수·수색·검증을 할 수 있음.

나) 야간집행 제한 미적용: 간수자의 참여, 야간집행 제한규정의 적용을 받지 아니함(형사소송법 제220조).

(2) 긴급체포(緊急逮捕)할 수 있는 자로부터의 압수(押收)·수색(搜索): 긴급체포할 수 있는 자가 소지, 소유 또는 보관하는 물건에 대하여는 압수·수색·검증을 할 수 있음.

(3) 범행 중 또는 범행직후의 범죄현장(犯罪現場)에서의 압수(押收)·수색(搜索): 긴급을 요하여 법관의 영장을 받을 수 없을 때는 영장 없이 가능.

가) 목적(目的): 범죄현장에서의 증거물의 은닉·산일 방지.

나) 사후 영장의 발부: 지체 없이 압수·수색영장을 발부받아야 한다 → 피의자의 체포·구속을 전제로 하지 않음.

(4) 긴급 압수·수색 後의 조치

가) 사후 구속영장이 발부된 경우 → 별도의 사후 압수·수색 영장이 필요하지 않다.

나) 사후 구속영장이 발부되지 않은 경우 → 사후 압수·수색 영장이 필요하다.

다) 사후 영장을 발부받지 못한 경우 → 즉시 환부하여야 한다.

라) 피고인에 대한 긴급 압수·수색인 경우 → 수사기관의 수사처분이므로 법관에게 보고 또는 압수물의 법원에의 제출의무가 없다.

(5) 임의제출물(任意提出物)의 압수(押收): 압수란 물건의 점유를 취득하는 강제처분.

가) 형사소송법 제218조: 압수 중 소유자·소지자 또는 보관자 등이 임의로 제출한 물건은 영장 없이 압수할 수 있다.

나) 효력: 영장에 의한 압수와 동일 → 물건을 압수하였을 때에는 반드시 압수조서와 압수목록을 작성하여야 함.

다) 검찰사건사무규칙 제15조 제1항: 피의자신문조서나 진술조서에 압수의 취지를 기재함으로써 압수조서의 작성에 갈음할 수 있음.

라) 형사소송법 제219조, 검찰사건사무규칙 제15조 제2항: 압수목록은 수사기

록에 편철할 뿐만 아니라 피압수자 에게도 교부하여야 한다.

7) 압수물의 처리

(1) 압수물의 보관과 처리

가) 자청보관(自廳保管)의 원칙: 압수물은 압수한 수사기관으로 운반하여 보관.

나) 위탁보관(委託保管): 운반이나 보관이 불편한 압수물에 대해서 간수를 두거나 소유자 또는 적당한 자의 승낙을 얻어 보관하게 하는 것.

다) 대가보관(代價保管)(환가처분(換價處分)): 몰수(沒收)해야 할 압수물로서 멸실(滅失), 파손(破損), 부패(腐敗)의 염려가 있거나 보관하기 불편한 경우에 이를 매각하여 대가(代價)를 보관하는 것.

ㄱ) 몰수의 대상이 아니면(예: 증거물) 환가처분이 허용되지 않는다.

ㄴ) 환가처분을 하려면 미리 검사, 피해자, 피고인·변호인에게 통지하여야 한다.

라) 폐기처분(廢棄處分): 위험이 발생할 염려가 있는 압수물을 폐기하는 것.

(2) 압수물에 대하여 몰수의 선고가 없는 때에는 압수가 해제된 것으로 간주한다.

(3) 압수물의 환부(還付)·가환부(假還付): 형사소송법의 이 부분은 수사기관의 권한을 규정한다.

가) 압수물의 환부(還付): 압수를 계속할 필요가 없는 경우, 압수물을 종국적으로 소유자 또는 제출인에게 반환하는 법원 또는 수사기관의 처분.

ㄱ) 몰수의 대상이 되는 압수물은 환부할 수 없다.

ㄴ) 법원 또는 수사기관의 결정에 의하여 소유자 등의 청구가 없더라도 환부할 수 있다.

ㄷ) 소유자 등이 소유권을 포기하거나 환부 청구권을 포기하더라도 환부하여야 한다.

ㄹ) 환부에 의하여 압수의 효력은 상실된다 → 환부받은 자가 소유자임을 의미하지 않으므로 이해 관계자는 민사소송으로 소유 등의 권리를 주장할 수 있다.

나) 압수장물의 피해자 환부: 압수한 장물은 피해자에게 환부할 이유가 명백한 때에는 피고사건 종결 전이라도 피해자에게 환부할 수 있다.

ㄱ) 판결로써 피해자에게 환부하는 선고를 하여야 한다: 몰수의 선고가 없는 때 → 압수를 해제한 것으로 간주.

ㄴ) 피해자의 피해자환부청구권이 인정되지 않는다.

ㄷ) 장물을 처분한 경우: 그 대가(代價)로 취득한 것을 피해자에게 환부하여야 한다.

다) 압수물이 장물성을 상실한 경우: 피해자(被害者)는 선의취득한 최후의 소유자에게 그 물건의 구입대금을 지급하면 환부받을 수 있다.

라) 압수물의 가환부(假還付): 압수의 효력을 존속시키면서 압수물을 소유자 등에게 잠정적으로 환부하는 것.

ㄱ) 가환부의 대상: 증거(證據)에 공(供)할 압수물에 한(限)한다.

a) 몰수 대상이 되는 물건은 가환부할 수 없다.

b) 소유자 등이 계속 사용해야 할 물건: 사진촬영 등의 원형보존 조치를 취하고 신속히 가환부하여야 한다.

ㄴ) 가환부 절차 – ⓐ 소유자 등의 청구에 의하여 수사기관의 결정으로 행한다. ⓑ 가환부 전에 미리 이해 관계인에게 통지하여야 한다 → 피고인에게 의견진술의 기회를 주지 않고 한 가환부 결정은 위법하다.(판례)

ㄷ) 가환부의 효력: 압수의 효력은 유지된다.

a) 가환부 받은 자는 압수물에 대한 보관의무와 수사기관의 제출요구시 제출의무를 진다.

b) 가환부한 장물 → 별단의 선고가 없으면 환부가 선고된 것으로 본다.

해설 ☞ 수사과정에서 압수물을 환부 또는 가환부, 환가처분하는 경우, 검사의 지휘를 받아 사법경찰관이 한다(사법경찰관집무규칙 제53조).

8 수사상 검증(檢證)

1) 의의(意義)

사람, 장소 또는 물건의 성질·형상을 5관(五官)의 작용으로 직접 실험·경험·인식하는 강제처분.

(1) 수사기관에 의한 검증

가) 원칙: 증거 확보를 위한 강제처분이므로 원칙적으로 법원의 영장을 필요로 한다.

나) 영장 없이 검증할 수 있는 경우

ㄱ) 체포현장에서의 검증.

ㄴ) 긴급체포시의 검증: 영장청구 시간(48시간) 이내.

ㄷ) 변사자검시에서: 범죄혐의를 인정하고 긴급을 요할 때 → 사법경찰관은 검사의 지휘로 가능함.

(2) 수소법원(공소제기된 법원)에 의한 검증: 증거조사 방법으로 영장 없이 행한다.

(3) 증거보전을 위한 판사가 행하는 검증: 영장 없이 행한다.

(4) 법원(法院) 또는 법관(法官)에 의한 검증은 당연히 증거능력이 있으나, 수사기관에 의한 검증은 원칙적으로 증거능력이 없다 → 일정한 조건하에서 증거능력이 인정된다.

2) 차이점(差異點)

(1) 실황조사와의 차이: 강제력이 따르는 점이 실황조사와 다름.

(2) 검시(檢視)와의 차이: 범죄혐의가 확정적으로 발견된 뒤에 행하게 되는 점이 검시(檢視)와 다름.

3) 방법(方法)

(1) 방법의 제한은 없다: 피의자 아닌 자의 신체수색은 증거의 존재를 확인할 수 있는 현저한 이유가 있는 경우에 한하여 가능(형사소송법 제109조 제2항).

(2) 검증조서의 작성: 검증 후에는 검증의 결과를 기재한 검증조서를 작성.

4) 신체검사(身體檢査)

신체 자체(自體)를 검사의 대상으로 하는 강제처분

(1) 검증(檢證)으로서의 성질을 가지므로 원칙적으로 압수·수색영장 이외에 별도의 검증영장(檢證令狀)에 의한다.

(2) 신체수색: 신체 외부와 착의에 대해 증거물을 수색하는 것 → 검증이 아니다.

(3) 신체검사의 대상(對象): 피고인을 대상으로 하지만 피고인이 아닌 자라도 증적

(證迹)의 존재를 확인할 수 있는 현저한 사유가 있는 때에는 신체검사를 할 수 있다.

(4) 신체검사의 절차(節次)

가) 수사기관이 여자의 신체를 검사하는 경우: 의사나 성년 여자를 참여케 하여야 한다.

나) 체포·구속 현장에서는 영장 없이 신체검사를 할 수 있다.

다) 체포·구속된 피의자에 대하여 지문·족형의 채취나 신장·체중·흉위 등을 측정하는 것은 영장 없이 할 수 있다.

(5) 신체검사의 한계

가) 외과수술: 증거물을 찾기 위한 외과수술은 어떠한 경우에도 인정하지 않는다.

나) 체내신체검사: 특히, 구토제·설사제에 의한 연하물(嚥下物)의 강제 배출과 강제 체뇨 → 일정한 요건하에서만 제한적으로 허용.(다수설)

ㄱ) 연원: 1952년, 로친 판결 → 구토제에 의한 연하물의 강제배출은 양심에 대한 충격이며 적정절차 위반.

ㄴ) 압수·수색영장뿐만 아니라 별도의 감정처분허가장을 발부받아야 한다.

용어정리 ☞ 연하물(嚥下物): 꿀꺽 삼켜서 넘겨 식도(食道)를 지나 위(胃)의 분문(噴門)에 이르는 것.

9 기타(其他)

1) 구속의 집행정지(執行停止)와 실효(失效)

(1) 구속(拘束)의 집행정지(執行停止)(형사소송법 제101조): 상당한 이유가 있는 경우, 구속된 피고인을 친족, 보호단체 등에 부탁하거나 피고인의 주거를 제한하여 구속의 집행을 정지시키는 것.

가) 법원(法院), 검사 또는 사법경찰관은 구속의 집행을 정지할 수 있다 → 구속의 집행정지는 구속영장의 효력에는 영향이 없다.

나) 보석(保釋)과의 차이: 직권에 의해 행해지고, 피고인뿐만 아니라 피의자에게도 인정되며, 보증금을 조건으로 하지 않는다.

다) 절차(節次)

ㄱ) 급속을 요하는 경우를 제외하고는 법원이 피고인의 구속의 집행정지의 결정을 함에는 검사의 의견을 물어야 한다.

ㄴ) 구속의 집행정지 결정에 대하여 검사는 즉시항고(卽時抗告)할 수 있다.

라) 헌법 제44조(국회의원의 불체포특권)에 의하여 구속된 피고인에 대하여 석방 요구가 있으면 당연히 구속영장의 집행이 정지된다.

마) 구속집행정지의 취소

ㄱ) 법원의 직권 또는 검사의 청구: 법원의 결정으로 구속의 집행정지를 취소할 수 있다.

ㄴ) 구속된 피의자: 검사 또는 사법경찰관이 취소할 수 있다 → 사법경찰관은 검사의 지휘를 받아야 한다.

ㄷ) 국회의원에 대한 구속영장의 집행정지는 그 회기 중에는 취소하지 못한다.

바) 보석의 취소사유와 같다.

(2) 구속(拘束)의 실효(失效): 구속영장의 효력상실

가) 구속의 당연실효

ㄱ) 구속기간의 만료.

ㄴ) 구속영장의 실효(失效): 무죄, 면소, 형의 면제, 형의 선고유예 · 집행유예, 공소기각 또는 벌금이나 과료를 과하는 판결이 선고된 때(제331조)와 구속 중인 소년에 대한 피고 사건에 관하여 법원의 소년부 송치 결정이 있은 때.

ㄷ) 사형 · 자유형의 확정.

ㄹ) 구속적부심에 의한 석방.

나) 구속의 취소(取消): 구속의 사유가 없거나 소멸된 때, 직권 또는 청구에 의하여 결정으로 구속을 취소하는 것.

ㄱ) 구속취소사유

a) 구속의 사유가 없는 때: 처음부터 구속사유가 없었음이 판명된 경우.

b) 구속사유가 소멸된 때: 존재한 구속사유가 구속 후 없어진 경우.

c) 청구권자: 피고인 · 피의자, 검사, 변호인, 변호인 선임권자(법정대리인), 배우자, 직계친족, 형제자매, 호주.

ㄴ) 피의자에 대한 구속 취소: 검사 또는 사법경찰관이 결정으로 취소하여야 한다.

ㄷ) 피고인에 대한 구속 취소 절차

a) 법원(法院)이 피고인에 대한 구속 취소의 결정을 함에는 검사의 의견을 물어야 한다 → 검사의 청구에 의하거나 급속을 요하는 경우에는 묻지 않아도 된다.

b) 검사(檢事)가 3일 이내에 의견을 표명하지 아니한 때 → 구속 취소 결정에 동의한 것으로 간주한다.(형사소송법 제97조 제2항).

c) 구속취소 결정에 대하여 검사는 즉시항고(卽時抗告)할 수 있다.

2) 구속적부심사제도

(1) 적부심사제도(適否審査制度)(형사소송법 제214조의2): 수사기관에 의해 체포·구속된 피의자에 대하여 법원(法院)이 체포·구속의 적부와 그 필요성을 심사하여 부적법하다거나 부당한 경우에 석방하는 제도.

가) 재심(再審) 내지 항고(抗告)적 성격: 법관이 발부한 체포·구속 영장에 대하여 다시 적법 여부를 심사한다는 의미에서 재심 절차 내지 항고적 성격을 갖는다.

나) 유래: 영미법의 인신보호영장제도.

(2) 체포·구속 적부심사의 청구

가) 청구권자: 체포영장이나 구속영장에 의해 구속된 피의자(被疑者), 그 피의자의 변호인, 법정대리인, 배우자, 직계친족, 형제자매, 호주, 가족 및 동거인 또는 고용주(雇用主).

ㄱ) 공소제기 후의 피고인(被告人) → 구속적부심사청구권이 없다.

ㄴ) 긴급체포, 현행범체포와 같이 영장이 청구되지 않은 피의자: 다수설은 청구권을 부정하고, 판례는 청구권을 갖는다고 인정(대판 1997.8.27.).

나) 청구사유: 체포 또는 구속이 불법한 경우뿐만 아니라 부당한 경우도 가능하다.

ㄱ) 영장의 발부가 위법한 경우: 재구속 제한의 위반, 사후 영장 발부 기간 초과.

ㄴ) 체포·구속 요건을 갖추지 못한 경우: 범죄혐의 미흡, 주거가 일정한 경미한 범죄자.

ㄷ) 영장 발부 자체는 적법하나 구속기간이 경과된 경우.

ㄹ) 부당한 경우: 계속 구금의 필요성이 없는 경우(피해 변상, 합의, 고소취소).

다) 청구방법: 피의사건의 관할 법원에 서면(書面) 또는 구술(口述)로 적부심사를 청구하여야 한다.

(3) 법원의 적부심사(適否審査)

가) 심사법원: 지방법원 합의부 또는 단독판사가 담당하여 심사한다.

ㄱ) 체포·구속영장을 발부한 법관은 이 적부심사에 관여하지 못한다.

ㄴ) 체포·구속영장을 발부한 법관 외에 심문·조사·결정을 할 판사가 없는 경우에는 심사를 담당할 수 있다.

나) 심문기일의 지정(指定)

ㄱ) 체포적부심사의 경우: 청구한 때부터 24시간 이내로 정하여야 한다.

ㄴ) 구속적부심사의 경우: 3일 이내로 정하여야 한다.

ㄷ) 심문기일·장소의 통지(通知): 전화로도 가능.

ㄹ) 심문 없이 청구를 기각할 수 있는 경우 → 심문기일을 정할 필요가 없다.

a) 청구권자 아닌 자가 청구한 경우.

b) 동일한 체포·구속영장 발부에 대하여 재청구한 때.

c) 공범 또는 공동 피의자의 순차적 청구가 수사 방해의 목적임이 명백한 때.

다) 법원의 심사(審査): 법원은 심문기일에 피의자를 출석시켜 피의자를 심문하고, 수사 관계 서류와 증거물을 조사한다.

ㄱ) 피의자의 출석 및 국선 변호인의 출석: 절차 개시의 기본 요건이 된다.

ㄴ) 검사·변호인·청구인: 심문기일에 출석하여 자신의 의견을 진술할 수 있다.

(4) 법원(法院)의 결정(決定)

가) 법원(法院)의 결정기한: 피의자 심문이 종료된 때로부터 24시간 이내.

나) 구속기간 미산입: 법원(法院)이 수사 관계 서류와 증거물을 접수한 때로부

터 결정 후 검찰청에 다시 반환한 때까지의 기간(日로 계산 → 신청일과 반환일은 1일로 본다) → 수사기관의 체포제한기간 또는 구속기간에 산입하지 아니한다.

다) 적부심사에 의한 법원의 기각결정과 석방결정: 피의자나 검사는 항고할 수 없다.

ㄱ) 석방결정 ← 법원(法院)이 청구가 "이유 있다"고 인정한 때.

ㄴ) 기각결정 ← 청구권자 아닌 자의 청구, 재청구, 공범 등의 순차청구에 의한 수사방해 목적임이 명백한 경우.

라) 석방결정의 효력발생시기: 결정서 등본이 검찰청에 송달된 때.(다수설)

마) 재체포・재구속하는 경우(제214조의3): 범죄의 동일성의 범위 내에서.

ㄱ) 석방한 경우: 석방된 피의자가 도망하거나 죄증을 인멸하는 경우.

ㄴ) 보증금을 납입할 것을 조건으로 석방한 경우(피의자보석)

a) 도망한 때.

b) 도망하거나 죄증을 인멸할 염려가 있다고 믿을 만한 충분한 이유가 있을 때.

c) 출석요구를 받고 정당한 이유 없이 출석하지 아니한 때.

d) 주거의 제한 기타 법원이 정한 조건을 위반한 때.

(5) 피의자보석제도(제214조의2): 구속(拘束)된 피의자(被疑者)를 보증금을 납입할 것을 조건으로 석방하는 제도 → 체포적부심 청구권자는 피의자보석의 대상이 아니다(영장에 의한 체포, 긴급체포, 현행법체포).

가) 직권보석・재량보석: 체포・구속적부심사 청구가 있을 때에 한하여 법원이 직권으로 할 수 있다 → 피의자의 보석청구는 허용되지 않는다.

나) 피의자보석 불허 사유

ㄱ) 죄증(罪證)을 인멸할 염려가 있다고 믿을 만한 충분한 이유가 있는 경우.

ㄴ) 피해자, 당해 사건의 재판에 필요한 사실을 알고 있다고 인정되는 자 또는 그 친족의 생명・신체나 재산에 해(害)를 가할 염려가 있다고 믿을 만한 충분한 이유가 있는 경우.

다) 보증금 결정: 보석(保釋)에 관한 규정이 준용된다(형사소송법 제98조).

ㄱ) 주거의 제한, 법원 또는 검사가 지정하는 일시・장소에 출석할 의무 기

타 적당한 조건을 부가할 수 있다.

ㄴ) 피의자보석 결정은 보증금을 납입한 후가 아니면 집행하지 못한다.

라) 보석금의 몰수(형사소송법 제214조의4): 전부 또는 일부의 몰수가 가능하다.

= 임의적 몰수 → 피의자보석의 보증금 환부 규정은 없다.

ㄱ) 재체포 및 재구속 제한의 예외 사유에 해당하여 피의자를 재차 구속할 경우

a) 도망한 때.

b) 도망하거나 죄증을 인멸할 염려가 있다고 믿을 만한 충분한 이유가 있는 때.

c) 출석 요구를 받고도 정당한 이유 없이 출석하지 아니한 때.

d) 주거의 제한 기타 법원이 정한 조건을 위반한 때.

ㄴ) 공소제기(公訴提起)된 후 법원이 피의자 보석 결정에 의해 석방된 자를 동일한 범죄 사실에 관하여 재차 구속할 경우.

a) 죄증을 인멸할 염려가 있다고 믿을 만한 충분한 이유가 있는 때.

b) 피해자, 당해 사건의 재판에 필요한 사실을 알고 있다고 인정되는 자 또는 그 친족의 생명, 신체나 재산에 해를 가하거나 가할 염려가 있다고 믿을만한 충분한 이유가 있는 때.

ㄷ) 필요적 몰수: 석방된 자가 동일한 범죄 사실에 관하여 형의 선고를 받고 그 판결이 확정된 후, 집행하기 위한 소환을 받고도 정당한 이유 없이 출석하지 아니하거나 도망한 때.

3) 보석제도(保釋制度)

(1) 보석(保釋): 일정한 보증금의 납부를 전제 조건으로 구속의 집행을 정지하고, 구속된 피고인 또는 피의자를 석방하는 제도

가) 구속집행정지(拘束執行停止)와의 구별: 구속영장의 집행을 정지시킨다는 점에서 같지만, 보증금을 납부한다는 것과 피고인에게 신청권이 있다는 점에서 다르다.

나) 구속취소(拘束取消)와의 구별: 보석은 구속만을 정지시키나, 구속취소는 영장을 효력을 실효시킨다.

(2) 보석의 종류

가) 필요적 보석(형사소송법 제95조): 보석의 청구가 있으면, 다음의 보석불허 사유에 해당하지 않는 한 보석을 허가하여야 하는 경우 → 형사소송법의 보석 원칙

ㄱ) 피고인이 사형, 무기, 장기 10년 이상의 징역·금고에 해당하는 죄를 범한 때.

ㄴ) 피고인이 누범에 해당하거나 상습범인 죄를 범한 때.

ㄷ) 증거인멸의 우려가 있은 때.

ㄹ) 피고인이 도망하거나 도망할 염려가 있다고 믿을 만한 충분한 이유가 있는 때.

ㅁ) 피고인의 주거가 분명하지 아니한 때.

ㅂ) 피고인이 피해자, 당해 사건의 재판에 필요한 사실을 알고 있다고 인정되는 자 또는 그 친족의 생명·신체나 재산에 해(害)를 가할 염려가 있다고 믿을 만한 충분한 이유가 있는 경우.

나) 임의적 보석(형사소송법 제96조): 필요적 보석의 불허 사유에 해당하더라도 법원이 상당한 이유가 있다고 인정하는 경우 직권 또는 보석 청구권자의 청구에 의하여 결정으로 보석을 허가하는 것.

(3) 절차(節次)

가) 보석의 청구

ㄱ) 청구권자: 피고인, 변호인, 법정대리인, 배우자, 직계친족, 형제자매, 호주.

a) 피고인은 구속집행 중인 자와 구속집행정지 중인 자를 포함한다.

b) 피고인 이외의 보석 청구권은 독립 대리권이다.

ㄴ) 청구방법(형소규칙 제53조 제1항): 반드시 서면에 의한다.

나) 청구기간: 재판 확정 전까지는 심급을 불문하고 상소기간 중에도 가능하다.

다) 법원(法院)의 결정

ㄱ) 보석청구를 받은 법원은 지체 없이 심문기일을 정하여 구속된 피고인을 신문하여야 한다.

ㄴ) 법원이 보석을 결정한 때에는 검사(檢事)의 의견을 들어야 한다 → 검사

가 3일 이내에 의견을 표명하지 않은 때에는 보석 허가에 동의(同意)한 것으로 간주된다.

ㄷ) 보석청구의 기각: 보석 청구가 부적법하다거나 이유가 없을 때 → 필요적 보석의 경우는 불허사유에 해당하지 않는 한 보석청구를 기각할 수 없다.

ㄹ) 보석 보증금의 결정(형사소송법 제98조)

a) 범죄의 성질 · 죄상(罪狀), 증거의 증명력, 피고인의 전과 · 성격 · 환경 · 자산 등을 고려하여 결정한다.

b) 피고인의 자산능력으로 납입이 불가능한 정도를 보증금으로 정해서는 안 된다.

c) 보석 허가를 결정한 후에는 원칙적으로 보증금을 변경할 수 없다 → 보증금은 항고에 의하지 않고는 결정에 의해 다시 변경할 수 없다.

ㅁ) 조건의 부가(附加)

a) 주거이전의 제한, 정기출석의무의 부과, 증거인멸행위의 금지 등.

b) 선행보증(善行保證)이나 재범금지(再犯禁止)의 조건을 붙일 수는 없다.

ㅂ) 보석허가결정에 대한 항고: 검사는 즉시항고(卽時抗告)할 수 없다. 단, 보통 항고는 가능하다.

라) 보석의 집행(執行)

ㄱ) 보석허가결정은 보증금을 납입한 후에만 집행이 가능하다.

ㄴ) 법원은 보석 청구권자 이외의 자에게 보증금의 납입을 허가할 수 있다.

ㄷ) 보증금은 현금 납입이 원칙이나, 법원은 유가증권이나 보증서로서 보증금을 대신하도록 허가할 수 있다.

마) 보석의 취소(取消) · 실효(失效)

ㄱ) 보석의 취소(取消): 법원은 직권 또는 검사의 청구에 의하여 결정으로 보석을 취소할 수 있다.

a) 피고인이 도망한 경우.

b) 도망 또는 죄증을 인멸할 염려가 있다고 믿을 만한 충분한 이유가 있는 경우.

c) 소환을 받고도 정당한 이유 없이 출석하지 않는 경우

d) 피해자, 당해사건의 재판에 대해 알고 있다고 인정되는 자나 그 친족의 생명 · 신체나 재산에 해(害)를 가하거나 가할 염려가 있다고 믿을 만한 충분한 이유가 있는 경우.

e) 주거의 제한 기타 법원이 정한 조건을 위반할 경우.

ㄴ) 보석의 실효(失效): 보석이 취소되거나 실효가 된 경우.

바) 보증금(保證金)의 몰수(沒收) · 환부(還付)

ㄱ) 보증금의 몰수(沒收)

a) 필요적 몰수: 보석된 자가 형의 선고를 받아 그 판결이 확정된 후 집행을 위한 소환을 받고도 정당한 이유 없이 출석하지 않거나 도망한 경우 → 직권 또는 검사의 청구에 의한다.

b) 임의적 몰수: 법원이 보석을 취소할 때에 결정으로 행하는 보증금의 몰수 → 법원의 재량.

ㄴ) 보증금의 환부(還付)(제104조): 구속 또는 보석을 취소하거나 구속영장의 효력이 소멸된 경우 → 몰수하지 않은 보증금을 청구한 날로부터 7일 이내에 환부하여야 한다.

〈보석(保釋), 구속취소(拘束取消)와의 구별〉

구 분	구속적부심사	보석(保釋)	구속집행정지	구속취소
주 체	법원(法院)		수사과정(검사 가능), 공판과정(법원)	
객 체	피의자	피고인	피의자 또는 피고인	
사 유	불법 · 부당한 경우	보석불허사유 아닌 때	상당한 이유있을 때	사유가 없거나 소멸
영장효력	영장의 효력 무효	영장 효력은 유효하고, 구속 집행만 정지		영장의 효력 무효
청구권	피의자 등 (피고인은 없다)	피고인 등 (피의자는 직권)	법원의 직권(수사과정: 검사, 사법경찰관) 검사, 피고인, 변호인 등	
재체포 재구속	피의자가 도망 · 죄증을 인멸하는 경우			다른 중요한 증거를 발견한 경우는 가능
즉시항고	즉시항고(卽時抗告)할 수 없다. 보통항고도 안 됨		검사의 즉시항고가 가능하다	
보증금	임치 · 납부 안 함	임치(任置)함	임치 · 납부 안 함	

4) 접견교통권(接見交通權)

(1) 접견교통권(接見交通權): 피의자 · 피고인이 변호인이나 가족 · 친지 기타 타인과 접견하고, 서류 또는 물건을 수수(授受)하며, 의사의 진료를 받을 권리.

가) 구속된 피의자 · 피고인의 권리이며, 변호인의 고유권: 변호인의 고유권 중 가장 중요한 권리이다.

나) 보장 근거: 피의자 · 피고인의 기본적 인권보장과 방어준비, 변론준비를 보장하기 위해서.

(2) 변호인(辯護人)과의 접견교통권

가) 변호인(辯護人)의 범위: 변호인 또는 변호인이 되려는 자(선임은 되었으나 아직 신고 되지 않은 자).

나) 절대적 보장: 법률로는 제한 가능하나 제한하는 법률은 없다 → 수사기관의 처분은 물론 법원의 결정에 의해서도 제한할 수 없다.

다) 접견교통권의 내용

ㄱ) 서류 또는 물건을 수수할 수 있다.

ㄴ) 의사의 진료를 받을 수 있다.

ㄷ) 접견 내용의 비밀 보장: 접견시 교도관이나 경찰관의 입회 · 청취 · 논취는 절대 허용되지 않는다 → 교도관이 입회하여 기재한 진술은 증거능력이 부정된다.

ㄹ) 보이는 거리에서의 감시, 업무시간 이외의 시간 제한은 가능.

(3) 비변호인(非辯護人)과의 접견교통권

가) 법률의 범위 내에서 타인과 접견하고 서류 또는 물건을 수수(授受)하며 의사의 진료(診療)를 받을 수 있다.

나) 비변호인과의 접견교통권은 제한(制限)할 수 있다.

ㄱ) 법률에 의한 제한: 행형법 제18~19조 및 동법 시행령 제54조 이하에 의하여 제한된다.

a) 타인과의 접견과 서신의 수발(受發): 교도소장의 허가(許可)로 한다.

b) 수용자에 교부된 서신(書信) · 문서: 본인의 열람 후 영치(領置)한다.

ㄴ) 법원 또는 수사기관에 의한 제한: 법원은 도망 또는 죄증인멸의 우려가

있는 때에는 직권 또는 검사의 청구에 의하여 결정으로 제한할 수 있다 → 양식(糧食), 의류 기타 의료품에 대한 제한은 할 수 없다.

다) 제한 절차: 피고인에 대한 제한은 법원의 직권이나 검사의 청구에 의하여 결정(決定)으로 한다 → 피의자에 대한 자유 제한은 수사기관의 결정(決定)에 의하여 할 수 있다.

(4) 접견교통권 침해에 대한 구제

가) 항고(抗告)·준항고: 법원의 접견교통권 제한 결정에 대해서는 보통항고를 할 수 있고, 검사 또는 사법경찰관의 제한에 대해서는 준항고(관할법원에 서면으로)에 의하여 취소 또는 변경을 청구할 수 있다.

나) 증거능력의 배제: 변호인과의 접견교통권을 침해해서 얻은 자백 등 → 위법수집증거로서 증거능력이 인정되지 않는다.

5) 수사상 감정유치(鑑定留置)

피의자(被疑者)의 정신 또는 신체를 감정하기 위하여 검사의 청구로 판사가 발부한 감정유치장에 의하여 일정한 기간 피의자를 병원 기타 장소에 유치하는 처분.

(1) 감정위촉: 수사기관은 필요한 때에는 감정(鑑定)을 위촉(委囑)할 수 있다.

가) 청구권자: 검사(檢事)가 판사에게 감정유치(鑑定留置)를 청구.

나) 감정위촉·유치처분: 판사(判事) → 감정유치장을 발부하여야 한다.

ㄱ) 감정유치 기각결정·유치결정 → 준항고 불허.

ㄴ) 감정유치 기간: 제한이 없다.

다) 위촉받은 자: 거부할 수 있다.

(2) 수사상 감정유치: 피의자(被疑者)에 대해서만 가능.

가) 구속(拘束) 여부와는 무관하다.

나) 피고인(被告人)에 대해서는 허용되지 않는다.

(3) 감정유치(鑑定留置)의 집행

가) 감정유치장은 집행하지 않을 수 있으며, 절차는 구속영장의 집행에 관한 규정이 준용된다 → 허가장이 아니라 명령장(命令狀)이다.

ㄱ) 감정유치기간: 구속기간에 포함되지 않는다 → 구속집행정지된 것으로 간주하므로.

ㄴ) 미결구금일수의 산입: 유치기간은 구속으로 간주하여 미결구금일수에 산입한다.

나) 감정유치처분이 취소 또는 만료된 때: 구속집행정지가 취소(取消)된 것으로 본다.

(4) 감정에 필요한 처분(제221조의4): 수사기관으로부터 감정의 위촉을 받은 자는 감정상 필요한 때 → 판사의 허가를 얻어 타인의 주거 등에 들어갈 수 있고, 신체검사, 사체의 해부, 분묘 발굴, 물건의 파괴 등을 할 수 있다.

가) 허가 청구권자: 검사(檢事) → 감정위촉을 받은 자가 아니다.

나) 감정에 필요한 법원의 허가: 허가장(許可狀) → 집행하지 않을 수도 있다.

제 7 절 수사상 증거보전청구와 증인신문

1 증거보전(證據補塡)

1) 증거보전(證據補塡)

공판정(公判廷)에서의 정식 증거조사가 있을 때까지 기다릴 경우 그 증거의 사용이 불가능하거나 현저히 곤란하게 될 염려가 있는 경우, 제1회 공판기일(公判期日) 전에 검사·피의자(피고인) 또는 변호인의 청구에 의하여 지방법원판사가 미리 증거조사를 하여 그 결과를 보전하는 것.

(1) 증거보전의 내용: 압수, 수색, 검증, 증인신문, 감정.

(2) 피의자·피고인신문: 진술거부권이 인정되며 청구할 수 없다.(판례)

(3) 공동피고인이나 공범자: 증인(證人)으로 신문하는 것은 허용된다.(판례)

2) 증거보전 청구(請求)

(1) 제1회 공판기일(公判期日) 前에 한하여 할 수 있다.

가) 제1회 공판기일 前: 피고인신문의 개시 前.(다수설)

나) 공소제기(公訴提起) 전후는 불문한다 → 수사의 개시 이후에 할 수 있다.

다) 항소심이나 파기환송(破棄還送) 후의 절차, 재심청구사건 → 증거보전 청구는 인정되지 않는다.(판례)

(2) 형사입건(刑事立件)되기 전의 자는 피의자가 아니므로 청구할 수 없다.(판례)

형사입건(刑事立件): 특히, 수사기관에 의해 형사사건으로 성립시키는 것 → 실무상, 수사기관에 비치된 사건접수부에 사건을 기재하고 사건번호를 부여하는 단계.

(3) 청구방법: 압수할 물건의 소재지, 수색・검증할 장소나 물건의 소재지, 증인의 주거지나 현재지 등을 관할하는 지방법원판사(地方法院判事)에게 하여야 한다 → 수소법원(受訴法院)에 하는 것이 아니다.

2 증거보전의 처분(處分)

1) 청구를 받은 판사(判事)

청구가 적법하고 필요성이 있다고 인정할 때에는 증거보전을 하여야 한다.

(1) 청구에 대한 재판: 요하지 않는다 → 증거보전을 하면 된다.

(2) 당사자의 참여: 검사, 피고인・피의자의 참여권 보장.

(3) 청구기각결정이 있는 경우 → 즉시항고(卽時抗告)나 준항고(準抗告)를 할 수 없다.(판례)

2) 증거보전의 청구를 받은 판사(判事)

법원(法院) 또는 재판장(裁判長)과 동일한 권한이 있다.

3) 증거보전 後의 절차

(1) 증거보전에 의하여 압수한 물건이나 작성한 조서: 증거보전을 한 판사가 소속한 법원에서 보관한다.

(2) 검사・피고인・피의자 또는 변호인: 판사의 허가를 얻어 그 서류와 증거물을 열람・등사할 수 있다 → 기간에 대한 제한은 없다.

(3) 증거보전 절차에 의하여 작성된 조서: 당연히 증거능력이 인정된다 → 피의

자 · 변호인에게 증거보전 절차에 참여할 기회를 주지 않은 경우는 (그 증인이 법정에서 성립의 진정을 인정해도) 증거능력이 부정된다.(판례)

3 증인신문(證人訊問)의 청구

1) 증인신문(證人訊問)의 청구

(1) 참고인이 출석 또는 진술을 거부하거나

(2) 전의 진술과 다른 진술을 할 염려(위헌)가 있는 경우에 진술증거의 수집과 보전을 위해 제1회 공판기일 전까지 검사(檢事)의 청구에 의하여 판사(判事)가 그를 증인으로 신문하는 것.

가) 수소법원(受訴法院) 아닌 판사에 의한 참고인(參考人)에 대한 증인신문이다.

나) 검사(檢事)만이 청구할 수 있다.

2) 증인신문 청구의 요건(要件)

(1) 수사기관에의 출석 또는 진술의 거부

가) 범죄의 수사에 없어서는 아니 될 사실을 안다고 명백히 인정되는 자가 수사기관의 출석요구에 대하여 출석과 진술을 거부하는 경우.

나) 출석거부와 진술거부에 정당한 이유가 있는 경우에도 증인신문을 청구할 수 있다.

(2) 진술번복(陳述飜覆)의 염려(제221조의2 제1항)

가) 검사 또는 사법경찰관에게 임의의 진술을 한 자가 공판기일에 전의 진술과 다른 진술을 할 염려가 있고, 그 진술이 범죄의 증명에 없어서는 안 될 것으로 인정될 경우.

나) 헌재의 위헌결정: 위 조항은 적법절차의 원칙과 공정한 재판을 받을 권리에 위배된다는 이유로 위헌결정을 하였다(1996. 12.26, 헌재94헌바1).

(3) 제1회 공판기일 전에 한하여 허용된다 → 공소제기의 전후를 불문한다.

3) 증인신문의 방법

(1) 증인신문의 청구를 받은 판사(判事): 증인신문에 관하여 법원 또는 재판장과 동일한 권한이 있다.

(2) 피고인 등의 참여권: 판사는 특별히 수사(搜査)에 지장이 있다고 인정하는 경우를 제외하고는 피고인·피의자 또는 변호인을 증인신문에 참여하게 하여야 한다.

4) 증인신문 후의 조치

(1) 증인신문을 한 때: 판사는 지체 없이 이에 관한 서류를 검사(檢事)에게 송부하여야 한다 → 당사자의 열람·등사 권한은 없다.

(2) 증인신문의 증거능력: 당연히 증거능력이 있다.

제3 장

현장수사활동

제1절 초동수사(初動捜査)

1 개설(概說)

1) 초동수사(初動捜査)의 의의(意義) 및 중요성(重要性)

(1) 의의: 사건발생초기에 범인을 체포하고 증거를 확보하기 위하여 행하는 긴급한 수사활동.

(2) 중요성: 초동수사 체제를 확립하여 사건의 발생을 인지하면 즉시 수사활동을 개시하여 되도록 현장에서 범인을 체포하는 동시에 물적 증거나 참고인을 신속히 확보하여야 광역화, 기동화, 교묘화되어가는 범죄에 대응할 수 있음.

2) 초동수사(初動捜査)의 목적(目的)

(1) 범인(犯人)의 체포(逮捕): 1차적 목적

가) 범죄신고(→상급기관에 즉보(卽報))에 의해 현장에 긴급출동하여 현장 또는 그 주변에서 범인을 체포하는 것.

나) 현장에 도착하였을 때에 범인이 범행을 계속중이면 즉시 체포.

다) 범인이 도주 후일지라도 즉시 범인이 누구인가, 어떠한 인상 특징을 가진 자인가를 조사하여 즉시 추적수사로 이행.

(2) 수사긴급배치(搜査緊急配置): 초동수사에 있어서는 범죄발생의 인지와 동시에 신속히 긴급배치를 실시하여 범인의 도주경로를 차단하고 범인의 체포에 힘써야 함.

가) 수사긴급배치의 구분

구 분	甲 호	乙 호
대상범죄	살인사건: 강도 · 강간 · 유괴 · 방화 살인 강도사건: 인질 · 해상강도, 금융기관 및 5,000만원 이상 다액 강도, 총기 · 폭발물소지 강도, 연쇄강도 방화사건: 관공서 · 산업시설 · 시장 · 열차 · 항공기 · 대형선박 등의 방화, 연쇄방화, 중요한 범죄은닉목적의 방화, 보험금 취득목적 등의 계획적인 방화 총기 · 대량탄약및폭발물 절도 조직폭력 사건 약취 · 유인 또는 인질강도, 수인(囚人) · 구속피의자 도주	• 다음 중 甲호 이외의 사건 살인 · 강도 · 방화죄 중요 상해치사죄 1억원 이상 다액 절도 관공서 · 중요시설 절도 국보급 문화재 절도 • 기타 경찰서장이 중요하다고 판단하여 긴급배치가 필요하다고 인정하는 사건
발령권자	1. 사건발생지 관할경찰서 또는 인접경찰서에 시행할 경우 → 발생지 관할 경찰서장이 발령한다. 인접 경찰서가 타시도 지방경찰청 관할인 경우도 같다 2. 사건발생지 지방경찰청의 전경찰관서, 또는 인접 지방경찰청에 시행할 경우 → 발생지 지방경찰청장이 발령한다 3. 전국적인 긴급배치 → 경찰청장이 발령한다	
생략사유 및 해제사유	• 긴급배치 생략사유 1. 사건발생 후 상당한 시간의 경과로 범인체포 불가능하다고 판단되는 경우 2. 범인의 인상착의가 확인되지 않고 사건내용이 애매한 경우 3. 범인의 성명, 주거, 연고지 등이 판명되어 조속히 체포할 수 있다고 판단되는 경우 • 긴급배치 해제사유 1. 범인을 체포하였을 때 2. 허위신고 또는 주요사건에 해당되지 않음이 판명되었을 때 3. 긴급배치를 하더라도 효과가 없다고 인정될 때	

<table>
<tr><td>조 치</td><td colspan="2">• 수사긴급배치 실시보고: 차상급기관의 장에게 지체 없이 보고
• 수사긴급배치 해제보고: 실시보고와 같은 방법으로 6시간 이내에 해제일시, 사유, 단속실적 등을 보고</td></tr>
<tr><td>경력동원</td><td>형사(수사)요원, 파출소, 검문소의 가동 경찰력 100%</td><td>• 형사(수사)요원의 가동 경찰력 100%
• 파출소 · 검문소 요원의 가동 경찰력 50%</td></tr>
</table>

나) 교양훈련

ㄱ) 긴급배치훈련

a) 경찰청: 지방경찰청 대상 연 1회 이상.

b) 지방경찰청: 관할경찰서 대상 반기 1회 이상.

c) 경찰서: 자체계획에 의거 분기 1회 이상.

ㄴ) 경찰서장: 경찰서 직원에 대하여 수시로 긴급배치에 필요한 실무교양 및 훈련을 실시 → 사전에 지방경찰청장에게 보고.

(3) 참고인(參考人) 및 그 진술(陳述)의 확보(確保)

가) 피해자, 범행목격자, 사건관계자 기타의 참고인을 신속히 확보하여 사건 직후에 그들의 진술을 청취해 두는 것이 필요.

나) 그들의 진술은 사건 직후에는 기억이 확실하며 다른 여러 가지 이해관계에서 진술이 왜곡될 겨를이 없고 신용도가 높기 때문에 중요함.

다) 생생한 그대로를 녹음 등에 의해서 청취해 두는 것이 필요.

(4) 사건당초(事件當初)의 상황(狀況)의 확보(確保): 화재의 연소상황, 범죄현장 주변의 상황, 현장 주변인물의 동태나 이동성이 있는 물건, 사람, 상황 등을 사진촬영하거나, 녹음하거나, 관찰사실을 기록하여 두거나 하여 후일의 수사 자료로서 관리.

3) 초동수사(初動搜査)의 일반적(一般的) 유의사항(留意事項)

(1) 신속 출동: 경찰관은 사건의 발생을 인지하였을 때 사건의 경중을 불문하고 신속히 현장에 출동하여 긴급한 수사활동을 할 수 있도록 항상 명심.

(2) 초동수사를 위한 평소의 준비

가) 사건이 발생하였을 때를 대비하여 최단시간에 범죄현장에 도착할 수 있도

록 관내 지리를 숙지.

나) 근무일은 물론 휴무일에도 항상 자기의 소재를 명백히 하여 비상소집이나 출석연락에 언제든지 응할 수 있도록 함.

다) 경찰서 및 지방경찰청의 초동수사체제와 소집을 촉구하는 연락방법과 수사긴급배치의 요령 및 배치장소를 숙지.

라) 현장출동에 대비하여 사진기, 휴대용 녹음기, 감식기재 기타의 수사 장비의 사용방법을 숙달하도록 노력.

마) 구체적인 사건이 발생하였을 때에 냉정・침착하고 신속하게 효과적인 초동수사를 하기 위하여 평소에 과거의 사례에 대한 연구를 꾸준히 함.

4) 초동수사체제(初動捜査體制)의 정비확립(整備確立)

(1) 보고・연락(報告連絡)의 신속・정확성(迅速正確性)

가) 중요사건이 발생하였을 때에 적절한 초동수사를 실시하기 위해서는 사건발생을 인지한 경찰관으로부터의 보고・연락이 신속히 행하여져야 함.

나) 지휘관도 그에 대하여 해당 사건에 적절한 지휘명령을 하여야 함.

다) 중요사건 발생 보고책임자, 보고연락의 요령들을 미리 구체적으로 정해두어야 하며 그 요령에 대하여는 경찰관 전원이 숙지하도록 훈련.

(2) 수사관(捜査官)의 근무체제(勤務體制)

가) 신속한 인원동원: 중요사건의 초동수사에는 많은 인원이 필요하므로 신속히 인원을 확보할 수 있는 체제, 특히 수사관의 근무체제가 확립되어 있어야 함.

ㄱ) 주간 외근 근무 중인 수사관: 수시로 그 소재를 상사에게 보고하도록 하여 항상 그 소재(所在)를 분명히 해 두어야 함.

ㄴ) 근무할당: 수사력에 공백이 생기는 일이 없도록 근무할당에 대해 세밀한 조정이 필요.

나) 야간 근무체제의 확립: 중요사건은 수사관이 부족한 야간에 발생하는 일이 많으므로 중요시됨.

ㄱ) 사건발생시의 초동조치 및 현장출동요령에 대한 기본계획을 수립.

ㄴ) 상급 수사간부의 부재 등 현장수사활동을 입체적으로 추진하기 어려운

상황에서도 수사간부가 원하는 의도대로 수사활동이 전개되도록 하여야 함.

다) 구두지시나 인쇄물의 교부 등을 통하여 누구라도 이해할 수 있고 언제라도 활용할 수 있도록 함.

(3) 기동력(機動力)의 확보(確保)

가) 소요인원, 수사 장비 등: 수송 및 사건 발생시 필요한 차량을 확보, 항상 점검하고 운전요원을 확보.

나) 순찰차: 항상 조명용구, 확성기, 현장보존용구 등 초동수사의 초기에 필요한 기재를 적재.

다) 중요사건 발생시: 수사간부가 순찰차 근무자를 지휘 명령할 수 있는 체제 확립.

(4) 수사용(搜查用) 장비(裝備), 통신설비(通信設備) 기자재(器資材) 등의 이용(利用)

가) 수사용(搜查用) 장비(裝備)

ㄱ) 수사관뿐만 아니라 모든 경찰관이 그 성능과 사용방법을 숙지.

ㄴ) 장비를 항상 점검, 정비해서 일정한 장소에 보관.

ㄷ) 다른 과·계에서 보관·관리하는 기자재에 대하여서도 필요시 이용할 수 있도록 미리 협의해 두는 것이 필요.

나) 통신설비(通信設備) 기자재(器資材): 보고, 연락, 사건의 지휘 및 각종 수배 등을 위하여 없어서는 안 되는 것이므로 경찰통신기관과 긴밀한 연락을 취하여 언제 어떠한 경우에도 최고의 기능을 발휘할 수 있도록 해 두어야 함 → 특히 휴대폰 소형 무전기에 대하여는 신속히 지출(持出)할 수 있도록 대비.

(5) 수사긴급배치계획(搜查緊急配置計劃)의 수립(樹立)

가) 긴급배치

ㄱ) 중요사건이 발생하였을 때: 적시성(適時性)이 있다고 판단되는 경우 → 범인의 예상 도주로에 신속히 경찰관을 배치 → 검문검색 실시 → 범인을 체포하고 현장을 보존하는 등의 초동조치로 범죄수사자료를 수집하는 활동(수사긴급배치규칙 제2조).

ㄴ) 평상시의 근무체제를 일시적으로 변경하여 다수의 경찰관을 긴급히 조

직적으로 집중 동원하여 검문, 검색, 잠복관찰, 미행 등의 방법에 의하여 행하는 초동수사 활동.

ㄷ) 범죄수사규칙 제13조와 수사긴급배치규칙(경찰청훈령 제112호)에 구체적으로 규정.

나) 긴급배치계획 수립

ㄱ) 관내의 지형, 도로 등의 지리적 조건, 교통기관 등에 대해서도 미리 면밀히 확인.

ㄴ) 과거의 사건에 있어서 범인의 도주상황 등도 참작하여 여러 가지 경우를 상정해서 배치해야 할 구역, 경찰관 수 등에 차등을 두고 발생상황에 따라 대처할 수 있는 두 가지 이상의 계획을 세우는 것이 필요.

ㄷ) 신고(즉보) 접수시 현재 인원으로 어떠한 필요 최소한의 배치를 하여야 할 것인가 확인.

ㄹ) 증원되는 인원수에 따라서 어떻게 배치를 보충할 것인가 확인.

ㅁ) 인접 경찰서, 기타 관계공무원 등과도 연락 협의하여 경계지점 부근에서 근무의 맹점이 생기거나 근무배치가 중복되는 일이 없도록 유의함.

ㅂ) 수립한 계획은 그 후의 구체적 사건에 있어서의 초동 수사 활동의 반성, 검토 등에 의하여 끊임없이 그 내용을 검토하고 관내정세의 변화에 대응하여 보완해서 항상 합리적인 것으로 만들어 두어야 함.

다) 긴급배치계획의 고려사항

ㄱ) 중요사항 기타 긴급배치를 하여야 할 사건의 종별.

ㄴ) 긴급배치의 종별.

ㄷ) 발령 및 해제권자.

ㄹ) 배치인원의 소집, 임무분담, 배치요령.

ㅁ) 배치개소 및 배치방법.

ㅂ) 보고, 연락방법 등.

라) 범죄 발생의 급속, 광역화에 대처하여 인접 또는 타 시·도 경찰과의 공조체제에 대해서도 고려하여 효율적인 조직수사가 행하여지도록 하여야 함.

(6) 기초자료(基礎資料) 수집정비(蒐集整備)

가) 범죄수사규칙: '수사에 제공하기 위하여 널리 범죄에 관련 있는 사회적 모

든 사정 및 죄를 범할 우려가 있는 자 기타 수사상 주의를 요한다고 인정되는 자의 동향 등 수사에 필요한 기초자료를 항상 수집, 정비해 두어야 한다'고 규정.

나) 기초자료가 완전히 수집 정비되어 있으면 그것은 그대로 초동수사에도 이용될 수 있음.

다) 초동수사의 성격에서 필히 없어서는 안 되는 것

ㄱ) 범죄발생 관내지도.

ㄴ) 교통기관의 노선도, 발착시각 및 영업소 또는 역의 소재지, 전화번호.

ㄷ) 정시운행의 화물자동차의 운행시각, 노선 및 영업소의 소재지, 전화번호.

ㄹ) 화물취급소, 물품 일시보관소의 영업자명, 소재지, 전화번호.

ㅁ) 유흥음식점・유기장의 영업자명, 소재지, 전화번호(특히 심야영업을 하는 자에 대하여는 따로 분류해 두는 것이 필요).

ㅂ) 여관, 여인숙, 하숙업의 경영자, 소재지, 전화번호.

ㅅ) 전과자, 보석자의 성명, 주거 및 동향.

ㅇ) 폭력단체 등의 명부 및 그 동향.

ㅈ) 공사장의 합숙소, 소재지, 책임.

라) 초동수사는 신속성을 요하기 때문에 기초자료 중 필요한 것은 누구든지 곧 찾아볼 수 있도록 하여야 함.

ㄱ) 기초자료를 분류, 정리하여 항상 일정한 장소에 보관해 두는 것이 필요.

ㄴ) 유사시 수사 활동에 지장을 초래하는 일이 없도록 그 내용에 대하여 수시 조사, 확인하여 변동이 있는 것에 대하여는 수정 기록함.

ㄷ) 담당을 맡은 직원은 정기적으로 일자를 정하고 점검 조사를 실시하는 동시에 수사간부도 수시 점검하여 필요한 지시를 하여야 함.

(7) 다른 기관(機關) 및 교통관계자(交通關係者)와의 협력체제(協力體制)의 확립(確立)

가) 긴급히 범인의 도주로를 차단 또는 범인의 행동에 관한 정보를 긴급히 입수하기 위해서는 철도청 등 다른 기관 또는 교통관계업자와의 사이에 협력 체제를 확립해 두는 것이 필요함.

나) 기타 여러 경우

ㄱ) 범인이 기차를 이용하여 도주하였을 때에는 상황에 따라 철도 공안원의 협력이 필요하게 되는 경우.

ㄴ) 범인이 범행 전 또는 범행 후에 택시를 이용한 사실이 있으면 범인의 인상 등을 수배함으로써 택시 운전자의 신속한 협력을 얻을 수 있음.

ㄷ) 이런 경우 수배를 함에 있어서는 수사상의 비밀을 고려하여 사건의 내용, 범인의 인상 등을 어느 정도 명백히 할 것인가에 대하여 신중히 검토하여야 함.

2 초동수사의 방법(方法)

1) 초동수사(初動搜査)의 중요성

(1) 살인, 강도, 강간, 방화 등의 중요사건

가) 사람의 생명, 신체에 중대한 위해 또는 위협을 가할 수 있으므로 인명구조나 범죄의 진압, 범인의 체포를 위하여 특히 긴급한 조치가 필요.

나) 이러한 사건의 초동수사는 수사기능뿐만 아니라 경찰의 다른 기능의 인원을 투입하는 등 많은 인원을 필요.

다) 인접경찰서 또는 인접 시・도 지방경찰청의 지원까지도 필요로 하는 대규모의 조직적 수사활동이 필요함.

라) 초동수사의 실패는 그 후의 수사에 결정적인 영향을 주고 범인이 도주함으로써 제2, 제3의 범행을 유발케 하고 또는 그것을 모방하는 자가 생기는 등 회복할 수 없는 중대한 결과를 가져오게 됨.

(2) 신속한 초동조치를 요하는 중요사건들

가) 살인, 강도, 강간, 방화 등의 흉악사건.

나) 미성년자 약취, 유인사건.

다) 조직적 집단 폭력사건.

라) 수인(囚人) 또는 구속피의자, 피고인의 도주사건.

마) 집단 또는 다액 절도사건 등의 특이절도사건.

바) 사고야기 도주차량 및 폭발물사고.

사) 기타 사회적 영향이 큰 중요 특이사건 등.

2) 인지자(認知者)의 조치(措置) = 초동수사의 순서

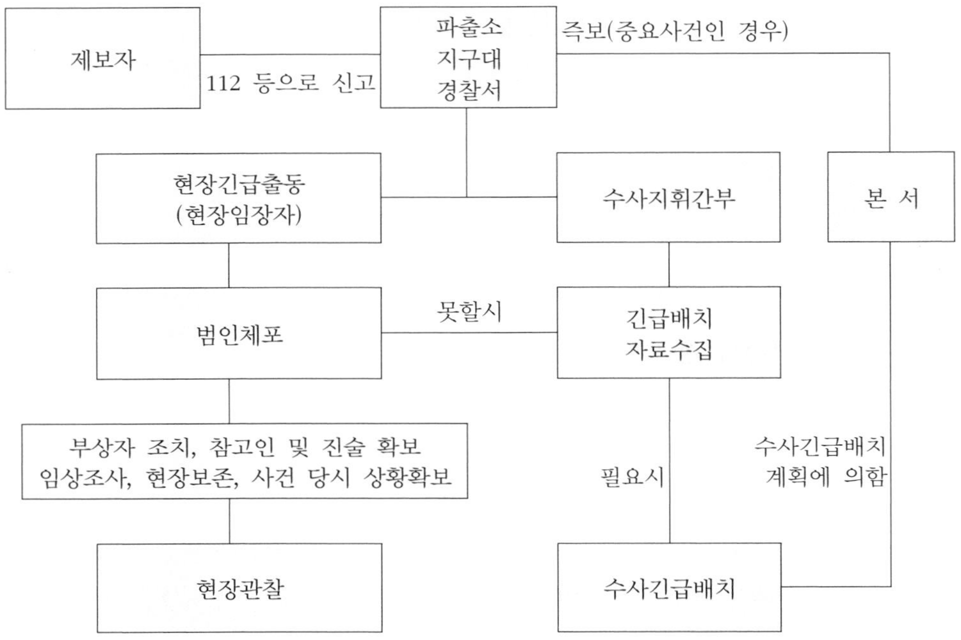

(1) 신고(申告)의 접수(接受): 중요사건의 신고는 112 전화 등에 의하여 경찰서 또는 지방경찰청에 직접 접수되는 경우와 외근경찰관에 대한 신고에 의하여 접수되는 경우가 있음.

가) 신고(申告)의 청취요령(聽取要領)

ㄱ) 신고를 접수할 때에는 주거, 직업, 성명, 연령 등 신고인의 신분을 확인.

ㄴ) 신고인이 직접 신고하는 것이지 아니면 가족친지 또는 피해자의 의뢰를 받아서 하는 것인지를 밝혀야 함.

ㄷ) 정확한 신고시간을 확인하고 사건의 내용을 들어서 긴급성의 여부를 즉시 판단.

ㄹ) 신고 접수 중 청취하여야 할 사항.

a) 사건명, 발생일시(언제), 발생장소(어디서), 범인(누가 누구와 같이, 연령,

인상착의, 특징, 일견(一見)한 풍채 등), 피해자(누구에 대하여), 동기(왜), 피해품, 피해 정도(무엇을), 방법(어떻게 하여), 행위(무엇을 하였다.), 결과(어떻게 되었다), 범인의 도주방법(도보 또는 차량이용), 부근에 있었던 자(목격자 등) 등.

b) 사건파악의 기본적인 8하원칙 이외에 범인의 도주방법과 목격자 등이 추가된 것.

나) 신고(申告) 수리시(受理時)의 심적(心的) 대비(對備)

ㄱ) 신고자는 사건의 중대성에 놀라 당황하는 것이 보통인데(신고자가 피해자이면 더욱 그러함) 그에 치우쳐서 냉정을 잃는 일이 없도록 주의.

ㄴ) 신고인의 거동을 잘 관찰하여 허위신고의 여부에도 유의.

다) 자기의 경험 등에서 선입감을 가지고 사정청취를 하면 사건의 진상을 잘못 파악하게 되어 그 결과가 초동수사에 결정적인 악영향을 미치게 됨.

(2) 즉보(卽報)

가) 중요사건의 신고가 있을 경우: 우선 그것이 어떠한 사건인가를 확인하고 그 사건이 신빙성이 있다고 판단될 경우 그 상세한 것을 듣기 전에 "○○에서 ○○사건 발생" 제목하에 "사건 청취 중"이라는 제1보를 본서에 즉시보고 하여야 함: 본서에 있어서의 출동준비체제의 만전을 기하기 위하여 반드시 실행함.

나) 경찰 시설 외인 경우: 무선 기타의 통신수단을 이용하여 신속히 보고.

다) 제2보 이하의 즉보: 범인의 추적, 체포, 수배를 위하여 필요한 사항 및 피해자의 상황을 우선적으로 보고하는 것이 필요.

라) 경찰서(署) 내 근무 중 경찰관이 인지자로부터 직접 신고를 접수하거나 신고자로부터 전화에 의하여 접수한 경우: 다른 경찰관 등에게 협력을 요구하여 다른 전화기로 동시에 즉보를 하는 등 수사간부에 대한 보고연락을 신속히 행하여 지시를 받아야 함.

(3) 현장급행(現場急行)

가) 범죄수사규칙에 '경찰관은 현장임검(現場臨檢)을 요하는 범죄의 발생을 인지하였을 때에는 신속히 그 현장에 임하여 필요한 수사를 행하여야 한다'고 규정.

나) 현장에 급행함으로써 주의할 사항

ㄱ) 현장에 급행함에 있어서는 기동력을 활용하여 최단시간 내에 도착하도록 하고, 이 경우 현장으로 통신연락을 신속, 확실하게 하기 위하여 무전기의 활용 또는 통신기재의 휴대에 대하여 특히 유의할 것.

ㄴ) 신고사건의 내용에 의하여 휴대품 외에 필요한 호신용구, 현장보존 또는 현장관찰의 기재(器材)를 휴대할 것.

ㄷ) 가능하면 신고자 또는 현장에 대하여 연고감을 가진 자와 동행할 것.

ㄹ) 현장에 급행하는 도중에 있어서도 범인으로 인정되는 자, 거동수상자에 대하여 주의를 게을리 하지 말 것.

ㅁ) 도착시각을 확인하여 메모함.

3) 현장지휘간부(現場指揮幹部)의 의무(義務)

(1) 사건판단 및 수사방침의 결정.

(2) 그 외의 기타 사항

가) 주요 수사활동에 있어서 중복수사를 피하기 위해 각 소속책임자와 협의하여 피해자·목격자·참고인의 확보·조사, 현장 부근의 검색·탐문, 현장관찰, 유류품 등 수사자료의 발견 확보 및 피의자의 추적·체포·조사 등 각 소속요원의 특성에 따라 임무분담·담당구역 등을 명확하게 지시하는 등 수사의 실효를 거두도록 할 것.

나) 범인의 인상·특징, 도주방향 등 긴급배치에 필요한 사항의 수집을 우선적으로 실시할 것.

다) 관할 경찰서의 임장요원 가운데 한 명을 보고책임자로 지정하여 보고연락을 적절히 실시할 것.

라) 경계책임자에 대하여 설정된 출입금지구역의 범위 및 특히 주의하여야 할 증거자료·흔적 등 경계에 필요한 지시를 하고 적절한 현장보존을 할 것.

4) 임장자(臨場者)의 조치(措置)

(1) 범죄(犯罪)의 진압(鎭壓), 범인(犯人)의 체포(逮捕)

가) 범죄현장에서 아직 범행이 계속되고 있을 때에는 즉시 그것을 진압하여

현행범(現行犯)으로 체포하여야 함.

나) 중요사건의 범인은 흉기를 휴대하고 있는 자가 적지 않으므로 범인 체포시 불시의 저항을 받아 위해(危害)를 입는 일이 없도록 신중히 행동함.

(2) 부상자(負傷者)의 구호(救護)

가) 현장임검에 있어서 부상자가 있을 때에는 지체 없이 구호의 조치를 취하여야 함.

나) 범죄현장의 원상을 파괴하지 않도록 하여야 하는데 그 때문에 인명을 도외시하는 것은 허용되지 않음.

다) 범인의 도주 후 얼마 되지 않을 경우이고 피해자의 구호를 가족이나 관계자에게 의뢰할 수 있을 때: 그 사람들에게 피해자의 응급구호를 맡기고 현장에서 증거보전의 조치를 취하는 외에 현장 부근을 잘 검색하여 범인의 발견, 체포에 노력함.

라) 피해자의 구호를 의뢰할 수 없을 때

ㄱ) 신속히 피해자의 응급구호를 실시하는 동시에 증거를 보존 함.

ㄴ) 범행 당시의 상태를 명확하게 해 둘 필요가 있으므로 피해자를 이동시킬 경우에는 그 위치를 분필 등으로 표시하여 나중에 확인할 수 있는 조치를 강구함.

(3) 임상조사(臨床調査)

가) 빈사상태의 중상자가 있을 때: 응급 구호조치를 하는 동시에 피해자로부터 범인은 누구인가, 범행의 원인, 피해자의 주거・성명・연령, 피해상황, 부근에 있었던 자(목격자), 근친자나 연고자, 기타사항을 청취하여 두어야 함.

나) 병원으로 이송한다 하더라도 사망해 버릴 염려가 있으므로 운반하는 도중 기타 적당한 기회를 가려서 수사상 필요한 최소한도의 것을 청취하여 녹음기가 있을 때에는 그 상황을 녹음해 두어야 함.

다) 가족의 심정을 충분히 살펴서 의사가 있을 경우에는 의사의 진단의견을 듣는 등 문제가 생기지 않도록 하여야 함.

라) 중상자가 사망하였을 때에는 사망 시간을 확인하여 기록함.

마) 피해자의 사망 여부에 대한 판단은 현장 임장자의 주관적 판단에 근거하는 것이 아니라 의사가 사망을 확인한 경우에는 그대로 현장보존을 하여야하

며 사망시각을 기록함.

바) 사망 여부에 대한 판단이 어려운 경우 신체에 손을 대보아서 아직 따뜻한 경우 빈사중상자와 같이 구호조치를 함.

(4) 현장보존(現場保存): 범죄현장의 상태를 범죄발생 또는 범죄발각 당시 그대로의 상태로 일정기간 보존하는 것.

가) 이유: 범죄현자에 남겨진 많은 수사자료 중에는 시간경과에 따라서 변화하고 소멸하는 것이 있을 뿐만 아니라 범죄현장을 그대로 방치하면 제3자가 출입하여 현장을 파괴하거나 변경하게 됨.

나) 현장에 도착하는 즉시 신속히 현장보존의 조치를 취하여 수사자료의 산일(散逸), 멸실(滅失), 파괴(破壞)를 예방함.

다) 현장보존의 구체적 요령

ㄱ) 원상(原狀)대로의 보존(保存)

a) 현장의 보존에 있어서는 되도록 현장을 범행 당시의 상황 그대로 보존하여 현장에서의 수사가 정확하게 행하여지도록 하여야 함.

b) 대개의 경우 경찰관 이외의 자에 의해서 발견되어 그들이 현장에 출입하기 때문에 경찰관이 임장하기 전에 현장이 파괴되거나 변경되는 일이 많아 엄격히 원상 그대로 보존하기가 어려움.

c) 부상자의 구호, 증거물의 변질과 산일(散逸)의 예방 등 특히 부득이한 사정이 있는 경우를 제외하고는 경찰관일지라도 함부로 현장에 들어가서는 아니 된다.

d) 피해자, 발견자 등으로부터 전화 기타에 의하여 사건의 신고가 있을 때에는 현장에 들어가지 말 것과 경우에 따라서는 필요한 보존조치를 강구할 것을 구체적으로 의뢰.

e) 현장보존을 위하여 주의할 사항들

(a) 도착 즉시 장갑을 끼고, 출입할 경우 범인의 출입통로라 생각되는 곳을 피하여 그 외의 통로를 활용할 것.

(b) 사체, 흉기, 현장의 물건에 손을 대지 말 것.

(c) 출입문 등은 함부로 움직이지 말 것.

(d) 종이조각, 모발, 담배꽁초 등을 현장에 떨어뜨리거나 침을 뱉지 말 것.

(e) 부주의로 족적을 남기거나 부득이 현장을 변경할 때에는 분필이나 스프레이로 원위치를 표시해 둠과 동시에 간부에게 그대로 보고할 것.

ㄴ) 현장보존(現場保存)의 범위(範圍)

a) '경찰관은 범죄를 실행한 지점뿐만 아니라 널리 현장보존의 범위를 정(定)하여 수사자료의 발견에 대처하여야 한다'고 규정.

b) 현장에서의 증거의 수집은 단지 범죄가 행하여진 지점만으로 한정되지 않으므로, 현장보존의 범위는 구체적, 획일적으로 말할 수 없고, 결국 일반적으로 '되도록 멀리'라고 정함.

c) 구체적 사건의 현장에 임한 경우에는 범죄 및 현장의 양상 그리고 인원, 장비 등 참작하여 가능한 한 멀리 보존범위를 지정하고, 나중에 그렇게 멀리 정할 필요가 없다고 판단되면 현장책임자의 지시에 따라 그때그때 범위를 축소하면 됨.

ㄷ) 현장보존(現場保存)을 위한 조치(措置)

a) 현장의 지시

(a) 보존하여야 할 범위를 정하였을 때에는 "출입금지(出入禁止) 또는 촉수금지(觸手禁止)" 등의 지시를 하는 동시에 경찰통제선(警察統制線)을 설정하여 로프를 치거나, 표찰, 기타의 표시를 하여 현장의 출입을 제한.

(b) 가족 기타 부득이한 사정이 있는 자를 제외하고는 제3자가 함부로 현장에 출입하지 않도록 하기 위한 것.

(c) 가족 기타 현장에 있는 자가 현장에 있는 물건의 위치 또는 형상을 변경하거나 함부로 손대거나 하는 일이 없도록 미리 그들에게 주의를 환기시켜 두어야 함.

(d) 경찰관 자신이 함부로 현장에 출입하여 현장을 변경하거나 파괴하거나 해서는 안 될 것.

b) 현장출입자, 참여자의 조사

(a) 현장 또는 그 근처에 와 있거나 배회하는 자가 있을 때에는 그들의 성명, 주소 등을 조사하여 명확히 해 두기.

(b) 임장 후의 현장출입자는 물론 임장 전에 현장에 있었던 자, 사체에

손댄 자 등을 조사하여 그들의 성명, 주소, 출입시간, 이유, 피해자와의 관계 등을 명확히 해 두어야 함.

(c) 조사한 결과에 대해서는 현장책임자가 도착하면 간결하게 보고.

c) 자료의 변질, 파괴의 방지조치

(a) 현장에 남겨져 있는 혈흔(血痕), 토사물(吐瀉物), 배설물(排泄物), 족흔(足痕), 차량흔(車輛痕) 등은 사람이 손대거나 밟거나 하지 않도록 해 두는 것만으로서는 불충분함.

(b) 광선(光線), 열(熱), 강우(降雨), 바람 등에 의해서 변질, 변형 또는 멸실해 버릴 우려가 있기 때문에 텐트, 판자, 양동이, 세숫대야 등 적당하다고 생각되는 물건으로 덮어두는 등의 방법에 의하여 그 원상을 보존하도록 노력.

(c) 족적 · 신발은 경찰견 활용에 대한 원취(原臭)가 되므로 냄새가 없는 것으로 덮어야 함.

(d) 경우에 따라서는 사진촬영을 해 두어야 할 때도 많이 있음.

ㄹ) 현장보존(現場保存)을 할 수 없을 때의 조치(措置)

a) 범죄수사규칙: 부상자의 구호 기타 부득이한 이유로 현장을 변경할 필요가 있을 때, 또는 수사자료를 원상대로 보존할 수 없을 때에는 다음과 같은 방법에 의하여 원상을 명백히 하는 조치를 취하여야 함.

(a) 변경 전의 사진을 찍을 것.

(b) 현장은 분필 기타로 표시해 두었다가 나중에 도면(圖面)을 작성하여 기록할 것.

(c) 수첩 기타에 기록해 둘 것 등.

b) 조치는 신속하고 정확하게 행하는 것이 필요.

c) 부상자에 대한 조치가 늦어지거나, 기타 불필요하게 시간이 걸리거나 하여 관계자가 기타의 자로부터 비난을 받는 일이 없도록 충분히 주의.

d) 사진을 찍는 경우 참여인을 넣거나 참여인이 서명한 종이조각을 넣는 등 입증상 보전조치를 강구하는 것이 필요.

5) 신속(迅速) 보고(報告)

최초에 현장에 도착한 자 → 현장조치를 신속·정확하게 실시하고 그 동안에 다음과 같은 것을 인지하였을 경우에는 즉시 본서에 보고하여야 함.

(1) 이미 보고한 내용과 다른 사실.

(2) 범인의 인상, 특징, 도주방향 등 범인체포를 위하여 신속한 수배를 필요로 하는 사항.

(3) 범인이나 피해자에 관한 새로운 사실.

(4) 현장의 상황으로 보아 특히 필요하다고 생각되는 수사용 장비, 통신기재, 기타의 자재가 있거나 또는 인원이 부족한 경우에는 지원이 필요한 내용 및 수량·인원수.

(5) 본서(本署)의 조치(措置)

가) 본서(本署)에서 중요사건의 발생을 인지하거나 발생보고를 접수하였을 때에는 즉시 초동수사를 개시: 직접 그 지휘를 하는 자(대개의 경우 주간(晝間)에는 수사간부(搜査幹部), 야간(夜間)에는 당직책임자(當職責任者)일 것이다)는 근무중인 직원을 완전히 장악하여 냉정, 침착, 기민한 판단에 의하여 신속한 조치를 취하는 것이 필요.

나) 본서에서 취해야 할 조치: 경찰서장(警察署長), 지방경찰청장(地方警察廳長) 등에 대한 보고(報告) 및 관계경찰관서(關係警察官署)에 대한 수배(手配).

ㄱ) 우선 사건의 개요를 즉시 서장(署長)에게 보고 후 수사에 관해서 지휘를 받아야 한다 → 자기가 행한 사건에 관한 지휘에 대해 보고하는 것을 잊어서는 안 된다. 이 보고는 특히 신속을 필요로 하며, 야간이면 서장 외에 수사간부에게도 보고하여야 한다.

ㄴ) 지방경찰청 주무과를 통하여 지방경찰청장에게 보고하되 이 경우 다른 시·도경찰관서에 수배할 필요가 있다고 인정될 때에는 그 취지를 아울러 보고하여 수배를 요청하여야 한다.

ㄷ) 인접 경찰서 등에 대하여 긴급배치(緊急配置)를 의뢰할 필요가 있는 경우에는 즉시 범죄수사규칙 및 수사긴급배치규칙 등의 규정에 따라 긴급사건수배의 조치를 취하여야 한다.

ㄹ) 중요사건의 경우

a) 대부분이 인접경찰서 등에 대한 긴급배치의 의뢰를 필요.

b) 범인을 검거하기 위하여 특히 긴급을 요하는 경우가 많으므로 범인의 도주방향, 도주수단 등에 따라 신속히 수배를 필요로 하는 범위를 정해야 함.

c) 수배를 함에 있어서 직접 긴급사건수배를 발하는(이 경우 지방경찰청장에게는 사후보고) 등 임기응변의 조치를 취하는 것이 필요.

다) 수사관(搜査官)의 현장급파(現場急派)

ㄱ) 우선 범인의 체포, 현장보존, 사건의 실태 파악 등을 위하여 수사관을 사건현장에 파견하는 것이 급선무이므로 지휘자는 적당하다고 인정되는 자를 지정하여 구체적인 지시를 한 후 현장에 급행하도록 함.

ㄴ) 현장에 급파명령을 받은 수사관은 현지 수사책임자의 통제하에 부상자의 구호조치, 현장에서의 수사 활동 등을 함.

라) 서원(署員)에 대한 수배(手配)와 소집(召集)

ㄱ) 사건의 발생을 인지하거나 그 보고를 접수한 경우에는 즉시 관내 각 파출소 등에 대하여 긴급사건수배의 일제지시를 행하는 동시에 재서(在署) 중인 직원에 대하여 사건의 개요를 주지시켜 현장출동, 긴급배치 등의 초동수사활동에 대비.

ㄴ) 긴급배치를 위하여 서원의 소집을 필요로 하는 경우에는 즉시 그 절차를 취할 것이며 특히 야간의 경우에는 신속한 소집이 행하여지도록 재서원(在署員)을 지휘하여 효율적인 소집을 행하여야 함.

마) 긴급배치(緊急配置)의 실시(實施)

ㄱ) 범죄수사규칙과 수사긴급배치규칙에 규정되어 있는 바에 따라서 행하되 형식적·획일적으로 행하지 말고 구체적인 사건의 내용에 따라 중점을 잘 판단해서 특정구역에 중점을 두거나 검문에 주력하는 등 효과적인 방법에 의하여 함.

ㄴ) 긴급배치의 구체적 실시요령 및 유의사항

a) 긴급배치의 중점은 범인의 도주경로를 급속히 차단하여 범인을 체포하는 데 있으므로 그 배치구역을 되도록 멀리하여 범인의 도주로를 완전

히 차단해야 함.

b) 배치구역을 결정할 때에는 사건발생으로부터의 경과시간을 정확하게 파악하고 동시에 범인이 도주시에 이용하는 교통기관의 상황, 지리적 상황 등을 감안하여 범인이 배치 완료시에 어떤 지점까지 도주하고 있는가를 판단하는 것이 필요.

c) 현재 운용 가능한 소수의 경력으로 어떻게 범인의 도주로를 유효하게 차단할 것인가가 가장 중요한 문제이므로 전기에 의하여 결정한 배치 구역 중에서 필요최소한도의 어느 지점에 배치하지 않으면 안 되는가를 적절히 판단하여야 함.

d) 범인의 도주상황, 도주에 이용되는 교통기관의 상황, 지리적 상황 등에 의하여 우선 도로의 중점 및 기차, 전철, 버스 등 교통기관의 정류소 등 배치 개소를 급속히 늘려서 검문, 잠복관찰을 충실히 하는 등의 조치가 필요.

e) 넓은 지역에 단시간 내에 일제히 경력을 배치하는 것은 불가능하며 범인은 현재 도주하고 있으므로 그 도주경로를 차단하기 위하여서는 범인보다 앞서야 한다. 따라서 출발장소로부터 멀수록 빨리 배치를 완료하지 않으면 안 된다.

f) 이러한 지점을 담당하는 파출소에서 특히 신속히 배치를 완료하도록 배려하는 동시에 본서에서 배치경력을 파견하는 경우에도 기동력을 이용하여 신속히 배치하도록 하여야 함.

g) 인접 경찰서 기타의 경찰서에 긴급배치를 의뢰할 경우에도 앞에서 기술한 것들을 고려하는 것이 필요.

h) 특히 그 범위를 결정함에 있어서는 범인의 도주가 예상외로 빠른 경우에 대비하여 당초에는 되도록 광범위하게 수배하고 그 후 상황에 따라 범위를 축소하는 등의 배려가 필요.

i) 범위가 다른 시·도지방경찰청에 미치는 경우에는 특히 수배를 신속히 하여야 함.

j) 배치인원에 대한 추가수배, 지휘명령 등은 긴급배치를 효과적으로 행하기 위해서는 신속히 그리고 빠짐없이 행하여야 함: 유선, 무선의 통

신기재를 최고도로 활용하여야 하며 연락방법에 관하여는 배치 경찰관에게 사전에 철저히 주지시켜야 함.

k) 배치된 직원은 임무의 중요성을 자각하여 열의를 가지고 범인의 체포에 힘쓰도록 하고, 특히 불심검문 또는 자동차검문을 할 때에는 상대장의 반격을 받거나 범인이 도주하는 일이 없도록 세심한 주의를 기울여야 함.

제 2 절 현장관찰(現場觀察)

1 개설(槪說)

1) 현장관찰(現場觀察)

범죄현장에서 범행과 직접, 간접으로 결부되어 있는 유형, 무형의 제자료를 수집하기 위하여 현장의 물체의 존재 및 상태를 관찰하는 것.

2) 중요성(重要性)

수사활동의 기초로써 후의 수사에 미치는 영향이 크고, 범죄현장을 두 번 다시 동일한 상태로 관찰할 수는 없는 것이므로 실패하면 이전의 원형을 다시 되찾기 어려움.

3) 현장관찰(現場觀察)의 목적(目的)

(1) 범죄사실(犯罪事實)의 확인(確認)

가) 현장의 모양, 피해상태 등에 의해서 범죄가 저질러진 사실 및 그것이 자연현상이나 불가항력에 기인된 것이 아니고 사람이 저지른 행위란 것을 확인하기 위해서 시행.

나) 범죄의 존부와 어떤 범죄를 누가 행하였는가를 확인하는 일.

(2) 수사자료(搜查資料)의 수집(蒐集): 현장에 남겨진 범행의 흔적이나 범인 또는 범행과 인과관계가 있는 사물의 상태 및 그의 관계 등을 발견 → 이를 수사자료로서 수집.

(3) 범행현장(犯行現場)의 보존(保存): 범행현장 상황을 기록, 사진 등의 방법으로 보전하는 것.

4) 현장관찰(現場觀察)의 일반적(一般的) 유의사항(留意事項)

(1) 현장(現場)은 증거(證據)의 보고(寶庫)라는 신념(信念)을 견지(堅持)할 것 → 그 현장에 사건의 열쇠가 있다는 신념 하에 임장(臨場)할 것.

(2) 냉정침착(冷靜沈着)한 관찰(觀察)

가) 현장에 임(臨)하여 사건의 중대성에 정신적 당황 또는 조급한 생각으로 냉정을 잃어서는 안 됨.

나) 범죄의 규모, 방법 기타 제반사항을 냉정 침착하게 판단하여 착실하게 행할 것.

(3) 선입감(先入感)을 피한 객관적(客觀的) 관찰(觀察): 객관적인 증적을 발견할 것.

(4) 질서(秩序)있는 관찰(觀察): 자료를 빠뜨리지 않고 현장보존하면서 종합적인 관찰을 위함.

(5) 광범위(廣範圍)한 관찰(觀察)

가) 유류품 기타의 현장자료는 현장에서 상당히 떨어진 곳에서도 범인이 마음을 놓는 데서 단서가 될 자료를 무의식중에 남기는 경우가 많음.

나) 현장관찰은 될 수 있는 대로 넓은 범위에서 실시할 것.

(6) 면밀(綿密)한 관찰(觀察)의 반복(反復)

가) 주도면밀하게 구석구석까지 반복하여 관찰하여야 함.

나) 반복해서 관찰: 충분한 자료를 발견할 때까지 반복.

(7) 관찰수단(觀察手段)의 총활용(總活用)

가) 완전한 관찰(보조수단을 사용하는 경우)을 하여야 함.

나) 완전한 관찰

ㄱ) 오관(五官)의 작용뿐만 아니라 확대경·조명기구 등 모든 보조기재를 이

용하는 것이 필요.

ㄴ) 자료의 발견 → 정확히 채취 → 감정의뢰 → 실험적 관찰.

(8) 모든 주의력(注意力)을 집중(集中)한 관찰(觀察)

가) 부주의(不注意)는 신체 피로, 정신적인 산만함이나 감정이 복잡했을 때 일어나기 쉬우므로 심신을 잘 가다듬어 관찰에 임할 것.

나) 관찰 중에 불필요한 것을 함부로 말하거나 남과 대화하면서 관찰하는 것은 삼가.

(9) 현장관찰(現場觀察)은 수사지휘관(搜査指揮官)의 통제하(統制下)에 움직일 것: 수사지휘관은 각자의 임무분담을 명확히 하여 → 능률적 · 합리적 관찰 → 발견보고체계 확립 → 항상 전체를 파악할 수 있도록 할 것.

(10) 기타(其他)

가) 범행시와 동일한 조건하에서 관찰할 것.

나) 모순과 불합리한 점의 발견에 힘쓸 것.

2 현장관찰의 일반적 순서

1) 순 서

현장출입통제(현장보존) → 간부의 현장관찰 → 사진촬영 → 채증감식 → 범행수법의 검토.

2) 일반적인 범죄에 대한 관찰의 순서(→ 구체적인 범죄에 따라 다르다)

(1) 전체 → 부분.

(2) 외부 → 내부.

(3) 좌측 → 우측.

(4) 위 → 아래.

(5) 침입구로 추정되는 곳 또는 입구 → 범행현장 중심부.

3) 세부적인 내용

(1) 현장(現場)의 위치(位置) 및 부근상황(附近狀況) 관찰(觀察): 범행현장의 세부 관찰 전에 먼저 현장의 위치, 주요지점과의 거리, 현장주변의 지형, 교통·도로·가옥의 소밀상황(疏密狀況), 명암 등 현장 부근의 총체적인 상황을 파악.

(2) 가옥주변(家屋周邊)의 관찰(觀察)

가) 범행의 현장이 옥내인 경우 → 가옥의 주변을 좌(우)회하여 상세히 관찰.

나) 담장이 있는 주택: 먼저 담 밖을 될 수 있는 한 광범위하게 관찰 → 다음에 정내(庭內)에 들어가서 관찰.

다) 범인의 침입, 도주의 흔적을 빠뜨리지 않게 특히 신중히 하여야 함.

(3) 가옥 외부(家屋外部)의 관찰(觀察): 외벽의 관찰 후 → 즉시 옥내에 들어가지 말고 가옥의 외벽을 좌(우)회 하며 관찰 → 침입·도주 기타 범죄 관계자료의 발견에 힘써야 함.

(4) 현장(現場) 내부(內部)의 관찰(觀察)

가) 옥내에 들어서려면: 될 수 있는 한 침입개소로 추정되는 곳으로부터 부근을 잘 관찰하면서 들어가야 함.

나) 옥내의 관찰: 먼저 가옥의 구조, 방실의 출입구 등 총체적인 상황을 잘 알아두어 될 수 있는 한 침입구로 인정되는 곳 → 순차로 범행현장 중심부로 향하여 면밀히 관찰.

다) 옥내현장의 구체적인 관찰순서

ㄱ) 입구를 기점으로 해서 안으로 향하여 좌(우)에서 순차로 우(좌)로 관찰 → 이 경우 먼저 옥내의 넓이, 형태, 구조 기타의 특징을 관찰한 뒤 세부에 대하여 관찰함.

ㄴ) 입구로부터 좌측 구석의 벽, 다음에 정면의 벽, 우측의 벽, 그리고 좌측 구석에서 입구까지의 벽, 이렇게 일순(一巡)해서 그 옥내의 가구의 배치, 문단속, 잠금 장치의 상황·방법을 관찰함.

ㄷ) 다음은 그 옥내의 천정의 상황, 그 곳에 설비된 조명등 그 점멸 상황, 다음에 방·마루의 상태에 대하여 관찰함.

ㄹ) 다음은 증거품으로 될 물건, 흔적의 상황에 대한 위치, 형상, 색채, 분량,

성질을 상세히 관찰함.

3 관찰기록 작성요령

1) 관찰기록

자기가 행한 관찰 · 조사의 시간적 순서에 따라서 기록해 나가는 것이 가장 용이하고 좋은 방법 → 녹음을 해 두는 것도 한 가지 방법임.

2) 기록의 대상이 될 사물

먼저 기점이 되는 것을 골라 그 위치로부터 정확하게 측정하여 대상의 위치를 명백히 해 두어야 함 → 기점은 반드시 부동의 2개 이상의 기점을 선정.

3) 물체의 크기나 거리

반드시 실측 → 실측할 수 없을 때는 목측(目測)임을 명시할 것.

4) 소극적인 것도 잊지 않고 기록하는 것이 중요

'침입구로 생각되는 곳에는 흔적이 없다' 또는 '재떨이에 꽁초가 없다' 하는 것 등.

4 현장관찰(現場觀察)의 착안점 · 관찰요령

1) 범인(犯人)에 관한 사항(事項)

(1) 범인(犯人)의 신체적(身體的) · 생리적(生理的) 특징(特徵)

가) 지문(指紋), 장문(掌紋), 족문(足紋)

ㄱ) 지문은 동인부동(同人不同), 종생불변(終生不變) → 개인식별의 방법으로는 절대적인 것이며, 장문(掌紋), 족문(足紋)은 지문과는 같지는 못하나 그와 가깝다고 할 수 있음.

ㄴ) 범행현장에 지문이 남겨져 있으면 '그 지문의 장본인이 현장에 있었다'

는 사실은 부동한 것 → 그 자가 어떻게 현장에 있었던가에 대한 정당한 이유가 없는 한 그를 범인으로 인정하게 됨.

ㄷ) 현장지문은 침입구 부근 또는 물색한 개소 등과 같이 범인이 당연히 손을 댄 것으로 생각되는 곳에 남겨진 것이 많음.

ㄹ) 범행수법의 교묘화 → 범죄현장에서는 범인의 방심에 의한 유류, 현장에서 상당히 떨어진 장소에서도 가능 → 현장관찰 범위를 넓히고, 모든 관찰 수단을 활용할 것.

(2) 혈액형(血液型)

가) 혈액형을 알 수 있는 것들: 혈액을 비롯하여 타액(唾液), 정액(精液), 콧물, 토사물(吐瀉物), 대소변(大小便) 등 인체의 분비물, 배설물 등.

나) 시간의 경과에 따라 변색(變色), 건조(乾燥), 멸실(滅失)하는 등 변화가 심하므로 특히 주의하여야 함.

(3) 신체(身體), 체격(體格) → 족흔(足痕)의 보폭(步幅), 족장(足長), 족폭(足幅)으로 신장(身長)을 추정.

(4) 기타(其他)

가) 현장에서 모발이 발견된 경우

ㄱ) 수사함으로써 남녀별, 부위, 두발이면 조발 후의 경과일수 등 알 수 있음.

ㄴ) 다량이면 형상 등의 감정에 의해 개인감별이 어느 정도 가능하며 경우에 따라서는 혈액형도 식별 가능.

나) 치아흔적(齒牙痕迹)

ㄱ) 후일에 용의자가 나타날 경우 → 유력한 범인 여부에 대한 결정적인 역할.

ㄴ) 피해자가 범인을 물었거나 반대로 범인이 피해자에게 달려들어 물었다고 하는 경우 → 치아흔적(齒牙痕迹)은 범행현장 추정과 범죄임을 증명하는데 도움이 됨.

2) 범인(犯人)의 착의(着衣), 소지품(所持品), 휴대품(携帶品)

(1) 범인은 범죄행위로 인한 정신적 동요·흥분·피해자의 저항 등으로 무의식적으로 위의 것들을 유류하거나 의식적으로 은닉하기도 함.

가) 무의식적으로 유류하는 장소: 범행전 시간을 기다렸던 장소, 침입구 부근,

범행장소, 도주경로의 주변 등.

나) 의식적으로 물건을 방치하거나 은닉하는 장소

ㄱ) 범행현장: 휴지통, 장롱, 기타 가구의 뒤쪽, 의류, 침구 속, 선반 뒤, 천정, 마루 밑, 화장실 안 등.

ㄴ) 현장 주변: 쓰레기통, 하수구, 민가의 담안쪽, 지붕 위, 방화용수의 수중, 풀 속, 공원, 공중화장실 안 등.

(2) 착의(着衣) 또는 그의 일부(一部): 현장에 유류된 착의 또는 모자, 장갑, 손수건, 타월, 단추, 의류의 떨어진 것, 섬유, 헝겊 등.

가) 그것의 품질, 형태, 사이즈, 사용오염의 정도 및 파손수리의 상황 등을 면밀히 관찰 → 범인의 성별, 연령, 직업, 신장, 체격 등을 추정.

나) 소유자의 성명, 제조처 또는 판매점의 마크, 세탁 영수증 등 → 유력한 수사의 단서.

다) 땀, 때, 모발 등을 부착하고 있는 것이 많으므로 그것을 검사 → 범인의 혈액형이 판명될 수도 있음.

(3) 휴대품(携帶品) 또는 그의 일부(一部)

가) 흉기(凶器), 범행용구, 성냥, 담배꽁초, 마스크, 보자기 등.

나) 품질, 형상, 특징을 잘 관찰해서 입수처, 입수 연월일, 방법, 가격, 도난, 유실, 대여 등의 사실을 수사함으로써 범인검거에 도달 가능.

3) 범인(犯人)의 지식(知識)과 지능(知能)

(1) 교육(敎育)정도(程度)

가) 현장에 유류된 편지, 협박문서, 낙서 또는 범행시의 범인이 협박이나 대화내용 등에서 범인의 지식, 교육정도, 연령층 등을 추정.

나) 범죄자의 심리로서 수사의 방향을 틀리게 하기 위해서 일부러 언뜻 보아서는 뜻을 알 수 없고 앞뒤 뜻이 맞지 않는 글을 쓰거나, 왼손으로 쓰는 일이 있으므로 충분히 주의하여 관찰.

(2) 연고지(緣故地), 지리감(地理鑑), 전기지식(電氣知識) 등의 특수지식(特殊知識)

가) 범죄자는 범행이 용이하고 목적한 사물이 존재하되 반항 없이 도주할 수 있는 일시 및 장소를 선택하여 범행을 하는 것이 보통.

ㄱ) 자기가 알고 있는 집, 지리적 조건, 물건을 선택하는 것을 당연 → 현장의 상황을 면밀히 관찰함으로써 추정할 수 있으므로 수사범위가 한정되며 축소될 수 있음.

ㄴ) 특수한 전문적 지식이 없으면 할 수 없는 범행 → 범인은 그 지식기능을 가진 자라 할 수 있음.

나) 특수한 지식 · 기능이 있는 것으로 인정되는 자료

ㄱ) 시한적(時限的) 장치에 의한 방화, 폭발.

ㄴ) 극약물, 의약품을 사용한 살상사건.

ㄷ) 보통사람으로서는 위험하다고 생각되는 장소에서의 범행.

ㄹ) 산소용접기를 사용하여 절단하는 등 특수한 도구를 사용한 범행.

ㅁ) 수제(手製)의 흉기를 사용한 범행.

ㅂ) 고압선을 절취하는 전선절도.

ㅅ) 화약류, 화학약품류를 사용한 범행.

ㅇ) 지폐, 화폐, 유가증권, 명화, 명부의 위조 · 변조.

ㅈ) 특수한 살인방법에 의한 범행.

4) 범인(犯人)의 수(數), 공범(共犯)의 유무(有無)

(1) 족흔(足痕), 흉기(凶器), 유류품(遺留品)의 종별(種別)과 수(數)

가) 족흔(足痕): 현장에 종류가 다른 둘 이상의 족흔(足痕)이 있으면 → 위장이 아닌 한 2인이 이상의 범인에 의한 범행으로 판단하여도 좋음.

나) 흉기(凶器)

ㄱ) 현장에 여러 종류 또는 여러 개의 흉기가 유류되어 있는 경우 → 달리 단독범인을 표시하는 상황이 없는 한 2인 이상의 범행으로 인정 가능.

ㄴ) 피해자 측의 물건을 사용할 경우나 살상(殺傷)의 수단방법(手段方法)이 복잡한 경우 등 → 잘못 판단하기 쉬우므로 신중한 검토가 필요.

다) 유류품(遺留品): 현장에 두 벌의 장갑이 유류되어 있거나 시간을 기다렸던 장소에 두 종류의 꽁초가 있는 경우 등 → 범인은 2인으로 추정.

(2) 현장상황(現場狀況)이 범인(犯人) 한 사람으로서는 불가능(不可能)하다고 인정(認定)될 경우(境遇)

가) 침입방법: 현장을 관찰한 결과 사다리, 발판을 사용한 흔적이 없는데도 높은 담을 뛰어넘었거나 또는 높은 창문으로부터 침입한 경우 → 누군가가 어깨를 빌려주거나 기타의 방법으로 침입을 도운 것도 생각할 수 있음.

나) 장물의 운반: 1인으로는 이동함이 불가능하다고 생각되는 가구나 기물을 이동했거나 또는 중량이 있는 장물의 운반이 2인 이상의 협력을 필요로 하는 상황일 경우 → 범인은 복수로 추정 가능.

5) 범인(犯人)의 직업(職業) 또는 생활환경(生活環境)

(1) 유류품의 냄새, 오염상황, 부착물 등에서의 범인의 직업이 추정되는 경우

가) 짠 냄새, 고기 냄새(어부, 어물상).

나) 기름 냄새(기계공).

다) 목재 냄새(제재공(製材工)).

라) "페인트", "락카"에 의한 오염(도장공(塗裝工)).

마) 산소용접의 불꽃흔(용접공).

바) 옷감 속에 파묻힌 미세한 쇠부수러기(선반공) 등.

(2) 유류품의 품질, 사용벽(使用癖) 등 → 범인의 어느 정도의 생활수준, 직업 등을 판단.

(3) 범행에 사용된 흉기 또는 침입용구: 범인이 사용하는 도구를 이용하는 것이 보통 → 현장의 상황이 그것의 종류가 특정될 경우에는 범인의 직업이 추정될 수 없는가를 검토하여야 함.

6) 전과(前科) 또는 상습성(常習性)의 유무(有無)

(1) 범행수단(犯行手段)의 교묘화(巧妙化)

가) 범행수법 중 범인의 전과·상습성이 가장 잘 나타나는 것: 침입의 수단방법 → 다음에 물색의 방법임.

나) "수건을 적셔서 유리를 깨는 방법"의 교묘한 점, 자물쇠를 외부에서 여는 방법의 교묘한 점 등 → 전과 또는 상습성이 있음을 명백히 표시하는 것.

(2) 목적물(目的物)의 선정방법(選定方法)

가) 목적물 선정의 변화: 부피 있는 의복보다 간편하고 값진 귀금속, 고유한

특징이 있어 추적이 쉬운 물건보다 특징이 없는 안전한 물건 선정 등.

나) 최근에는 물품은 단서가 잡히기 쉽기 때문에 현금을 목적으로 하는 자가 많아지고 있으므로 목적물에서 전과 또는 상습성의 유무를 판단하는 것은 다른 상황과 함께 신중히 검토해야 함.

(3) 물색(物色) 기타(其他)의 행동(行動)

가) 상당히 광범위하게 현장을 면밀히 물색하거나, 일견(一見)해서는 물색한 것을 알 수 없도록 현장을 꾸며 놓았을 경우.

나) 장롱의 서랍을 아래로부터 순차로 열어서 물색하는 것.

5 범행일시(犯行日時)에 관한 사항(事項)

1) 사실의 진실성 확보, 수사상 필요성

(1) 어떠한 자가 용의자로 떠오를 경우 → 그 자의 소재수사 및 「알리바이(Alibi)」를 수사해서 확정짓기 위해 요구됨.

(2) 피해자나 목격자의 진술로서 명백해지는 것이나, 이 경우에도 수사과정에서 이 자들이 목격자가 없는 사건 또는 상당한 일수를 경과해서 발견되는 사건들이 실제로 상당히 많음.

(3) 범행현장에 존재하는 모든 물건 및 그 상태, 기타의 현장에 대하여도 면밀하게 관찰.

2) 범행일시(犯行日時)

(1) 시계(時計)의 정지상태(停止狀態): 범행현장에서는 피해자의 시계 등이 정지되어 있을 경우 → 현장 기타 상황에서 범행시에 정지되었다는 것이 추정되면 매우 정확한 범행시간으로 인정될 수 있음.

(2) 달력, 일기(日記), 메모, 금전출납부(金錢出納簿), 가계부(家計簿) 등의 기재(記載)

가) 상당한 일수를 경과해서 발견된 살인사건의 경우에는 사체의 외부소견이나 법의학적 방법에 의해서도 정확한 사망시기(범행시간)의 추정이 곤란한 경우에 이용.

나) 생전에 피해자가 기재한 일기, 가계부, 메모, 금전출납부, 일력 등의 상태나 기재내용.

(3) 신문, 우편물의 투입상황

가) 살인사건의 피해자가 독신이거나 가족이 장기간 부재중 집을 지키는 자가 살해된 경우.

나) 피해자의 현관입구 내에 신문이 투입되어 포개져 있다면 제일 밑에 놓인 신문의 일자를 보아 범행날짜를 추정.

(4) 날씨: 범행현장의 옥내에 찍혀진 범인의 족흔 등으로 추정.

(5) 기타(其他): 청소, 세탁 기타 피해자의 생활행동, 주전자, 목욕탕 등의 물의 온도, TV, 라디오 등의 상황.

3) 침입시간(侵入時間)의 상황(狀況)

(1) 취침(就寢), 기상(起床)의 상태(狀態): 취침중, 기상 후 또는 이불 속의 온도, 피해자의 착의의 종류 등의 상태를 면밀히 관찰 → 그것과 피해자 본인의 일상취침 또는 기상의 시간을 조사·검토 → 범행시간을 추정.

(2) 식사상태(食事狀態)

가) 식탁에 널려진 식기의 상태나 부식물의 관계에서 조반, 야식, 석식의 구별.

나) 현장에 남겨진 음식물의 경과상태, 부패 정도 등에 의해서 식사 전·후의 시간을 추정.

(3) 족흔(足痕), 혈흔(血痕) 등의 상태(狀態)

가) 족흔, 혈흔 등의 온습(溫濕)의 상태(狀態)와 그 당시의 천후(天候)를 검토 → 침입시간을 추정.

나) 혈흔의 경우: 변색(變色)·응고(凝固)의 상태(狀態)에서 어느 정도의 경과시간을 추정.

(4) 기타(其他): 피해자, 참고인의 진술, 피해자의 외출 귀가의 시각, 기차·전철 등의 통과시각, 기타 정기적으로 발생하는 음향, 개의 울음소리, 기적 소리에 의하여 시각이 추정 → 주로 현장 부근의 탐문으로 밝혀지는 것.

4) 도주시(逃走時)의 상황(狀況)

(1) 침입시간을 표시한 상황에서 기술한 족흔, 흔적, 혈흔 등에서 같은 요령에 의하여 추정.

(2) 침입시간을 표시하는 것인지는 일견해서 불명(不明)한 경우도 있으므로 다른 현장의 상황과 병행해서 종합적으로 판단.

5) 범행(犯行) 소요시간(所要時間)의 추정(推定)

(1) 침입의 수단방법, 실내 물색상황, 피해품의 반출 상황 등 그 범행의 전 과정을 통하여 상세히 검토하면 대개 추정 가능.

(2) 범행중의 개 짖는 소리라든가 침입시와 도주시에 범인이 사용한 자동차의 소리에서도 범행 소요시간이 추정.

6) 범행일시(犯行日時)를 선택(選擇)한 이유(理由)가 될 만한 상황(狀況)

(1) 범행의 일시는 사실의 진실성 확보를 위해 필요할 뿐만 아니라 범행일 또는 범행시간을 택한 의미를 해명함으로써 범인의 유력한 단서를 얻을 수도 있으며 범인의 시간적 수법을 알아낼 수도 있음.

(2) 현장관찰에 임하여서는 범인이 왜 그와 같은 범행일자, 시간(예: 급료일, 현금 수납일 등)을 선정했는가를 검토.

6 범행장소(犯行場所)에 관한 사항(事項)

1) 범행장소에 대하여 수사를 필요로 하는 이유

(1) 그 범죄가 어디서 저질러졌는가, 즉 범죄장소를 확정하는 것은 범죄의 일시의 확정과 같이 범죄사실을 특정짓는 데 없어서는 안 되는 요소이다.

(2) '왜 그 장소에서 범죄가 저질러진 것인가'를 밝히는 것은 범행수법의 특징, 감(鑑)의 유무 등을 수사하는 데 빼놓을 수 없는 것이다.

(3) 침입강도 등과 같이 범죄장소가 명백한 경우는 왜 그 장소에서 범죄가 발생

하였는가 하는 데 관찰의 주안이 집중되었겠지만 살인사건의 경우 사체가 있는 장소가 범죄현장인지 아닌지 확실하지 못한 경우에는 범죄장소의 관찰을 특히 면밀하게 하여 범죄확정의 자료 발견에 힘쓰지 않으면 안 됨.

2) 현장(現場)의 위치(位置) 및 주위(周圍)의 모양(模樣)

(1) 현장의 위치 및 주위 상황을 면밀히 관찰 검토하여 범죄장소의 확정 및 범인 추정 등의 자료를 얻도록 노력해야 함.

(2) 현장주변의 관찰은 자칫하면 경시되기 쉬우나 족흔 기타 유류품 등 유력한 자료가 발견된 일이 많으므로 형식에 그치지 말고 철저한 관찰을 하여야 함.

3) 피해자(被害者)를 지목(指目)하게 된 이유(理由)가 될 만한 상황(狀況)

(1) 현장 부근에 좁은 골목이 있음에도 불구하고 미로를 교묘히 이용해서 단시간에 도주했다고 생각할 수 있는 상황에 있을 때 → 먼저 지리감이 있는 자의 범행으로 추정.

(2) 현장의 지리적 상황, 교통기관의 상황을 면밀하게 관찰하고 기타의 현장상황과 종합해 보면 어째서 범인이 피해자를 노린 것인지 그 이유를 추정 가능.

(3) 예를 들어, 누가 보아도 그 집이 부근 일대의 집과 비교해서 별로 부유하게 보이지 않는데 그 집에 침입해서 다수의 현금을 요구하고, 그 집에 돈이 얼마만큼 있는가를 미리 알고 있는 상황이었다면 → 일단 연고감(緣故鑑)이 있는 자의 범행으로 추정.

(4) 만약 조명기구(照明器具)를 사용하지 않으면 현장에 가는 것이 곤란하다고 인정되는 장소에 그것을 사용한 형적(形迹)이나 별로 지장을 받은 흔적도 없이 현장에 도달한 경우 → 지리감이 있는 자의 범행으로 추정.

(5) 피해자가 야간에 어둡고 한적한 장소에 유인되어 살해된 경우 → 피해자가 자발적으로 간다는 것은 생각할 수 없으므로 범인은 연고감(緣故鑑)이 농후한 자임을 추정.

(6) 현장 부근의 명암 상황: 범행시각으로 추정되는 시각에 재차 임하여 관찰함이 중요.

(7) 실내(室內)의 구조(構造)와 피해품(被害品)이 소재(所在)한 장소(場所): 범죄현

장이 옥내(屋內)인 경우 범행의 장소뿐만 아니라 그 실내의 구조상황과 통로에 대하여 관찰할 때에는 문을 잠근 상황 및 피해품의 보관장소에 대하여 상세히 관찰.

4) 범행동기(犯行動機)에 관한 사항(事項)

(1) 범행동기(犯行動機)의 중요성

가) 범죄는 사람이 의식적으로 범하는 행위이므로 그 죄종(罪種)에 관계없이 반드시 동기가 있는 것 → 범죄의 동기를 해명하는 것은 범행일시나 장소 등과 함께 수사상 빼놓을 수 없는 요건.

나) 살인사건이나 방화사건 등의 경우: 범행의 동기를 알 수 없으면 수사의 방침을 수립할 수가 없는 것이 보통임.

다) 현장의 모양, 현장의 범행 전후 상황 등에 대하여 모든 점에서 상세히 관찰 검토하여 범행동기를 추정.

(2) 피해품(被害品) 유무(有無)

가) 피해금품 유무의 확인: 장물수사를 위한 필요사항이 될 뿐만 아니라 범행동기를 추정 가능한 수사상 유력한 자료가 됨.

나) 살인사건 현장에서 물색상황이 인정되고 금품의 피해가 있을 때 → 물욕에 의한 범행으로 추정.

다) 반대로 물색의 흔적이나 피해품이 없을 때 → 일반적으로 원한 또는 치정으로 추정.

라) 피해금품을 확인할 때에 유의할 것: 피해품의 종별, 품질, 형상, 수량, 특징, 가격 등.

마) 피해품의 유무뿐만 아니라 동기의 추정도 필요.

ㄱ) 피해품이 증서 또는 권리 등 특수한 것이라면 이해관계에 의한 동기가 추정.

ㄴ) 피해품이 일반적으로는 무가치하나 피해자로서는 중요한 것이라면 그 동기는 원한으로 추정됨과 같이 동기의 추정이 필요.

(3) 신체적(身體的) 피해상황(被害狀況)

가) 살상사건(殺傷事件)에서 피해자의 사인, 흉기의 종별, 공격의 부위, 횟수, 정도, 피해자의 저항유무 등 → 범죄의 결과와 동기의 추정에 중요한 수사

상의 자료가 됨.

나) 범죄동기 추정의 예

ㄱ) 안면(顔面), 두부(頭部) 등이 무수히 타격되었거나, 칼 같은 것에 의한 창상수(創傷數)가 많으면 원한에 의한 살인의 추정.

ㄴ) 피해자(被害者)가 나체(裸體), 음부(陰部)의 손상(損傷), 정교(情交)의 흔적 등이 있을 때에는 치정의 동기가 추정.

ㄷ) 희소한 예로서 신체의 내부장기가 없어졌다면 미신에 의한 범행동기가 추정.

다) 이러한 동기에 의한 범행이 꼭 일정하다고 볼 수는 없음: 재물의 목적으로 침입한 범인이 소심하여 필요 이상의 잔학(殘虐)한 살해방법(殺奚方法)을 취하는 경우.

라) 동기추정에 있어서 살상의 직접 동기가 무엇인가를 신중히 판단.

(4) 우발적(偶發的)인가 계획적(計劃的)인가

가) 범행이 계획적이라고 하여서 그 동기를 확실하게 추정할 수 있는 것은 아니나, 범행이 계획적인 때에는 대체로 범인이 지리감 또는 연고감이 있는 경우가 통례.

나) 유감자(有鑑者)가 절도를 하려고 하는 경우: 처음부터 피해자를 살해하고 목적물을 입수하려는 계획은 하지 않는다고 일응 추리할 수 있으므로 범행이 계획적으로 판단될 때에는 일단 재물 이외의 동기라고 추정.

다) 현장의 상황, 특히 범행수단, 방법에 대하여 상세히 관찰함에 따라 추정.

라) 흉기(凶器)에 주의

ㄱ) 흉기는 범인이 사전에 준비한 것인가 그 소유자를 명백히 함.

ㄴ) 피해자의 것이면 어디에 보관하여 있었던 것인가, 보관장소의 상황으로 보아 누구나 발견할 수 있는 상태인지 등을 상세히 관찰.

마) 그 범행이 사전에 계획되어 실행하였는가 또는 우발적인 범행인가를 추정.

5) 범행방법(犯行方法)에 관한 사항(事項)

(1) 중요성

가) 범죄사실의 핵심이 되는 중요한 부분.

나) 범행방법을 명확히 하면 범죄수법자료의 이용에 의하여 직접 범인에게 도달할 수 있는 가능성과 또는 범인을 검거, 조사할 때 신중한 진술을 들을 수 있음.

다) 범행방법을 추정해 자료를 확보하기 위하여서는 현장에 잔재한 현상을 상세히 관찰하여 범인이 어떻게 행동하면 그러한 현상이 생길 것인가를 합리적으로 추리 판단함으로써 범행의 순서, 범행의 동기 또는 동작을 정확히 파악할 수 있음.

(2) 침입구(侵入口)의 특이성(特異性)

가) 침입구 시설의 파괴, 문단속이 안 된 곳을 노려서 침입, 유리 창문을 깨고 안고리를 벗기고 침입, 유리 창문을 "드라이버"로 비틀거나 돌로 깨고 침입하는 등 천태만상.

나) 침입장소에는 귀중한 수사자료가 많이 남겨지므로 특히 세밀한 관찰이 필요.

다) 쉽게 침입구가 판명되지 않는 장소, 또는 범인·제3자에 의하여 현장이 변경되었을 때에는 침입구를 착각할 수도 있음.

라) 침입구라고 인정되는 장소 및 그 부근을 세밀히 반복 관찰하고, 현장 그 밖의 상황을 종합하여 범인의 심리적 행동을 추리 판단함이 필요.

마) 출입구 및 그 부근에는 침입방법을 표시한 흔적이 반드시 남아 있다는 것을 간과해서는 안 됨.

바) 침입구의 특이성

ㄱ) 수단방법이 교묘하면 상습자, 전과자의 범행으로 추정.

ㄴ) 침입구의 상황·장소관계에 의하여 연고감·지리감을 추정

ㄷ) 침입구 또는 그 시설의 파괴방법으로 범인에 대한 직업을 추정.

ㄹ) 침입구가 불명 또는 전연 발견할 수 없을 때에는 내부적 범행이나 또는 내통한 범행으로 추정.

(3) 범행(犯行) 용구(用具)의 흔적(痕迹) 및 사용상황(使用狀況)

가) 침입구 또는 침입하려던 장소 등에 남아있는 흔적이나 그 밖의 상황으로 범인이 사용한 용구가 무엇인가, 또는 그것을 어떠한 방법으로 사용하였는가도 추정.

나) 관찰의 결과 침입용구, 종별, 특징 등이 판명되면 그것은 유력한 단서가 될 뿐만 아니라 범인을 검거해서 조사할 때 그 진술의 진실성을 뒷받침할 자료가 됨.

다) 흔적은 그 상황을 사진에 촬영해서 길이, 폭, 깊이에 대하여서는 반드시 실측한 후 그것을 채취하여 피의자 또는 용의자가 소지한 기구와 대조함으로써 형상 기타 특징의 일치를 입증할 수 있음.

라) 연속 발생한 범행이 동일범행인가 아닌가를 확인하는 자료가 되므로 이러한 점도 염두에 두고 세심한 주의의 필요가 있음.

(4) 목적물(目的物)의 특이성(特異性)

상습절도범인이 현금을 주로 노리는 것.

가) 현금이 없을 경우 → 환금이 용이한 소형의 고가물건을 노리는 것.

나) 장롱 등을 물색했는데 의류에는 눈을 돌리지 않고 또 눈이 닿는 곳에 있는 시계나 카메라에는 손도 대지 않는 경우도 현금전문의 상습자나 전과자의 범행으로 추정.

(5) 특수(特殊)한 행동(行動) 유무(有無)

가) 범행의 현장 또는 그 주변에서 범인이 의식적 또는 무의식적으로 행한 특수한 행동으로 범인을 어느 정도 특정지우는 데 도움이 될 자료가 발견되는 경우가 있음.

나) 특수한 행동들

ㄱ) 돌을 던져 가족의 부재를 확인.

ㄴ) 범행현장에서 흡연, 음주.

ㄷ) 침입구 부근에서 시간을 기다리는 것.

ㄹ) 대변을 보는 것.

ㅁ) 옥내에서 방뇨.

ㅂ) 전화선을 절단하는 것 등.

다) 이와 같은 특수한 행동은 대개 전과자, 상습자의 행위로 판단해도 좋음.

라) 특수한 행동을 발견, 파악할 수 있는 관찰요령으로서는 범행단계, 즉 침입수단, 침입방법, 물색수단, 폭력수단, 도주수단 등 순차적으로 각 단계에 따라 관찰 검토하는 것이 필요.

(6) 옥내행동(屋內行動)의 순서(順序), 경로(經路)

가) 침입에서 도주에 이르기까지의 문은 개폐상태, 피해품의 물색상황 등을 여러 각도에서 관찰하여 특히 그 변화상황, 흔적 유무에 대하여 신중하게 관찰 검토해서 추리.

나) 금품물색 상황에 대해서 그 순서, 경로를 관찰 판단할 경우 흩어진 물건, 끌어낸 물건의 상태 및 그것의 상하관계, 이동상황 등을 세밀히 관찰함으로써 범인이 옥내에서 물색한 순서나 경로가 대체적으로 추정되는 것.

(7) 피해품(被害品)의 반출상황(搬出狀況): 피해품의 종별, 형상, 수량 등에 의하여 다르다는 것을 고려하여 현장주변에 있는 용구흔, 차량흔 등을 세밀히 관찰함으로써 추정.

(8) 도주로(逃走路)

가) 도주로는 침입구와 동일한 장소인 경우가 많음.

나) 범인에 따라서는 침입하여 범행에 착수하기 전 미리 도주로를 만들어 놓는 자, 범행 중 발각되어 잠긴 문을 파괴하고 도주하는 자, 도주할 때에 문을 원상대로 닫아두고 밖으로 문을 잠가 두는 자 등 특이한 자도 있음.

다) 상습범 또는 전과자의 대부분은 침입 후 반드시 도주로를 준비하여 두고 행동하기 시작함.

라) 침입구 이외의 장소로 도주하였을 경우에는 도주로를 미리 준비하였는지의 여부를 반드시 검토.

마) 도주로 부근에는 유류품, 흔적 등을 남기는 경우가 많으므로 신중한 관찰로서 이러한 것을 발견하는 데 노력.

7 현장자료의 수집(蒐集) · 보존(保存)

1) 현장자료(現場資料) 수집시(蒐集時) 대상(對象)의 선정(選定)

(1) 유류품(遺留品)의 경우(境遇)

가) 유류된 상태가 자연스러운가.

나) 범행에 쓰인 것인가.

다) 범인의 연령, 직업, 성별을 나타내는 특징을 없는가.

라) 지문채취가 가능한 물건인가.

(2) 유류물(遺留物)의 경우(境遇)

가) 피해자의 손톱 등에 범인의 혈액, 모발 등이 묻어있지 않은가.

나) 지문, 족적이 범인의 것이 분명한가.

다) 범인이 버린 담배꽁초, 휴지, 혈액, 가래침, 체액, 배설물 등 혈액형검출 자료를 확보하였는가.

2) 현장자료(現場資料)의 보존요령(保存要領)

(1) 중요성(重要性)

가) 현장자료, 즉 범죄현장에서 발견된 지문, 족흔적, 혈액, 흉기, 모발 등 물적 자료는 범죄사실의 존부의 확인, 범인의 추정 및 사건의 진상을 밝히는 증거가 됨.

나) 수사에 이용될 뿐만 아니라 공판에서 유죄판결을 얻는 데도 중요한 증거가치가 있음.

다) 감식의뢰가 필요할 때에는 이를 범죄현장에서 수집된 원상 그대로 보존, 송부하는 데 최선을 다하여야 함.

(2) 설명력(說明力)의 확보(確保)

가) 현장자료를 채취할 때에는 반드시 제3자를 참여시켜 자료의 위치, 존부상태 등을 확인시킨 다음 채취.

나) 채취 전에 반드시 자료의 존재장소, 상태가 명확히 나타나고 입회인 표찰에 기록하되 채취연월일, 장소, 입회인, 채취자명도 나타나도록 촬영함.

다) 원상태로 보존할 수 없는 자료도 사진으로 촬영함.

라) 채취한 자료 또는 그 보관용기에 채취일시, 장소, 입회인, 채취자 성명 등을 기록하고 검증조서(또는 실황조사서), 현장약도, 채취보고서 등에 채취경위를 기록.

(3) 증거가치(證據價値)의 확보(確保)

가) 현장자료의 증거가치를 확보하기 위해서는 채취하기 전에 반드시 현장책임자 또는 지휘자에게 보고하고 그 지휘를 받아 채취.

나) 자료의 종별, 성질, 형태, 유류상태 등을 면밀히 관찰하여 기록하고, 가장 적절한 채취방법을 택함.

다) 자료가 변형, 변질, 파괴 또는 멸실되지 않도록 하고, 파괴될 염려가 있을 때에는 미리 자료의 치수, 형상, 무늬, 특징 등을 기록하고 사진촬영해 두어야 함.

라) 채취한 자료에는 사건명, 품명, 채취일시, 채취장소, 채취자, 입회인 기타의 참고사항을 기록한 쪽지를 첨부해 두어야 함.

마) 채취한 자료는 필요한 검사, 대조, 감식 등을 하도록 신속히 감식의뢰 부서에 송부.

바) 송부할 때에는 도중에 자료가 파괴, 멸실, 또는 변질되는 일이 없도록 필요한 보존조치를 강구하고 송부서, 감정의뢰서 등 필요한 서류를 첨부하는 일도 잊지 말아야 함.

3) 현장사진촬영(現場寫眞撮影)시 유의사항(留意事項)

(1) 의의(意義) 및 중요성(重要性)

가) "1장의 사진은 1천 마디의 말과 같은 가치가 있다"는 수사격언에서 보듯이 조작되지 않고 올바르게 촬영된 사진은 수사관에게 가장 값진 보조자료 중의 하나.

나) 형사사진: 수사대상물 또는 사건을 기록하기 위하여 만들어진 사진이며, 수사과정의 어떤 문제에 관련 있는 지점 및 의문을 명백히 하기 위한 사진.

다) 범죄현장사진은 형사사진 → 범죄현장 상황을 그대로 보여줄 수 있음.

라) 필요성: 수사관 또는 재판관의 추측이나 주관적 편견으로 인한 사실인식의 왜곡을 배제하고 정확한 인식을 하게 하며, 사람의 관찰 및 기억력의 한계를 극복할 수 있게 함.

(2) 이용효과(利用效果)

가) 현장보존(現場保存)으로서의 효과(效果)

ㄱ) 발견 당시의 범죄현장의 상황을 객관적으로 보존하는 효과를 나타냄.

ㄴ) 발견 당시의 상태를 그대로 객관화시켜 유지하므로 후일에 재관찰할 수 있게 함.

나) 수사자료(搜査資料)로서의 효과(效果)

ㄱ) 임장시 발견하지 못한 미세한 자료 및 상황 등을 후일에도 파악.

ㄴ) 당시의 기억을 환기시키고, 현장을 보지 못한 제3자에게도 현장상황을 파악하게 하는 수사자료가 됨.

다) 증거자료(證據資料)로서의 효과(效果)

ㄱ) 범죄사실을 입증하는 자료로서의 효과.

ㄴ) 검증조서(檢證調書), 상황조사서(狀況調査書)에 첨부 → 법관에게도 범죄사실에 관한 심증을 명확하게 형성시켜 줌.

(3) 촬영순서(撮影順序)

가) 범죄현장 주위로부터 주변의 건물 및 도로 등을 포함하여 한눈에 볼 수 있도록 좌측에서 우측으로 진행하며 중복해서 촬영.

나) 현장의 전, 후면 및 양측면을 촬영.

다) 현장의 상황을 상세하게 전체적·부분적으로 촬영하고 촬영방향을 시계방향으로 순차적으로 촬영하며 중요부분은 근접해서 촬영.

(4) 촬영방법(撮影方法)

가) 사진촬영은 범죄수사의 다른 어떤 절차보다도 앞서 진행.

나) 대상 물체는 필요한 모든 각도에서 촬영이 끝난 후에야 옮기거나 세밀하게 검사되어야 하며 촬영시 비디오카메라를 이용하여 병행 촬영하는 것이 좋음.

다) 촬영구도를 미리 구상하고 객관성 있게, 전체적으로 촬영.

라) 적시성이 있고 증거능력이 인정되도록 촬영하여야 하며 물건의 크기나 길이 등을 참작할 수 있도록 잘 알려진 물건(볼펜 등)을 함께 놓고 대비하여 촬영하면 효과적.

마) 넓은 범위를 파노라마식으로 촬영할 때에는 부분적으로 잘리지 않도록 중복해서 촬영.

바) 사진촬영시에는 촬영일지를 작성하여 촬영대상과 촬영장소를 기재하는 것이 효과적.

사) 사진촬영지점을 현장도면을 이용하여 위치를 표시.

4) 현장감식자료(現場鑑識資料) 채취(採取)

(1) 지문, 혈액, 정액, 타액, 족적, 자동차 바퀴흔 등의 흔적, 필적, 탄피, 탄환 등.

(2) 중요 증거물에 대한 채취 및 취급요령은 후술하는 '감식수사'에서 상술.

8 현장자료의 판단 및 수사방침의 설정

1) 수사자료(搜査資料)의 종합판단(綜合判斷)

(1) 현장에 신속출동 → 현장보존 → 수집된 유형・무형의 자료를 종합 → 합리적 추리판단 전개.

(2) 현장자료의 판단을 위해서는 여러 수사관의 지식과 경험, 전문가의 기술과 과학적 지식, 과학적 검사의 결과를 토대로 하여 종합적인 판단.

(3) 판단을 함에 있어서 선입감・주관적 견해・무리한 해석 등을 피하고 객관적 견해로써 판단.

2) 수사방침(搜査方針)의 수립(樹立)

(1) 수집된 유형・무형의 자료와 평소 수집된 기초자료 또는 감식자료에 의하여 수사방침을 결정.

(2) 수사선(搜査線): 수사상 공통되는 수사상의 추리의 선이며 추리해 가면서 수사를 진행시키는 경로.

가) 수사방침: 가장 의심이 많은 방면으로 수사력을 집중시키는 것.

나) "범인의 지리감, 연고감의 유무", "동기의 판단" 등에 대하여 양면수사를 하면서 점차 의심점이 많은 방향으로 수사력을 집중시키는 것이 바람직함.

제 3 절 탐문수사(探聞搜查)

1 탐문수사(探聞搜查)

1) 탐문수사(探聞搜查)

수사기관이 범인 이외의 제3자로부터 범죄에 대하여 견문 또는 직접 체험한 사실을 탐지하기 위하여 행하는 수사활동 → 수사기관이 묻고 상대자가 답변하는 방식.

2) 탐문수사(探聞搜查)의 중요성(重要性)

(1) 범죄가 일으키는 여러 가지 사회적인 파문은 다수인에게 직접 또는 간접으로 사건에 대한 지식이나 경험을 남겨주게 되어서 이러한 것들이 정보로서 신속하고 정확하게 그리고 완전하게 수사관에게 제공된다면 대부분의 사건은 검거되고 말 것임.

(2) 탐문수사는 이러한 일반인의 경험이나 지식 등의 정보를 탐지하기 위해 또는 수사자료의 수집을 위해 실시하는 가장 전형적이고, 또한 가장 중요한 수사활동.

2 탐문의 심적 대비

1) 성실성(誠實性)

성실한 태도, 열의 있는 설득 그리고 진심으로 의뢰한다는 태도 등 → 기교나 사술(詐術)은 일시적인 효과를 얻을 수는 있지만 그것은 상대자를 배신하는 결과가 되어 그 수사관뿐만 아니라 경찰 전체까지 불신하게 되는 결과를 초래할 수 있다.

2) 인내(忍耐)와 열의(熱意)

수사관의 물음에 대하여 상대자가 호의적인 반응을 갖도록 노력 → 상대자가 불필요한 말만 되풀이하거나 비협조적일 때에는 조급하게 결론을 얻으려 하지 말고 상대자의 말을 끝까지 열심히 듣는다거나 면접을 반복하는 등 인내와 열의를 가져야 함.

3) 인격존중(人格尊重)

사회적 지위 여하를 막론하고 대등한 인격관계(人格關係)를 가지고 항상 상대자의 인격을 존중 → 누구나 자기존엄을 무시당하면 강한 반발을 하게 마련.

4) 냉철(冷徹), 온화(溫和)한 태도(態度)

감정적으로 대하지 말 것 → 수사관이 상당한 예의를 갖춰서 협력을 요청하였음에도 불구하고 상대자가 비협력적이거나 부당한 시비를 걸어오는 경우도 있는데 이런 경우에도 탐문의 목적달성을 위해서는 상대자와 다툼을 하여서는 안 됨.

5) 유혹(誘惑)에 주의(注意)

수사관의 상대자와의 접촉이 그의 거택(居宅)에서 행하여질 경우가 많으므로 유혹을 받을 기회 또한 많아짐 → 의연한 태도가 필요하며, 정보제공과 교환조건으로 그 자의 범죄행위를 감싸주는 등의 행위도 삼가야 함.

3 탐문의 준비(準備)

1) 평소(平素)의 준비(準備)

(1) 평소에 탐문대비(探聞對備)에 관한 기초자료(基礎資料)를 준비(準備)해 둘 것: 탐문의 대상이 될 만한 사람이나 장소, 대상업자(對象業者) 등의 기초자료를 조사 정비해 두고 사건이 발생하였을 때 신속히 그리고 누락 없이 탐문을 행할 수 있도록 함.

(2) 평소에 협력자(協力者)를 확보(確保)해 둘 것

가) 평소에 협력자와 인간관계를 잘 유지할 수 있도록 배려해 두어야 함.

나) 협력자 확보의 유의점

ㄱ) 교제할 수 있는 인물을 확보할 것.

ㄴ) 병이나 재해, 범죄의 피해를 입었을 때, 또는 그 가족의 불행 등에 대하여는 가능한 친절을 베풀어서 친숙해 지도록 할 것.

ㄷ) 피의자 처우에도 배려할 것.

ㄹ) 비밀을 엄수할 것.

2) 목적(目的) 확정(確定)

어떠한 목적으로 탐문할 것인가 연구하는 것이 중요 → 가장 좋은 방법의 검토.

3) 상대자(相對者) 확정(確定)과 분석(分析)

(1) 상대자(相對者)의 선정(選定): 반드시 직접 체험하고 관찰한 사람을 상대자로 하여야 함 → 아이들이 본 것을 그의 부모를 통하여 듣는다는 것은 착오의 원인.

(2) 탐문순서(探聞順序)를 정(定)할 것: 가장 공평한 위치에 있는 사람과의 면접을 선순위에 둘 필요가 있음.

(3) 상대자(相對者)를 이해(理解)할 것: 상대자에 대한 깊은 이해를 바탕으로 상대자의 연령, 성별, 교육 정도, 소속집단, 사회적 지위, 환경, 처지, 기분, 태도, 흥미, 요구 등에 대하여 될 수 있는 한 많이 알아두어야 함.

4) 계획수립(計劃樹立)

(1) 요점(要點)을 정한다.

가) 언제(면접일시).

나) 어디서(면접의 장소 및 환경의 선정).

다) 왜(목적의 의식).

라) 누구와(상대자의 선정).

마) 어떻게(면접의 진행방법, 회화의 내용골자, 예상되는 상대자의 질문에 대한 태도 등).

(2) 탐문시간(探聞時間)을 선정할 것: 일반적으로 효과적인 시간은 사건 직후, 상대자에게 편리한 시간 등.

(3) 탐문장소(探聞場所) 및 환경(環境)의 선정(選定)

가) 효과적인 장소는 어딘가를 사전에 검토: 상대자를 경찰서 또는 특정의 장

소에 임의출석하게 하는 것이 좋은가, 상대자의 자택을 방문하는 것이 좋은가, 또는 근무처가 좋은가 등.

나) 환경의 선정: 상대자에게 편리한 장소 또는 정숙한 분위기를 가진 장소.

(4) 탐문방법(探聞方法)을 검토(檢討)할 것: 직접 탐문대상과 면접할 것인가 또는 제3자를 통하여 정보를 얻는 것이 이상적인가, 한편 경찰관이란 신분을 밝힐 것인가 신분을 숨기고 상대하는 것이 좋은가 등을 연구.

4 탐문요령(探聞要領)

1) 일반적 유의점(留意點)

(1) 관찰력(觀察力)과 판단력(判斷力)의 함양(涵養): 상대자가 이야기할 때에는 그 사람의 심리작용이 안색, 표정 등에 나타나는 것이므로 그것을 정확히 관찰하여 그 내용의 진위와 마음의 동요 등을 간파할 수 있는 판단력 함양에 노력.

(2) 정보원(情報源) 확인(確認): 탐문은 항상 근원을 명확히 하여야 함 → 간접적인 정보는 와전(訛傳)의 우려가 있다.

(3) 연쇄적(連鎖的) 실시(實施): 시기를 놓치는 일이 없도록.

가) 하나의 사실이 탐문에서 얻어졌을 때 → 그에 관련된 모든 사실에 대하여 신속하게 탐문활동을 행하여 수사선(搜査線)을 확대.

나) 거동수상자를 본 사람이 있다면 → 즉시 그 자의 행적을 탐문.

다) 유류품을 습득한 자를 알면 → 즉시 그 출처추궁의 탐문으로 이행.

(4) 상대자(相對者)의 사정이용(事情利用)

가) 탐문의 상대자 중 용의자 또는 그 관계자의 사이에 내재하는 어떠한 이해관계, 감정대립 등이 있을 때에는 상대자의 심리를 이용 함.

나) 이 경우 정보의 신용성에 대하여 특히 유의.

(5) 탐문내용(探聞內容)의 가치판단(價値判斷)과 요소수집(要素蒐集)

가) 탐문에 의하여 얻어진 정보를 다각적으로 검토하고 그 정확도를 검증해서 적절한 판단을 하여야 함.

나) 주의사항

ㄱ) 상대자가 선의의 진술을 하고 또한 직접 체험한 사실이라고 하여도 지각(知覺)의 착오가 있을 경우.

ㄴ) 사람에 따라서는 명확히 하지 않는 것을 보충해 가면서 진술하고자 하는 심리작용이 있다는 사실에 주의.

ㄷ) 악의에 차있는 자가 자기의 경쟁상대에게 피해를 입히고자 고의로 허위의 정보를 제공하는 경우.

(6) 책임자각(責任自覺)

가) 평상시의 탐문은 개개의 수사관이 개척해 놓은 정보원 또는 담당구역을 중심으로 행함.

나) 중요사건이 발생하였을 때(수사본부가 설치되는 경우): 자기의 담당구역이나 임무에 대하여 책임을 지고 철저한 탐문을 행하여야 함.

다) 주의사항

ㄱ) 수사관이 어떤 상대자나 대상 가정은 절대로 관계가 없을 것이라고 임의로 판단하여 탐문대상에서 제외한다면 중요한 단서를 놓치는 결과가 될 수도 있으므로 주의.

ㄴ) 수사본부에 유력한 정보가 있을 때 수사관들은 여기에 관심을 기울여 다른 방향의 탐문을 소홀히 할 경우도 있으므로 주의.

라) 수사상 각자가 조직체의 일원이라는 것을 충분히 깨달아야 함.

마) 수사본부는 항상 부하직원들의 특기를 고려하고 그의 장단점을 파악하여 적재적소에 배치한다는 의식을 가지고 분담을 정하도록 고려.

2) 탐문(探聞) 방법(方法)

(1) 직접탐문(直接探聞): 수사관이 직접 상대자와 면접하여 탐문을 행하는 것으로서 일반적으로 행하여지는 방법.

가) 신분명시(身分明示)

ㄱ) 사실이 명백하고 탐문의 상대가 범인과 통모(通謀)하거나 증거를 인멸할 염려가 없을 때, 즉 수사관의 신분을 명시하고 탐문은 행하여도 사후의 수사에 영향이 없을 것이라고 인정될 때에는 신분을 명시하고 고지한 다음 협력을 구하는 것이 효과적.

ㄴ) 사건의 성격이 상대자의 환경에 따라서 수사관이 탐문을 행하는 것이 오히려 지역담당의 정복경찰관의 특성을 살려서 탐문을 행하는 것보다 효과적일 때도 있음.

ㄷ) 수사본부가 사전에 구체적으로 그 방법 등에 대하여 지시를 하고 실패하지 않도록 하여야 함.

나) 신분은닉(身分隱匿)

ㄱ) 상대자가 경찰관이라는 것을 알게 되면 경계를 하고 사실대로 말을 하지 않을 우려가 있거나 범인과 통모할 위험성이 있는 경우에 행함.

ㄴ) 효과적인 경우

a) 피해자의 가족, 친족 또는 사건에 대하여 이해관계가 있는 자에 대한 탐문.

b) 피해자의 정부(情婦, 情夫)에 대한 탐문.

c) 우범지역, 폭력단 내부, 마약범죄 등에 대한 탐문.

d) 전과자, 장물취득자 또는 그들의 집합장소.

e) 독직범죄, 선거사범 등에 관한 탐문.

다) 신분을 숨기고 탐문을 행함에 있어서 주의할 사항

ㄱ) 신분을 숨기는 것이 전제가 되는 것이므로 언동, 복장 등에 세심한 주의를 기울여 절대로 상대자에게 신분이 발각되지 않도록 하여야 함.

ㄴ) 신분을 숨긴다 함을 경찰관이라는 신분을 감추고 다른 직업인으로 위장하는 것이므로 그것을 선택할 때에는 관명사칭(官名詐稱) 등으로 경범죄처벌법 등 관계법령에 저촉되지 않도록 주의.

ㄷ) 신분위장시에는 반드시 수사간부의 지휘를 받아서 행하도록 함.

(2) 간접탐문(間接探聞)

가) 의의: 범죄 또는 피의자를 탐지하기 위하여 꼭 필요한 정보를 얻고자 할 때 경찰관이 그 상대자에게 직접탐문을 하기가 어렵고 또한 그 효과를 거두기가 어려울 때에는 제3자의 협력을 얻어서 간접적으로 탐문은 행하고자 하는 방법.

나) 협력자 선정

ㄱ) 선정을 잘못하면 범인측에 통모되고 오히려 수사의 장해가 됨.

ㄴ) 진실로 협력자로서 적합한 자를 구할 수 있을 때에는 효과적으로 유력한 정보를 얻을 수 있음.

ㄷ) 협력자의 성격, 사건과 상대자의 관계 등을 충분히 검토한 후에 의뢰하는 것이 중요.

ㄹ) 반드시 수사간부의 지휘를 받아서 행함.

3) 면접(面接)의 요령(要領)

(1) 상대자(相對者)의 긴장감(緊張感)을 풀게 할 것: 수사관이 접근하게 되면 누구나 긴장감을 갖고 경계하는 것이 일반적 → 상대자에게 관심이 있는 문제로부터 시작하여 자연스럽게 화제를 이끌어 나감으로써 긴장을 풀게 하고 공감, 친밀감을 갖도록 하는 것이 매우 중요.

(2) 상대자(相對者)의 자연스러운 진술유도(陳述誘導)

가) 탐문은 목적이나 희망하는 것을 올바르게 전달 → 그것에 대한 공감을 일으켜서 자발적으로 경험한 사실을 이야기하도록 하는 것이 제일 효과적.

나) 설득에 의하여 진술을 시키더라고 상대자에게 설득이나 억압을 한 것 같은 인상을 주어서는 아니 됨. 시종 자연스러운 분위기를 유지하여 상대자가 자발적으로 이야기 할 수 있도록 하여야 함.

(3) 상대자(相對者)의 신뢰(信賴)를 얻을 것: 상대자의 신뢰를 얻기 위하여 주의할 사항.

가) 첫인상에 주의(注意)할 것: 첫인상은 사람의 신뢰감에 크게 영향을 주므로 용모, 태도, 예의 또는 그 지방의 언어, 풍속 등에 항상 주의하여 좋은 인상을 줄 수 있도록 노력.

나) 상대자(相對者)에게 호의(好意)를 베풀 것.

ㄱ) 면접을 할 때에 상대자의 호의를 기대하려면 본인도 상대자에게 호의를 가지고 대하여야 함.

ㄴ) 상대자를 대할 때 최대한의 친절을 베풀고 부드러운 분위기를 조성하고 시종 웃는 낯으로 대하는 것 등 사소한 것도 훌륭한 호의가 될 수 있음.

ㄷ) 약속(約束)을 이행(履行)할 것.

a) 면접 중 약속을 하였다면 반드시 그것을 이행한다는 책임감을 가져

야 함.

b) 약속을 하였다가 그것을 이행하지 않거나 어긋나게 하면 지금까지의 신뢰가 극도의 불신이나 반감으로 변한다는 것은 당연한 일이므로 면접자는 상대자에게 경솔한 약속 특히 기대하기 어려운 약속은 하지 않는 것이 오히려 신뢰를 받을 수 있는 방법.

(4) 상대자(相對者)의 주의환기(注意喚起)에 노력(努力)할 것.

가) 사람은 오관에 의해서 부단히 자극을 받으면서도 지각의 선택성에 의해서 필요한 부분에 대해서만 의식을 집중하고 다른 것은 무시하게 되므로 면접자는 어떻게 하면 상대자의 관심을 끌 수 있는가에 대하여 노력하여야 함.

나) 방 법

ㄱ) 추상적인 이야기보다는 수사관의 체험담 등 구체적인 실재의 이야기를 함.

ㄴ) 거리가 먼 이야기보다는 피부로 느낄 수 있는 이야기가 더 흥미를 갖게 함.

ㄷ) 생활에 관계 깊은 문제 등 친근미를 느낄 수 있는 이야기가 공감을 느끼게 함.

ㄹ) "유모어"로 상대자를 웃김으로써 서로 마음이 통하게 됨

ㅁ) 생명, 신체에 관한 이야기를 하면 무관심하게 듣지 않음.

4) 질문방식(質問方式)

(1) 목적(目的)을 알린다: 상대자의 불필요한 불안감을 풀어주어 안도감을 가질 수 있을 정도로 말해 두어야 함.

(2) 질문용어(質問用語)는 상대자에게 적당한 말씨를 사용하도록 한다.

가) 상대자가 사회적 지위 또는 직업에 알맞은 말은 사용하도록 함.

나) 상대자가 이해하기 어려운 전문용어의 사용을 피함.

다) 용어의 뜻이 모호해서 어느 쪽으로도 통용될 수 있는 것은 사용하지 말아야 함.

라) 상대자가 싫어하는 말은 삼가.

(3) 질문(質問)이 암시·유도(暗示誘導)가 되지 않도록 한다.

가) 누구나 고의로 암시, 유도를 하는 사람은 없겠으나 결과적으로 암시, 유도

되는 수가 많음.

나) 특히 유년자, 정신박약자 등은 피암시성이 많으므로, 피구속자를 탐문의 대상으로 한 경우에는 상대자는 피구속자 특유의 피암시성 심리가 작용하는 것을 잊어서는 안 됨.

(4) 질문(質問)의 방법(方法)

가) 전체법(全體法)과 일문일답법(一問一答法)

ㄱ) 전체법(全體法)

a) 막연하게 "무엇인가 수상한 점은 없었습니까?"라든가 "무엇을 했습니까?" 등과 같이 묻고 → 상대자는 이에 대하여 자유롭게 대답하는 것.

b) 장점: 질문자의 암시・유도의 염려가 없다.

c) 단점: 답변의 정리가 어렵다.

ㄴ) 일문일답법(一問一答法): 하나의 내용을 지적하여 질문하는 방식

a) 장점: 의문점을 명확히 할 수 있음.

b) 단점: 질문 이외의 정보를 얻기가 어렵고 질문에 따라서는 암시・유도의 염려가 있음.

나) 자유응답법(自由應答法)과 선택응답법(選擇應答法)

ㄱ) 자유응답법(自由應答法)

a) 질문에 대하여 자유로이 대답하게 하는 방법.

b) "무엇을 보았습니까?" "어디 가는 버스였습니까?" 등과 같이 무엇, 어디, 언제 등과 같이 의문사를 수반하는 질문.

c) 장점: 암시・유도의 염려가 적다.

ㄴ) 선택응답법(選擇應答法)

a) 질문자가 미리 준비한 몇 개의 답변 중에서 하나를 선택해서 답변하게 하는 방법.

b) "그 버스는 동대문행이었습니까? 또는 강남행이었습니까?", "그 색깔은 청색이었습니까? 황색이었습니까?" 등과 같은 질문으로 시작.

c) 단점: 선택된 답 이외의 것은 얻기가 어렵고 암시・유도의 염려가 있음.

다) 부정문(不定問)과 긍정문(肯定問)

ㄱ) 부정문(不定問): "A는 아니겠지요?" 등과 같이 부정어를 가지고 질문.

ㄴ) 긍정문(肯定問): "그는 A였지요?" 등과 같이 확인하는 방향의 질문.

ㄷ) 일반적으로 이와 같은 질문방법은 암시·유도가 되고 정답을 얻기가 매우 어려움.

라) 질문방법의 선택: 각각 장단점이 있으므로 상대자의 연령 또는 탐문의 목적 등에 따라 적당한 방법을 선택 또는 병용하여 사용한다.

(5) 거동수상자(擧動殊常者) 목격에 대한 탐문상의 주의(注意)

가) "수상한 사람을 보지 못했습니까?" 등의 질문방식을 사용하는 경우

ㄱ) 범인이라고 해서 전부가 일반인의 눈에 수상하게 보인다고 할 수 없으며 오히려 자연적인 것으로 위장하고 다니는 것이 보통.

ㄴ) 따라서 이러한 물음에 "그런 사람 못 보았습니다"라고 대답하기 쉬움.

ㄷ) "수상하다", "수상하지 않다"는 것은 오로지 수사관 자신이 판단할 문제이지 일반인에게 "수상한 사람을 보지 못했습니까?"라는 질문방식은 맞지 않음.

나) 올바른 질문의 예

ㄱ) "누군가가 이 쪽으로 가지 않았습니까?" "처음 보는 사람이 이 길로 가는 것을 보았습니까?" 등과 같은 질문으로 하여 응답을 얻은 다음, 점차 그 내용을 구체적으로 질문.

ㄴ) 그가 통과한 시간, 착의, 휴대품, 동작 등을 질문해서 사실을 명확히 함.

(6) 상대자(相對者)가 알고 있는 사실(事實)의 전부(全部)를 물을 것.

가) 훌륭한 면접자는 결국 말을 잘 듣는다는 것과 상통.

나) 주의사항: 특히 상대자로부터 새로운 사실을 탐문하고자 함에는 성급한 질문을 연발하거나 자기의 의견이나 체험을 첨가하는 등의 방법은 삼가야 함.

다) 마음이 서로 융합되면 자연적으로 그의 전부를 털어놓게 되므로 수사관은 간단히 그의 말을 받아 이야기를 촉진시킬 정도의 "제스춰(gesture)"를 쓰면서, 그의 이야기를 전부 끝까지 듣는다는 태도를 취하여야 함.

(7) 질문(質問)의 시기(時期)

가) 탐문에 있어서 상대자의 자발적 진술로서 목적을 달성할 수 있는 경우는 매우 적고 대개는 면접자의 질문과 응답에 의하여 점차 사실을 명확히 알 수 있게 됨.

나) 적절한 시기에 적절한 용어로 적절한 방식으로 질문한다는 것이 필요한바, 질문의 시기에 대하여 유의할 사항

ㄱ) 상대자의 이야기가 불충분할 때에는 예컨대 "어떤 뜻입니까?" "그 점을 좀더 상세히 말씀해 주십시오" 등으로 질문.

ㄴ) 대화 중 모호한 점을 확인할 때도 위와 같은 요령으로 질문.

ㄷ) 상대자가 표현에 고심할 때에는 "그 먼저는" "그래서" 등으로 말을 이어 주어 쉽게 표현하도록 함.

ㄹ) 상대자가 이야기 중 공포감이나 불안감이 엿보일 때에는 그 원인을 빨리 파악하고 불안감이 해소되도록 유의.

ㅁ) 중요한 점을 확인한 경우에 그 점을 상대자에게 인식시키는 것이 탐문의 목적달성을 위하여 바람직한 경우와 그렇지 않은 경우가 있으므로, 부적합한 때에는 될 수 있는 한 상대자에게 눈치채지 않도록 하면서 "그 점을 다시 한번" 등으로 질문하여 확인.

ㅂ) 면접목적에서 빗나갈 때에는 시기를 봐서 듣고 싶은 점을 적절한 용어로서 질문.

(8) 수집(蒐集)된 자료(資料)를 상대자(相對者)에게 알리지 말 것.

가) 면접자가 이미 알고 있는 사실이라고 생각될 때에는 피면접자가 이야기하고 싶은 기분이 나지 않음.

나) 수집된 자료를 상대자에게 알린다는 것은 새로운 사실을 듣는 데 가장 좋지 못함.

다) 피면접자가 범인과 통모될 가능성이 있는 자일 때에는 오히려 역이용당할 우려마저 있는 것이므로 주의.

(9) 대화(對話) 도중 비평(批評) 등을 피할 것: 상대자의 이야기에 대하여 비평, 비난을 가하거나 논쟁을 피하도록 함.

(10) 탐문중(探聞中)에 다른 일에 정신을 팔지 말 것.

가) 면접도중 함부로 자리를 뜨거나 다른 사람과 이야기를 하거나 다른 데로 시선을 돌리는 일은 삼가.

나) 상대자에 대한 결례가 될 뿐만 아니라 신뢰감을 잃게 되고 따라서 협력할 마음이 생기지 않을 것임.

(11) 대화(對話)에서 얻은 자료(資料)는 종합(綜合) 기억(記憶)

가) 상대자 말의 골자를 파악하는 데 있어서 유의할 점

ㄱ) 이야기의 대강을 파악.

ㄴ) 이야기의 중요 부분과 중요하지 않는 부분을 선별.

ㄷ) 전체 이야기의 줄거리를 이해하면서 세부적인 관계를 파악.

나) 탐문의 결과를 기록하는 방법

ㄱ) 탐문 중에 그 내용을 기억해 두고 그 후 기억에 의하여 기록하는 방법

a) 장점: 탐문내용을 가장 잘 듣는 이상적인 방법.

b) 결점: 그 경우 잘못하면 수사관의 주관에 흐르기 쉽고, 기억에는 한도가 있어서 잊어버린 부분을 기록하지 못하는 결점도 있음.

c) 보완책: 탐문중 상대자에게 눈치채지 않도록 그 요점만을 담배갑이나 신문지 같은 데에 낙서 비슷하게 기록.

ㄴ) 상대자의 면전에서 메모하는 방법

a) 이상적인 방법은 아니나 사실의 내용이나 상대자의 성격 여하에 따라서는 처음부터 양해를 얻고 행하는 것이 효과적일 때가 있음.

b) 주의사항: 메모를 하는 것에 신경을 너무 써서 사실을 제대로 듣지 못한다거나 상대자의 표정 등의 관찰이 어려운 결점이 있으므로 주의.

c) 보완책: 녹음기에 녹음하는 방법이 많이 쓰임.

5) 탐문(探聞)의 종결(終結)

(1) 탐문자에 감사의 표시: 상대자에게 정신적·경제적 부담 등 상당한 폐를 끼친 것이므로 탐문의 성부(成否)에 구애받음 없이 감사의 뜻을 표시해야 함.

(2) 후일의 탐문에 대비: 후일 계속해서 탐문을 행할 필요가 있을 때에는 다시 만날 장소, 시간, 연락방법 등에 대하여 약속.

(3) 비밀유지: 탐문에서 얻은 이야기는 될 수 있는 한 서로 비밀을 지킬 수 있도록 노력.

5 탐문후(探聞後)의 조치(措置)

1) 탐문내용(探聞內容)의 보고(報告)

수사관 각자의 독단적인 판단을 금지하고 탐문에 의해서 얻어진 정보는 대소를 막론하고 수사간부에게 보고하여야 함 → 모든 자료의 종합·검토시 그것이 의외로 중요한 자료가 될 수도 있음.

2) 진술(陳述)의 확보(確保) → 기록

(1) 조서의 작성: 목격한 장소, 물건의 상태, 명암의 상황 등을 필요한 때에 검증(실황조사)을 행하여 조서화해 두어야 함.

(2) 탐문 상대자가 여행 등으로 원거리에 있거나 병자, 해외 여행자 등일 때: 신속히 조서를 작성하고 수사간부의 점검을 받아 불충분한 점이 있으면 즉시 보충조서를 작성 확보해 두어야 함.

3) 정보제공자(情報提供者) 확보(確保)

(1) 불편을 주지 말 것: 탐문의 상대자는 범죄에 관한 정보를 제공해 준 협력자이므로 곤욕을 당하게 해서는 절대로 안 됨.

(2) 협력자의 보호: 특히 폭력단 범죄 등에 대해서는 피해자나 관계자의 보호에 유의하고 협력자를 철저히 보호하도록 각별히 유의해야 함.

제 4 절 감별수사(鑑別搜査)

1 개설(概說)

1) 감별수사(鑑別搜査)의 의의(意義)

(1) 의의: 범인과 피해자 또는 범인과 범행지 및 주변의 지역간에 존재하는 사정・관계 등에 근거를 두고 수사하는 방법.

(2) 연고감과 지리감

가) 연고감(緣故鑑): 범인과 피해자 및 그 가족, 피해가옥과의 관계.

나) 지리감(地理鑑): 범인과 범행지 및 그 주변지역과의 관계.

(3) 농감과 박감

가) 농감(濃鑑): 그 관계가 밀접한 것.

나) 박감(薄鑑): 관계가 희박한 것.

(4) 직접감과 간접감

가) 직접감(直接鑑): 범인과 직접적인 관련성이 있는 것.

나) 간접감(間接鑑): 간접적인 관련성, 즉 타인으로부터 문지(聞知)한 지식을 가지고 범행한 경우의 관계.

2) 감별수사(鑑別搜査)의 원리(原理)

(1) 범인이 피해자 또는 범행지에 관한 지식이 있을 경우: 범죄실행에 그 지식을 이용하는 것이 보통 → 범행방법이나 범행 전후의 행동에 표현되어 수사자료로서 남겨짐.

(2) 감별수사(범인의 심리적인 행동의 원리를 응용): 임장수사 기타의 방법으로 수집된 수사자료를 검토・추리 → 피해자나 범행지에 관한 지식 유무를 판단 → 그것을 기초로 하여 수사를 추진 → 범인에 도달.

(3) 범행의 심리

가) 범죄에는 원인과 동기가 있어서 그 범행을 의도하고 계획하는 경우의 심리를 말하는 것.

나) 범행에 있어서 범행에 적합한 장소, 범행에 적합한 시간, 목적물이 존재할 것, 저항이 없어야 할 것, 도주가 가능할 것 등을 미리 연구하는 것.

(4) 심리를 분석하여 본다면 '용이', '완전'이라고 말할 수 있으며 될 수 있는 대로 쉽고, 안전하게, 완전히 범행을 실행하려고 하는 것으로 사리에 당연한 일이므로 범행상황 기타로 보아 범인이 피해자나 피해가옥에 대해서 어느 정도의 지식이 있는가를 검토하여 수사를 추진시켜 가는 것.

3) 감별수사(鑑別捜査)의 가치(價値)

(1) 수사방침(捜査方針)의 기초(基礎)가 된다.

가) 감별수사는 기초수사의 일환으로 수사방향의 설정과 밀접불가분의 관계를 가짐.

나) 기초수사를 철저히 하고 범행상황, 범행 전후의 범인의 행동 기타 기초적인 사실에 근거를 두고 연고감 또는 지리감이 있다고 정확하게 판단하였을 경우에는 그 수사방침은 구체적으로 되어 수사의 범위는 축소됨.

다) 이러한 판단이 되지 않을 경우 즉 "뜨내기"의 범행의 경우에는 별 수 없이 수사방침은 확대되고 수사는 막연하게 됨.

(2) 용의자(容疑者)에 대한 결정적(決定的) 단안자료(斷案資料)가 된다.

가) 감(鑑)은 용의자가 떠올랐을 때에 그 용의자가 진범인가 아닌가 결정적인 단안을 내릴 때 매우 중요한 자료.

나) 도난당한 현금을 보통 사람들은 잘 알 수 없는 곳에 감추어 두었을 경우

ㄱ) 범인은 연고감이 있는 것으로 판단.

ㄴ) 용의자로 떠오른 자에게 연고감이 없다면 우연히 그 현금을 둔 곳을 보았을 것이라는 특별한 사정이 없는 한 범인이 아니라는 판단을 할 수밖에 없음.

(3) 유력(有力)한 정황증거(情況證據)가 된다.

가) 감(鑑)이 용의자의 결정적인 단안점이 된다는 것은 입증상에도 유력한 정

황증거가 된다.

나) 입증에는 감이라는 용어를 사용하지 않지만 가치 있는 정황증거의 하나임.

다) 어떤 다른 자료가 있어도 범인이 현금을 둔 곳을 알지 못한다고 하면 범인이라고 할 수 없는 것으로 그것을 "알았는가", "몰랐는가", 즉 연고감의 존재와 부재는 입증의 중요한 정황증거임.

2 감별수사 방법(方法)

1) 일반적(一般的) 유의사항(留意事項)

(1) 사실(事實)에 의거(依據)한 정확(正確)한 판단(判斷)

가) "영감(靈感)": 직감적(直感的) 판단(判斷)

ㄱ) 예컨대 도난피해신고를 받고 현장으로 향하기도 전에 현장관찰도 하지 않고 "범인은 전과자일 것이다"라고 막연히 생각하는 경우.

ㄴ) 아무런 이유나 근거도 없는 것.

나) "감(鑑)"

ㄱ) 현장을 관찰한 결과 도난당한 현금을 두었던 장소를 다른 사람으로서는 잘 알 수 없는 장소인 경우 그 사실로서 "범인은 피해자의 집의 내부사정을 잘 아는 자다", 즉 연고감이 있는 것으로 판단하는 경우.

ㄴ) 근거에 의한 추리.

(2) 존부(存否)의 판단자료(判斷資料) 평가(評價)

가) 일견하여 농감(濃鑑)인 듯하나 수사의 결과 의외로 "뜨내기"였다는 경우

ㄱ) 농감(濃鑑)과 "뜨내기"와의 양 판단자료가 혼동된 경우.

ㄴ) 농감의 상황이 현저하면서도 "뜨내기"인 경우.

나) 일견 농감으로 보이는 경우라도 경솔한 판단을 하여 잘못된 수사를 하기 쉬우므로 판단자료에 대해서 하나하나 잘 검토 평가하여 신중한 판단을 하여야 함.

(3) 판단자료(判斷資料)의 검토(檢討): 감에 관한 자료가 아무리 풍부하다고 하여도 그것만에 의존하지 말고 수법, 장물, 유류물품 기타 수사자료와의 관계를 반드시

검토하여 상호모순점이 없는가 또는 범인의 위장공작 유무를 반드시 검토.

(4) 감별수사(鑑別搜査)와 다른 수사(搜査)와의 병행실시(竝行實施)

가) '수사는 할 수 있는 것은 모두 수사하라'고 하는 말과 같이 유류품이나 장물이 있을 경우에는 그 밖의 수사단서에 대해서도 빠짐없이 수사.

나) 아무리 농감(濃鑑)으로 확인된 사건이라도 감별수사만이 선행된다거나 수사방침이 감별수사만으로 국한된다든지 하여 수사가 어느 방향으로만 기울어서는 안 됨.

2) 연고감(緣故鑑) 수사(搜査)

(1) 연고감(緣故鑑) 유무(有無)

가) 연고감(緣故鑑) 유무(有無)의 판단자료(判斷資料) 수집(蒐集)

ㄱ) 주도면밀한 현장관찰·현장감식과 확실한 기초수사 등에 의하여 연고감 유무에 대한 모든 판단자료의 발견 수집에 힘쓰고 그에 대한 검토·추리로 범인이 피해자나 피해가옥 등에 대하여 상세한 지식을 가지고 있는가 어떤가를 판단하여 수사를 범인에 도달할 수 있는 궤도 위에 올려놓아야 함.

ㄴ) 약간의 판단자료가 수집되었다고 하여 다른 면의 수사를 등한시해서는 안 됨.

ㄷ) 수사상 어쩌다가 우연히 일치가 되어 거기에 끌려서 속단한 결과 수사가 아주 궤도에서 벗어나 궁극적으로 실패한 수사가 되는 경우가 많음.

ㄹ) 폭 넓게 연고감 유무의 판단자료가 수집되면 될수록 확신을 가지고 감별수사를 전개할 수 있음.

ㅁ) 피해자로부터 연고감 존부의 판단자료를 캐낼 경우, 또는 범행시의 범인의 언동상태 등으로 연고감 존부를 추정할 경우에도 피해자의 개인적인 정황관계, 즉 피해자의 신상관계, 가정사, 교우관계, 출입자관계, 거래대차관계, 피해전후의 동정, 피해동기 등에 대해서 알아두는 것이 전제조건이 됨.

나) 연고감(緣故鑑) 유무(有無)의 수사방법(搜査方法)

ㄱ) 범행장소(옥외) 검토 → 연고감이 있는 것으로 추정.

a) 옥외 살인사건에 있어서 그 장소를 지리적, 환경적 견지에서 예컨대 보통 때에는 아무도 통행하지 않는 한적한 장소와 같이 아무래도 피해자의 동의나 이해 없이는 갈 수 없을 만한 장소에서 살해되었을 경우.

b) 이러한 경우라도 피해자를 속이든지 또한 협박하여 데리고 가든지 또는 다른 장소에서 살해하고 사체를 운반하는 일도 있으므로 이러한 점에 대해서 검토하여 그러한 상황이 없을 경우.

ㄴ) 피해가옥 검토 → 연고감이 있는 것으로 추정.

a) 일견 돈이 없어 보이는 집에 현금을 목적으로 하고 침입한 경우.

b) 피해자 집 부근에 유사한 미수사건이나 침입구를 찾은 흔적 또는 동일인으로 보이는 자가 배회한 상황도 없는 경우.

c) 그 밖의 자료로서 미리 피해자의 집을 목표로 한 범행이라고 인정될 경우.

ㄷ) 특수사정의 유무 검토 → 연고감이 있는 것으로 추정.

a) 사전에 가족수, 수입상황 또는 가옥의 내부구조 등을 알고 있는 경우: 침입강도의 사례에서 협박하는 말투나 공범자간 하는 말로 보아 사전에 가족의 수나 셋방 사람이 있는 것, 수입상황의 개략 또는 가옥의 구조를 잘 알고 있는 것으로 판단되는 경우.

b) 임시수입을 노렸을 경우

ⓐ 동산이나 부동산을 매도하였을 경우라든가 또는 그 외의 임시수입으로 현금이 들어왔던 날 강도가 들어왔다는 사례.

ⓑ 경우에 따라서는 우연한 일치도 있을 수 있으나 범인의 언어상태로 보아 그것을 알았을 것으로 추정될 경우.

ㄹ) 침입구, 침입방법 검토 → 연고감이 있는 것으로 추정.

a) 침입구, 도주로가 보통사람으로는 알 수 없는 경우: 옥내사건으로 침입구, 도주로를 검토해 보면 처음 들어온 자나 "뜨내기"로서는 잘 알 수 없는 장소로 침입한 사례.

b) 특수 자물쇠를 열었을 경우: 특수자물쇠(예컨대 문자, 부호, 번호 등을 부합시켜 열 수 있도록 되어 있는 자물쇠)를 열고 침입하였거나 가족이 외출할 때 자물쇠를 잠그고 열쇠를 일정한 장소에 숨겨두고 먼저 귀가

한 가족이 열쇠를 사용하도록 하는 습관이 있는 집의 열쇠를 찾아서 열고 침입한 경우.

c) 침입할 수 있는 상황을 알고 침입구를 찾은 흔적이 없는 경우

(a) 피해가옥의 주변을 면밀히 조사해 보면 족적의 상태나 창문, 벽 등에 손을 댄 흔적 또는 기타 상태로 범인이 침입구를 물색했는지 안 했는지 알 수 있음.

(b) 침입구를 물색한 경우는 "뜨내기"의 범행이 많고 발견되지 않을 경우.

d) 난폭한 방법으로 침입하였을 경우 → 피해자의 내부사정을 잘 알고 있는 자로 인정.

(a) 예컨대 강도범이 노인이나 여자만이 거주하는 집에 침입하는데 빠루 같은 연장을 사용하여 문은 파괴하고 침입하였을 경우.

(b) 집안 사람들이 잠이 깨어 일어날 것을 당연히 예상하면서도 난폭한 침입방법을 사용한 것으로 인정되는 경우.

e) 절도의 경우는 개개의 사건에 대해서 감의 존부를 알아보는 동시에 연발사건에 대해서는 전체적인 공통점을 명확히 하여 감의 존부를 파악하지 않으면 안 됨.

ㅁ) 접대상태, 숙박상태의 유무 검토 → 농감이 있는 것으로 추정.

a) 접대상태가 있을 경우: 예컨대 사건현장에 방석이 놓여 있고 손님을 접대한 커피 잔이 셋이 있었다고 하면 방문객은 2명으로 피해자와 상당히 친밀한 사이였다고 용이하게 추정.

b) 숙박상태가 있을 경우: 침실이나 침대 기타의 상태로 봐서 범인은 피해자 집에서 자고 간 것으로 인정되는 경우.

ㅂ) 협박, 폭행수단 검토 → 연고감이 있는 것으로 추정.

a) 강도범인이 집안 사람들에게 얼굴을 보이지 않으려고 복면을 하고 침입하거나 흉기를 들이대며 무언으로 협박하는 경우.

b) 범인중의 한 사람은 가족들을 협박하며 금품을 강요하고 있는데 다른 한 사람은 도무지 가족들이 있는 곳에 들어오지 않으려 하는 경우.

ㅅ) 물색방법 검토: 목적물이 있는 곳으로 직행하고 다른 곳은 물색하지 않

은 경우 또는 피해자만이 가질 수 있는 특수물품(권리증서, 서화, 골동품 등)을 노린 경우 → 연고감이 있는 것으로 추정.

ㅇ) 위장공작의 유무 검토 → 내부자 범죄 또는 농감이 있는 것으로 추정.

a) 위장이 되어 있을 경우: 범행 후 출입한 현장을 위장하였을 경우 → 허위신고의 가능성도 있음.

b) 범죄발각을 방지하는 공작을 하였을 경우: 가장 전형적인 것은 피고용자들의 범행으로 일견해서 물품이 없어진 것을 알 수 없게 공작한 경우.

ㅈ) 사체조치에 대한 검토 → 연고감이 있는 경우를 기준.

a) 근친자에 의한 범행인 경우에는 사체취급에 있어서 어딘지 모르게 정중하게 다룬 면이 있고 그다지 친하지 않은 사이라 하더라도 면식자(面識者)를 살해하였을 경우에는 그 죽은 얼굴을 보는 것이 참을 수 없는 고통이 되는 것이 보통이므로 이러한 범인의 심리표현으로 다음과 같이 사체가 취급되는 경우가 있음.

(a) 부부간이나 부모 자식지간의 경우에는 얼굴을 깨끗이 씻어놓는 경우가 있음.

(b) 사체의 착의를 잘 고쳐 놓음.

(c) 보자기나 수건으로 얼굴을 덮거나 사체를 이불로 덮어둠.

b) 면식자 살해사건은 만일 상대자가 살아나면 범인이 누구인지 알 수 있다는 불안감이나 원한이 있는 경우에는 참혹한 방법을 취하는 경우도 있음.

(a) 목을 조른 끈을 풀 수 없게 꽉 매어 놓거나, 칼로 찌르거나 흉기로 구타할 때도 완전히 절명하도록 공격하는 것이 보통.

(b) 사체를 분산시키거나 사체를 매몰하는 등 사체발견을 피하는 경우.

(2) 연고감(緣故鑑) 적격자(適格者)의 수사(搜査)

가) 연고감(緣故鑑) 적격자(適格者)에 관한 자료수집(資料蒐集)

ㄱ) 연고감 유무의 판단자료를 검토한 결과 연고감이 있다고 확인되었을 경우 → 그 사건의 범인의 적격조건(適格條件)에 합치하는 연고감 적격자에 관한 자료를 수집하게 됨.

ㄴ) 감(鑑) 범위에 관한 자료로서 개개의 사건에서 구체적 수사대상자의 발견자료를 빠짐없이 수집.

ㄷ) 중요한 수사대상이 포함되어 있는 살해된 피해자의 일기, 「메모」 등도 포함되나 이러한 자료는 빨리 손을 쓰지 않으면 피해자(被害者)의 유족(遺族)들이 그러한 것을 모르고 소각(燒却)하든지 하여 귀중한 자료가 소실되어 수사에 실패하는 경우도 있으므로 신속히 발견 수집하여야 함.

ㄹ) 현장에서 수집한 자료는 보관 정리에 주의하여 뒤섞이지 않도록 유의.

a) 직접자료(直接資料): 직접적으로 범인에게 결부되는 자료.

b) 간접자료(間接資料): 직접자료에서 판명한 제3자의 경험・지식으로 범인에게 도달하는 자료.

나) 연고감(緣故鑑) 수사대상자(搜査對象者): 일반적으로 피해자와 다음과 같은 관계가 있는 자들.

ㄱ) 가족, 친족, 동거인, 고용인, 우인, 지인, 전동거인, 전고용인 등.

ㄴ) 본적지, 출생지, 전거주지 등의 관계로 내왕이 있는 자.

ㄷ) 직장관계로 출입한 자.

ㄹ) 외판원, 전기・수도 등의 각종 수금원, 신문・우유 등의 각종 배달인, 청소부, 행상인 등으로 내왕이 있는 자.

ㅁ) 거래, 대차관계로 출입한 자.

ㅂ) 가옥의 신축, 수리공사 등에 종사했던 목수, 전공, 기타 종업원.

ㅅ) 피해자의 일기・메모・명함・거래장부・주소록・영수증 등에 의하여 파악된 자.

ㅇ) 이상의 자들과 면식자 또는 교제자 즉 간접관계자.

다) 연고감(緣故鑑) 적격자(適格者) 수사방침(搜査方針)

ㄱ) 탐문대상자의 설득

a) 피해자 또는 그 가족 등의 신변사정 등에 대한 조사에 의하여 연고감 관계가 빈틈없이 해명되어야 비로소 수사가 추진되는 것.

b) 피해자 등에 대하여는 차마 말하기 곤란한 것까지도 물어보지 않으면 안 될 경우가 많음.

c) 우선 피해자 등이 충분히 이해하고 협력하도록 설득.

ㄴ) 비밀의 엄수와 신중한 언동

a) 연고감 수사에서는 피해자의 체면에 관계되는 일이 많아 조사된 내용이 누설되어서는 안 될 경우가 많음.

b) 조사내용이 누설될 경우 그 후 수사에 아무런 협력을 바랄 수 없게 됨.

c) 부주의한 언동으로 수사에 관한 비밀이 누설되어 범인이 도주하거나 증거를 인멸하거나 하는 일이 있으니 언동에 특히 신중을 기해야 함.

ㄷ) 호기심에 의한 추궁 금지

a) 수사에 아무 필요도 없는 사사로운 개인문제를 흥미나 호기심으로 꼬치꼬치 묻는다는 것은 좋지 못함.

b) 상대방으로부터 신뢰를 받지 못하게 됨.

ㄹ) 진실 발견에 노력: 피해자 등을 대상으로 면식의 유무 또는 출입관계자 등을 조사하는 경우에 진실을 듣기 위해서 주의해야 할 사항

a) 면식의 유무 또는 출입관계자 등을 조사하는 경우에는 피해자가 "본적이 있는 자 같다" 또는 "말소리가 듣던 말소리 같다"고 착각으로 진술하는 경우 → 수사관이 해결에 집착한 나머지 그것을 그대로 받아들여 객관적인 판단을 하지 않고 무턱대고 피해자에게 해당자의 기억 환기만을 촉구한다면 결국 피해자로 하여금 그 착각을 확정적인 인식으로 굳히게 되어 수사에 중대한 장애를 가져오게 됨.

b) 근친자가 범인이면 곤란하다거나, 잘못하여 남에게 괴로움을 끼쳐서는 안 된다는 기분으로 지나치게 소극적인 피해자가 있는 경우 → 수사에 대하여 이해하고 협력하도록 설득하는 동시에 피해자의 내부사정에 정통한 자를 탐문하는 등 진실을 듣도록 노력.

c) 상대자에 대하여는 사실에 대한 진술을 하도록 하고 용의점의 유무는 수사관 자신이 그 내용 등을 종합하여 판단 → "누군가 용의자는 없습니까?" 등으로 처음부터 상대의 판단을 요구하는 것은 상대자의 선입감이 바로 수사관의 선입감이 되어 버릴 수 있으므로 주의.

3) 지리감(地理鑑) 수사(搜査)

(1) 지리감(地理鑑) 유무(有無) 수사(搜査)

가) 지리감(地理鑑) 유무(有無)의 판단자료수집(判斷資料蒐集)

ㄱ) 주로 피해자・참고인의 진술, 범죄현장과 그 주변의 지리적・환경적 상황관찰로 얻어짐.

ㄴ) 지리감은 범인과 범죄현장과의 관계성이므로 피해자와 관계되는 연고감에 비하면 수사대상도 많고 수사범위도 넓음.

ㄷ) 연고감이 있는 사건은 대개 지리감이 있는 경우가 많으며 특히 침입절도는 연고감이 있는 경우에는 거의 지리감이 있는 것으로 추정.

나) 지리감(地理鑑) 유무(有無)의 판단방법(判斷方法) → 지리감이 있는 것으로 추정

ㄱ) 범행장소의 검토: 범행이 어떠한 장소에서 이루어졌는가, 그 지리적 조건으로 그 장소에 정통한 자라 아니면 안 될 장소(예: 교외에서 발생한 강간사건의 현장으로 통하는 도로는 좁은 농로 하나뿐이며 그 도로는 그 지방 사람만이 다니는 도로인 경우)인 경우.

ㄴ) 범행 전후의 행동 검토: 범인은 어디서 어디로 도망하였는가 또는 은신, 휴식한 장소는 어디인가 등등에 대해서도 검토하여 다음과 같은 사실이 있는 경우.

a) 범인의 행동경로가 보통 사람으로서는 다니지 않는 특별히 보행이 어려운 길이나 이면도로의 복잡한 골목길을 이용하였을 경우.

b) 다른 곳에서 온 사람으로는 알 수 없는 곳에 가건물, 창고 같은 곳에 은신 또는 휴식한 것으로 보이는 경우.

c) 미리 범행현장 부근의 사람들의 동태를 알아서 안전한 방법을 취하여 현장에 들어갔다가 범행 후 도주하였을 경우.

ㄷ) 교통기관의 이용상황 검토: 범인이 그 지방의 교통기관의 발착시간, 운행계통 등을 사전에 알고 그것을 교묘히 이용한 경우.

ㄹ) 피해자의 선택상황 검토: 피해자의 선택에 대해서 예컨대 정기적 통행자를 노렸다는 경우.

ㅁ) 범인의 언어 검토

a) 범인이 범행중 또는 범행 전후에 말한 것으로 지리감을 판단 가능.

b) 범행장소의 지리적 조건, 지명, 인명, 도로, 축제일 등의 상황 기타 그 지방에 익숙한 자가 아니면 알 수 없는 것을 말하였을 경우

ㅂ) 대개 위와 같은 것이 있으나 "뜨내기"의 범행인 경우 → 사전답사 등으로 계획적인 범행을 하는 경우는 지리감이 있는 것과 구별하기 어려운 때가 있으므로 다른 상황도 고려하여 신중히 판단하여야 함.

(2) 지리감(地理鑑) 적격자(適格者)의 수사(搜査)

가) 지리감(地理鑑) 적격자(適格者)에 관한 자료수집(資料蒐集)

ㄱ) 사건 범인의 적격성에 합치되는 이른바 지리감 적격자에 관한 자료를 수집.

ㄴ) 감(鑑)의 범위에 대한 자료로서 각각의 사건에 있어서는 구체적 수사대상자 발견자료를 빠짐없이 수집 확보하여야 함.

나) 지리감(地理鑑) 수사대상자(搜査對象者)

ㄱ) 범행지 부근에 거주하는 자 또는 거주하였던 자.

ㄴ) 범행지 부근에 통근, 통학하는 자 또는 통근, 통학하였던 자.

ㄷ) 범행지 부근에 친족, 지인 등이 있어 자주 내왕한 일이 있는 자.

ㄹ) 전에 범행지 부근 공사장 등에서 일한 자.

ㅁ) 범행지 부근에 행상, 수금, 배달, 운동 등으로 내왕한 일이 있는 자.

ㅂ) 범행지 부근에서 범죄의 전력이 있는 자.

(3) 지리감(地理鑑) 적격자(適格者) 수사방침(搜査方針)

가) 지리가 수사대상자가 사건 당시 범행지 부근을 배회한 사실의 유무에 관한 탐문수사 · 행적수사를 충분히 행하여 확인.

나) 지리감 수사대상은 그 범위가 매우 넓으므로 수사누락이 없도록 하기 위해서는 수사 담당구역을 정하여 책임 있는 수사를 해야 함.

다) 효율적인 수사를 추진하기 위해서는 평소부터 관내의 범행 전력자, 소행불량자, 거동수상자의 전입 등의 실태를 파악해 둘 것과 광범위하게 수사에 대한 협력자를 확보해 두는 것이 매우 중요.

제5절 수법수사(手法捜査)

1 개설(槪說)

1) 수법수사(手法捜査)의 의의(意義)

(1) 범죄수법: 범행 당시의 인적특징, 장소, 범죄 실행에 나타난 수단, 방법, 습벽 등에 의하여 범인을 식별하려는 개인 식별 기준 또는 정형.

(2) 수법수사: 범인이 일정한 수단과 방법 및 습벽으로 반복하여 범행하는 특징을 이용하여 이러한 수법유형을 분석 수집하여 대조함으로써 범인을 찾아 검거하는 수사활동.

가) 상습범(常習犯): 범죄를 관습적으로 동일한 수단·방법을 반복하는 경우가 많아서 그러한 수법과 유사하거나 동일한 형태의 흔적이 범죄현장에 남게 됨.

나) 범죄수법의 입증: 심리적으로는 인간행위의 관습성에서 입증되며, 사실적으로는 범죄현장에 있어서의 수법의 필존성에서 입증.

2) 수법수사(手法捜査)의 특징(特徵)

(1) "한스 그토스"

가) 19세기 말엽 오스트리아의 형사학자겸 예심판사로 범죄수법의 특성을 학문적으로 연구하여 이론화시킴.

나) 반복성(反復性)·실행성(實行性)과 필존성(必存性)으로 나눔.

(2) 범죄수법(犯罪手法)의 반복성(反復性)·실행성(實行性)

가) 상습범의 범죄행위의 구체적인 예시

ㄱ) 일정한 정형으로 고정되는 경향.

ㄴ) 그때그때 용이하게 변경되지 않고 계속 반복적으로 행함.

ㄷ) 개인적 습벽, 특징을 가짐.

나) 심리적인 고찰: 목적을 달성하기 위한 행동의식으로서 용이성, 안전성이 요인인 것을 알 수 있음.

다) 예외적인 요인에 의하여 변화 가능

ㄱ) 객관적 요인: 사회현상이나 생활양식의 경향.

ㄴ) 주관적인 요인: 연령, 모방 등.

(3) 범죄수법(犯罪手法)의 필존성(必存性)

가) 완전범죄는 범인의 이상(理想)일 뿐이다.

나) 완전범죄(完全犯罪)의 다섯 가지의 원칙(강도살인사건의 경우를 상정)

ㄱ) 흉기는 현장의 것을 사용한다.

ㄴ) 「Alibi」를 완전히 조작한다.

ㄷ) 피해자를 완전히 살해한다.

ㄹ) 특징 있는 물건에는 손을 대지 않는다.

ㅁ) 지문, 족적 기타 증거물로 될 것을 일체 현장에 남기지 않는다.

다) 위장 자체가 수법: 설사 범죄수법을 위장하였다 하더라도 그 위장 자체가 수법이 되므로 수법을 남기지 않고 범행을 한다는 것은 불가능함.

3) 수법수사(手法搜査)의 필요성(必要性)과 범죄수법제도(犯罪手法制度)의 발생(發生)

(1) 수법수사의 필요성: 현장에서 수집되는 수사자료는 유형자료(有形資料)와 무형자료(無形資料)로 대별할 수 있는데 최근의 범죄를 보면 그 수단 방법이 교묘화되어 현장에 유형자료를 남기지 않는 경우가 증가하기 때문에 무형자료인 범죄수법에 의해서 수사를 진행하는 외에는 방법이 없으므로 중요시됨.

(2) 범죄수법제도(犯罪手法制度): 범죄수법의 특성을 이용하여 특정의 범죄를 대상으로 한 범행의 수단 등을 기록화해 두고 범죄 발생시에 현장을 관찰하고 그 수단 방법을 검토하여 범죄수법의 동일성 또는 유사성을 보관 중인 기록자료와 대조함으로써 용의자를 색출하는 것이 합리적이라고 보고 이를 조직적으로 운영할 수 있는 제도화가 요망되어 수사방법의 하나로 고찰되기에 이르렀음.

4) 현장(現場) 범죄수법제도(犯罪手法制度)의 개요(概要)

(1) 범죄수법공조자료관리규정(경찰청훈령 제73호): 수법원지(手法原紙), 피해통보표(被害通報票) 등의 자료를 수집, 정리, 보관하고 그것을 개개의 범죄수사에 자료로 이용함을 목적.

(2) 수법범죄(手法犯罪)

가) 형법: 강도, 절도, 사기 · 공갈, 위조 · 변조사범(통화, 유가증권, 우표, 인지, 인장, 문서), 약취 · 유인.

나) 특별법: 위의 가)항 중 가중 처벌되어 특별법에 위반하는 죄.

(3) 범죄수법자료(犯罪手法資料)

가) 수법원지(手法原紙)

ㄱ) 수법범인의 인적사항, 인상특징, 수법내용, 범죄사실, 직업, 사진, 지문, 필적 등을 수록한 기록지.

ㄴ) 작성대상: 위의 수법범죄 피의자 중 구속피의자 전원, 불구속피의자라도 기소의견으로 송치하는 자 중 재범의 우려가 있는 자 → 미검거 피의자는 작성하지 않음.

ㄷ) 작성자: 해당 범인을 수사하거나 조사 · 송치하는 경찰공무원이 직접 작성.

ㄹ) 범죄수법을 이용하여 범인을 발견하고, 연고지 기재 사항으로부터 배회처를 추정하는 외에 다각적인 수사자료로서 이용.

ㅁ) 경찰청에도 보관하고 2개 시 · 도에 걸쳐서 범행을 하거나 범할 우려가 있는 수법범인, 즉 여행성 범죄(旅行性犯罪)의 수사자료로 이용.

나) 피해통보표(被害通報票)

ㄱ) 수법범죄의 피해가 발생하였을 때에 작성.

ㄴ) 동일수법에 의한 피해의 확인, 여죄수사, 장물수사 등의 자료로서 이용.

다) 공조제보(共助諸報)

ㄱ) 공조제보(共助諸報)의 종류: 여죄조회(餘罪照會), 긴급사건수배, 사건 · 장물 · 지명수배, 지명 · 해제 · 이동 · 참고통보.

ㄴ) 경찰관서 상호간에 범인, 여죄, 장물을 발견하고 범인을 검거하기 위하여 각기 보관중인 수사자료를 서면, 지문 전송사진기, 영상 또는 문자식

전산기, 전신으로 행하는 수배, 통보, 조회 등을 말함.

(4) 범죄수법(犯罪手法)의 효용(效用)

가) 무형(無形)의 유류물(遺留物)로서 지능범죄(知能犯罪)에 대처(對處)한다.

ㄱ) 오늘날 상습범은 날로 지능화하여 범인은 의식적으로 범죄현장에 지문, 족적 등 일체의 유형자료를 남기지 않음.

ㄴ) 필존성을 가진 범죄수법만은 무형적 유류품으로써 반드시 현장에 남게 되므로 범죄수법을 유일한 수사자료가 되는 것임.

나) 공조제보(共助提報)로서 조직수사(組織捜査)의 원활(圓滑)을 기한다.

ㄱ) 오늘날 범죄행위 자체가 그럴 뿐만 아니라 범행 후의 도주, 장물의 운반 등이 광역화한 까닭에 수사 또한 이에 대처할 것이 요청.

ㄴ) 경찰서 또는 지방경찰청 상호간에 공조제보제도를 조직적으로 신속히 운영함으로써 여죄, 범인, 장물의 발견 및 범인검거에 서로 협조함.

다) 범죄수법(犯罪手法)외에 기타 다용적(多用的)인 수사효과(捜査效果)를 얻는다.

ㄱ) 성명, 이명(異名) 등에 의하여 범인을 발견.

ㄴ) 범죄수법에 의하여 범인을 발견.

ㄷ) 범죄수법에 의하여 여죄를 발견.

ㄹ) 범죄수법을 기초로 한 지문, 장문(掌紋), 필적, 인상, 습성 등에 의하여 범인을 발견.

ㅁ) 신체특징을 확인하였을 경우 그 특징을 조회함으로써 범인을 색출할 수 있음.

ㅂ) 지명수배자(지명통보자)를 발견.

ㅅ) 장물 또는 피해품을 발견.

ㅇ) 수법원지의 기재사항을 이용함으로써 수사의 효과를 거둘 수 있음.

라) 수사(捜査)의 계속성(繼續性) 및 수사자료(捜査資料) 열람(閱覽)의 신속성(迅速性)을 보장(保障)한다.

ㄱ) 수법자료의 보관기간: 1년 내지 10년으로 정하여 보관하는 까닭에 그 자료가 폐기될 때까지는 언제까지나 계속적인 자료가 됨.

ㄴ) 보관은 각각 일정한 보관분류번호순에 의하여 하는 까닭에 2~3분 내

신속한 대조 회보가 가능.

마) 범죄수법(犯罪手法)의 경향(傾向) 및 범죄(犯罪) 추세(趨勢)를 파악(把握) 대비(對備)할 수 있다: 합리적인 참고통보, 이동통보로써 범행수법의 경향과 추세를 적시에 파악할 수 있고 동일범죄조사표(同一犯罪調査票)로서 범행에 사전에 대비할 수 있음.

2 수법수사의 기술(技術)

1) 범죄수법파악(犯罪手法把握)의 착안(着眼)

(1) 현장관찰: 범죄수법파악의 기초이고 초기수사에 있어서 중요.

가) 수사실무상 현장관찰에서 지문, 족적 등 유형의 자료 채취에만 편중하고 무형의 유류물이라고 말하는 범죄수법 파악에는 경시하는 경향이 있음.

나) 유형의 자료가 유류되지 않는 최근의 범행발생 상황에서 볼 때 수법에 대한 관찰술 함양은 중대한 과제임.

다) 아래에서는 범죄수법파악을 위한 현장관찰의 착안점에 관하여 고찰.

(2) 범행장소(犯行場所)

가) 범인에 따라서 다르므로 범인의 이동식별상(異同識別上) 중요한 자료가 됨.

나) 범인은 범행장소 선정에 있어서는 목적물을 용이하고 신속하게 그리고 누구에게도 발견되지 않게 입수하는 것을 요건으로 하는 까닭에 범인 자신이 경험하여 알고 있는 장소를 선택하기 마련.

다) 범인에 따라서는 창고, 주택, 관공서, 열차 내, 역, 여관, 학교, 철도변・하천변 가옥만을 노리는 자 등 각자 특이.

(3) 침입구(侵入口) 및 침입방법(侵入方法)

가) 범인이 주택 내에 침입한 개소를 관찰.

나) 개방된 문은 이용하는 자, 배기구 또는 도시가스 배관을 이용하는 자, 개방된 출입구가 있음에도 불구하고 구태여 잠금 장치를 풀거나 침입구를 만드는 자.

다) 침입을 위하여 유리문이나 출입문 등을 파괴하는 방법에서도 특이한 수법

을 사용하는 경우.

ㄱ) 유리문의 경우: 유리칼을 사용하여 예리하게 절단하거나, 유리에 반창고나 젖은 수건 등을 부착하고 파괴하는 등의 경우.

ㄴ) 출입문의 경우: 잠금 장치를 파괴할 때에도 위조된 열쇠(속칭 '만능열쇠')를 사용하거나 기타 연장 등을 사용하여 완전히 파괴하는 등의 경우.

(4) 폭력수단(暴力手段)

가) 피해자를 협박한 언어에 특정의 단체명, 지명 등은 없었는가, 또는 특이한 용어는 사용하지 않았는가.

나) 음성상의 특징, 사투리 등 특이한 언어는 없었는가.

다) 폭행, 협박에 사용한 흉기는 무엇인가, 그 범인자신의 것인가 또는 피해자나 제3자의 것인가, 어떠한 동작으로 사용하였는가.

라) 피해자를 결박한 경우 그 방법은 어떠하였으며 사용물은 무엇이었는가.

(5) 범행시간(犯行時間): 범인 중에는 일정한 시간을 선택하여 범행을 하는 자가 있으므로 이러한 시간적 수법을 파악하기 위해서는 정확한 범행시간을 관찰하여야 함.

(6) 공범자(共犯者)의 유무(有無)

가) 범인 중에는 공범자를 적극적으로 구하는 자와 공범자를 배제하는 자가 있음.

나) 공범자의 유무는 범인의 성격에 따라서 상이하므로 범인의 식별자료로서 이용 가능.

(7) 말 투

가) 사기, 강도 등 면접범(面接犯)은 피해자나 관계자와 대화한 경우가 많고 그 말투 속에 방언, 직업, 경력, 거주처 등을 판단하는 자료를 얻을 수 있는 경우가 적지 않음.

나) 언어에 관하여는 다음 사항들을 명백히 하는 것이 중요

ㄱ) 범인이 자칭한 본적, 주소, 성명, 연령, 직업 등.

ㄴ) 피해관계자와 어떠한 관계가 있는 자라고 자칭하였는가.

ㄷ) 주로 사용한 화제는 무엇인가.

ㄹ) 지방특정의 사투리나 말씨, 특이 환경에서 사용되는 언어, 은어 등은 없었는가.

(8) 물색방법(物色方法)

가) 목적물의 물색은 목적물이 보관되어 있는 개소만을 노렸는가.

나) 목적물을 찾은 후 현장을 흐트러진 채로 두었는가 원상으로 회복해 두었는가.

(9) 목적물(目的物)

가) 피해품과 특색상황 등을 종합적으로 검토하여 범인이 무엇을 목적물로 하였는가를 파악하여야 함.

나) 현금만은 목적으로 하는 자, 매각하기에 용이한 물건만 노리는 자, 닥치는 대로 무엇이든지 가져가는 자 등 여러 가지임.

(10) 특벽(特癖) 및 특이수단(特異手段)

가) 범행 중, 범행 전 또는 범행 후 특이한 행위에 의하여 범행 및 도주를 용이하게 하고 또는 범죄의 발각을 지연시키려는 수단을 취하는 자가 있음.

나) 수법을 관찰함에 있어서 특히 다음의 점들에 유의하여 범인특유의 행위라고 인정되는 점들을 파악해야 함.

ㄱ) 특벽(特癖) → 도범(盜犯)의 예

a) 범행을 용이하게 하기 위한 특이한 행위는 없는가.

b) 침입자체가 특이수단은 없는가.

c) 도주에 있어서의 특벽은 없는가.

d) 미신행위 기타 행위는 없는가.

ㄴ) 특이수단(特異手段) → 사기(詐欺)의 예

a) 범행준비를 위한 특이한 행위는 없는가.

b) 피해자에게 접근하기 위한 특이한 행위는 없는가.

c) 화제에 특이성은 없는가.

d) 도주시에 특이한 행위는 없는가.

2) 범죄수법자료(犯罪手法資料) 작성(作成)의 충실(充實)

(1) 수법제도: 수법원지, 피해통보표를 기초자료로 하는 조직적인 수사방법의 체제

가) 수법자료의 작성내용과 이용효과는 항상 표리일체(表裏一體)의 관계를 이루는 까닭에 작성내용의 좋고 나쁨은 범인식별과 동일범행 및 여죄의 확

인 등에 큰 영향을 주는 것.

나) 수법수사의 성패는 오직 자료작성의 질에 달려 있음.

(2) 수법원지(手法原紙)

가) 작성된 수법원지: 수사관은 물론이고 전국의 수사관에게 이용되는 자료임.

나) 인간의 기억은 세월에 따라 희미해지므로 그것을 방지하기 위해서 그 경험을 자료로 수집, 보관하고 범죄수사에 이용하기 위하여 수법범죄의 범인을 검거한 때에는 전기대상자에 대하여는 반드시 수법원지를 작성하도록 되어 있음.

다) 작성상 유의사항(留意事項)

ㄱ) 수법적인 감각을 가지고 조사할 것

a) 종래 조사에는 대개의 경우 범죄구성요건에만 중점을 두고 수법내용에 관하여는 소홀히 하였음.

b) 앞으로의 조사에는 범죄구성요건 외에 수법내용에 관하여도 충분히 추궁하여야 함.

ㄴ) 수법원지 작성시 유의사항

a) 범죄수법이 구체적으로 표출되도록 기재.

b) 인상과 신체적 특징(예: 곱슬머리, 벙어리, 마약중독, 변태, 불구, 점, 문신 등)을 정확히 기재.

c) 자필란은 반드시 범인이 기재.

d) 사진은 규격(가로 5cm × 세로 8cm)에 맞고 인상 및 신체적 특징, 신장 등이 부각되게 촬영.

e) 범행장소는 정확히 기재.

f) 공범관계는 미검자까지 기재하고 연고선, 배회처, 친인척 등 많은 자료를 기재.

g) 범행사실란은 범행사실을 단순히 요약하여 쓰지 말고 범행 수법이나 범행수단, 목적물의 처분지 등이 부각되도록 기재.

ㄷ) 수법원지는 범죄수법만으로 범인을 발견하는 것이 아니라 범인의 신체적 특징이나 습벽의 면에서 범인을 발견한 경우도 있으므로 이런 사항에 관하여도 잘 관찰하여 기재해 누락이 없도록 하여야 함.

ㄹ) 후일의 조사상 참고가 될 만한 사항도 기재.

라) 수법원지(手法原紙)의 작성자(作成者)

ㄱ) 범인을 조사한 경찰관이 작성.

ㄴ) 조사하지 않은 경찰관이 작성하면 형식상은 완전히 작성한 것 같아 보이지만 내용이 불충실하게 됨.

마) 수법원지(手法原紙)의 송부(送付): 수법원지 1매를 작성하여 지방경찰청장을 거쳐 경찰청장에게 송부.

바) 수법원지(手法原紙)의 폐기사유

ㄱ) 피작성자의 사망.

ㄴ) 피작성자가 80세 이상.

ㄷ) 원지작성 후 10년이 경과되었을 때.

(3) 피해통보표(홍현표, 2004: 767)

가) 수법원지, 공조제보 등과 대조하여 범인을 발견하고, 여죄를 발견에 이용하고 또한 동일범행의 확인 등을 위하여 이용.

나) 수법범죄가 발생하였을 때: 즉시 범인을 검거할 경우를 제외하고는 모두 작성.

ㄱ) 즉시 범인을 검거할 경우

a) 범죄가 발생하고 수사에 착수하자마자 범인이 판명되어 검거한 경우.

b) 범인을 발견하였으나 지명수배를 하거나 빠른 시간 내에 검거할 가능성이 있는 경우.

ㄴ) 수법범죄가 발생한 경우라도 범죄수법분류별 기준표에 지정하는 소분류에 관하여는 그 전부 또는 일부의 작성을 생략할 수 있도록 되어 있음.

ㄷ) 피해통보표는 수록·전산입력한 피해품은 범죄수사규칙 제31조의 장물수배로 봄.

다) 작성상(作成上)의 유의사항(留意事項)

ㄱ) 상세한 메모를 할 것.

ㄴ) 현장에 표현되어 있는 현장관찰에만 그치지 말고 수법의 위장 부분 등 실제 수법을 간파하는 데 노력할 것.

ㄷ) 범죄수법의 불합리한 점을 확인하여 정확한 수법을 파악하도록 노력

할 것.

ㄹ) 범죄의 미수사건에 대한 관찰을 철저히 해서 수법내용 해당란에 묶음표를 하고 병기해 두는 동시에 피해상황란에 명기할 것.

ㅁ) 피해자의 진술을 맹신하지 말 것.

라) 피해통보표(被害通報票)의 작성자(作成者)

ㄱ) 현장임장자가 현장에서 직접 견문한 사항을 있는 그대로 기재하여야 비로소 이용가치가 있는 자료가 됨.

ㄴ) 임장자 이외의 경찰관이 작성하면 설사 임장자의 말을 듣고 작성한다 해도 누락되거나 표현이 불충실하게 되므로 주의하여야 함.

마) 피해통보표(被害通報票)의 송부(送付)

ㄱ) 즉시 작성하여 송부하여야 함.

ㄴ) 송부가 지연되면 수배도 따라서 지연되어 애써서 동일수법의 범행사건을 발견하고 그 행적을 파악하였을지라도 범인의 도주 등으로 실효를 거두기가 어렵게 됨.

3) 수법조회(手法照會) 및 방법(方法)

(1) 범죄수법공조자료관리규칙 제11조: 범인, 여죄, 지명수배(통보)자 및 장물 등의 발견을 위해서 지방경찰청에 대하여 적극적으로 조회하도록 의무를 규정.

(2) 수법자료(手法資料) 이용목적(利用目的)의 이해(理解)

가) 수법원지(手法原紙)

ㄱ) 범인불명의 수법범죄가 발생하였을 경우 동일 수법 또는 유사수법의 용의자를 알 수 있음.

ㄴ) 범인이 도망하였을 경우 배회처를 알 수 있음.

ㄷ) 범인이 어떠한 특벽을 가지고 있는가를 알 수 있음.

ㄹ) 범인이 직장경력을 알 수 있음.

ㅁ) 범인이 여행성 범인인가의 여부를 알 수 있음.

ㅂ) 범인의 필적이 있을 경우 필적대조를 할 수 있음.

ㅅ) 범인의 장물처분방법 및 처분처를 알 수 있음.

ㅇ) 범인의 친족, 지인 등 연고관계를 알 수 있음.

ㅈ) 현장지문 또는 준현장지문이 있을 경우에는 지문(指紋)의 대조를 할 수 있음.

ㅊ) 범인의 인상, 특징을 알 수 있음.

나) 피해통보표(被害通報票)

ㄱ) 피해사건의 수법내용 및 피해자의 주소, 성명을 알 수 있음.

ㄴ) 범죄수법으로 여죄를 알 수 있음.

ㄷ) 피해품을 일괄 파악할 수 있음.

ㄹ) 연속 다발하는 경우에는 그것을 일괄 검토함으로써 수사방침 수립자료를 얻을 수 있음.

ㅁ) 범인의 추적수사가 가능.

다) 장물수배소표(贓物手配小票) → 범죄수법공조자료관리규칙의 규정이 아님

ㄱ) 피해품의 여부를 알 수 있음.

ㄴ) 피해자의 주소, 성명을 알 수 있음.

ㄷ) 피해연월일을 알 수 있음.

라) 공조제보(共助提報)

ㄱ) 다른 시·도의 여죄를 알 수 있음.

ㄴ) 다른 시·도의 범죄발생 실태를 파악할 수 있음.

ㄷ) 다른 시·도의 수사자료를 얻을 수 있음.

ㄹ) 다른 시·도의 피해품 발견 및 확인을 할 수 있음.

ㅁ) 연속 발생사건 및 특이수법을 알 수 있음.

ㅂ) 여행성범죄의 범인 및 여죄를 발견할 수 있음.

ㅅ) 지명수배(통보)자를 발견할 수 있음.

(3) 수법조회(手法照會)의 방법(方法)

가) 범인조회

ㄱ) 수법범죄사건 현장에 남겨진 인적 특징 기타 습벽 등을 토대로 범인을 조회하는 것.

ㄴ) 현장에 임장한 경찰관이 그 수법특징을 토대로 하여 조회.

ㄷ) 조회시에는 전산입력 되어 있는 수법원지 가운데 현재 수사중인 사건의 유류물인 성별, 연령, 말씨, 수법, 인상, 신체적 특징, 필적, 지문, 인적

사항, 인적 구성, 연고지 중 범인의 특징과 동일하다고 인정되는 것이 있는지의 여부를 확인하는 것.

나) 여죄조회

ㄱ) 검거한 수법범인의 인적특징을 토대로 범인의 여죄를 조회하는 것.

ㄴ) 범인을 검거하고 조사하는 경찰관이 전산 입력되어 있는 피해통보표 가운데 검거 수사 진행중인 범인 또는 용의자 및 장물 등이 동일하다고 인정되는 것이 있는지의 여부를 확인하는 것.

다) '컴퓨터 터미널'(범죄수법 영상전산시스템) 조회에 의하는 것을 원칙으로 함.

ㄱ) 전체자료 중 유사한 것으로 모두 추출할 필요가 있을 때에는 지방경찰청 전산실 또는 경찰청 전산실에서 '컴퓨터 테이프' 조회를 하여야 함.

ㄴ) 필요한 때에는 수법원지나 피해통보표를 직접 열람하거나 경찰청 감식과 수법반에서 범인을 목격한 사람에게 수법원지에 첨부된 피의자 사진을 열람하게 하기도 함.

라) 범죄수법만의 대조에 의하여 범인을 발견: 전력자의 범행이고, 범행수법에 특징점이 있고, 범인의 이동식별이 가능해야 한다는 조건이 필요함.

(4) 수법대조(手法對照) 및 방법(方法)

가) 수법대조(手法對照)에 있어서의 유의사항(留意事項)

ㄱ) 특이수법의 사건 또는 연속적으로 발생하는 범죄에 있어서는 적극적으로 수법대조를 하여 범인 및 수사자료의 발견에 노력.

ㄴ) 수법대조는 수법원지, 피해통보표와는 물론이고 필요하다고 인정되는 공조제보에 관하여도 적극적으로 행하여야 함, 특히 지명수배자중에는 여행성 직업범인이 많으며 동일수법에 의한 범죄는 재범률도 높으므로 수개 지방경찰청에서 수회에 걸쳐 수배되고 있는 지명수배자를 파악해 두는 것도 여행성범죄 수법대조의 자료로서 필요한 것임.

ㄷ) 동일수법이라고 인정되는 연속발생 범죄의 수법대조에 있어서는 유형자료와 관련지어서 종합적인 대조를 행하는 것도 필요함.

ㄹ) 수법대조는 동일유형의 분류도 대조할 필요가 있음.

ㅁ) 대조결과를 회답한 후에는 반드시 그 결과를 확인하여 필요한 것에 대하여는 재검토하여야 함.

나) 수법대조(手法對照)의 방법(方法)

ㄱ) 수법주무계(手法主務係)의 조치(措置)

a) 수법업무를 전담하는 자는 범죄현장에 임장하여 범죄수법을 관찰 검토한 후 책임감을 가지고 대조할 것이 요망.

b) 한정된 수법요원을 가지고 모든 범죄현장에 임장한다는 것은 불가능하므로 현장에 임장하지 않는 사건의 수법대조에 있어서는 일선 경찰서의 수사과와 긴밀한 연결을 취하여 행하여야 함.

ㄴ) 일선(一線) 경찰관(警察官)의 조치(措置): 자서 관내의 수법범죄에 관하여 부단히 분석 검토하고 그 실태를 파악하되 때에 따라서는 수법 주무계에 출석하여 자신이 직접 수법대조를 하는 적극성이 요망.

4) 범죄수법(犯罪手法) 영상전산(映像電算) 시스템

(1) 의의(意義): 동일수법 전과자의 수법내용, 범행사실, 인상착의, 신체특징, 지문, 필적, 등을 데이터베이스에 입력하고 입력된 자료를 각 경찰서 검색단말기를 통하여 신속하고 효율적으로 문자와 이미지를 전송하는 것 → 사건 발생시 전국의 동일 수법범 중 특정 용의자를 검색하여 목격자 또는 사건 담당자가 영상자료를 보면서 용의자를 색출하기 위한 시스템.

(2) 특징(特徵)

가) 범죄자들의 인적, 물적 특징을 수록한 수법원지의 고속입력.

나) 입력된 원지를 영상자료화하여 전 경찰서에 신속 제공.

다) 용의자 색출을 위한 영상다중 열람 및 지문대조 가능.

(3) 자료활용(資料活用)

가) 강력사건 등 수법범죄 발생시 목격자 및 피해자를 대상으로 동일 수법 사진 열람, 용의자 색출.

나) CCTV, 몽타주 등과 동일 인상착의 사진대조.

다) 범죄이용 수표의 배서(背書) 및 협박문 등을 이용하여 동일 수법자 필적을 대조하여 범인을 색출.

라) 동일 수법내용에 따라 용의자 검색 수사자료 활용.

마) 성명, 이명에 따른 성명조회 활용.

바) 작성관서, 작성일자에 의한 수법자료 검색 활용.

사) 본적, 주소, 출생지에 따른 검색 가능.

아) 공범관계 조회 활용.

자) 연고선, 배회처, 친인척 관계 검색 활용.

(4) 영상(映像)시스템 활용효과(活用效果)

가) 사건발생 경찰서에서 즉시 전국의 수법자료 중 용의자를 특정하여 추적 가능.

나) 일선 경찰서에서 즉시 사진대조 및 인적 특징, 범행사실, 필적, 지문 대조 활용.

제 6 절 유류품수사(遺留品搜査)

1 개설(槪說)

1) 의의(意義)

범죄현장 및 그 부근에 남겨져 있는 범인의 흉기, 착의 등 유류품에 대하여 그 출처를 추적하여 범인을 색출하는 수사방법.

2) 종류(種類)

(1) 유류품(遺留品): 범인이 소지 또는 휴대하고 있었던 흉기, 의류, 휴지 등 범죄현장 및 그 부근에 유류한 물건.

(2) 흔적(痕迹): 범인이 현장 및 그 부근에 남겨놓은 물흔, 차량흔, 도구흔 등이며 물품과 같이 수사할 수 있는 흔적.

(3) 유류물(遺留物): 지문, 장문, 족문, 탈분 및 정액 등의 신체적인 소산물 → 흔적에 미포함.

3) 유류품(遺留品)의 특성(特性)

(1) 직접(直接) 범인(犯人)의 추정(推定)

가) 발견한 유류품에 범인의 성명이 기입되어 있을 경우 직접 범인을 추정 가능.

나) 범인의 가족 및 친구 등의 성명이 기입되어 있는 유류품을 발견하였을 때에도 그 출처를 확인하여 범인을 추정.

다) 유류품에 지문이 남아 있을 때에는 지문대조에 의하여 용이하게 범인을 색출 가능.

ㄱ) 피해자 등의 관계자가 유류품에 손을 댔을 때에는 유류품에 지문이 있는 것만으로 곧 범인이라고 단정할 수는 없음.

ㄴ) 이러한 경우 범인이 유류한 것이라는 점을 명확히 해야 함.

(2) 범인(犯人)의 속성(屬性) 추정(推定)

가) 남겨진 담배꽁초를 법의학적 검사에 의하여 범인이 어떠한 혈액형인가를 알 수 있는 때가 많음.

나) 유류품의 마멸상태 등에서 범인의 흉기사용 버릇이나 직업적 특징을 발견할 때가 있음.

다) 의류 등에서 연령, 신장, 체격 등을 추정.

라) 유류품의 부착물에서 범인의 직업 및 행동범위를 추정.

마) 족적에서 신장, 성별 등을 알 수 있는 때가 있음.

바) 먹다 남은 음식물에서 치흔(齒痕)이 명료할 때에는 그 형상, 특징, 입의 대소 등을 추정할 수 있으며 과일 등의 기호, 생활정도, 껍질 벗기는 방법 등의 추정.

(3) 범인(犯人)의 행동(行動) 추정(推定)

가) 범인의 현장 또는 그 부근에서 어떠한 행동을 하였나? 또는 할 수 있을 것인가? 등을 추정함.

나) 유류품에서 그때의 범인의 자세나 행동이 추정되면 족적의 상황에서 범인의 침입 및 도주의 방향이 판단됨.

(4) 범행상황(犯行狀況) 등의 추정(推定)

가) 족적의 위치에서 피해품의 물색상황을 알 수 있음.

나) 흉기가 남겨진 상황에서 범행의 방법을 추정.

다) 수 종류의 족적에서 공범자 수를 추정.

라) 차량흔에서는 2륜차, 3륜차, 4륜차 등의 추정, 또 "타이어"흔적은 마크 등에서 타이어의 종류, 차의 형식과 연식의 판단이 가능.

마) 편지류의 내용에 의하여 단서를 얻을 수 있으며 지능의 정도를 추정.

2 유류품수사(遺留品搜查)의 방법(方法)

1) 유류품(遺留品)의 확정(確定)

(1) 유류품은 범인과 결부시키는 중요한 증거: 발견시에는 그것이 과연 범인이 유류한 것인가 또는 그렇지 않은 것인가 하는 점을 명백히 해야 함.

가) 범인이 흉기 등의 증거자료를 유류한다는 것은 범인자신에게 불리하기 때문에 되도록 유류품을 남기지 않도록 노력.

나) 때로는 현장을 위장하기 위하여 의식적으로 남기는 경우.

다) 범행의 시간적·장소적 관계 및 범인의 행동 등으로 보아 어떠한 곳에 유류되었을 것인가를 검토.

라) 다음과 같은 점에 유의하여 유류품 확정에 노력하여야 함.

(2) 시간적(時間的) 관계(關係)에서 보는 경우

가) 범죄가 깊은 밤에 발생하였을 때에는 범인은 범행 전에 시간을 기다릴 경우가 많으므로 범행시간을 추정하고 범행현장 부근의 시간을 기다리던 장소로 인정될 만한 곳에서 발견된 것은 범인의 유류품인 경우가 많음.

나) 이러한 장소에서는 담배꽁초, 성냥, 손전등의 전지, 신문, 잡지, 휴지 등이 발견되는 경우가 있음.

(3) 장소적(場所的) 관계(關係)에서 보는 경우

가) 범인 침입시 또는 도주시에 특이한 심리상태에서 무의식중에 휴대품 등을 떨어뜨리게 되므로 범행장소 및 부근에는 유류품이 남아있는 경우가 많음.

나) 그 장소에 발견된 것 특히 신발, 의류, 모자, 수건 등에 관하여는 유류품인가 아닌가에 대해서 충분히 검토하여야 함.

(4) 범인(犯人)의 행동(行動)에서 보는 경우: 범인이 피해자에게 발견되거나 경찰관에게 추적당하였을 경우에는 도주경로 부근에 소지품 등을 유류하는 경우가 많고 그와 같은 장소에서 발견된 것에 관하여는 세밀히 검토할 필요가 있음.

(5) 감정결과(鑑定結果)에서 보는 경우: 범행장소 및 부근에서 발견되는 것이 유류품인가 아닌가 확정되지 않은 경우에는 감식시설을 이용하여 감정을 실시함으로써 유류품을 확정.

2) 유류품수사(遺留品搜査)의 착안점(着眼點)

(1) 동일성(同一性)의 검증(檢證)

가) 피해자의 진술 또는 피해상황과 현장에 남겨진 물건과의 관계에 대하여 아래의 사항들을 확인・검토하여야 함.

ㄱ) 물건의 존재의 경과가 명확할 것.

ㄴ) 물건의 특징이 합치될 것.

ㄷ) 유류 상황과 진술이 합치될 것.

ㄹ) 흉기 등의 경우 상해의 부위와 합치될 것.

나) 범행현장 및 그 부근에서 발견된 유류품이 흉기 등과 같이 범행.에 사용되었을 때에는 그것과 범행의 관계를 명확히 하여야 함.

ㄱ) 범인이 피해자를 단도로 찌른 사건에서는 피해자의 상처부위와 그 단도가 합치하는가를 감정 등을 통하여 명확히 함.

ㄴ) 피해자의 진술과 합치되는 방화에 사용한 성냥, 신문지 등의 재료의 일부가 현장에서 발견되었을 경우에는 진술한 내용과의 관계를 다시 검토하여 그것이 합치되면 한층 동일성이 확인되었다고 보아야 함.

(2) 관련성(關聯性)의 검증(檢證)

가) 현장에서 발견된 유류품을 범인이 소유 또는 휴대하고 있었을 경우에는 범인과 물건과의 관련을 입증할 필요가 있음: 현장에서 발견된 지문이 유류된 흉기 또는 성명이 기재된 정기권 등에 의하여 직접 범인을 추정할 수가 있는 경우에는 범인과의 관련성을 한층 확인할 수 있음.

나) 범인과 물건의 관련이 명확하지 않을 경우

ㄱ) 범인이 유류품 및 그의 일부가로 인정할 만한 것과 동종의 물건을 소유

하거나 휴대하고 있었다는 사실.

ㄴ) 유류품에 부착된 물건과 그것에 상응한 물건을 소유하거나 휴대하고 있다는 사실.

ㄷ) 유류품에 존재하는 사용버릇을 가지고 있는 인물이라는 사실.

ㄹ) 범인이 범행시각에 근접한 현장 및 그 부근에 있었다는 사실 등을 명확히 하여 범인과 유류품의 관련성을 입증하여야 함.

(3) 기회성(機會性)의 검증(檢證): 범행현장에 남겨진 물건이 범인이 유류한 것이라면 범인이 현장에 갈 수 있었다는 것, → 유류의 기회가 있었음을 정황자료에 의하여 증명해 두어야 함.

(4) 완전성(完全性)의 검증(檢證)

가) 유류품을 발견하고 수집하는 경우 그에 대한 취급을 잘못하면 물건의 증거가치를 상실시키는 수가 있음.

나) 유류품에 관하여는 과연 그것이 범행시와 같은 성질을 가지고 있는가 또는 같은 상태에 있는가를 세밀히 검토하여야 함.

다) 유류품을 확보하고 완전하게 보존하기 위해서는 현장검증 등에 의하여 채증의 상황을 명확하게 하여야 함은 물론 인수인계의 경과에 대해서도 명확히 해 두어야 함.

3) 수사(搜査)의 실행(實行)

(1) 유류품(遺留品)의 출처(出處) 추궁(追窮): 유류품은 범행현장에 연결되는 물적자료이기 때문에 그 출처를 확인하여 가면 범인에 도달할 수 있음.

(2) 피의자(被疑者)와의 결부(結付)를 명확(明確)히 할 것: 현장주변에서의 범인의 행적 등을 탐문하여 범인이라고 생각되는 자를 발견하는 데 노력하고 그들에 대해서 내사하여 유류품과 결부시켜 명확하게 함으로써 범인을 검거.

(3) 유류품(遺留品)을 소지·휴대(所持携帶)하고 있었던 자의 탐문수사(探聞搜査)

가) 유류품 또는 그것의 사진(가능한 한 원색사진(原色寫眞))을 가지고 수사에 착수하는 것이 필요.

나) 수사에 의해서 그와 같은 물품을 본 적이 있는가, 누가 가지고 있었는가를 확인하는 것.

다) 용의점이 농후한 자에 대하여 제시하면 증거를 인멸할 우려가 있음을 주의.

라) 제시는 상대자의 성품 및 제시방법에 대해서 잘 검토하고 신중히 하여야 함.

(4) 유류품(遺留品)의 일부(一部)로 인정(認定)되는 것 또는 유류품(遺留品)과 동종품(同種品)의 소유자(所有者) 유무(有無), 존재(存在)하는 흔적(痕迹), 부착물(附着物)에 상응(相應)하는 재료(材料), 기구(器具)의 소지자(所持者) 유무(有無) 수사(搜査) → 현장에서 "페인트"가 묻은 "테이프"같은 것을 발견하였다고 하면 도장관계 직공들 중 특히 기구에 "테이프"를 감아서 쓰는 자의 발견에 노력하여야 함.

(5) 유류품(遺留品)에 존재하는 사용벽(使用壁)을 가진 자의 수사.

(6) 유류품(遺留品) 발견시(發見時) 수사(搜査): 범인의 유류품을 일반인이 습득하는 경우가 있으므로 현장 및 그 부근을 통행한 자에 대하여 탐문수사를 하여 확인.

(7) 유류품(遺留品) 수배(手配)

가) 유류품의 출처를 철저히 추적하기 위하여 필요한 범위 내에서 타서 및 타지방경찰청, 대상자 등에 대하여 수배.

나) 업자에 대해서도 유류품의 형태 등을 기재한 품표 양식과 같은 것을 작성하여 배부하고 협력을 얻는 방법도 있으나 그 경우 다만 서류 배부에 그치지 말고 탐문수사도 함께 실시하도록 배려하여야 함.

4) 수사상(搜査上) 유의사항(留意事項)

(1) 유류품의 입수경로(入手經路)는 합리적인 것이어야 함 → 피의자는 물론 참고인의 진술이 모호하여 과연 그것이 유류품인가 의심스러운 경우가 있으므로 이런 때에는 진술에 대한 이면수사를 철저히 하여야 함.

(2) 유류품의 출처, 이동 경로의 수사는 광범위하고 장기간에 걸칠 때가 많기 때문에 수사를 능률적으로 실행하여야 함.

(3) 유류물품에 대해서는 전문적 지식을 가진 자로부터 제조공장(製造工場), 물건의 특징, 판로, 판매량 등을 청취하여 계속적으로 중점적(重點的) 탐문수사(探聞搜査)를 실시.

(4) 대상자 등에 대해서 장부, 서류에 의하여 물품의 판매처 등을 조사할 경우에는 그들의 적극적인 협조를 얻을 수 있도록 배려하여 이중장부(二重帳簿)까지도 볼 수 있도록 수사를 철저히 하여야 함.

(5) 현장에서 발견된 유류품이 옷소매와 같은 일부분인 경우가 있는데 이런 때에는 광범위하게 수색하여 다른 부분의 발견에 노력함과 동시에 그 출처를 확인하여야 함.

(6) 대상 사업자에 대해서는 영업별(營業別)로 특히 지식을 가진 업자를 선정해서 명부를 작성하여 두면 탐문수사를 능률적으로 실시.

제 7 절 장물수사(贓物搜査)

1 개설(概說)

1) 장물수사(贓物搜査)

범죄 피해품을 확정하고 종류, 특징을 명백히 함과 아울러 그 이동경로에 따라서 장물수배, 장물품표의 발행, 임검조사, 불심검문 등을 행하여 범인을 발견하고자 하는 것 → 도범수사(盜犯搜査)에 있어서 기본적인 수사방법.

2) 장물수사(贓物搜査)의 중요성(重要性)

(1) 합리적(合理的) 수사(搜査)의 추진(推進)

가) 장물은 범죄의 단서가 될 뿐 아니라 범죄와 범인과의 결부된 관계를 증명할 수 있는 증거로 사용할 수 있는 결정적 가치를 가지고 있음.

나) 장물의 종류, 특징을 명백히 하고 이동경로를 수사해서 그 소재를 파악하고 소유자, 처분자를 추적하게 되면 범인에 도달할 수 있음.

다) 피의자의 자백에 의거하여 절취된 장물이 발견되면 범죄사실을 인정할 수 있는 증거로서도 충분.

라) 장물수사는 증거가 되는 장물을 확보하고 이에 따라서 범인을 특정한다는 이른바 합리수사(合理搜査)의 기본(基本)으로서 강력히 추진할 필요가 있음.

(2) 피해회복(被害回復)의 추진(推進)

가) 수사활동은 범인을 검거하는 외에도 피해자를 보호한다는 임무가 포함.

나) 장물수사에 의한 피해품의 발견, 회복은 피해자의 요망에 부응하고 경찰의 범죄수사에 대한 신뢰를 높이는 데 있어서도 매우 중요.

2 평소(平素)의 준비(準備)

1) 관계법령(關係法令) 등의 연구(硏究)

(1) 전당포 기타 업자를 대상으로 장물수사를 하려면 무엇보다도 경찰관 자신이 관계법령 등에 정통하지 않으면 적절·타당한 수사활동을 할 수 없게 됨.

(2) 대상 사업자에 대한 영업상의 제제한(諸制限), 절차 등이 정확하게 준수되고 있는가, 아닌가를 알아야 하며 이를 위해서는 그에 대한 영업관계법규를 충분히 이해하고 형법을 물론 기타의 형사법, 명령 등 부정품의 처벌법규를 평소부터 잘 연구해 두어야 함.

2) 제자료(諸資料)의 정비(整備)

장물수사의 기초가 되는 피해신고의 정확화, 장물품표의 작성의 철저, 피해품 대장의 정리 기타 공조제보 관계자료를 정비해 두어야 함.

3) 각종(各種) 물품(物品)에 대한 식별지식(識別知識)의 습득(拾得)

(1) 다수의 물품이 혼합된 시장에서 피해품을 식별하고 발견하기 위해서는 무엇보다도 경찰관 자신이 각종 물품에 대하여 상당한 식별 지식을 가져야 함.

(2) 물품의 종류가 천태만상(千態萬象)이므로 평소에 장물도감(贓物圖鑑)을 기초로 하여 물품에 대한 여러 가지 지식을 습득하도록 노력하는 것이 필요.

4) 장물(贓物)의 유동실태(流動實態) 파악(把握)

(1) 장물(贓物)의 유출경로(流出經路): 정상경로와 비정상 경로로 나누어 고찰

가) 정상경로

ㄱ) 매각: 고물상, 소매점, '장물아비', 중고차 매매업소, 가전제품 수리점.

ㄴ) 담보: 전당포, 금융업자(사금융).

나) 비정상경로

ㄱ) 소비: 자기소지, 숙식, 유흥비, 도박밑천.

ㄴ) 증여: 가족, 애인, 친지 등.

ㄷ) 기타: 유실, 폐기, 채무변제 등.

(2) 장물(贓物)의 원거리(遠距離) 반출경로(搬出經路)

가) 지능적인 도범 등: 장물의 수사망을 교묘하게 회피하기 위하여 장물을 원거리로 반출하는 경우가 많음.

나) 대비(對備): 각 서별로, 역, 운송점, 버스영업소, 시외버스・고속버스터미널, 정기화물 운송영업소 등의 운송기관이나 수하물 보관소, 하치장 등의 분포상황을 완전히 파악하여 항상 수사망을 펴놓도록 해야 함.

(3) 장물(贓物)의 변개(變改)

가) 지능적인 절도범 또는 장물범죄자들은 장물의 원형을 교묘하게 변개(變改)하거나 위장하여 장물수사를 곤란하게 하는 경우가 많으므로 주의.

나) 변개하는 방법

ㄱ) 부속품을 바꾸거나 해체하거나 상표번호를 고치거나 함.

ㄴ) 금・은・동 등은 즉시 용해(鎔解)하기도 함.

다) 장물수사의 철저를 기하기 위해서는 관내에 산재하는 고물업자, 염색업자, 폐차업자 등을 파악하여 그들의 동태를 관찰하고 수사를 진행하여야 함.

(4) '장물아비'의 실태파악(實態把握)

가) 장물을 발견한 경우에는 절도 본범의 수사만으로 끝내지 말고 장물죄 피의자의 수사도 철저히 하는 것이 필요.

나) 이와 같은 수사를 통하여 장물취득 상습자의 실태 파악이 가능하며 이것을 자료화해 둠으로써 장래의 장물수사를 효율적으로 행할 수 있게 됨.

3 장물수사(贓物捜査)의 방법(方法)

1) 장물수사(贓物捜査)의 기초(基礎)

(1) 피해품(被害品)의 확정(確定)

가) 피해자로부터 그 물품의 입수경로 또는 피해가 있었던 관계를 아는 자의 성명 등을 상세히 청취.

나) 피해발견자 등으로부터 피해 직후의 상태를 파악하여 피해품 확정에 노력해야 하는데, 피해자(피해장소)가 일반가정인 경우와 사무소, 사업장 등의 경우로 나누어서 고찰.

다) 일반가정인 경우

ㄱ) 조사대상을 광범위하게 선정.

ㄴ) 피해자는 갑자기 피해를 당해 놀라고 당황하게 되는 것이 보통이므로 피해금품에 대하여 알고도 정확한 진술을 하지 못하는 것이 일반적인 현상.

ㄷ) 피해자 외에도 그 가족, 동거인, 고용인 등을 참여하게 하고 조사하며, 그 집에 내왕이 잦은 이웃사람, 친족 등도 조사대상으로 선정하여 세밀히 파악하도록 노력.

라) 피해자가 사무소, 사업장인 경우

ㄱ) 피해자들이 사실 이상으로 나열하거나 또는 피해금품의 일부만을 진술하여 장물수사에 혼란을 가져오는 사례가 적지 않으므로 이 점에 특히 유의.

ㄴ) 관계장부, 사업대장 등의 기본 자료를 제출시켜서 확인하는 한편 피해자뿐만 아니라 대표자로부터 사환에 이르기까지를 조사대상으로 하여 피해금품을 확인하도록 하여야 함.

(2) 특징(特徵)의 파악(把握)

가) 피해자 또는 소유자로부터 다른 동종의 물품과 식별할 수 있는 점을 파악.

나) 다음과 같은 방법에 의하여 될 수 있는 한 정확하게 특징을 파악

ㄱ) 의복의 무늬, 장신구의 형상 등에 대하여는 앨범을 통하여 확인.

ㄴ) 시계, 카메라, 전기제품 같은 것을 물품목록(카다로그)을 보면서 동일물품을 확인하거나 유사품을 보이고 다른 점을 설명시킴.

ㄷ) 귀금속, 장식품의 경우에는 피해자에게 그림으로 그리게 하거나 제조처, 구입처, 수선소 등을 탐문하여 그들로부터 특징을 파악.

ㄹ) 카메라, 전기제품, 장식품, 기성복 등은 그것을 포장한 상자 등의 유무를 알아서 어디 제품인가 또는 그 특징은 무엇인가를 조사.

2) 장물수배(贓物手配)

(1) 범죄수사규칙 제182조

가) 장물수배: 수사중인 사건의 장물에 관하여 다른 경찰관서에 그 발견을 요청하는 수배.

나) '장물수배를 할 때에는 발견해야 할 장물의 명칭, 모양, 상표, 품질, 품종 기타 특징 등을 명백히 하여야 하며 사진, 도면 또는 동일한 견본 조각 등을 첨부하는 등으로 필요한 조치를 하여야 한다'고 규정.

(2) 소정의 장물 수배표를 사용하는데 그 실효를 거두기 위하여 범죄의 종별·경중에 따라 수배의 범위, 방법 등을 합리적으로 판단하여 번잡만 초래하는 일이 없도록 하여야 함.

(3) 구체적인 장물수배의 방법에 관하여는 「범죄수법공조자료관리규칙」 등에 규정.

3) 장물품표(贓物品票)

(1) 의의(意義): 경찰서장이 수사상 필요하다고 인정할 때에 장물을 신속히 발견하기 위하여 전당포주 등에게 해당 장물을 소유 또는 소지하고 있거나 받았을 때에는 즉시 경찰관에게 신고하도록 의뢰하는 피해품의 통지서.

(2) 장물품표(贓物品票)의 종류(種類)

가) 특별장물품표(特別重要贓物品票): 수사본부를 설치하고 수사하고 있는 사건에 관하여 발부하는 경우의 장물품표 → 홍색용지(紅色用紙)를 사용.

나) 중요장물품표(重要贓物品票)

ㄱ) 수사본부를 설치하고 있는 사건 이외의 중요한 사건에 관하여 발부하는 장물품표 → 청색용지(靑色用紙)를 사용.

ㄴ) 해당하는 피해품

a) 중요문화재 기타 이에 준하는 피해품.

b) 외교사절 등에 관련된 사건의 피해품 기타 사회적 영향이 큰 사건의 피해품.

c) 살인, 강도 등의 중요사건에 관한 피해품.

d) 다액절도 또는 특이한 수법이나 상습범이라고 인정되는 침입 절도사건의 피해품.

e) 기타 중요 또는 특이사건의 피해품.

다) 보통장물품표(普通贓物品票)

ㄱ) 기타 사건에 관하여 발부하는 경우의 장물품표 → 백색용지를 사용.

ㄴ) 보통장물품표 중 다음 해당사항으로서 그림 또는 문자만으로 특징을 표시할 수 있는 것에 대하여는 이를 종합한 종합장물품표를 발부함.

a) 시계, 보석류.

b) 사진기류, 의류.

c) 사무기류(타이프라이터, 계산기 등).

(3) 장물품표(贓物品票)의 발부요령(發付要領)

가) 장물품표: 대상 사업자의 협력을 요구하여 장물을 발견하려고 하는 것이므로 이를 작성할 때에는 현품과 대조하여 일견해서 해당품을 용이하게 식별할 수 있도록 발견해야 할 장물의 명칭, 품종, 특징 등을 명백히 해야 함.

나) 중요장물품표, 보통장물품표 또는 종합장물품표를 발부하고자 하는 때(경찰서장): 소정 서식의 용지 및 장물품표 발부신청서에 의하여 지방경찰청 수사과장에게 작성을 요청.

ㄱ) 다만, 지방경찰청소재지에서 원격지에 있거나 시급하거나 기타 특히 필요한 경우에는 경찰서장이 작성, 발부하고 장물품표 발부신고서에 의하여 당해 장물품표 1부를 첨부 지방경찰청 수사과장에게 보고해야 함.

ㄴ) 특별중요장물품표는 수사본부장의 재량 또는 요구에 의하여 지방경찰청 수사(형사)과장이 작성.

다) 장물품표를 발부할 때의 유의사항

ㄱ) 범죄의 종별, 경중, 완급의 정도 등을 충분히 고려하여 발부할 것.

ㄴ) 피해품의 특징이 명백한 것을 선택하여 발부할 것.

ㄷ) 피해품의 종류에 따라 그것이 고물상이나 전당포로 유출될 것인가 그 가능성 유무를 충분히 고려할 것.

(4) 장물품표(贓物品票)의 배부요령(配付要領)

가) 장물품표(贓物品票)의 보존기간(保存期間)

ㄱ) 전당포주는 장물품표를 받았을 때에는 품표서에 도달의 시기를 기재하고 그 날로부터 6개월간 보존하여야 함(전당포영업법 제23조 제2항).

ㄴ) 장물품표가 언제 배부되었는가를 경찰관서에서도 명백히 해 둘 필요가 있으므로 이를 위해 장물품표 배부를 수사과, 파출소마다 비치하여 평소에 미리 배부책임구역 또는 관할구역 내의 배부상황을 빠짐없이 정확하게 등재.

ㄷ) 배부시마다 동부에 소정사항을 기입하여 신속 정확하게 배부처의 수령인을 받아 처리함.

나) 장물품표(贓物品票)의 배부(配付)

ㄱ) 형식적인 배부에 그치거나 상대 사업자에게 의무를 지우거나 하는 태도를 취하면 안 됨.

ㄴ) 장물의 종별, 특징 등을 설명하고 협력을 의뢰하는 동시에 품표서의 보존, 해당 장물을 발견하였을 때의 신고·연락방법 등을 친절히 잘 지도하여 어디까지나 수사에 대한 업자의 적극적인 협력을 의뢰하는 것으로 다루어져야 함.

ㄷ) 업자의 조합이나 협회 등 단체에 일관 교부하여 그 단체원끼리 적당히 배부시키는 방법을 취하여서는 안 됨.

(5) 장물품표(贓物品票)의 가제정정(加除訂正): 발부한 후 필요성이 없게 되거나 등재사항을 가제 또는 정정할 필요가 생긴 경우에는 전화, 서면, 기타의 방법에 의하여 신속, 정확하게 그 취지를 통지하는 등 친절을 베풀어주어야 함.

(6) 장물품표(贓物品票) 해당품(該當品) 발견시(發見時)의 조치(措置): 장물품표 해당품을 발견 또는 신고를 받았을 때에는 임의 제출시켜 적절한 조치를 취하고 신속

히 수사본부 또는 해당 경찰서에 통보.

4) 장물(贓物) 수배상(手配上) 유의사항(留意事項)

(1) 신속(迅速)한 수배(手配)

가) 장물수배는 사건발생 직후 신속히 행하는 것이 필요.

나) 관내의 대상자에 대하여는 신속히 임검조사를 하고 장물의 종별, 특징, 수량 등을 수배하여 발견한 즉시 연락할 수 있도록 방법을 지도.

(2) 외근경찰관(外勤警察官) 등에 대한 수배(手配): 관내의 지구대와 파출소 및 순찰차 승무원 등에 대하여도 신속히 피해품의 종별, 특징, 수량 등을 수배하여 불심검문을 하도록 함.

(3) 유통실태(流通實態)에 따른 수배(手配)

가) 지능적 도범들은 수사망을 피하기 위해 장물을 원거리나 다른 경찰서 관내로 유출하는 경향이 많으므로 장물의 일반적 유통경향을 파악하여 이에 따라 중점적인 수배를 함.

나) 대비하기 위해 각 서별로 역, 버스영업소, 정기화물운송업자 등의 분포상황을 완전히 파악하여 항상 수사망을 펴놓도록 해야 함.

(4) 품종(品種) 수량(數量)에 의한 수배(手配)

가) 품종, 수량, 재료에 의하여 그 취급업자를 선별하여 수배.

나) 수량이 많은 경우에는 소규모의 영업자를 상대로 처분, 환금되는 일이 드물고 자동차 등을 이용하여 원거리로 운반되는 경우가 많다는 점 등에 유의하여 수배하는 것이 필요.

5) 장물조회(贓物照會)

(1) 의의(意義)

가) 장물로 인정되는 물건을 발견하고 그 피해자의 발견을 의뢰하는 것.

나) 범죄수사, 임검조사, 불심검문, 탐문 기타 직무집행중인 경찰관이 장물의 의심이 있는 물품을 발견했을 때 지방경찰청 수사과에서 조회하여 장물 여부의 확인과 피해자의 발견을 의뢰하는 수단.

(2) 장물조회(贓物照會) 회답업무체제(回答業務體制)의 구성(構成)

가) 경찰서장(警察署長)은 강도, 절도, 사기 기타 지방경찰청장이 지정하는 범죄발생신고를 받았거나 또는 인지하고 그 피의자를 검거하지 못했을 때에는 지체 없이 피해통보표를 작성.

나) 경찰서장은 피해통보표를 작성하였을 때에는 지체 없이 소속 지방경찰청장에게 송부.

다) 지방경찰청장(地方警察廳長)이 피해통보표의 송부를 받았을 때에는 피해통보표의 피해품란의 기재내용에 따라 특히 장물소표 작성가치가 있다고 인정되는 때에는 장물소표를 작성하고 장물분류 기준표에 의한 분류번호를 기입하여 번호순으로 보관.

라) 경찰서장 및 지방경찰청장이 장물수배(공조제보)를 받았을 때에는 장물소표와 함께 보관함.

마) 지방경찰청(地方警察廳)에 있어서 장물수배, 피해통보표 등에 따라 작성된 장물수배표, 장물소표를 종별로 분류, 배열하여 집중관리하고 있어 일선경찰에서 필요한 때에 언제든지 전화로 조회하여 즉시 대조회답을 받을 수 있는 체제를 갖추고 있음.

(3) 장물조회(贓物照會)의 방법(方法)

가) 장물로 인정되는 물품을 발견하여 그 피해자의 발견(장물 여부의 확인)을 의뢰하고자 할 때에는 장물조회표를 작성하여 장물수배의 각 요령에 준하여 송부 조회함.

나) 수사형사나 일반 경찰관이 장물 여부의 조회를 하는 경우 긴급을 요하여 문서로써 행할 여유가 없을 때에는 언제든지 직접 경비전화로 긴급조회사안의 부호(C)를 사용하여 조회처인 지방경찰청수사과 수법주무계가 연락하여 장물 여부를 문의하면 즉시 회답을 받을 수 있음.

다) 장물조회를 할 때에는 장물로 인정되는 물품에 대하여 다른 동일 종류의 물품과 구별할 수 있는 특징(장물조회표 표면참조)을 갖추어 서면 또는 전화로 행하여야 함.

(4) 장물조회(贓物照會)의 접수처리(接受處理)

가) 이미 피해통보표에 의하여 작성, 보관중인 장물소표 및 공조제보로서 받은 장물수배표를 조사하여 해당되는 것을 발견했을 때에는 그 사실을 경찰관

서의 장에게 통보함.

나) 위의 조사에 해당하는 것을 발견하지 못했을 경우에는 장물조회표와 함께 보관하고 반복하여 대조함.

(5) 장물조회(贓物照會)의 폐기(廢棄): 장물조회는 작성 후 6개월을 경과했을 때 또는 장물수배표 및 장물소표를 발견했을 때에는 폐기함.

4 장물수사(贓物搜査)의 실행(實行)

1) 일반적(一般的) 수사(搜査)

(1) 전당포(典當鋪)에 대한 수사(搜査)

가) 임검조사(臨檢調查)

ㄱ) 전당포영업법 제26조: '경찰관은 필요하다고 인정할 때에는 영업시간 중에 전당포주의 영업소나 전당물의 보관장소에 들어가서 전당물장부를 검사하거나 관계자에게 질문(質問)을 할 수 있으며, 이 경우에 있어서는 그 권한을 증명하는 증표를 휴대하여 관계자에게 제시해야 한다'고 규정.

ㄴ) 불특정사건의 장물수사

a) 그 허가의 유무를 막론하고 전당포 등에 수시 임검하여 취급품의 종류, 수량 및 거래가격 등을 조사하고 장물로 인정되는 상당한 이유가 있는 물품에 대하여는 30일 이내의 기간을 정하여 보관명령을 하는 등(전당포영업법 제25조) 적절한 조치를 취하고 장물조회를 실시하는 등 철저한 수사를 함.

b) 매각자나 전당물주에 대하여는 그 인물, 성행, 생활태도, 거래상태 등을 엄밀히 조사하고 위명사용 여부도 아울러 규명하여 도범과의 관련성 유무를 조사.

ㄷ) 특정사건의 장물수사

a) 장물품표를 발부한 경우라도 대상업자들이 100% 이것을 발견, 신고해 줄 것이라는 기대를 할 수 없음.

b) 일부 악덕업자들

(a) 품표서가 배부되었을 때 자기가 소유 또는 소지하고 있는 물품 중에 해당품이 있는 경우에 거액의 현금을 지급하고 매입하였거나 전당 잡은 것인 때에는 이를 신고하지 않고 도리어 변개・은닉(變改隱匿) 했다가 은밀히 처분할 우려가 있음.

(b) 해당품 또는 유사품을 가지고 오는 자가 있더라도 여러 가지 번잡을 피하기 위해 그 자를 돌려보내는 경우도 있을 것이므로 업자들에 대한 적절한 지도계몽(指導啓蒙)과 철저한 임검조사(臨檢調査)가 필요.

나) 임검조사시(臨檢調査時)의 유의점(留意點)

ㄱ) 임검조사의 목적을 상대자에게 정중히 말함.

ㄴ) 불필요한 행동으로 영업방해가 되지 않도록 함.

ㄷ) 불손한 태도, 난폭한 언사를 삼가야 함.

ㄹ) 경미한 위반사항을 발견했을 때에는 정중한 어조로 다시 그런 위반을 범하지 않도록 지도.

다) 장부(帳簿) 검사상(檢査上)의 착안점(着眼點)

ㄱ) 대장은 처음부터 보되 특히 피해 일시 이후의 것은 수차로 세밀하게 볼 것.

ㄴ) 일자의 기재가 순서대로 되어 있지 않을 것이 없는가, 대장의 기재에 변개한 흔적이 없는가 등에 주의할 것.

ㄷ) 업자에 따라서는 이중장부를 사용하거나 고의로 장부에 기재하지 않는 자가 있으므로 그러한 의심이 있는 경우에는 거래업자 또는 출입한 시장을 조사하여 장물의 발견에 힘쓸 것.

ㄹ) 전당물주의 신원확인이 소정의 방법에 의하여 확실히 행하여졌는가를 확인할 것.

ㅁ) 대장조사에만 그치지 말고 동종, 동량의 물품에 대하여는 반드시 현물을 조사할 것.

ㅂ) 특징의 기재누락은 없었는가.

ㅅ) 전당물 매입품이 많은 점포에 있어서는 대장의 기재가 소홀하게 되어 있는 일이 많으니 주의하여 조사할 것.

라) 장물발견(贓物發見)의 착안점(着眼點)

ㄱ) 싼값으로 전당 잡혔다가 곧 찾아간 물건은 없는가.

ㄴ) 처음에 염가의 물건을 전당잡히고 두 번째로 고가의 물품을 전당잡힌 것은 없는가.

ㄷ) 자주 다른 물품을 가지고 오는 자가 없는가.

ㄹ) 매우 먼 곳에서 와서 처분하는 자는 없는가.

ㅁ) 동종의 물품을 여러 차례 처분한 자는 없는가.

ㅂ) 한꺼번에 많은 물품을 가져온 자는 없는가.

ㅅ) 전화번호부에 없는 회사가 발부한 신분증명서를 이용한 자는 없는가.

ㅇ) 고가의 물품을 염가로 처분한 자는 없는가.

ㅈ) 신분에 맞지 않는 물건을 가져오지 않았는가.

ㅊ) 성명, 기호 등을 뜯어낸 것은 없는가.

ㅋ) 성명, 기호 등이 본인의 것과 다르지 않은가.

ㅌ) 신품을 전당잡힌 것은 없는가.

ㅍ) 물품의 가격표가 붙어 있거나 호주머니에 다른 사람의 명함, 증명서 또는 현금이 들어 있는 것은 없는가.

ㅎ) 케이스가 없는 카메라, 트랜지스터, 라디오 등이 처분된 것은 없는가.

ㄲ) 물품이 특히 개조되어 수상하게 보이는 것이 없는가.

마) 업자(業者)로부터의 정보수집(情報蒐集): 장물을 발견하기 위해서는 대장, 물품 등의 검사를 철저히 하는 동시에 영업주, 종업원 등으로부터 전당물주, 매각자들의 거래 당시의 특이한 상황, 화제 등을 청취하고 매각처분의 문의에 관한 정부를 입수하는 것이 필요.

(2) 기타(其他) 업자(業者)에 대한 수사(捜査)

가) 종래에는 장물의 대부분이 전당포, 고물상에 처분되었으나 최근의 장물 유통 상황을 보면 전당포, 고물상 이외의 일반 업자에게 처분하는 경우가 많아짐으로써 허가 유무를 불문하고 널리 일반 업종에 눈을 돌려 새로운 처분 경로를 발견하여 이에 대응한 장물수사를 추진하는 것이 필요.

나) 일반업자 등으로서 장물을 취급할 우려가 있다고 인정되는 업종

ㄱ) 사금융취급자, 귀금속·의류품 가공업자, 카메라·전기기구 수리업자, 식료품 판매업자 등.

ㄴ) 이들 업종에 대하여는 항상 실태를 파악하여 관찰, 탐문을 실행하고 수상한 물품의 매각사실의 파악과 장물의 유통에 관한 정보의 입수에 힘쓰는 것이 필요.

(3) 장물아비에 대한 수사(搜査)

가) 상습범죄자의 범행에 의한 장물은 장물취급자에게 매각되는 경우가 많은데 이들에 의하여 처분되는 장물은 발견이 곤란한 경우가 많음.

나) 장물취급상습자에 대하여는 평소부터 항상 동향을 주시하고 관계자에 대한 탐문수사에 의하여 장물의 매입·매각사실 등을 탐지하는 것이 중요.

(4) 피해자(被害者)의 확인(確認)

가) 장물로 인정되는 물품을 발견하여 피해자가 판명된 경우에는 일련의 기호·번호 등에 의하여 특정할 수 있는 경우에는 별문제로 하고 의류·보석류·시계 등과 같이 동종의 물건이 많은 것에 대하여는 틀리기 쉬우므로 반드시 피해자로 하여금 현물을 확인하게 하는 것이 필요.

나) 이때에 바로 물품을 제시하면 아주 닮은 것에 대하여는 피해자가 잘못 확인하는 수가 있으므로 미리 그 물품의 모양·특징·중량 등을 물어 어느 정도 이동(異同)을 확인한 뒤에 물품을 제시해야 함.

2) 특별수사(特別搜査)

(1) 특정장물(特定贓物)의 수사(搜査)

가) 특별장물품표·중요장물품표 등의 장물 기타 다액절도사건 등의 장물에 대하여는 특정의 장물을 대상으로 장물수사가 행하여짐.

나) 수사시 유의점

ㄱ) 장물(贓物)의 특징파악(特徵把握): 그 장물의 특징을 충분히 파악할 필요가 있는 것은 말할 것도 없지만 다시 동일품종의 물품목록(카다로그)·장물수새서 등을 지니거나 하여 수상한 물품의 확인과 수배를 철저히 해야 함.

ㄴ) 중점적(重點的) 수사(搜査)

a) 그 장물과 동종의 물품의 유통경향과 경로를 파악하고 이에 의하여 중점적으로 수사해 나가야 함.

b) 많은 경찰력을 동원하여 분담구역을 정하여 행하는 일제수사와 같은 경우에는 대상업소 전체를 수사하여야 함.

c) 장물의 탐문을 함에 있어서는 특정장물과 동종의 물품은 전부 직접 확인하도록 하고 다시 각 대상 사업자에 대하여 이후의 수사협력을 의뢰해 두도록 하여야 함.

(2) 범인상대(犯人相對)의 장물수사(贓物搜查): 검거한 피의자에게 상당한 여죄가 있을 것으로 추측되는 경우에 자백진술을 받을 수 없는 때.

가) 피의자의 거주지 이외에 관계 거소 등에 대해서도 수사하여 장물을 발견하여 함.

나) 행동범위 또는 생활범위 등을 수사.

다) 전력수법자료 등에서 장물의 처분지 등을 조사하는 등 철저한 장물수사를 통하여 피해품을 발견하도록 노력.

라) 중요한 수사항목: 소지물품의 수사, 주택, 숙박업소 등의 수사, 교우관계자 등으로부터 탐문, 장물관계자에 대한 임검조사와 상대탐문 등.

5 장물발견후(贓物發見後)의 수사(搜查)

1) 장물발견후(贓物發見後)의 조치(措置)

장물수사 담당자가 장물을 발견한 경우 → ① 압수에 필요한 조치, ② 다음의 관계서류를 작성하여 지체 없이 경찰서장에게 보고.

(1) 장물발견 수사보고서.

(2) 피해확인서.

(3) 전당잡게 된 자술서 또는 매입자술서.

(4) 압수조서.

(5) 관계자의 진술서 또는 자술서.

(6) 관계자의 진술서 또는 자술서.

(7) 기타 참고사항.

2) 장물소지자(贓物所持者)·취득자(取得者) 등에 대한 수사(搜査)

(1) 장물을 발견한 경우

가) 장물을 발견한 경우에는 절도 본범의 수사만으로 끝내지 말고 그 소지자 또는 소유자가 장물이라는 사정을 알고도 구입하였는지 여부를 수사하여 장물죄의 피의자로 검거.

나) 장물죄의 피의자는 대부분 그 정을 전혀 모르고 샀다고 변명하여 범의를 부인하는 경우가 많으므로 다음 사항에 유의하여 수사를 철저히 함으로써 지정(知情)의 입증(立證)에 노력하여야 함.

(2) 피의자가 장물이라는 정을 알았다고 인정할 수 있는 장물성 인식의 유무를 다음의 정황증거자료에 의하여 증명하도록 해야 함.

가) 물품의 종류가 보통 보기 어려운 것이라는 점.

나) 가격이 일반 시중가격보다는 싸다는 점.

다) 물품을 처분하려고 가지고 온 자의 인상·풍채·연령 등에 있었다는 점.

라) 물품을 처분하려고 가지고 온 자가 범죄경력이 있거나 전과가 있었다는 점.

마) 취급한 시기가 조기 또는 심야로서 부자연스러웠다는 점.

바) 취급한 장소가 "뒷골목" 등으로서 부자연스러웠다는 점.

사) 물품이 장물품표 해당품 또는 가격표가 붙어 있는 신품으로서 수상했다는 점.

아) 당시 그 부근에서 동종의 물품을 도난당한 사실이 있었다는 점.

(3) 절도 본범 진술에 의하여 그 정을 알고 있었다는 입증과 자료를 얻어서 증명하도록 해야 한다.

가) 본범과 장물취득자 등과의 종래의 관계, 즉 면식을 갖게 된 사정·교제의 정도 등을 명백히 할 것.

나) 장물매각의뢰의 이유를 명확히 할 것.

다) 장물매각의 방법, 태양(態樣)과 장물취득자가 장물이라는 정을 알았다고 인정할 만한 사정을 명백히 할 것.

라) 장물임을 암시 또는 명시한 점, 장물성에 대하여 증거인멸의 모의를 한 점 등을 명백히 할 것.

3) 장물처분자(贓物處分者) 등에 대한 수사(捜査)

(1) 장물을 발견한 경우 그 처분 자가 반드시 범인이라고 단정할 수는 없음.

(2) 타인으로부터 처분의뢰를 받았거나 또는 습득, 횡령하는 경우도 있을 것이므로 처분자에 대하여 충분한 수사를 할 필요가 있음.

제 8 절 알리바이(Alibi) 수사(捜査)

1 「알리바이」수사(捜査)의 의의 및 중요성

1) 「알리바이」의 의의(意義)

(1) 현장부재증명(現場不在證明)

가) 범죄의 혐의자가 범죄가 행하여진 시간에 범죄현장 이외의 장소에 있었다는 사실이 명확하여 범죄현장에 있지 않았다는 사실을 증명하는 것.

나) 현장부재증명이 진실이라면 물리적으로 한 사람이 같은 시간에 2개 장소에 있을 수 없으므로 종국적으로 혐의자가 범죄를 행하지 않았다는 것을 결정적으로 증명.

(2) 「알리바이」의 존재가 문제로 되는 경우에는 대부분 해결이 어려운 사건으로서 직접증거는 없고 정황증거뿐인 경우에 수집된 정황증거는 전부 혐의자에게 불리한 것뿐이며 오직 혐의자에게 유리한 자료는 「알리바이」뿐인 경우가 많으므로 그 존재, 부존재는 매우 심각한 문제가 되는 것임.

2) 「알리바이」수사(捜査)의 중요성(重要性)

(1) 수사관이 수집된 증거를 바탕으로 진범이 틀림없다고 인정하더라도 그 혐의자가 범행 당시 범행장소에 있지 않았다는 현장부재증명이 성립된다면 → 정황증거는 근본적으로 인정받을 수 없다. 특히 정황증거밖에 없는 수사에 있어서는 반증의

존재가 매우 중요하고 그 반증 중에서도「알리바이」가 가장 절대적인 힘을 가진다 → 경우에 따라서는 직접증거까지 허물어뜨릴 위력을 가지고 있는 것.

(2) 범죄의 혐의가 농후해져가는 자: 우선 각각의 혐의자를 대상으로「알리바이」 존재를 확인하여 수사를 진전시켜야 함.

가) 만약 그 인물에 대해서 확실한「알리바이」가 존재한다고 하면 수사선을 쫓는 것은 무용한 것.

나) 이러한 의미에서「알리바이」수사는 모든 수사를 검토해 보는 수사로서도 가장 긴요한 수사수단인 것임.

2 「알리바이」의 태양(態樣)

1) 절대적(絕對的)「알리바이」

범죄가 행하여진 그 시각에는 혐의자가 현실적으로 범죄현장 이외의 다른 장소에 있었다는 사실이 명확하게 증명되는 경우.

2) 상대적(相對的)「알리바이」

(1) 혐의자가 범죄발생 전 마지막으로 범행현장 이외의 다른 장소에 나타난 것이 몇 시 몇 분이므로 "그 시간까지는 도저히 범죄현장에 도달하지 못할 것이다"라고 하는 경우.

(2) 혐의자가 범죄발생 후 최초에 범죄현장 이외의 어떤 다른 장소에 나타난 것이 몇 시 몇 분이므로 "범죄현장에서 범행을 하고서는 그 시각에 그 장소에까지는 도저히 도달하지 못했을 것이다"라고 하는 경우.

(3) 위장(僞裝)「알리바이」: 사전에 계획적으로 자기의 존재를 확실히 인상 깊게 해 놓고 그 사이에 극히 단시간 내에 범죄를 강행하는 경우.

(4) 청탁(請託)「알리바이」: 범행실행 후 자기의 범행사실을 은폐하기 위하여 가족, 동료, 친지에게 시간과 장소를 약속 또는 청탁해 놓는 경우.

3 「알리바이」수사(搜查)의 문제점(問題點)

1) 기억(記憶)의 문제(問題)

(1) 사람의 기억의 확실·불확실의 문제.

(2) 사실의 이면이 있다는 것에 착안하지 못하는 문제.

2) 기회(機會)의 문제(問題)

「알리바이」는 그 사람이 범행시 현장에 존재할 가능성이 적으면 적을수록 그 자가 범행을 했다고 하는 개연성은 적어지며 현장실재의 가능성이 전무하다는 것이 확실시되면 그 자는 그 행위를 하지 않았다는 것이 증명됨.

3) 시간(時間)과 장소(場所)의 문제(問題)

범행현장과 용의자의 소재장소가 원거리에 있어서 그 사이의 소요시간이 많을 때에는 「알리바이」는 유력해짐.

4 「알리바이」수사요령(搜查要領)

1) 범행(犯行) 일시(日時)의 확정(確定)

「알리바이」가 성립하느냐 하는 문제는 범죄실행의 시간과 대비하여 고찰하게 되는 것이므로 범행시간의 확정은 「알리바이」수사의 출발점이 되는 것.

2) 체류(滯留)·출현장소(出現場所)와 시간(時間)의 확정(確定)

(1) 범행실행 전에 나타난 장소와 시간 또는 범행실행 후에 혐의자가 최초로 나타난 장소와 시간을 정확하게 파악하지 않으면 안 됨.

(2) 장소를 조사하는 것은 용이하다 하더라도 시간을 확인하기 위해서는 결국 제3자로부터 탐문하는 수밖에는 다른 방도가 없으므로 탐문수사요령에 의하여 기술적으로 시간을 확정하지 않으면 안 됨.

3) 이동시간(移動時間)의 정확(正確)한 추정(推定)

(1) 혐의자가 범죄실행 시간에 있었다는 장소 또는 범행실행시간 후에 있었다는 장소와 범죄현장간의 거리 관계, 이동하는 데 소요되는 시간을 정확하게 추정해야 함.

(2) 시간의 추정방법

가) 도보뿐만 아니라 각종 교통수단 등을 이용하여 다각도의 방법으로 추정해야 한다는 것을 명심.

나) 수사관 자신이 실지 체험하여 개별적인 시간을 추정하고 최단 몇 분 등으로 누가 보든지 이해할 수 있는 결론을 내려야 할 것이므로 결국은 다른 수사와 마찬가지로 넓고 깊게 파고들어가야 함.

4) 범죄(犯罪)의 태양(態樣) 고찰(考察)

(1) 우발적인 범죄냐 계획적인 범죄냐에 따라서 「알리바이」공작 여부를 수사.

(2) 계획적인 범죄의 경우: 「알리바이」의 위장이나 청탁이 필연적으로 개재.

가) 실제로는 위장 「알리바이」나 청탁 「알리바이」의 경우는 「알리바이」를 진실인 것같이 하기 위한 교묘한 행위가 가해지면 가해질수록 진실의 발견이 더 용이해짐.

나) 이유: 「알리바이」를 입증하는 제3자가 한 사람이 아니고 수인(數人)으로서 용의주도하게 협의하면 할수록 조그마한 점에 어긋나는 일이 생겨서 공작이 간파되기 더 쉽기 때문.

5) 「알리바이」공작(工作)의 유무(有無) 검토(檢討)

(1) 범행 전에 「알리바이」공작을 하거나 용의자로서 수사중인 것을 감지하고 사후에 위장공작을 하는 일도 있음.

(2) 정(情)을 알고 있는 가족, 친지, 친구 등에게 의뢰하여 혐의자가 범행시간에 이들과 한자리에 있었다거나, 같이 숙식하고 있었다거나, 또는 어떤 곳에서 회합하고 있었다는 등의 공작을 하는 사례.

(3) 이들의 「알리바이」에 관한 진술을 의심 없이 신용하는 것은 금물임.

(4) 「알리바이」공작을 한 사실이 판명되면 용의점이 더욱 농후해지므로 하나의

사실을 정탐하는 경우에는 여러 사람을 상대로 탐문하여 여러 각도로 검토하는 것이 필요.

6) 「알리바이」의 허위 여부(虛僞與否) 증명(證明)

(1) 「알리바이」가 주장되었을 경우에 그것의 허위 여부를 확인할 필요가 있음.

(2) 범인이 범행현장 이외의 장소에 존재하였다는 적극적인 입증이 있는 경우 그 주장사실에 모순·불합리한 점이 있을 때에는 참고인 등으로부터 각종 증거를 수집하여 「알리바이」의 허위 여부를 확인하여야 함.

제 9 절 미행(尾行)·잠복관찰(潛伏監視)

1 미행·잠복관찰의 의의·목적·중요성

1) 의의(意義)

(1) 미행: 범죄증거 및 수사자료의 수집 또는 범인의 체포와 발견을 위하여 범인, 용의자 또는 죄를 범할 우려가 있는 자 또는 관계자를 상대자로부터 감지당하지 않으면서 추적 관찰하는 방법.

(2) 잠복관찰: 범죄증거와 수사자료의 수집, 범인의 발견·검토 또는 주소확인, 용의자 등의 발견을 위해 배회처, 일정한 장소 또는 특정지역에서 계속적으로 은신하여 비밀리에 관찰하는 방법.

2) 목적(目的)

(1) 범인은 체포하기 위한 것.

(2) 용의자를 발견하기 위한 것.

(3) 용의자의 언동과 동정을 파악하기 위한 것.

(4) 장물 등의 이동사실을 확인하기 위한 것.

(5) 공범자를 파악하기 위한 것.

(6) 현행범인 검거를 위한 것.

(7) 정보의 정확성을 내사 또는 확인하기 위한 것.

3) 중요성(重要性)

(1) 사회의 발전에 따라 각종 범죄의 양상도 그 수단이 지능화하고 교묘하여 조직적인 범죄가 격증할 뿐만 아니라 흉악범 중에는 완전 범죄를 기도하는 경우가 많음.

(2) 이에 대비하기 위해서는 무엇보다도 많은 증거와 각종 수사자료 수집이 필수적 요건임에도 불구하고 이를 등한시하고 우선 연행, 조사하여 잠복관찰에 의한 증거수집과 범인체포를 통한 합리적인 수사의 방향으로 나아가야 함.

(3) 미행, 잠복관찰 등에 의한 범인체포와 증거수집은 가장 합리적이고 신빙성이 있는 것이며 특히 중요범죄사건 수사에 있어서의 범인체포는 거의 미행, 잠복관찰 등의 수단으로 해결됨.

(4) 범죄수사의 기본이며 이를 기초적으로 활용한다면 많은 성과를 거둘 수 있음.

2 미행 · 잠복관찰의 태양(態樣)

1) 미행(尾行)의 구분(區分)

(1) 대상자의 행동에 대응하여 구분: 도보미행과 자동차미행.

(2) 미행원의 수에 따라: 단독미행과 2명 이상의 복수로 행하는 공동미행.

2) 잠복관찰(潛伏觀察)

(1) 외부(外部) 잠복관찰(潛伏觀察): 대상자가 배회할 염려가 있는 가옥 또는 시설에 대하여 그 외부 또는 주변에 잠복하는 경우.

가) 먼 곳에서 잠복하는 경우, 근거리에서 잠복하는 경우로 구분.

나) 건물이나 지형을 이용하여 고정된 장소에서 잠복관찰하는 고정 잠복관찰과 도로 등을 유동하여 행하는 유동 잠복관찰로 구별.

(2) 내부(內部) 잠복관찰(潛伏觀察): 대상자가 배회할 염려가 있는 가옥 또는 시설

의 내부에 직접 들어가서 잠복한 상태로 관찰하는 경우.

(3) 유인(誘引) 잠복관찰(潛伏觀察): 범인을 체포하는 등의 경우에 가족이나 제3자의 협력을 얻어서 어떤 용무를 핑계로 범인을 잠복관찰 장소로 꾀어내는 방법.

3 미행 · 잠복관찰의 준비(準備)

1) 미행(尾行) · 잠복관찰(潛伏觀察)의 심적(心的) 대비(對備)

(1) 어떠한 정신적, 육체적 고통에도 인내하여 직책을 완수하겠다는 기질을 가져야 함.

(2) 필요한 적성 배양에 노력할 것: 미행 잠복에 종사하는 자는 일반적으로 우수한 관찰력, 총명한 기억력, 정확한 사고력, 판단력, 추진력, 세심한 주의력, 침착 기민한 행동력, 강인한 인내력, 임기응변의 융통성, 조직의 일원으로서의 협조 등이 요구.

(3) 미행, 잠복관찰 기술의 향상에 힘쓸 것: 미행, 잠복은 매우 고난도의 수사기술이므로 수사관은 평소에 번화가, 광장, 역, 정류장 등 사람이 많은 곳에서의 사람의 움직임, 특히 착의, 휴대품, 행동 등을 주의하여 관찰하고 그 장소의 환경 등에 적합한 자연스러운 상태하에서 수사관이 필요로 하는 행동이 되도록 항상 연구하는 태도로 관찰하여 실제의 경우에 원활한 행동이 되도록 평소에 대비.

2) 대상(對象)의 조사(調査)

(1) 사전준비: 미행, 잠복을 실시함에 있어서는 미리 대상인물, 대상가옥 등에 대한 충분한 조사를 해야 함.

(2) 대상인물

가) 성명, 연령, 주거, 근무처, 경력, 주소, 단체, 교우관계, 배회처, 인상, 착의, 특징 등외에도 용의사실에 대하여 수집해야 할 정보 및 증거 등에 대하여 조사해 두는 것이 필요.

나) 특히 대상인물의 특징을 확실히 파악하는 데 유의하고 그 사진을 입수해 두면 미행, 잠복관찰 등에 매우 유리.

(3) 대상가옥

가) 그 가옥의 소유자, 주요한 출입자, 가옥의 구조, 출입구의 상황 등에 대하여 조사.

나) 특히 출입구의 상황은 잠복관찰 장소의 선정에 관계되는 것이므로 은밀히 현장에 진출하여 정확하게 파악해 두어야 함.

3) 복장변장(服裝變裝)상의 유의사항(留意事項)

(1) 복장은 될 수 있는 한 정장(正裝)으로 하고 눈에 띄지 않는 것으로 할 것.

(2) 관급품, 대여품은 금방 경찰관인 것을 알게 하므로 착용하지 말 것.

(3) 변장은 그 곳의 환경에 조화된 것이 아니면 부자연하여 눈에 띄기 쉬우므로 주의할 것.

(4) 변장 그 자체가 부자연하지 않은가 주의할 것.

(5) 상의, 넥타이, 모자, 외투의 착용, 안경, 마스크의 이용 등 조그마한 변장으로도 상당한 효과가 있으니 잘 연구하여 활용할 것.

(6) 변장에 적합한 언어와 동작.

4) 필요(必要)한 기재(器材)의 준비(準備)

(1) 어떠한 기재가 필요한가는 사건의 내용, 성격, 대상인물, 가옥 등에 따라서 다름.

(2) 일반적인 것들

가) 호신용구, 수갑.

나) 손전등.

다) 망원경, 카메라.

라) 휴대용 소형 녹음기.

마) 통신수단(휴대용 소형 무전기, 휴대폰).

바) 무전 설비된 자동차 등.

5) 수사상(捜査上)의 준비(準備)

(1) 여비, 식사비 기타 잡비 등을 사전에 준비하는 것이 필요.

(2) 공중전화의 이용에 필요한 전화카드, 10원짜리 동전 외에 승차권의 구입, 택

시요금, 식사대금의 지불에 있어서의 '거스름돈' 때문에 시간이 걸리지 않도록 잔돈을 준비.

6) 「메모」용지의 준비(準備)

착수일시, 장소, 대상자의 행동 기타 참고가 될 만한 사항을 될 수 있는 대로 자세히 관찰 기억하고 사정이 허락하는 한 "메모"해 두기 위해.

7) 대상자(對象者)에게 감지(感知)당했을 때를 대비(對備)한 준비(準備)

(1) 미행, 잠복을 하던 중 대상자에게 감지를 당해서는 아니 됨, 사소한 행동의 부자연스러운 점으로 인하여 대상자에게 감지당하여 질문을 받는 수도 있고 때에 따라서는 이상한 점이 있으면 수사관이 아닌가를 확인하기 위해 일부러 접촉하는 자도 있음.

(2) 이런 경우에 당황한 나머지 사리에 맞지 않는 대답을 하면 수사관이라는 사실이 드러나게 되므로 불의의 질문을 당할 것을 예상하고 자기의 신분, 성명, 직업, 용무 등의 구실을 미리 생각해 두었다가 자연스러운 태도로 응답할 수 있도록 평상시에 연구해야 함.

4 미행 · 잠복관찰의 방법(方法)

1) 미행(尾行)의 방법(方法)

(1) 도보미행(徒步尾行)의 방법(方法)

가) 기본적(基本的)인 방법

ㄱ) 단독미행

a) 적당한 거리를 유지하면서 대상자를 관찰하며 그 뒤를 좇아 따라가는 것.

b) 대상자에게 눈치채지 않기 위해서는 도로의 상황에 따라 맞은편의 보도를 걷는 등 미행위치에 변화를 갖게 하는 것이 필요.

c) 도로의 횡단에 시간을 요하는 경우라든가 교통량이 많아 도로 맞은 편이 한눈에 보이지 않는 경우에는 대상자를 놓치게 될 것이므로 대상자

와 같은 쪽으로 미행하여야 함, 이 경우에도 대상자와의 거리에 변화를 갖게 하는 것을 잊어서는 안 됨.

ㄴ) 공동미행: 2명 이상의 미행원에 의한 미행의 기본적인 방법은 1명은 대상자에게 미행을 감지당하지 않도록 길모퉁이 등을 이용하고 1명은 맞은 쪽의 보도를 걷는 등 적당하게 미행위치를 교대하는 것이 필요.

나) 적당(適當)한 거리

ㄱ) 대상자와의 거리는 일반적으로는 20미터~50미터 가량 후방이 좋다고 함.

ㄴ) 교통량·투시·명암의 상황 등에 따라 자연히 달라지면 그 장소의 상황에 대응하여 '대상자를 놓치지 않을 정도의 거리'를 유지하는 것이 필요.

다) 보행속도(步行速度)

ㄱ) 대상자와 같은 정도가 좋음.

ㄴ) 대상자와 전적으로 동일보조로 되어 버리면 대상자에게 미행을 감지당하기 쉬울 뿐만 아니라 주변 제3자가 보아도 부자연스러움.

ㄷ) 미행 도중 대상자가 미행의 유무를 확인하기 위해 갑자기 정지하는 일도 있으므로 그에 끌려서 정지하지 않도록 주의.

라) 시선(視線)의 방향(方向)

ㄱ) 미행 중에는 대상자와 시선이 마주치지 않도록 주의하는 것이 필요.

ㄴ) 대상자가 갑자기 뒤를 돌아보더라도 시선이 마주치지 않도록 대상자의 눈의 위치보다 낮은 곳으로 시선을 두도록 유의.

ㄷ) 미행 중에는 대상자를 따라가는 경우뿐만 아니라 대상자를 앞지르거나, 앞으로 보내거나 하는 경우도 있으므로 어쩌다가 대상자와 시선이 마주치는 수도 있는데 이 경우에 당황하여 시선을 부자연스럽게 돌리거나 해서는 안 됨.

ㄹ) 이 같은 경우에는 "담뱃불을 붙이거나 통행인에게 대화를 청하거나, 상점에서 물건을 사는 척" 위장하여 시간적인 여유를 가지고 자연스럽게 피해야 함.

마) 지형(地形) 지물(地物)의 이용(利用)

ㄱ) 대상자의 사이에 있는 입간판·전주 등을 이용하여 자연스러운 방법으

로 자기 신체를 숨김.

ㄴ) 거울 유리창의 유리의 반사를 이용하여 대상자의 행동을 관찰.

ㄷ) 지형과 지물을 이용한다 해도 일부러 은신한다는 것은 부자연스러우므로 특별한 경우를 제외하고는 피해야 함.

바) 건물(建物)의 모퉁이 길을 도는 요령(要領)

ㄱ) 대상자가 건물의 모퉁이 길을 돌아간 때에는 보폭을 넓혀서 접근.

ㄴ) 돌아간 모퉁이에 대상자가 숨어 있는 것도 고려하여 신중히 행동.

사) 열차(列車), 버스 등을 이용할 경우

ㄱ) 행선지를 탐지할 것.

ㄴ) 승차권 파는 곳에서 승차권을 살 때에 그 행선지를 탐지.

ㄷ) 열차인 경우: 여객전무·차장·철도공무원에게 사정을 알리고 협조를 요청하여 승차권을 확인할 때 이를 알아보는 것도 효과적.

ㄹ) 시내버스인 경우: 기민한 활동으로 대상자와 행동을 같이함.

ㅁ) 대상자보다 먼저 승차하지 말 것.

아) 미행원이 대상자보다 먼저 승차했을 경우

ㄱ) 대상자가 어떤 사정으로 승차하지 않을 때 급하게 하차하게 되어 그 부자연한 행동으로 대상자에게 발각당하는 경우가 있음.

ㄴ) 때로는 하차하지 못하여 대상자를 잃어버릴 염려가 있음.

ㄷ) 일반적으로 대상자의 뒤에서 거리를 두고 승차.

ㄹ) 승강구가 몇 개 있을 경우 대상자와 같은 승강구로 승차하지 말고 다른 승강구를 이용하여 승차.

ㅁ) 승차시간에 늦지 않도록 유의할 것.

ㅂ) 최근에는 자동개폐문을 장치한 교통기관(전철 등)이 많아졌으므로 시간이 늦어 승차하지 못하는 일이 없도록 충분히 주의.

ㅅ) 출발시간에 늦지 않도록 여유 있게 시간을 배려하여야 하며 시간이 늦어 승차할 수 없는 경우에 무리하게 승차하는 경우에는 부자연스러운 행동으로 인하여 대상자에게 감지당할 우려가 있음.

ㅇ) 승차 후에는 차내를 주의 깊게 살피지 말 것.

자) 택시 등을 이용하는 경우

ㄱ) 미행원도 택시, 기타 자동차를 이용하여 미행하여야 함.

ㄴ) 택시운전사에게 사정을 알릴 필요가 있고, 무리한 운전을 요구하여 교통위반 또는 교통사고를 일으키는 일이 없도록 특히 주의.

차) 엘리베이터를 이용한 경우

ㄱ) 대상자가 엘리베이터를 이용하려고 대기 중에 있을 때에는 대상자의 뒤쪽에 끼어 있는 것이 좋음.

ㄴ) 다른 대기자가 없을 때에는 가까운 곳에서 물건 등을 구경하는 척하며 관찰.

ㄷ) 엘리베이터를 탔을 때에는 실내가 좁기 때문에 감지당하기 쉬우므로 주의.

카) 극장(劇場)에 입장(入場)할 경우

ㄱ) 극장은 대상자들간에 서로 연락이 편리한 곳이며 이들이 즐겨 집합하는 장소이기 때문에 장내에서는 대상자의 행동을 주의하여 관찰해야 함.

ㄴ) 입장함에 있어서 대상자보다 한발 앞서서 입장하여 내부의 적당한 위치에서 관찰하면서 그들을 대기하든지 아니면 대상자와 적당한 간격을 두고 입장하는 등의 방법으로 대상자를 놓치지 않도록 관찰함.

ㄷ) 좌석은 대상자의 뒤쪽이나 옆쪽 등 관찰하기 쉬운 자리를 택하는 것이 좋음.

타) 상점(商店)에 들어갔을 경우

ㄱ) 식품점, 백화점 등 사람이 혼잡한 곳에 들어갔을 때에는 미행원도 대상자와 같이 들어가야 하며 접근하여 미행하지 않으면 대상자를 놓칠 염려가 있으므로 상황에 따라서는 대담하게 행동할 필요가 있음.

ㄴ) 대상자가 식품점에서 음식을 주문하면 미행자도 음식을 주문하여 같이 식사해야 함.

파) 타인(他人)과 대화(對話)할 경우

ㄱ) 미행중 대상자가 타인과 대화할 경우는 가능하면 그 대화의 내용을 확인하도록 노력.

ㄴ) 단독미행시: 보행인으로 위장하여 주의를 천천히 지나가면서 그 대화를 주의하여 살피면 그 전부는 아니더라도 어느 정도는 파악이 가능.

ㄷ) 공동미행시: 대화의 상대자를 멀리까지 미행하여 불심검문하면 내용을 확인할 수 있으므로 주거, 성명, 직업 등 대상자와의 관계를 검토 판단하여 수사자료의 수집에 힘써야 함.

하) 일정(一定)한 지역(地域)을 배회(徘徊)할 경우: 대상자가 역 구내, 공원, 광장 등에서 사람을 기다리기 위해 배회할 때 단독미행은 대상자에게 이상한 느낌을 갖게 하기 쉬우므로 될 수 있는 한 많은 미행원이 적당한 방법으로 관찰해야 함.

까) 대상자(對象者)가 시비(是非)를 걸어 온 경우

ㄱ) 미리 생각해 두었던 응답요령에 의하여 자연스러운 태도로 응대한다.

ㄴ) 대상자가 미행을 감지한 것이 분명하므로 그 후의 미행은 다른 미행원으로 교체한다.

ㄷ) 공동미행의 경우: 1명이 이같은 질문을 받더라고 다른 미행원은 접근하지 말고 대상자에게 감지당하지 않게 계속 관찰해야 함.

(2) 자동차(自動車) 미행(尾行)의 방법(方法)

가) 대상자가 자동차를 사용하여 행동하는 경우에는 미행원도 자동차를 이용하지 않으면 안 됨.

ㄱ) 대상자가 택시, 버스, 전철 등을 이용하는 경우에도 미행에 사용할 수 있는 자동차를 가지고 있으면 매우 효과적.

ㄴ) 고도의 기술이 필요하며 특히 주도면밀한 계획과 사전조사가 필요.

ㄷ) 미행원은 되도록 운전기술이 뛰어난 직원을 택해야 함.

나) 일반적(一般的)인 방법(方法): 무전기가 탑재된 2대 이상의 자동차로 하고, 서로 연결을 취하면서 도중에 적절하게 미행위치를 교대하며 미행하는 것이 효과적.

ㄱ) 교통량(交通量)이 적은 경우: 교외나 시골길에서는 충분한 거리를 유지하고, 시가지에 접근하거나 교차로 지점에서는 거리를 좁혀서 미행해야 함.

ㄴ) 교통량(交通量)이 많은 경우.

a) 교차로, 신호기가 있는 장소나 횡단보도가 있는 곳: 정지신호나 도로횡단자 때문에 대상차량을 놓쳐버리는 예가 많으므로 충분히 주의하

여 될 수 있는 한 근접하여 미행하여야 함.

b) 대상 자동차와의 사이에 제3자의 차량이 들어오지 못하도록 주의해야 함.

c) 만약에 제3자의 차량이 들어와도 미행차를 놓칠 염려가 없는 경우 → 그 차를 차폐물로 이용하는 것도 효과적.

다) 유의사항(留意事項)

ㄱ) 미행원수: 미행차 1대에 3명(1명은 운전자, 2명은 관찰역할)으로 하고 전원이 운전면허를 가지고 있으면 더욱 좋음.

ㄴ) 교통사고나 교통위반에 주의.

ㄷ) 사고 또는 기상의 변화 기타 돌발사고에 대비하고, 미행하기 전에 대상 자동차의 종류, 연대, 형, 차량번호, 기타 특징을 파악해 두어야 함.

ㄹ) 대상자의 행선지를 알고 있는 경우: 대상 자동차보다 선행하여 후사경을 이용, 관찰하는 방법도 착안할 필요가 있음.

ㅁ) 2대 이상의 자동차로 미행할 때: 서로 연락을 취하면서 도중에 적절하게 미행 위치를 교대하는 것이 효과적.

ㅂ) 대상자에 대한 미행 유무를 확인하기 위해 대상자 일당이 미행차를 미행하는 경우가 있으므로 후사경을 이용하여 역미행당하지 않도록 유의.

ㅅ) 미행 중에 일어난 일은 그때그때 메모 → 동시에 다른 미행차에도 연락하여 주고 미행 중의 보고·연락은 도보미행의 경우에 준하여 행함.

ㅇ) 미행 대상차량의 속력가감이 심할 경우: 후속차량의 반응을 관찰하여 미행의 유무를 확인하고자 하는 것으로 볼 수 있다.

a) 이같은 행동을 하더라도 그에 끌리지 말고 되도록 같은 속력으로 미행을 계속함.

b) 대상자동차가 시계에서 완전히 사라졌을 때에는 약간 속력을 내도 좋으나 이 경우에는 대상자동차가 도중에 정차하거나 옆길에 정차 은신하고 있을 것을 고려하여 주의에 대한 경계를 충분히 해야 함.

c) 2대의 자동차로 미행할 때에는 선두 미행차는 대상 자동차의 동태를 파악하여 후방 미행차에 다음의 미행을 인계하면 됨.

ㅈ) 미행 중 대상 자동차가 U자형으로 회전하는 경우

a) 대상 자동차 중에는 후속 차량의 움직임을 관찰하여 미행의 유무를 확인하기 위한 것이므로 미행차도 같이 회전해서는 안 됨.

b) 그대로 진행하여 대상 자동차를 바로 따르지 말고 적당한 장소에서 U자형으로 회전하거나 또는 좌회전, 우회전함.

c) 2대로 미행할 경우에는 1대는 적당한 방법으로 대상자에게 감지당하지 않도록 방향을 돌려 미행을 계속하고 다른 1대는 무전기로 연락하면서 다른 도로를 돌아 대상 자동차에 접근하여 미행을 교대하면 됨.

ㅊ) 대상 자동차가 주차하였을 때에는 약간 떨어진 위치에 주・정차하고 그 행동을 관찰.

a) 이때의 거리는 다른 주・정차 차량의 상황, 교통량 등을 고려하여 적당한 거리를 유지.

b) 차량이 많을 때에는 될 수 있는 한 대상 자동차에 접근하고 그렇지 않을 경우에는 대상자의 행동을 관찰할 수 있는 한 떨어지는 거리에 주차.

ㅋ) 대상자가 자동차에서 하차하여 행동하는 경우에는 미행원도 즉시 하차하여 도보미행을 해야 함.

a) 대상자의 일부가 대상 자동차에 남아있을 때에는 미행원도 한 사람이 남아서 관찰하는 것이 필요.

b) 대상자 전원 하차했을 때에도 사건의 내용, 대상자의 성질 등에 따라서 대상 자동차를 관찰할 필요가 있음.

라) 기타(其他) 유의사항(留意事項): 도보미행에 준하여 실시.

2) 잠복관찰(潛伏觀察)의 방법(方法)

(1) 잠복관찰(潛伏觀察) 대상(對象)의 선정(選定): 범인 또는 용의자 기타 사건에 관계가 있다고 생각되는 자의 배회처를 선정.

가) 가족・친척집(범인이 숙박 또는 여비조달을 위하여 출입할 가능성).

나) 정부(情婦)의 집(범인이 숙박, 장물의 증여 또는 변장을 하기 위하여 출입할 가능성).

다) 공범자 또는 친지 등의 집(범인이 도피방법 등을 상의하기 위하여 출입할 가

능성).

라) 전당포, 고물상, 사금융업자(범인이 장물을 처분하기 위하여 출입할 가능성).

(2) 외부(外部) 잠복관찰(潛伏觀察) 방법(方法)

가) 범인의 배회처 주변에서 그의 출입상황을 관찰하는 방법이므로 범인이 감지하는 일이 없도록 하기 위해 건물이나 기타 적당한 장소를 선택.

ㄱ) 장시간을 요할 때.

a) 인근 건물의 3층 같은 곳을 빌려서 이용하는 것이 이상적.

b) 망원경, 카메라 등을 사용하여 성과를 거둘 수 있도록 해야 함.

ㄴ) 잠복관찰 중 내부 잠복관찰은 극히 예외적인 경우에 행하는 것이며 잠복관찰이라면 외부 잠복관찰을 가리킨다 해도 과언이 아닐 만큼 외부 잠복관찰이 대부분을 차지.

ㄷ) 외부 잠복관찰은 그 장소의 구체적 상황에 따라 대체로 다음과 같은 점에 유의하여 행하여야 함.

나) 장소(場所)의 선정(選定)

ㄱ) 선정에 있어서는 특히 긴급을 요하여 시간적인 여유가 없는 경우를 제외하고는 반드시 사전에 현지를 답사하여 보다 적절한 장소를 선정하여야 함.

ㄴ) 필요에 따라서는 관찰 대상가옥의 맞은편 상점이나 인근 주택을 빌리거나 또는 마당을 빌리는 등의 착상도 필요.

다) 위장(僞裝)·변장상(變裝上)의 주의사항(注意事項)

ㄱ) 권총 기타 호신용구는 눈치채지 않게 소지 착용할 것.

ㄴ) 카메라, 망원경, 특수 망원경, 무전기 등의 기재는 외부에 감지되지 않도록 위장할 것.

ㄷ) 잠복관찰은 장시간 일정한 장소에 머무르는 일이 많으므로 변장뿐만 아니라 행동위장에도 유의할 것.

ㄹ) 적당한 잠복장소가 없을 때에는 그 지역에 알맞은 직업인, 즉 시·읍·면 공무원, 회사원, 수금원(收金員), 노무자 등으로 변장하여 용무를 위장하여 관찰할 것.

ㅁ) 신문, 잡지를 가지고 그것을 읽는 척하며 관찰하는 것도 좋은 방법임.

라) 관찰(觀察)에 간격(間隔)이 생기지 않도록 할 것.

ㄱ) 부득이한 사정이 있는 경우를 제외하고는 반드시 1개소에 2명 이상의 관찰원을 배치.

ㄴ) 연락 또는 불의의 범인의 공격에 대비할 뿐만 아니라 관찰에 간격이 생기지 않도록 하기 위해 필요.

ㄷ) 잠복장소의 조건 여하에 따라서는 육체적 피로가 클 때가 있으므로 이런 점도 고려하여 관찰원의 수를 결정.

ㄹ) 특히 장기에 걸친 관찰근무에는 교대방법의 계획을 세워야 함.

마) 야간(夜間) 잠복상(潛伏觀察上)의 주의사항(注意事項)

ㄱ) 야간의 잠복관찰은 주간과 달라서 어두운 곳을 이용할 수 있는 반면에 어두운 곳에서는 대상자의 행동을 관찰하기 어려운 불리한 점도 있음.

ㄴ) 될 수 있는 대로 대상자의 행동을 관찰하기 가장 쉬운 위치를 선택하는 동시에 관찰에 있어서는 세심한 주의를 해야 함.

바) 기타(其他) 유의사항(留意事項)

ㄱ) 민가의 방을 빌려서 잠복관찰을 할 경우에는 외부에서 알지 못하게 실내를 어둡게 하고 필요에 따라서는 유리창, 문틈, 문구멍 등으로 관찰하는 것도 좋음.

ㄴ) 무전기, 망원경, 특수망원경 등 수사용 장비를 활용: 부득이한 사정으로 관찰을 일시 중단하는 경우에는 수사용 장비는 모두 철수해야 함.

ㄷ) 외부 관찰에는 대상자의 거동에 주의해야 하며 필요하다면 그를 미행하여야 함.

ㄹ) 외부 관찰은 그 주변장소에 적절할 뿐만 아니라 자연성을 잃지 않도록 하고 특히 관찰선 밖에서 들어오는 대상자에게 발견되지 않도록 주의해야 함, 예컨대 대합실 등에서 장시간 관찰을 하는 경우에 관찰자를 교대시킬 때에는 열차의 발착시간에 맞추어 행하는 것이 자연스러움.

ㅁ) 관찰원이 대상자에게 감지당하지 않았나 하고 망설여 머뭇거리는 행동은 오히려 부자연스러우므로 조심.

ㅂ) 잠복장소에서 책임분담, 연락을 위한 신호 등에 대하여 미리 확실한 계획을 세워야 함. 특히 미성년자 유인사건 등의 경우에는 범인과 접촉하

는 피해자의 가족 등과 사전에 구체적으로 상의해 놓아야 함.

ㅅ) 철수할 때에는 잠복장소에 휴지, 담배꽁초 등 관찰했던 흔적을 절대로 남기지 않도록 주의.

(3) 내부(內部) 관찰(觀察)의 방법(方法)

가) 내부관찰은 성질상 피해자 등과 직접, 간접 관계자의 가옥 등에 들어가서 행하는 경우가 많으므로 신중히 행하지 않으면 안 됨.

나) 내부관찰을 실시하는 경우에는 이것에만 의존하지 말고 될 수 있는 대로 외부관찰도 병행하여 만전을 기할 필요가 있음.

다) 내부관찰을 함에 있어서 주의해야 할 점

ㄱ) 범인과 관계되는 자의 거택 등에서 잠복하는 경우에는 그 적당 여부를 신중히 판단해야 함.

ㄴ) 가령 다른 사건을 구실로 장소를 빌렸다 하더라도 범인측은 경찰에 대하여 몹시 신경을 쓰고 있기 때문에 경계하거나 그 후의 수사에 지장을 가져오는 일이 많기 때문.

ㄷ) 내부관찰은 수사상 꼭 필요한 경우, 예컨대 범인을 체포하는 경우 등에 한해서만 실시해야 할 것임.

라) 내부관찰을 실시할 경우에는 가족의 수, 그 상황, 가옥의 구조(특히 방의 배치와 출입구) 및 부근의 지리적 상황 등을 충분히 조사하여 그 실태를 파악하고 불의의 사태에 순간적으로 취해야 할 행동까지도 미리 생각해 두어야 함.

마) 가족 또는 그 가옥의 소유자, 관리자 등이 진심으로 협력하도록 설명해야 함: 어떤 방법으로 설득할 것인가는 상대자와 대상자의 성질 특히 정의감(正義感)의 강약(强弱), 기타의 사정을 충분히 검토하는 동시에 다시 대상자와 면접하여 그 태도에 따라 종합적으로 판단해야 함.

바) 잠복관찰하고 있는 것을 대상자가 감지하지 않도록 해야 함.

사) 내부관찰 중 쓸데없는 이야기를 하여 가족에게 이쪽의 마음속을 들여다보이게 하는 일이 없도록 주위.

아) 가족의 거동 특히 그 외출, 내방자, 전화 등에도 주의하여 통모되지 않도록 해야 함.

제10절 체포(逮捕)

1 개설(概說)

1) 체포(逮捕)의 의의

범죄수사를 함에 있어서 피의자의 신체의 자유를 빼앗는 형사소송법(刑事訴訟法) 상의 강제처분(强制處分).

2) 헌법 제12조

사람이 신체의 자유를 갖는 권리는 기본적 인권 중에서도 가장 중요한 권리로서 헌법상 보장.

3) 형사소송법 제199조 제1항, 범죄수사규칙 제99조

수사를 위해서라 하더라도 될 수 있으면 사람의 체포하는 강제수단에 의하지 않고 수사의 목적을 달성하도록 하여야 함.

(1) 수사는 되도록 임의수사에 의하는 것이 바람직.

(2) 피의자가 죄를 범하였다고 의심할 만한 상당한 이유가 있고 임의수사처분으로서의 출석요구에 응하지 아니하거나 응하지 아니할 우려가 있는 때에는 피의자를 체포하는 것도 부득이함.

(3) 그 때문에 형사소송법은 수사기관에 대하여 일정한 조건하에 피의자를 체포할 권한을 준 것임.

4) 법인의 체포

(1) 범죄구성요건의 충족, 기타의 체포의 이유, 체포의 필요성, 이에 관한 소명자료의 유무 등을 충분히 신중 적절하게 체포권을 운용.

(2) 피의자의 도망·증거인멸·통모·자살 등이 없도록 세심한 주의를 가지고 실행.

2 체포요령 및 유의사항(留意事項)

1) 체포(逮捕)의 요령(要領)

(1) 기본적(基本的) 요령(要領)

가) 체포술(逮捕術) 등의 기술(技術)을 충분히 활용할 것: 체포를 할 때에는 왕성한 기백을 가지고 체포술 등의 기술을 충분히 활용하여 확실히 그 목적을 달성하도록 하여야 함.

나) 상대자(相對者)의 약점(弱點)을 찌를 것

ㄱ) 피의자의 위치·자세 등을 고려하여 대비가 소홀한 약점을 찔러야 함.

ㄴ) 현행범인의 체포의 경우에는 정면을 향하는 것을 가급적 피하여 배후·측면으로부터 재빨리 접근하여 체포하는 것이 효과적.

다) 기선(機先)을 제압(制壓)하고 기민(機敏)한 행동(行動)을 취할 것: 피의자는 체포당하는 것을 알았을 경우에는 도주하는 것이 상례이므로 상대자가 알기 전에 기선을 제압하여 기민한 행동을 취하는 것이 필요.

라) 체포(逮捕)할 때에는 기지(奇智)를 발휘하는 것도 필요: 혼자서 체포하러 갔는데 피의자가 저항하려고 할 때, "점잖게 하라, 경찰관이 포위하고 있단 말이야(포위하고 있는 줄 모르는가?)"라고 하여 그 저항을 체념케 하고 피의자의 체포를 용이하게 하기도 함.

(2) 건물 내(建物內)에서 체포(逮捕)하는 경우의 요령

가) 출입구(出入口) 등에서 잠복관찰할 것.

ㄱ) 피의자는 체포당할 것을 예상하고 항상 도주로를 생각하고 있는 것이므로 체포할 때에는 출입구·창문 등에 잠복관찰을 행하여 체포에 만전을 기하여 함.

ㄴ) 특히 2층 이상의 건물에 대하여는 지붕에서 지붕으로 건너뛰거나 비상계단 등을 이용하여 도주하는 것도 생각해 두는 것이 필요.

나) 건물 내로 뛰어들어갈 때 → 원칙적으로 동시에 둘 이상의 입구로부터 들어가지 말 것.

ㄱ) 피의자 체포를 위하여 동시에 둘 이상의 입구로부터 들어가면 혼란을 초래하거나 도주할 곳을 잃은 피의자의 맹렬한 저항을 받는 경우도 있음.

ㄴ) 야간에는 혼란이 생기기 쉬우므로 주의.

다) 건물 내에 뛰어들어갈 때: 직접 입구에 접근하지 말 것 → 세심한 주의를 기울여 벽·담·울타리·건물 등에 은신하여 목표 건물 또는 방실에 접근해서 문짝 뒤를 확인하고 실내의 상태를 재빨리 살피는 것이 필요.

(3) 가두(街頭)에서 체포(逮捕)하는 경우의 요령

가) 체포장소(逮捕場所)의 선정(選定)

ㄱ) 가두에서 체포하는 경우에는 되도록 혼잡한 장소를 피해 사람의 눈에 띄지 않도록 체포하는 것이 필요.

ㄴ) 교통이 빈번한 큰길이나 교차로, 절벽, 강변 등 위험한 장소에서의 체포는 경우를 제외하고는 피해야 함.

나) 통행인(通行人) 등에 위해(危害)가 미치지 않도록 배려할 것: 통행인이 많은 장소, 인가가 밀집한 장소 등에서 체포하는 경우에는 되도록 지원을 요구하여 절대 우월한 인원으로 확실히 체포하여 일반인에 대하여 위험을 미치지 않도록 주의하는 것이 필요.

다) 자동차(自動車)·오토바이 등에 승차(乘車)하고 있는 피의자(被疑者)를 체포(逮捕)하는 경우 → 특히 사고방지에 주의할 것.

ㄱ) 자동차·오토바이 등에 승차하고 도주 중인 피의자를 추적하여 체포하거나 또는 검문 중 용의차량을 발견하여 불심검문한 후 체포하는 경우에는 상대자가 확실히 정차한 다음에 접근하여 엔진을 정지시켜 하차를 요구.

ㄴ) 완전히 정지하지 않은 차량 앞에 뛰어가거나, 정차한 자동차의 창으로 머리나 손을 넣거나 승강구의 발판에 걸치거나 하는 것은 매우 위험.

(4) 승용차(乘用車) 안에서 체포(逮捕)하는 경우의 요령

가) 체포시(逮捕時)의 사고방지(事故防止)

ㄱ) 피의자가 그 이동 자동차에서 뛰어내리거나 격투할 때에 밖으로 떨어지

는 등의 사고가 일어나기 쉬우므로 되도록 여유 있는 인원으로 그리고 충분히 피의자에게 접근한 다음에 재빨리 체포하도록 하여야 함.

ㄴ) 다른 승객에 위해가 미치지 않도록 충분히 주의.

나) 승무원(乘務員)과 연락(連絡)하여 그 협력(協力)을 확보(確保)할 것: 안내원 기타 승무원에게 되도록 연락하여 그 협력을 얻는 것이 필요.

다) 참여인(參與人)의 확보(確保): 소매치기・들치기・날치기・폭행・상해 등의 현행범인을 승용물 안에서 체포하는 경우에는 피의자는 물론 범행목격자 등 참고인의 확보에 유념하는 것이 필요.

2) 체포시(逮捕時)의 유의사항(留意事項)

(1) 체포시(逮捕時)의 사고방지(事故防止)

가) 총기(銃器)의 사용(使用): 흉기를 소지하고 있는 피의자를 체포할 때에는 필요하다고 인정되는 경우에는 총기를 사용할 수 있으나 그 사용은 필요 최소한도에 그치도록 하는 동시에 부근의 제3자에게 위해가 미치지 않도록 주의하여야 함.

나) 수갑(手匣) 또는 체포(逮捕)의 사용(使用)

ㄱ) 체포한 피의자가 도주 또는 자살하거나 반격하는 등의 염려가 있는 경우에는 수갑 또는 포승을 사용.

ㄴ) 다수의 피의자가 있는 경우나 혼란한 사건의 현장 등에서는 체포한 피의자를 탈취당하지 않도록 유념하여야 함.

(2) 체포절차(逮捕節次)를 확실히 행할 것

가) 체포할 때에는 상대자에게 자기 신분을 명백히 고지하여야 함.

나) 피의자를 체포함에는 피의자에게 범죄사실의 요지 등을 고지하고 확인서를 작성(범죄수사규칙 제125조 제1항).

다) 체포영장(逮捕令狀)에 의하여 피의자를 체포함에는 체포영장(逮捕令狀)을 피의자에게 제시(提示)하여야 함(형사소송법 제200조의5).

라) 긴급체포(緊急逮捕)를 함에는 범죄사실의 요지와 긴급을 요하여 지방법원 판사의 체포영장(逮捕令狀)을 받을 수 없다는 사유를 피의자에게 알려야 함(형사소송법 제200조의3 제1항). 사법경찰관이 피의자를 긴급체포(緊急逮

捕)하는 경우에는 긴급체포서(緊急逮捕書)를 작성하고 12시간 내에 검사에게 승인(承認)을 건의(범죄수사규칙 제118조 제3항).

마) 지명수배중(指名手配中)인 피의자에 대하여는 반드시 체포 전에 체포영장(逮捕令狀)의 유효기간을 확인하여 불법체포를 미연에 방지하도록 노력.

(3) 신체(身體)의 수색(搜索)

가) 경찰관직무집행법(제3조 제3항): '피의자를 체포한 경우에는 신체를 수색하여 흉기의 소지 여부를 조사할 수 있다'고 규정하고 있고 실제 체포시에도 반드시 신체의 수색을 실시하여야 함.

나) 신체수색의 순서

ㄱ) 체포술(逮捕術)의 "손들어", "벽에 손을 대고 엎드려" 등을 활용하여 상대자로부터 공격을 받지 않을 만한 위치·자세를 취함.

ㄴ) 흉기(凶器)의 소지 여부(所持與否)에 대하여 신체의 상부로부터 하부로 향하여 순서 있게 신속히 조사하는 것이 필요.

a) 흉기가 반드시 숨겨져 있을 것이라는 예상하에 두발(頭髮)·모자·옷깃부분·복부·서혜부(鼠蹊部)·구두창 등에도 주의를 게을리해서는 안 됨.

b) 단단한 것이 손에 닿는 경우에는 반드시 확인해 보는 것이 필요.

ㄷ) 발견한 흉기 외에 자살에 쓰일 염려가 있는 약품 등에 대하여는 절대로 이것이 피의자의 손에 닿지 않도록 하여야 함.

(4) 체포상황(逮捕狀況) 등의 기록(記錄): 체포의 장소, 시간, 저항의 유무, 체포시의 상황 등을 잘 기록하여 체포보고서에 상세히 기록해서 그 적법성·타당성을 증명해 두어야 함.

(5) 기타(其他) 유의사항(留意事項)

가) 지나친 물리력을 행사하지 말 것: 체포는 상대자의 반항의 정도에 비례하여 그 실력행사의 정도도 달라져야 하며 경찰비례(警察比例)의 원칙(原則)에 의하여야 함.

나) 체포한 피의자와 필요 없는 말을 하지 말 것: 필요한 것만 간단 명료하게 필요없는 말을 하지 않도록 주의.

다) 연소자·고령자·병자 등의 체포는 신중히 행할 것: 수갑의 사용, 연행의

방법 등에 대하여 타당성을 결하여 나중에 비난·항의를 받는 일이 없도록 주의.

라) 항상 돌발적 사고에 응할 수 있도록 배려해 둘 것: 피의자가 반격해 왔을 때, 도주를 기도하였을 때, 기타 뜻밖의 사고에 대처할 수 있도록 배려해 두는 것이 필요.

3 체포현장에서의 압수 · 수색 · 검증

1) 개설(槪說)

(1) 형사소송법 제216조 제1항 제2호: 피의자를 체포하는 경우에 필요할 때 → 체포현장에서 영장 없이 압수·수색 또는 검증을 할 수 있다.

(2) 피의자를 체포하는 경우: 그 현장에서 필요한 때에는 즉시 압수·수색·검증을 행하여 조사자료를 발견·압수하도록 노력하여야 함.

(3) 요건과 대상 및 장소적 범위는 아래와 같다.

2) 체포(逮捕)와의 시간적(時間的) 접착성(接着性)

체포할 피의자가 있는 장소에서 압수·수색한 이상 체포의 전후나 체포의 성공 여부를 불문하고, 먼저 체포에 착수한 때에는 피의자가 도주한 경우에도 압수·수색이 허용된다고 해석함이 타당.

3) 압수(押收) · 수색(搜索)의 대상(對象)과 장소적(場所的) 범위(範圍)

(1) 압수·수색의 대상

가) 체포자에게 위해(危害)를 줄 우려가 있는 무기 기타의 흉기, 도주의 수단이 되는 물건 및 체포의 원인이 되는 범죄사실에 대한 증거물에 한함.

나) 압수할 수 있는 것은 당해 사건의 증거물이며, 별건(別件)의 증거를 발견한 때에는 임의 제출을 구하거나 영장에 의하여 압수해야 함.

(2) 장소적 범위: 피체포자의 신체 및 그의 직접지배하에 있는 장소에 제한.

4 연행요령(連行要領)

1) 연행(連行)의 의의

피의자의 체포는 단순히 그 장소에서 신체를 구속하는 것만이 아니고 경찰서 등의 소정의 장소까지 연행함에 의하여 끝나는 것.

2) 범죄수사규칙 제127조 제1항

연행할 때에는 피의자가 도주, 죄증 인멸, 자살, 피습 또는 탈취당하는 일이 없도록 주의하여야 함.

3) 연행시의 일반적 유의사항

(1) 즉시 상사에게 보고하여 타 경찰차량의 지원을 얻어서 확실히 연행하도록 노력하여야 한다. 경우에 따라서 다른 차량을 이용한다.

(2) 피의자의 명예를 존중하여 수갑 위에 손수건 등을 덮어 되도록 눈에 띄지 않도록 하는 동시에 연행 도중에 수갑의 시정 장치를 점검하여야 함.

(3) 피의자에게 증거물·흉기 등을 절대로 들게 해서는 안 됨.

(4) 상대자보다 앞서서 가지 말고 상대자가 자주 사용하는 팔(통상 오른팔)을 생각하여 그 우측 후방 또는 좌측 후방에서 관찰하여 돌발적인 도주 또는 반격행위 즉시 대응할 수 있는 태세를 유지하여야 함.

(5) 불필요한 대화를 삼가고 상대방의 화술에 속지 않도록 하는 동시에 도중에 용변은 되도록 피하여야 함.

(6) 사람이 붐비는 곳, 어두운 곳 등은 되도록 피하여야 함.

(7) 경찰서 등에 도착하기 직전에 도주를 기도하는 일이 많으므로 그 입구 부근에서는 특히 주의하여야 함.

제4장

조사요령

제1절 개설(概說)

1 조사(調査)의 의의(意義)

1) 조사(調査)

범죄사실을 확정하기 위하여 피의자 기타 사건 관계인들에게 질문(質問)하여 임의로 그 진술을 듣고 사실의 진상을 발견하는 수사기관의 활동.

(1) 범죄의 진상을 가장 잘 알고 있는 자는 누구보다도 범죄를 실행한 범인 자신이므로, 피의자가 진범인으로서 자신이 실행한 범죄사실에 대해서 자백만 한다면 사건의 진상이 명백해짐.

(2) 조사는 중요한 수사기술이며, 이러한 범인의 자백은 보강증거를 바탕으로 한 것이어야 하며, 아무런 증거 없이 자백만을 강요하는 조사는 지양해야 함.

2) 조사의 목적(目的)

(1) 수사자료를 얻을 목적으로 행한다.

(2) 범인의 주관적 요건(고의, 동기, 목적 등)을 확인하기 위하여 행한다.

(3) 수사한 결과로서 얻은 추정을 확인할 목적으로 행한다.

2 근거(根據)

1) 피의자(被疑者) 조사권(調査權)

(1) 형사소송법(刑事訴訟法) 제199조 제1항: 수사에 관하여는 그 목적을 달성하기 위하여 조사를 할 수 있다.

(2) 형사소송법(刑事訴訟法) 제200조 제1항: 검사 또는 사법경찰관은 수사에 필요한 때에는 피의자의 출석을 요구하여 진술을 들을 수 있다. 피의자신문의 구체적인 절차에 대하여는 형사소송법 제241조 내지 제245조에 규정되어 있다.

2) 참고인(參考人) 조사권(調査權)

(1) 형사소송법(刑事訴訟法) 제199조 제1항.

(2) 형사소송법(刑事訴訟法) 제221조: 검사 또는 사법경찰관은 필요한 때에는 피의자 아닌 자(참고인)의 출석을 요구하여 진술을 들을 수 있다.

제2절 조사요령(調査要領)

1 기본적 태도

1) 조사(調査)에 임(臨)하는 자세(姿勢)

(1) 단정(端正)한 복장(服裝)과 용모(容貌): 조사관은 품위를 지니고 정정당당한 태도를 보여주어야 하므로, 이를 위해서는 정장을 하고 용모를 단정히 하는 것이 바람직.

(2) 진실(眞實)하고 성의(誠意)있는 태도(態度)

가) 조사는 조사관의 인격작용과 크게 관계됨.

나) 조사관이 진실하고 성의 있는 태도로 피조사자를 대하는 경우에는 알지 못하는 사이에 피조사자가 이를 느끼게 되고, 피조사자가 생각하기를 "이 조사관은 거짓이 없다. 언젠가는 나의 모든 사실을 알게 된다"는 심리적 변동을 일으켜 자백의 심리로 끌려가게 됨.

(3) 냉철(冷徹)·침착(沈着)한 태도(態度)

가) 피조사자가 불손한 말을 하거나 예의 없는 행동을 하는 경우라도 조사관이 이에 격앙되어 성을 내거나 감정 섞인 어조, 태도로 응대하게 되면 결코 조사에 성공하기 어려움.

나) 피조사자에 대하여 '이 자는 나쁜 사람이다'라고 생각하고 미워하는 마음이 생기면 역시 피조사자와의 사이에 보이지 않는 벽이 생겨서 소기의 성과를 거둘 수 없음.

(4) 자신(自信)있는 태도(態度): 조사관은 항상 자신 있는 태도로 질문과 설득을 계속하고 피조사자의 진술을 끈기 있게 청취해서 피조사자로 하여금 진실을 진술할 수밖에 없는 방향으로 이끌어 나가야 함.

(5) 진실을 추구한다는 태도: 피조사자에게 자백이나 유죄증거를 얻는 데만 급급해 있다는 인상을 주어서는 안 된다. 끈기 있게 청취해서 피조사자로 하여금 진실을 진술할 수밖에 없는 방향으로 이끌어 나가야 한다.

2) 조사관(調査官)의 심적(心的) 대비(對備)

(1) 선입감(先入感)의 배제(排除): 선입감을 가지고 조사에 임하는 경우 → 사실의 진상을 그르치는 원인이 될 수 있다.

(2) 피조사자(被調査者)의 심리상태(心理狀態)를 이해(理解): 피조사자는 조사사항에 대해 부인, 은폐, 후회 등을 하는 것이 일반적이므로 이런 심리를 파악하고 응대하는 것이 필요.

(3) 명예심(名譽心)·자존심(自尊心)의 존중(尊重): 피조사자의 성격·환경·사회적 지위·경력 등을 고려하여 명예심·자존심을 손상치 않도록 언동에 조심해야 함.

(4) 인내심(忍耐心)과 견고(堅固)한 신념(信念): '끈기의 대결'이라는 생각과 조사에 임하기 전에 모든 관련자료를 검토하여 확고한 신념을 갖고 임하는 것이 바람직.

(5) 조급히 서두르지 말 것: 조사관이 불안해하거나 서두르는 경우 → 피조사자

가 이를 역이용하는 경우가 있고 조사 자료까지 눈치채게 되어 조사는 실패하게 됨.

2 조사의 준비(準備)

1) 조사자료(調査資料)의 활용(活用)

(1) 사건의 내용을 검토한 후 관계법령 및 판례 등을 연구해 두어야 함.

(2) 피조사자에 대한 자료를 수집 · 검토하여 예비지식을 갖추어야 함.

(3) 증거물 · 조사자료는 검토, 정리하여 정확히 알고 있어야 함.

2) 조사방법(調査方法)의 검토(檢討)

(1) 사건의 초점파악 → 조사의 목적확정 → 질문할 사항 · 순서 · 방법 등을 미리 생각.

(2) 구체적 구성요건을 8하의 원칙에 따라 조사하는 것이 바람직.

3) 조사실(調査室)의 선정(選定)(3대 요건)

(1) 솔직한 진술을 하기 쉬운 장소

가) 조사실은 분위기가 부드러우며 잡음이 없고 정숙한 장소(작은 방실)를 택함.

나) 조사실 내는 적당한 채광이나 조명시설을 하여 피조사자의 안면, 즉 표정을 관찰할 수 있도록 하여야 함.

다) 엷은 커튼을 쳐 두어서 조사실 내부에서 외부를 바라다 볼 수 없도록 하는 것이 좋음.

(2) 임의성(任意性)이 확보(確保)된 장소(場所)

가) 조사는 특히 피의자에 대한 조사를 할 때에는 임의성의 확보가 중요.

나) 임의성이 의심받을 수 있는 무도장, 지하실은 피하는 것이 좋음.

다) 조사실 내에 경찰봉 · 목봉 · 죽도 등을 두어서는 안 됨.

(3) 사고(事故)를 미연(未然)에 방지(防止)할 수 있는 장소(場所)

가) 조사중에 피조사자의 자해, 기타 사고를 방지하기 위해서는 피조사자를 창가나 출입문에서 떨어진 실내 구석에 앉힘.

나) 책상 위에 송곳, 칼 기타 위험물(화분 등)을 두지 말아야 함.

다) 조사 중에 조사관이 자리를 비워야 할 경우에는 반드시 간수자(看守者)를 두어야 함.

(4) 정숙한 장소: 피조사자로 하여금 자신이 경찰서에 있다는 점 또는 자신의 진술에 따라 어떤 결과가 발생되겠지 하는 인상을 주는 분위기가 적을수록 피조사자는 솔직한 진술을 하기 쉽기 때문.

4) 조사요원(調査要員)의 수(數)

(1) (조사관1: 피조사자1) 원칙(原則): 주조사관 이외에 참여인이 있어야 함 → 보조자가 필요한 경우에는 3인까지는 무방.

(2) 주의사항: 조사 도중 참여인이나 보조자가 불필요하게 옆에서 간섭하는 것은 주조사관에게 실례인 동시에 조사의 혼선을 가져옴.

5) 조사관(調査官)의 선정(選定)

(1) 피조사자에 따라: 사건의 내용·성질·상대방의 연령, 지위 등을 참작하여야 함.

(2) 피조사자가 고급공무원인 경우: 간부급이 담당하고, 전과자일 경우에는 경험이 많은 조사관이 담당하는 것이 유리.

3 조사기술(調査技術)

1) 조사기술

(1) 조사(調査): 사람이 사람을 다루는 기술이므로 사람이 사람을 상대하여 그 사람의 과거사실을 진실하게 밝혀내려는 인식과정이기 때문에 조사의 기술을 일률적인 정형이 있을 수 없음.

(2) 피조사자의 인간성을 파악하는 것이 중요.

가) "사람을 보고 법을 말하라"라는 격언은 단적으로 그것을 지적.

나) 조사관은 심리학, 인간학적인 지식을 길러야 하고 구체적으로는 피조사자

를 통찰할 줄 아는 지혜를 가져야 함.

(3) 다양한 조사방법: 피조사자의 지식정도·연령·종교·정치성·사회적 지위 그리고 교육정도에 따라 조사방법을 달리해야 함.

(4) 점차 핵심으로 접근하면서 조사: 처음부터 사건의 핵심을 찌르지 말고 부드러운 분위기를 조성한 후 점차 범죄사실의 핵심에 들어가는 것이 바람직.

2) 피의자(被疑者)의 조사요령(調査要領)

(1) 조사(調査)의 일반적(一般的) 유의사항(留意事項)·신문요령(訊問要領)

가) 용어(用語)의 사용(使用)에 주의(注意)할 것

ㄱ) 피조사자의 연령, 경력, 직업, 사회적 지위 등을 고려하여 그에 상응하는 언어를 사용.

ㄴ) 법률용어, 전문용어, 노골적인 용어를 사용하는 것보다는 비교적 부드럽고 세련된 말을 사용하는 것이 심리적 면에서 보아 훨씬 바람직함, 예컨대 “범행을 자백하시오”보다는 “사실을 말해 보시오”가 더 좋음.

ㄷ) 피조사자에게 가벼운 느낌이 가도록 하는 표현법의 연구가 필요, 예컨대 “왜 죽였느냐”로 묻는 것보다 “어떻게 하다가 이런 잘못을 저질렀느냐”고 묻는 것이 효과적.

ㄹ) 부적당한 용어로 삼가야 할 것들

a) 인격을 무시하는 말.

b) 인격적 차별, 지방적 차별, 계급적 차별을 표현하는 말이나 깔보는 말.

c) 사건과 관계없이 인신공격을 내용으로 하는 말.

d) 본인 및 육친의 정신적·육체적 결함 또는 약점을 폭로하는 말.

e) 모욕 또는 조소적인 말.

f) 기타 기망적인 말 등.

나) 기억(記憶)을 환기(喚起)하기 쉬운 순서(順序)로 질문(質問)할 것: 사건의 원인·동기·준비행위·실행행위·사후행위 등의 순서로 질문하여야 하며 조사 도중에 범죄행위와 관계없는 질문을 해서는 안 됨.

다) 요점(要點)을 파악(把握)하여 질문(質問)할 것

ㄱ) 원인, 동기, 범행시의 상황, 범행후의 행동, 현재의 심경 등을 낱낱이 명

백하게 구분을 지어서 질문.

ㄴ) 한꺼번에 많은 질문을 하여 피조사자를 혼란하게 만들어서는 안 됨.

라) 진술(陳述)이 애매할 때에는 진의(眞意)를 확인(確認)할 것: 피조사자의 진술이 애매할 때에는 진술을 번복할 염려가 있으므로 그 진의를 물어서 확인해 두는 것이 필요.

마) 조사중점(調査重點)을 노출(露出)시키지 말 것

ㄱ) 조사관이 중요시하고 있는 것이 무엇인가를 피조사자가 감지하지 못하도록 함.

ㄴ) 조사의 목적이 「알리바이」라고 하면 그것을 직접 지적하여 질문하지 말고 사건 전후의 수일간의 행동을 성의 있게 청취함으로써 조사관의 의도하는 초점이 어디 있다는 것을 피조사자가 감지하지 못하도록 함.

바) 피조사자(被調査者)에게 유리(有利)한 사항(事項)도 충분히 청취(聽取)할 것: 피조사자가 말하고자 하는 것은 다 진술하게 하고, 그것이 피조사자에게 유리한 경우라도 충분히 청취하는 배려와 아량이 필요.

사) 진술(陳述)을 도중(途中)에 막지 말 것: 피조사자가 자진하여 자백할 때에는 성실히 청취하고 도중에 필요 없는 질문으로 진술을 중지시키지 않도록 해야 함.

(2) 신문기술(訊問技術): 여러 가지가 있으며 각각 장단점이 있으므로 피조사자의 연령·능력 또는 질문의 목적 등을 잘 검토하여 적절한 신문방식을 선택하는 것이 필요.

가) 전체법(全體法)과 일문일답법(一問一答法)

ㄱ) 전체법(全體法)

a) 막연하게 “무엇을 하였습니까”라고 묻는 방법으로서 상대자는 그에 대하여 자유로이 대답하는 것.

b) 질문자의 암시나 유도가 따르지 않으므로 올바른 대답을 얻기 쉬우나 대답의 요점을 정리하기 어려운 결점이 있음.

ㄴ) 일문일답법(一問一答法)

a) 질문자가 듣고 싶은 것을 하나하나 낱낱이 물어가는 것.

b) 문제점은 명확하지만 질문 이외의 자료를 얻을 수 없고, 그 방법 여하

에 따라서는 암시나 유도의 염려가 있을 수 있음.

나) 자유응답법(自由應答法)

ㄱ) 자유응답법(自由應答法)

"무엇을 하였는지 말하시오" 하고 막연하게 질문을 하고 진술자로 하여금 자발적인 진술을 하게 하는 방법으로서 신문에 대하여 자유롭게 대답케 하는 방법.

ㄴ) 장 점

a) 예기치 않은 중요한 자료를 얻을 수 있음.

b) 암시나 유도의 염려가 없음.

c) 부정확한 진술을 할 위험이 적음.

d) 내용의 신빙도가 높음.

e) 대개 진실에 가까운 진술을 얻을 수 있는 등.

ㄷ) 단 점

a) 중요한 사항을 빠뜨릴 염려가 있음.

b) 진술하기 싫은 것은 쉽게 묵비해 버릴 염려가 있음.

c) 조사시간을 허비함 등.

다) 선택응답법(選擇應答法)

ㄱ) 조사자가 듣고 싶은 것을 하나하나 질문하여 가는 방법.

ㄴ) 장점: 중점을 놓치지 않고, 시간이 절약됨.

ㄷ) 단점: 유도신문의 염려가 있고, 조사관이 알고 있는 이외에는 다른 사항을 청취하지 못할 염려가 있음.

라) 유도신문(誘導訊問)

ㄱ) 특정의 답변을 암시 또는 종용하는 질문 형식.

ㄴ) 수사관이 일정한 사실을 우회하여 질문하고 답변을 구하는 방법.

ㄷ) 진술의 임의성을 의심받을 수 있으므로 주의.

(3) 일반적(一般的)인 조사방법(調査方法)

가) 모순추궁(矛盾追窮) 방법(方法)

ㄱ) 허위진술에는 반드시 그 가운데 부자연스러운 점이나 객관적 사실과 부합되지 않은 것이 내포.

a) 소문다답(小問多答)・단문장답(短問長答)의 원칙에 따라 피조사자에 적게 묻고 많은 진술을 하도록 하여야 함.

b) 세밀하게 몇 번이고 반복하여 질문하여 답변 중 불합리하고 모순된 점을 많이 발견할 수 있음.

ㄴ) 모순, 불합리한 점을 발견했을 경우에는 발견한 때마다 즉시 추궁하게 되면 피조사자에게 변명의 이유를 줄 뿐이고 특별한 효과를 거두지 못함, 따라서 기회를 보다 한꺼번에 추궁하는 것이 효과적.

ㄷ) 모순을 추궁하는 데 가장 효과적인 시기

a) 피조사자에게 뉘우침의 표정이 나타났을 때와 정신적 동요가 보일 때.

b) 이미 진술한 사실을 바로 그 자리에서 변경한다는 것은 피조사자로서 매우 괴로운 일이라는 것을 염두에 두고 자연스럽게 모순점을 추궁하는 것이 효과적.

나) 급소(急所)를 찌르는 방법(方法): 사건이 단순하고 경미한 것 또는 명백한 증거가 있고 여죄가 없는 피의자를 조사할 때에는 우회된 조사방법을 취하는 것보다 단도직입적으로 바로 급소를 찌르는 조사가 효과적.

다) '힌트'를 주는 방법(方法)

ㄱ) '힌트'를 주는 시기(時期)

a) 피조사자가 조사관이 아무 것도 모르고 있다고 오신(誤信)하고 있는 경우(조금만 알려주고 나머지는 다 알고 있는 것처럼 보여 정신적 동요를 주게 한다).

b) 부인하는 피조사자가 자백할 자세를 보이다가 다시 주저하고 있다고 인정하는 경우.

c) 기간의 경과 등으로 잊어버렸다거나 생각이 나지 않는다고 명백히 인정하는 경우.

d) 진술내용에 모순이 있고 그 심증을 얻은 경우.

ㄴ) '힌트'를 주는 방법(方法)

a) 구체적으로 표시하지 말고 모호하게 표현함이 좋음.

b) 직접 '포인트'를 찍어서 하지 말고 간접적으로 주는 것이 좋음.

c) 범행일시 등은 분명하게 하지 말고 간접적으로 주는 것이 좋음.

d) 압수한 흉기 등을 조사하고 "이것으로 했겠지" 하고 사건의 핵심에 영향을 주는 말로써 '힌트'를 주는 방법을 피하는 것이 좋음.

e) '힌트'의 범위를 넘어서면 유도신문이 되어 자백의 임의성을 의심받게 되므로 필요한 최소한도로 하는 것이 좋음.

라) 증거제시요령(證據提示要領)

ㄱ) 증거제시의 시기

a) 피의자가 범행일체를 자백하고 그 자백이 진실이라고 확인된 뒤에 증거를 제시하는 것이 원칙.

b) 부인할 때는 원칙적으로 제시하지 않아야 함 → 부인할 때 제시하면 피의자는 그 반응을 연구해 둠.

c) 자백하지 않기 때문에 석방을 하든지 귀가시킬 단계에서 최후의 수단으로서 제시.

ㄴ) 증거제시의 방법

a) 확신이 되는 것만 제시.

b) 장물이나 범행용구 등에 대하여는 제시하기 전에 상대자에게 그 모양, 특성, 수량(중량) 등을 설명시켜 확인한 후에 제시.

c) 증거물에는 피조사자가 손대지 못하게 해야 함(피조사자가 증거를 훼손시키거나 후일 현장지문에 대하여 그때의 지문이라고 변명하는 경우가 있음).

d) 여죄가 없을 때: 단도직입적으로 증거를 제시하여 부인해도 소용없다는 것을 깨닫게 하는 것도 하나의 방법임 → 여죄가 있는 경우에는 처음부터 제시하지 말고 가능성이 있다고 인정되는 경우에만 제시하는 것이 좋음.

마) 여죄(餘罪)의 조사요령(調査要領)

ㄱ) 여죄 조사상의 유의사항

a) 피조사자가 여죄를 자백, 진술할 때: 자백을 전부할 때까지 메모하지 말고 속으로만 정리함(메모하면 심리적 압박을 주어 중단함).

b) 피조사자가 여죄를 자백할 경우: 전화를 거는 등 그 면전에서 확인을 위한 뒷받침 조회하지 말 것 → 피조사자에게 조사의 이면을 보여주게

되므로 주의.

c) 조사에 참여하고 있는 보조자도 피조사자가 자백할 때마다 피해신고서를 찾아내거나 뒤적거리면서 확인하거나 또는 연락을 위해 조사자가 조사실 밖으로 나가는 일이 있어서는 안 됨.

d) 여죄의 자백 진술 중에는 외부인의 출입을 금하고 정숙한 분위기를 유지.

e) 중요한 여죄를 은폐하기 위하여 그 수단으로 경미한 사건을 여죄로서 자백하는 경우가 있다는 것에 주의.

ㄴ) 여죄추궁의 방법

a) 상습범죄자는 동일수법으로 범죄를 반복하는 습벽이 있으므로 수법자료의 활용을 생각하여야 함.

b) 피조사자의 신변 수사를 행하여 생활비, 유흥비의 지출상황을 파악하고 정상적 수입과 비교하여 불합리한 점이 발견되면 이를 추궁.

c) 본건 범죄에 대한 수색을 실시하는 기회에 여죄의 증거물 발견에도 유의.

d) 소지품, 착의 등의 구입처와 구입자금의 출처 등을 추궁.

e) 유류지문, 족적통보표 등의 자료를 활용.

f) 전당잡힌 상황 등을 조사하여 여죄의 피해품의 발견에 힘씀.

g) 조사관의 통찰력으로 피조사자의 수상한 언동을 파악하여 이를 추궁.

바) 변명(辨明)에 대한 조사요령(調査要領)

ㄱ) 피조사자는 고의, 동기, 범행상황 등에 대하여 정당화 또는 미화, 변명하는 것이 보통.

a) 특히 학력이 높거나 사회적 지위가 높은 피의자들에게 현저.

b) 이러한 피조사자에 대하여는 처음부터 "그런 변명은 해도 소용없다"는 식으로 억압하지 말고 피조사자가 변명을 다하도록 하는 것이 현명.

c) 피조사자에게 불리한 것만을 추궁하는 것이 아니고 유리한 사실도 진술할 수 있도록 해야 하기 때문.

d) 이렇게 함으로써 피조사자의 신뢰감을 얻게되어 진실을 자백할 마음이 우러나게 할 수 있음.

ㄴ) 피조사자의 변명에 대하여는 이를 확인하는 뒷받침 수사를 하여 그것이

변명을 위한 변명인지 진실한 변명인지를 확인해 보아야 함.

사) 피조사자(被調査者) 표정의 관찰판단(觀察判斷) 방법(方法)

ㄱ) 허위진술을 할 때, 잘 나타나는 표정.

a) 조사관의 시선을 피하려고 한다.

b) 손은 흔들거나 펴며 몸을 긁는다.

c) 갑자기 침착성이 결여되거나 발을 문지른다.

d) 얼굴빛이 빨개지거나 창백해지기도 한다.

e) 느닷없이 흥분하거나 반사적이다.

f) 자세한 대답을 피하고 불필요한 질문을 하고서 그 사이에 답변준비를 한다.

ㄴ) 자백 전에 잘 나타나는 표정

a) 진실미가 있다.

b) 정면을 향한다.

c) 갑자기 말을 하지 않는다.

d) 얼굴빛이 변한다.

e) 발을 뻗고 앉아서 운다.

f) 땀을 흘리거나 몸을 떤다.

g) 목이 마르고 입술이 하얗게 된다.

h) 입안이 끈적끈적해져서 침을 삼킨다.

i) 목줄기가 움직인다.

j) 물을 청한다.

k) 용변을 호소한다.

l) 손을 꼭 쥔다.

ㄷ) 자백 후에 잘 나타나는 표정

a) 안심하는 기색이 보인다.

b) 조사관에게 친근감을 갖고 농담도 한다.

c) 얼굴빛이 좋아진다.

d) 식욕이 좋아진다.

e) 잠을 잘 자게 된다.

(4) 피조사자(被調査者)의 성격(性格) 등에 따른 조사방법(調査方法)의 변개(變改): 피조사자의 인간성을 이해하게 되면 그 성격을 파악할 수 있고 그 성격을 파악하게 되면 그에 대응한 조사방법을 강구하여야 함.

(5) 부인피의자(否認被疑者) 조사요령(調査要領)

가) 피조사자는 조사내용에 대하여 부인하는 것이 보통: 냉정히 대처하여야 하며, 무엇보다도 우선 부인의 원인을 규명하여 이를 제거해야 함 → 피조사자의 처지를 이해하면서 설득을 통하여 진실한 진술을 하도록 하는 것이 필요.

나) 부인(否認)의 원인규명(原因糾明): 피조사자가 부인할 때에는 조사관은 그 이유에 대하여 가치의 유무에 불구하고 부인의 원인을 면밀하게 조사하고 그 내용을 잘 분석·검토하여 부인 이유의 정당성 여부를 판단.

ㄱ) 피조사자 자신이 가지고 있는 요소

a) 자백하면 형벌이 뒤따른다는 고통.

b) 사회적 지위·명예가 손상된다는 고통.

c) 은혜를 입은 사람을 배신한다는 고통.

d) 형벌의 면제·감경을 위한 일부 부인의 심리 → 범행시는 주취상태였다는 변명 등.

ㄴ) 조사관의 태도나 조사방법에 기인하는 요소

a) 조사관이 피조사자의 인격을 무시하고 불손하고 방만한 태도로 대할 때.

b) 조사관이 약속한 것을 지키지 않았을 때.

c) 조사관이 공명심을 가지고 빨리 자백을 시키려고 하는 것을 피조사자가 간파하였을 때.

d) 피조사자로 하여금 부인하면 무죄도 될 수 있다는 생각을 갖게 했을 때, 즉 자백만이 유일한 증거라는 인상을 주었을 때.

e) 공범자가 검거되지 않았다거나 가장 중요한 점에 대하여 수사의 손이 미치지 않고 있다는 것을 알았을 때.

다) 부인(否認)의 방향(方向)

ㄱ) 피조사자가 부인진술을 하는 동안은 설령 그 진술이 신용성이 없을 경우에도 자세히 경청해야 함.

ㄴ) 그렇게 되면 피조사자는 자기변명이 성공한 줄 알고 안심하고 여러 가지 진술을 많이 하게 되므로 자연히 그 진술 중에서 모순, 불합리한 점을 많이 발견하게 됨.

ㄷ) 그 후 수집된 다른 증거와 피조사자의 변명을 비교하여 그에 따른 완전한 반증(反證)을 수집해 놓고 동일한 내용의 부인을 하지 못하도록 하여야 함.

라) 부인조사(否認調査)의 방법(方法)

ㄱ) 변명에 대한 확인수사

a) 수사관은 자기가 예측한 대로 진술하지 않는다고 하여 그 진술을 부인 또는 변명으로 단정해서는 안 됨.

b) 충분한 확인수사로 부당한 조사결과를 방지.

ㄴ) 성의와 설득으로 자연적 진술촉구: 조사관은 성의와 설득으로 피조사자의 긴장감을 풀어주고 친근감을 갖게 하며 용기를 주어 자발적으로 진술하도록 해야 함.

ㄷ) 범죄 정당화의 심리를 이해: 범죄인은 "범죄 정당화의 심리"를 가지는 경향이 있으므로 그러한 심리를 이해해 주는 것도 조사기술의 하나임.

ㄹ) 인격의 존중

a) 노유(老幼), 지위의 고하를 막론하고 누구나 자존심을 가지고 있으므로 인격을 존중해 주는 것은 조사에 매우 중요.

b) 권위적 · 협박적 · 사술적(詐術的) 조사태도는 바람직하지 못함.

ㅁ) 사전조사의 철저와 면책 불가능의 관념을 심어줄 것.

a) 조사자는 증거가 명백하여 아무리 부인해도 죄책을 면할 길이 없다고 생각됐을 때야 비로소 자백하는 것이 보통이므로 조사관은 조사에 임하기 전에 모든 수사를 철저히 해서 "거기까지 다 조사하여 알고 있는 바에야 도저히 피할 도리가 없다"는 마음을 갖게 하는 것이 필요.

b) 사건과 관계없는 피조사자의 자세한 경력, 하찮은 사실까지도 조사해 놓고 그것을 이야기한 것이 계기가 되어 완강한 피조사자가 자백한 예가 많음.

(6) 전과자(前科者) 등의 조사요령(調査要領)

가) 전과자(前科者)

ㄱ) 전과자나 범죄경력이 있는 자는 죄책(罪責)을 면하거나 범정(犯情)을 경하게 인정받기 위하거나 또는 여죄의 추궁을 피하기 위한 수단으로

a) 본적·주소·성명 등을 허위로 말하며 때로는 형제·지인·교우까지 은폐하려는 심리가 있음.

b) 특히 동종범죄(同種犯罪)의 전과를 감추려는 경향이 있음.

ㄴ) 전과자를 조사할 때 유의해야 할 점: 인간성의 약점을 찔러 부모, 처자 등의 가정문제로부터 시작하여 피조사자의 기분을 풀어줌 → 인정에 굶주린 자가 많으므로 인간미 있는 조사가 효과적인 경우가 있음.

ㄷ) 증거를 약간 제시하고 급소를 찌르는 방법으로 체념시키는 조사방법도 필요.

ㄹ) 자신 없는 질문 → 조사관의 약점만 드러내는 것이므로 피해야 함.

ㅁ) 고압적 태도 → 반항심을 불러일으킬 뿐 효과가 없으므로 피해야 함.

ㅂ) 여죄에 대한 조사가 철저해야 함.

ㅅ) 전과자는 대개 덤벼들거나 반대로 풀이 죽어 있는 경우가 많으므로 냉정·침착하게 다루어야 함.

ㅇ) 피조사자가 은어(隱語)를 사용하면 조사관도 은어를 사용하는 등 상대자에게 상응한 용어를 사용하여 조사.

나) 초범자(初犯者)

ㄱ) 공연히 큰 소리를 치거나 지나치게 이론적인 추궁을 해서는 안 된다.

ㄴ) 상대자의 기분을 부드럽게 해 준다.

ㄷ) 필요 이상으로 겁을 먹고 공포감에 질려 애매한 진술을 하거나 부인하는 경우가 있으므로 불안과 오해를 풀어주어야 한다.

ㄹ) 성의를 다하여 조사하고 뉘우치도록 이끈다.

ㅁ) 신뢰감을 갖도록 믿음성 있는 부드러운 태도로 조사한다.

다) 소년(少年)

ㄱ) 연령의 확인근거를 명백히 해 준다.

ㄴ) 알기 쉬운 말을 사용하고 은어는 사용하지 않아야 한다.

ㄷ) 조사하는 것은 공개하지 않도록 한다.

ㄹ) 애정을 가지고 조사하고 교육적인 견지에서 다루어야 한다.

ㅁ) 장점을 발견하고 칭찬해 주고 장래 희망을 갖게 한다.

ㅂ) 다른 소년들이 마음을 돌이켜 행복하게 된 사례를 들려주는 것이 효과적이다.

ㅅ) 조사시 연소자의 경우에는 보호자나 교사를 참여케 한다.

ㅇ) 연소자는 암시나 유도에 걸리기 쉬우므로 질문방법에 주의해야 함.

ㅈ) 소년원출신자는 조사관의 동정을 사기 위하여 허위진술을 하거나 허위정보를 제공하므로 주의해야 한다.

라) 부녀자(婦女子)

ㄱ) 원칙적으로 여자 참고인(參考人)을 참여하게 한다.

ㄴ) 단독으로 조사를 피하고 조사실의 출입문을 약간 열어 놓아야 한다.

ㄷ) 위압적인 조사를 피하고 동정적으로 조용히 조사해야 한다.

ㄹ) 가정생활 등 사생활관계는 상대자가 말하지 않는 한 필요이상으로 질문해서는 안 됨.

ㅁ) 가정이 있는 부인에게는 특히 사건을 비밀로 하고 일체 공개하지 않겠다는 약속을 해 두는 것이 효과적이다.

ㅂ) 야비한 말을 사용하거나 상대의 몸에 함부로 손을 대서는 안 된다.

ㅅ) 간교한 자는 애교로서 유혹하거나, 유아를 데리고 와서 일부러 울리거나, 눈물로 하소연하는 등의 수단으로 조사를 모면하려고 하는 자가 있으므로 사전에 성질·가정형태 등을 조사하여 그러한 수단에 넘어가지 않도록 주의해야 한다.

(7) 공범자(共犯者)의 조사요령(調査要領)

가) 조사요령(調査要領)과 유의사항(留意事項)

ㄱ) 공범자 중 먼저 조사해야 하는 자: 범정(犯情)이 경한 자, 성격이 약한 자, 순진한 자, 다변자(多辯者), 감격성이 강한 자 등.

ㄴ) 공범자가 서로 불신감(不信感)을 갖도록 공작(工作)하는 것도 효과적.

ㄷ) 공범자의 진술이 합치되지 않을 경우에는 어느 쪽이 진실인가, 진술이 상호 모순되거나 불합리한 점은 없는가를 검토하고, 한쪽의 진술을 과신하지 말고 진상을 자백시키도록 힘써야 함.

ㄹ) 대개 먼저 조사한 피조사자의 진술이 정당하다고 생각하기 쉬우므로 그런 선입감으로 스스로 경계해야 함.

ㅁ) 여러 조사관이 분담하여 조사할 경우에는 자기가 조사한 피조사자의 진술이 정확하다고 생각하기 쉬우므로 주의할 필요가 있음.

ㅂ) 진술과 상황조사서(검증조서)를 대비하여 그 범행의 불능 또는 착오된 점의 유무를 검토함.

나) 대질조사(對質調査)·대질신문(對質訊問)

ㄱ) 공범자 상호간의 진술이 최후까지 서로 합치되지 않을 경우에는 대질조사(對質調査)를 하는 것이 좋다고 생각할 수 있을지 모르나 원칙적으로는 하지 않는 것이 바람직.

ㄴ) 부득이 대질조사를 할 경우 유의할 사항들

a) 대질의 시기가 빠르면 좋지 않음 → 피조사자가 쌍방의 성격을 파악하는 데 상당한 시일을 요하기 때문에 아무런 사전지식도 없이 함부로 대질조사를 할 경우에는 피조사자에게 조사의 초점이 알려질 염려가 있음.

b) 피조사자의 관계 특히 주종관계 등이 있는 경우에는 약자는 강자에게 눌리는 경향이 있으므로 진술내용에 대한 신중한 판단이 필요.

다) 통모방지(通謀防止)

ㄱ) 공범자간의 통모는 유치장·세면장 출입시·조사실 등에서 가장 많이 행하여진다는 것에 주의 → 유치장을 달리하는 등 통보방지에 노력.

ㄴ) 조사관은 항상 간수근무자와 수시로 연락하여 피조사자의 유치장 내에서의 동정을 파악.

(8) 자백(自白)의 검토(檢討)

가) 자백(自白)의 의의(意義)

ㄱ) 피고인 또는 피의자가 범죄사실의 전부 또는 일부에 대하여 자기의 형사책임을 인정하는 진술.

ㄴ) 좁은 의미의 자백과 자인(自認)·승인(承認)으로 구분.

a) 자백: 범죄사실의 본질적인 부분에 대하여 불이익한 사실을 인정하는 진술.

b) 승인(admission) 또는 자인

(a) 본질적인 부분이 아니고 종속적인 사실 또는 간접적 사실로서 자기에 불이익한 사실을 인정하는 진술.

(b) 자인(自認) 또는 승인(承認)도 넓은 의미의 자백이라고 할 수 있음.

나) 자백검토(自白檢討)의 중요성(重要性)

ㄱ) 자백한 사실을 우선 진실이라고 추정: 허위로 자백하면서까지 자기 범죄를 조작하지 않기 때문.

ㄴ) 자백에도 그릇된 것이 있고, 또 고의로 허위사실을 진술하는 경우가 있다는 것을 유의해야 함.

ㄷ) 진위 여부를 확인하고 다른 증거와 대비 검토할 필요가 있음.

다) 자백(自白)의 진위(眞僞) 판단방법(判斷方法)

ㄱ) 피의자만이 알고 있는 사실의 자백: 피의자만이 알고 있으며 아무도 알지 못한 것을 고백하고, 더구나 그것이 범행에 직접 관계되는 경우에는 그 진술의 진실성이 매우 높은 것임.

ㄴ) 객관적 사실과의 부합: 자백한 사실과 객관적 사실이 불일치한 경우에 진실성이 없다고 해서 조사 당초부터 그것을 알리고 해명을 요구해서는 안 됨.

ㄷ) 자백동기의 검토

a) 어떠한 원인에 의하여 자백하게 되었는가를 검토하여 둠으로써 후일 강제나 유도에 의한 자백이었다는 구실을 방지할 수 있음.

b) 따라서 자백 직후의 내심적 고백을 얻어둘 필요가 있음.

ㄹ) 모순·불합리한 진술

a) 진실한 자백은 그 진술에 일관성이 있으나 허위자백은 그 진술에 모순·불합리한 점이 많음.

b) 특히 그것이 통상으로는 생각할 수 없는 경우에 그 자백은 의심스럽게 생각되어야 함.

ㅁ) 행동의 부자연한 점의 유무

a) 피조사자가 진술하는 행동은 당연히 행하여야 할 것을 행한 행동이라고 이해될 수 있는 것이 아니면 안 됨.

b) 진범이라면 당연히 이러한 행동을 취할 것이라든지, 이런 것은 진범이라면 일어나지 않을 것이라는 것을 경험법칙에 비추어 검토하는 것이 중요.

ㅂ) 유치장 내의 거동

a) 조사 후의 피의자의 유치장 내에서의 태도를 관찰함으로써 자백의 진위를 판단.

b) 진실을 자백하지 않는 피의자의 경우는 식사를 잘하지 않거나, 숙면하지 않고 잠꼬대를 하거나, 무엇인가를 골몰히 생각함.

c) 유치장 간수근무자와 긴밀한 연결을 취하여 유치의 행상(行狀)을 알아두는 것이 필요.

라) 임의성(任意性) 검토(檢討)

ㄱ) 형사소송법 제309조: 자백은 그것이 진실한 경우라도 임의성이 확보되지 않으면 증거능력이 없다.

ㄴ) 임의성의 확보를 위해 유의할 사항

a) 조사시작 전에 진술거부권이 있다는 것을 고지해야 함.

b) 심야의 조사 · 장시간 조사 · 무리한 조사는 금해야 함.

마) 진실성(眞實性)의 검토(檢討)

ㄱ) 고의로 허위진술을 하거나 착오로 진실이 아닌 진술을 할 우려가 있으므로 허위와 착오를 구별하여 진실성을 검토하는 것이 바람직함.

a) 허위진술일 경우는 피조사자의 태도나 자백의 동기를 검토하면 알 수 있으나, 착오진술일 경우는 피조사자가 가식적인 의식을 갖지 못하고 진술하므로 그 허위를 가려내는 것이 힘든 경우가 많음.

예 실화사건을 피의자가 자진해서 방화로 인정하는 경우 또는 기억이 잘못된 경우.

b) 범인이라 하더라도 실제는 당해 범죄를 다 아는 것이 아니라는 것을 알아야 함.

ㄴ) 허위자백의 원인 — 피조사자의 고의에 의한 것

a) 불리한 부분을 감추기 위하여.

b) 두목, 관계자 등을 대신하여 죄를 뒤집어쓰기 위하여.

c) 공범자에게 도주의 기회를 주고 또는 자신이 도주할 기회를 얻기 위하여.

d) 허영심으로 위장해서 자백하는 자이기 때문에.

e) 자포자기했기 때문에.

ㄷ) 피조사자의 착오에 의한 것 — 피조사자의 관찰과 기억에 잘못이 있기 때문에.

ㄹ) 조사관의 책임에 의한 것

a) 폭행·협박·고문 등에 의하여 자백을 시킨 경우.

b) 일정한 진술을 기대하고 그 방향으로 유도한 경우.

c) 조사관은 고압적이고 피조사자는 반항하는 경우.

d) 조사관이 피조사자의 진술을 무시한 경우.

(9) 조사관(調査官)의 교체요령(交替要領)과 조사보조자(調査補助者)

가) 조사관(調査官)의 교체요령(交替要領)

ㄱ) 피조사자의 완강한 부인으로 소기의 성과를 거두지 못한다고 사료되는 경우 또는 피조사자가 조사관에게 반항적이거나 감정적인 경우에는 조사관을 빨리 교체하는 것이 좋음.

ㄴ) 피조사자가 자백하지 않는다 하여 단시간 내 조사관을 교체하는 것은 바람직하지 못함: 조사관의 교체이유는 근무관계를 가장하는 것이 피조사자의 부인에 대한 자신감을 주지 않게 됨.

ㄷ) 교체된 조사관의 주의사항

a) "아직도 자백하지 않을거야?" 또는 "나를 만만히 보아서는 안 돼"하는 등의 말은 삼가.

b) 교체함에 따라서 조사상의 "중점사항"을 잘 모를 경우 피조사자에게 조사의 논점을 가르쳐 주는 결과가 되기 쉬우므로 교체 전에 그 "중점사항"과 피조사자의 성격 등을 충분히 알려 주어야 함.

c) 특히 주의하여야 할 사항: 조사관이 교체될 때에는 다시 진술거부권을 고지해야 한다는 것.

ㄹ) 일반적으로 상위의 수사간부가 조사관으로 교체되어 오면 피조사자의 자존심에 영향을 주어 좋은 결과를 가져오는 경우가 많음.

나) 조사보조자(調査補助者)의 선정(選定) 및 보조방법(補助方法)

ㄱ) 보조조사자의 선정

a) 조사는 1대 1이 원칙이나 부득이한 경우에는 호흡이 잘 맞는 보조자를 두는 것이 좋음.

b) 보조자는 조사를 바른 궤도에 올려놓고 조사관의 결점을 보충하는 역할을 하므로 보조자의 선정에 신중을 기하여야 함.

ㄴ) 보조방법(補助方法)

a) 보조자는 조사관이 장시간 조사를 하다가 질문자료가 없어서 중도에 질문이 끊긴 경우 또는 조사관이 중점을 벗어난 질문을 계속하는 경우에 한하여 시기를 보아 피조사자가 눈치채지 않도록 짧은 발언으로서 조언함.

b) 중요사항에 관한 조언은 조사관과 사전에 협의해 두어야 함.

(10) 조사 후(調査後)의 절차(節次)

가) 피의자신문조서(被疑者訊問調書)의 작성(作成): 범죄수사규칙 제174조 제1항 → 조사한 결과 특히 필요 없다고 인정되는 경우를 제외하고는 피의자신문조서(被疑者訊問調書)를 작성하여야 함.

나) 조사결과보고(調査結果報告): 조사한 결과는 즉시 그 요지를 상사에게 보고하여 검토를 받은 후 지휘를 받아 종결하도록 하여야 함.

다) 조사과정(調査過程)의 기록(記錄): 조사를 하였을 때에는 그 일시, 장소, 조사시간, 경과 기타 후일에 논쟁이 될 염려가 있는 사항에 대하여 비망록 등에 기록해 두어 증인으로 법정에 출석하는 것 등에 대비해 두어야 함.

3) 참고인(參考人)의 조사요령(調査要領)

(1) 참고인(參考人) 조사(調査)의 기본적(基本的) 마음가짐

가) 참고인의 조사는 그의 협조를 얻는 것이 가장 중요

ㄱ) 일반적으로 참고인은 시간을 빼앗긴다는 생각, 피의자나 관계인의 원한을 살 염려, 조사기관에 대한 반감, 피의자에 대한 동정 등을 이유로 조사기관에서 조사를 받거나 공판정에서 발언하는 것을 피하고 싶어하는 것이 보통.

ㄴ) 참고인을 조사할 때에는 이들의 사고방식이나 처지를 이해하여 정신적·물질적 부담을 되도록 가볍게 하여 소탈하게 진실을 들을 수 있도록 다음의 마음가짐이 필요.

나) 감사하는 생각을 가지고 대할 것.

다) 상대자의 형편에 따라서는 찾아가서 조사할 것.

라) 출석요구는 세심한 배려를 할 것.

마) 참고인의 진술 내용에 의하여 범인으로부터 협박을 받는 등의 우려가 있을 때에는 참고인의 성명을 숨기고 비밀의 유지에 힘쓰는 동시에 특히 필요가 있을 경우에는 적당한 보호를 할 것.

(2) 조사요령(調査要領)

가) 참고인을 조사할 때에는 언동에 주의하여 피의자취급을 하지 않도록 주의하고 상대자의 성격을 잘 고려해야 함.

나) 특히 어린이는 정직하지만 암시에 걸리기 쉬우므로 조사를 할 때에는 주의하여야 함.

다) 조사를 마친 뒤에는 감사의 뜻을 표시하는 동시에 후일에 증인출석, 비밀유지에 대하여 협력을 의뢰해 둠.

(3) 진술(陳述)의 검토(檢討)

가) 참고인의 진술이 항상 진실하다고는 할 수 없으므로 참고인이 사건에 대한 이해관계, 특정인에 대한 감정, 수사관계장 대한 반감 등에서 고의로 허위진술을 하거나, 또는 관찰 기억을 잘못함에 따라 틀린 진술을 하는 경우가 있음.

나) 진술이 진실인가 아닌가를 확인함에는 먼저 참고인이 허위의 진술을 할 원인이 있는가를 확인하고, 다음에 사건 전반을 통해서 보아 불합리한 점이나 수사결과와 부합되지 않는 점이 없는가를 검토하여야 함.

다) 참고인이 정확하게 체험사실을 말하고 있는데 조사관이 잘못 듣고 조서를 작성하는 일이 있어서는 안 됨.

(4) 피해자(被害者)의 조서(調書)

가) 피해자는 사건수사에 있어서 수사자료 수집의 대상으로서 매우 중요.

나) 강도, 절도, 사기 등 그 피해의 태양에 따라 구체적으로 차이가 있으나 범

죄사실을 확정할 것, 범인에 관한 정보를 얻을 것의 두 가지 점에 가장 중점을 두고 조사하여야 함.

다) 피해자는 범죄의 피해를 당하여 당황해 하고 있는 것이 통례이므로 우선 냉정을 되찾게 하고 중요·긴급을 요하는 점부터 순서 있게 진술하도록 하여야 함.

라) 특히 허위의 신고는 범죄의 현장의 부자연성과 피해상황에 대한 진술의 모순 등에 의하여 빨리 간파하여 수사력의 낭비를 줄이는 것이 중요.

(5) 참고인(參考人) 비용지급(費用支給)

가) 관련 규정: 참고인등비용지급규칙(경찰청 훈령 제125호).

나) 비용지급범위(동규칙 제2조): 사법경찰관으로부터 출석을 요구받고 지정된 장소에 출석한 참고인의 여비·일당·숙박료.

다) 지급하지 아니하는 경우(동규칙 제8조): 참고인이 허위진술을 하였다고 인정할 만한 이유가 있거나 진술을 거부하였을 때.

라) 비용지급절차(동규칙 제9조): 참고인의 비용은 부득이한 사유가 있는 때를 제외하고 진술 종료 후 즉시 지급하여야 하며 반드시 수령인의 기명·날인을 받아야 함.

제3절 조사서류 작성요령(作成要領)

1 개설(槪說)

1) 수사서류(搜査書類)

(1) 협의(俠義)의 수사서류(보통의 수사서류): 수사기관이 범죄수사에 관하여 당해 사건의 유죄판결을 받을 목적으로 공소의 제기 및 유지를 위하여

가) 수사기관이 스스로 작성한 서류 및

나) 수사기관 이외의 자가 작성한 서류로서 수사기관이 수집한 서류 중 내용적

의미만으로 증거가 되는 것 → 증거물인 서면과 구별.

다) 보고적 문서의 성격.

(2) 광의(廣義)의 수사서류: 협의의 수사서류는 물론

가) 범죄의 혐의가 없어 내사종결에 그치는 서류.

나) 수사행정에 관한 서류 등 수사에 관하여 작성한 모든 서류.

(3) 증거물인 서면과 구별(區別)

구 분	수사서류	증거물인 서면
증거면	내용적 의미만이 증거	내용적 의미와 물리적 존재가 모두 증거
보관 방법상	수사기록에 편철하여 보관한다	압수하여 보관한다
조사방법	낭독	제시와 요지의 고지 또는 낭독

2) 형사소송법상(刑事訴訟法上) 수사서류(捜査書類)의 증거능력(證據能力)

(1) 작성근거(作成根據)

가) 형사소송법.

나) 범죄수사규칙(전부개정 훈령 제526호 2008.7.22 제22조).

다) 사법경찰관리집무규칙.

라) 형사소송규칙.

(2) 증거능력(證據能力)

가) 사법경찰관리가 작성한 수사서류: 대부분 전문증거로서 엄격히 증거능력이 제한 → 참고인, 피해자와 피의자의 진술서, 진술조서 및 신문조서, 검증조서의 증거능력을 진술의 임의성이 증명되고 특히 신뢰할 수 있는 상태에서 그 진술이 행하여져야 하며 그 성립의 진정이 증명되어야 함.

나) 피의자신문조서: 공판준비 또는 공판기일에 피고인이나 변호인이 성립의 진정뿐만 아니라 그 내용을 인정한 때에 한하여 증거능력이 인정됨.

3) 수사서류(捜査書類)의 중요성(重要性)

(1) 수사한 사항의 서류화: 객관성과 합리성에 입각하여 범죄혐의를 객관화할 수 있도록 한다 → 구체적으로 사건의 실마리, 수사의 진행 경과 및 수사의 각종 절차 등을 기록.

(2) 서류에 기재된 내용: 범죄의 증명에 가치가 있을 뿐만 아니라 수사의 절차나 수단이 적정하게 이루어졌다는 것도 증명함.

4) 수사서류(搜査書類)의 종류(種類)

(1) 수사기관(搜査機關)이 작성(作成)하는 수사서류(搜査書類): 수사의 주체인 검사, 사법경찰관이 작성하는 서류로서 다시 다음과 같이 세분할 수 있음.

가) 각종조서(各種調書)

ㄱ) 피해자진술조서.

ㄴ) 참고인진술조서.

ㄷ) 피고인진술조서.

ㄹ) 피의자신문조서 → 피의자진술조서는 없다.

ㅁ) 대질조서.

나) 보고서류(報告書類)

ㄱ) 범죄인지서.

ㄴ) 현행범인체포보고서.

ㄷ) 수사보고서(장물발견, 소재수사보고, 종합수사결과보고 등).

다) 기타서류(其他書類)

ㄱ) 압수조서.

ㄴ) 각종 건의서.

ㄷ) 사실조회의뢰서.

ㄹ) 촉탁서.

ㅁ) 수사협조의뢰서.

ㅂ) 기타.

(2) 수사기관(搜査機關) 이외의 자가 작성한 수사서류(搜査書類)

가) 진술서(자인서, 확인서): 피고인, 피의자, 참고인, 피해자.

나) 고소장, 고발장, 진정서, 신고서.

다) 사실조회에 대한 회보서.

라) 등본, 초본, 사본 및 기타서류.

2 수사서류(搜査書類)의 작성(作成)

1) 수사서류(搜査書類) 작성(作成)전(前) 검토(檢討)사항(事項)

(1) 범죄성립요건(犯罪成立要件)

가) 구성요건해당성(構成要件該當性): 범죄성립의 제1차적 단계로서 행위가 추상적 개념으로 표시된 형법 각 본조의 구성요건에 해당하는 것.

나) 위법성(違法性): 형법상 위법성조각사유(정당행위, 정당방위, 자구행위, 긴급피난, 피해자의 승낙)가 없는 경우.

다) 책임성(責任性): 형법상 책임조각사유가 없는 것을 말하며, 형사미성년자는 사실상 연령을 기준으로 함.

(2) 소추조건(訴追條件) 및 처벌조각사유(處罰阻却事由)

가) 범죄성립요건을 충족한 이후 → 소추조건과 처벌조각사유의 유무를 검토하여야 함.

나) 소추조건(訴追條件): 친고죄에 있어 고소제기 유무 및 취소 여부, 반의사불벌죄(反意思不罰罪)에 있어서 처벌을 희망하는 명시의 의사표시 유무가 있음.

다) 인적처벌조각사유(人的處罰阻却事由): 범죄의 성립에는 영향을 미치지 않으나 범죄가 성립된 이상 인적처벌조각사유가 존재할 경우에는 '불기소(공소권 없음)'로 송치하여야 함.

라) 객관적(客觀的) 가벌요건(可罰要件)

ㄱ) 범죄는 성립하지만 형벌권의 발생이 특정사유가 조건으로 되어 있는 경우로서 협의의 처벌조건이라고도 함.

예 형법 제129조 제2항의 사전수뢰죄는 공무원 또는 중재인이 될 자가 수뢰행위를 한 후 공무원 또는 중재인이 되어야 함.

ㄴ) 객관적 가벌요건을 결하면 불기소(공소권 없음) 의견으로 송치하여야 함.

2) 수사서류(搜査書類) 작성원칙(作成原則)

(1) 원칙(原則)

가) 선증후포(先證後逋)의 수사원칙: 증거가 되는 사항을 먼저 작성하고 최종적으로 피의자를 체포 신문하여야 함.

ㄱ) 피의자가 진범일지라도 부인(否認)할 경우: 증거가 없어 신문 후 피의자를 방면(放免)하였다가 뒤늦게 증거조사를 하여 다시 신문하는 것은 바람직하지 않다.

ㄴ) 방면된 피의자가 수사내용을 알고 있기 때문에 다른 피의자나 참고인 등과 진술조작 또는 증거인멸, 도주할 우려가 있다.

나) 주변적인 부분의 조사 후 피의자 조사: 긴급을 요하는 경우를 제외하고는 주변적인 부분의 조사를 완결한 후 피의자를 조사하는 것이 원칙.

(2) 수사서류(搜査書類) 작성순서(作成順序)

가) 인지사건(認知事件)

ㄱ) 신고자진술조서 작성 및 채증 → 단, 필요시 압수·수색·검증.

ㄴ) 피의자신문조서 작성 및 채증 → 단, 필요시 압수·수색·검증.

ㄷ) 범죄인지서 작성 → 단, 인지보고 작성순서는 바뀔 수 있음.

ㄹ) 참고인진술조서 작성 및 채증.

ㅁ) 사실조회 또는 수사협력 의뢰에 의한 회보검토.

ㅂ) 피의자신문 및 압수.

ㅅ) 공범자신문 및 압수.

ㅇ) 현장검증 → 단, 검증은 현장변경 가능성이 있으면 우선 실시할 수 있음.

ㅈ) 피의자검거보고.

ㅊ) 구속영장 신청서 및 구속영장.

ㅋ) 압수물 가환부 신청에 의한 가환부 지휘건의서.

ㅌ) 압수물 가환부 영수증.

ㅍ) 피의자신문(2회).

ㅎ) 수사보고(종합), 의견서.

나) 형사민원사건(刑事民願事件): 형사민원사건 수사시에는 다음 순서로 출석

요구서를 발부하여야 함.

ㄱ) 민원인에게 출석요구서 발부: 피민원인과 같은 날에 출석하도록 출석요구서를 발부하여서는 안 됨 → 피민원인에게 심리적 불안감 조성우려, 피민원인의 증거인멸의 동기부여, 민원인에 대한 협박 등 나쁜 결과만 초래하기 때문.

ㄴ) 민원인의 진술에 의한 증거조사.

ㄷ) 피민원인에게 출석요구.

ㄹ) 기타 사항은 위 인지사건의 경우와 같음.

다) 작성순서(作成順序)의 예외(例外)

ㄱ) 민원사건의 민원인이 2회 이상 출석요구에 응하지 않는 경우.

ㄴ) 피해자 또는 피의자 인원이 많아 일시에 수인의 수사요원이 동원되어 조사하는 경우.

ㄷ) 기타 수사상 필요하다고 인정되는 합리적 이유가 있는 경우 등.

3) 문장순서(文章順序)

(1) 원칙: 시간의 흐름대로 배열.

(2) 침입절도사건의 경우: 예: 범의 → 절취 → 도주 → 장물처분의 순으로 배열.

4) 수사서류(搜査書類) 작성방식(作成方式)

(1) 근거: 형사소송법 제57조 내지 제59조, 사법경찰관리집무규칙 제14조 및 제15조, 범죄수사규칙 제22조 각각 규정.

(2) 경찰관(警察官)이 작성(作成)하는 서류(書類)의 경우

가) 작성연월일을 기재할 것: 특별한 규정이 있는 경우를 제외하고는 실제로 작성한 연월일을 기재하여야 함.

나) 작성자의 소속관서 및 계급을 기재할 것.

다) 작성자의 서명, 날인을 할 것: 작성자가 직접 성명을 기재(서명)하고, 날인하여야 함.

ㄱ) 서명 대신 기명(記名)(성명의 고무인을 사용하는 방법)은 안 된다.

ㄴ) 날인(捺印) 대신 무인(拇印)은 허용하지 않음.

라) 매엽(每葉)에 간인(間印)을 할 것: 수사서류가 2매 이상인 때에는 서류의 연속성을 증명하기 위하여 작성자의 날인에 사용한 인장을 가지고 매엽에 간인함.

예 좌측여백: 작성자의 날인, 우측여백: 진술자의 날인.

마) 여백이나 공백에 사선을 긋고 날인할 것: 문자를 마음대로 삽입할 수 없다는 것을 담보하여 서류의 신빙성을 높이기 위하여 여백·공백에는 반드시 사선을 긋고 그 선상 중앙부에 날인함.

바) 문자(文字)를 변(變)·개조(改造)하지 말 것: 문자를 고쳐서는 안 됨, 문자를 삭제하거나 삽입하거나 난 외에 기재할 필요가 있는 경우에는 다음과 같은 방법을 취함.

ㄱ) 문자를 삭제할 때: 삭제할 문자에 두 줄의 선을 긋고 작성자의 날인을 하며 그 좌측란 외에 "삭○자"라고 기재하여야 함.

ㄴ) 문자를 삽입할 때: 그 개소를 명시하여 행의 상부에 삽입할 문자를 기입하는 것을 원칙으로 하고 예외적으로 하부에 기입하는 것도 허용되면 그 부분에 작성자의 날인을 하여야 하며, 그 좌측란 외에 "가○자"라고 기재하여야 함.

ㄷ) 1행 중 2개소 이상 문자를 삭제 또는 삽입하였을 때: 각 자수를 합하여 "삭○자","가○자"라고 기재하여야 함.

ㄹ) 난 외에 기재할 때: 기재한 곳에 작성자가 날인하고, 그 난 외에 "가○자"라고 기재하여야 함.

ㅁ) 정정(訂正)에는 반드시 서명·날인에 사용한 인장을 사용하여야 함.

ㅂ) 피의자신문조서나 진술조서인 때: 난 외에 "삭○자" 또는 "가○자"라고 기재하고 그 곳에 진술자로 하여금 날인하게 하여야 함 → 진술자가 외국인인 때에는 그 날인을 생략할 수 있음.

(3) 사인(私人)이 작성하는 서류(書類)의 경우

가) 작성연월일을 기재할 것.

나) 작성자의 서명, 날인을 할 것.

ㄱ) 다만, 서명을 할 수 없는 때에는 타인으로 하여금 대서 기명하게 할 수 있음.

ㄴ) 또한 날인할 수 없을 때에는 무인(拇印)하게 하여야 함.

다) 타인으로 하여금 대서하게 하였을 경우: 그 이유를 기재하고, 서명·날인하게 함 → 경찰관이 대서하였을 경우에는 열람하게 하거나 읽어주어서 대서사항이 본인의 의사와 틀림없는가를 확인한 후 대서의 이유를 기재하고 본인과 함께 서명·날인하여야 함.

3 수사서류(搜查書類) 작성상의 원칙(原則)

1) 내용상(內容上)의 원칙(原則)

(1) 수사자료 획득(搜查資料獲得) 선행(先行)의 원칙(原則): 필요한 모든 자료가 수집되고 관련된 목격자 등 참고인조사가 완료된 다음에 피의자 조사에 착수 → 피의자의 자백에 수사의 성패를 거는 방법은 지양(止揚).

(2) 범행사실(犯行事實) 설명중심(說明中心)의 원칙(原則): 범죄사실의 증명에 필요한 것을 선별하여 조사 또는 편철 → 자료를 선별하지 않고 조사 또는 기재할 경우, 오히려 사건의 이해를 복잡하게 만들고 다른 증거의 가치를 감소시킬 우려가 있음.

(3) 사실(事實)을 그대로 기재할 것

가) 수사서류의 가치는 서류에 기재되어 있는 내용이 진실(사실과의 부합)한 것이 생명.

나) 수사상 유리한 사실만을 지나치게 강조하거나 피의자에게 유리한 사실을 생략해서는 안 됨.

(4) 요점(要點)을 망라(網羅)할 것: 6하 또는 8하 원칙에 따라 요점을 빠뜨리지 말고 기재 → 수사서류는 관련된 것을 전부 그대로 기재하는 것이 아님.

(5) 간명(簡明)하게 기재(記載)할 것: 가급적 문단을 짧게 하여 이해하기 쉽도록 한다.

가) 권위적인 문장의 사용은 금지.

나) 특히 피의자가 다수인 경우와 같이 복잡한 사항: 하나의 문장으로 연결하지 말고 항목을 나누어 간결히 기술함.

(6) 기재내용(記載內容)이 자연스럽게 할 것: 수사경과를 사실대로 자연스럽게 작성 → 현행범인이 아닌 것을 현행범인으로 보고 작성하였다거나 수사에 관여하지 않은 형사가 수사보고서를 작성한 것은 자연성이 없는 경우임.

(7) 객관성(客觀性)을 유지(維持)할 것

가) 수사서류는 제3자(판사(判事)·검사(檢査)·변호사(辯護士))가 보고, 엄격한 판단을 거쳐 유·무죄를 결정하는 중요한 증거로 되기도 하므로.

나) 경험칙에 비추어 객관적으로 가능하거나 납득이 되도록 작성하여야 함 → 그렇지 못한 부분이 있을 때에는 그 부분을 규명해야 함.

(8) 기재내용(記載內容)에 모순(矛盾)이 없을 것

가) 문장은 제3자가 보았을 때 이해하기 쉽게 작성.

나) 문맥이 통하지 않는다거나 추상적인 표현은 사용하지 않는 것이 좋음.

다) 기재 내용에 모순이 없도록 작성: 서류에 작성할 내용을 자신의 수첩이나 메모장에 상세히 기록해 두었다가 이를 문맥이 통하도록 잘 정리해서 항목별로 기재하는 것이 좋음.

(9) 6하(何) 또는 8하(何)의 원칙(原則): 피의자의 행위가 범죄구성요건에 해당하고 더 나아가 그 행위가 특정되어 지도록 작성 → 중요한 것은 그 형식적 요건이 아니라 서류에 기재되어 있는 내용임.

2) 기술상·형식상의 원칙(原則)

(1) 이해하기 쉽도록 작성: 수사서류는 남이 읽을 것을 전제로 작성하는 것임.

(2) 수사행위자(搜査行爲者)와 작성자(作成者)의 일치(一致): 수사를 실행한 자가 직접 수사서류를 작성해야 함.

(3) 수사행위시(搜査行爲時)마다 작성(作成): 인간의 기억력에는 한계가 있기 때문에 일정한 수사행위를 하고 후일에 작성된 수사서류는 부정확하고 부자연스러움.

(4) 소정(所定)의 서식(書式)을 따를 것: 수사서류는 범죄수사규칙 등에 많은 서식이 규정되어 있으므로 서식이 규정되어 있는 경우에는 반드시 그 서식에 따라 작성하여야 함.

(5) 우리말을 사용할 것

가) 서류상의 용어: 반드시 우리말을 사용하여야 함 → 특정한 용어이거나 우

리말로 옮기기 어려운 경우는 예외.

나) ( ) 안에 한자 등을 기입하는 경우: 지명, 인명 등으로서 혼동할 우려가 있거나 한자를 써 주어야 뜻이 정확하게 통할 수 있다고 생각될 때, 기타 필요하다고 인정되는 경우.

(6) 통일(統一)된 호칭(呼稱)을 사용할 것

가) 수사서류상의 호칭은 통일하여 경어체를 사용하여 기재.

나) 진술인, 고소인, 그대, 당신, 피의자, 용의자, 참고인, 선생님 등의 용어를 병행하여 사용해서는 안 됨.

다) 실질적으로 대화하는 과정에서는 상대방의 연령을 고려하여 적절한 호칭과 낮춤말 등을 사용할 수는 있지만 서류상의 기재에는 반드시 경어체를 사용.

(7) 문자(文字)를 정확(正確)하고 명료(明瞭)하게 기재(記載)할 것

가) 컴퓨터나 워드프로세서를 이용하여 수사서류를 작성하는 경우: 읽기 편하고 신뢰감을 줄 수 있다.

나) 자필(自筆)인 경우: 능숙한 글씨는 아니더라도 읽기 쉽게 또박또박 기재 → 읽기 어려운 글자나 흘려 쓰는 글자는 성의부족으로 서류의 신빙성까지 의심받을 수 있다.

(8) 기재시(記載時)의 유의점(留意點)

가) 오·탈자 방지, 띄어쓰기에 유의.

나) 사투리나 은어, 약어 등: 그 뒤에 괄호를 하고 그 내용을 간단하게 설명해 주어야 함.

(9) 숫자의 기재방법에 유의할 것: 수사서류에는 숫자를 기재할 때에는 정확하고 보기 쉽고 능률적인 방법일 필요하며 횡서인 경우에는 원칙적으로 다음과 같이 기재함.

가) 아라비아숫자를 사용함.

나) 수(數)가 3계단 이상이 될 때: 3계단마다 구두점을 넣어서 100,000개, 431매 등으로 기재 → 계단수가 많아서 읽기 어려운 경우에는 만·억의 단위어를 넣어서 45만개, 1억, 2,500만원이라고 기재하는 것도 하나의 방법.

다) 개산(槪算)의 경우: 5~60대, 1~2개월 등으로 기재.

(10) 성명은 한글로 기재하고 ( )안에 한자를 써야 함, 별명이나 이명(異名)이 있을 경우 반드시 기재하여야 함.

4 송치서류(送致書類) 작성방법(作成方法)

1) 송치서류(送致書類)의 편철순서(編綴順序)

(1) 사법경찰관리집무규칙 제54조: 사건에 관하여 진상을 어느 정도 파악하여 구체적인 법령의 적용이 가능하고 검사에게 처리의견을 제기할 정도가 되면 수사를 종결하고, 종결시에는 사건을 관할지방검찰청 또는 지청장에게 송치하여야 함(사법경찰관집무규칙 제54조).

(2) 송치할 때의 송치서류의 편철순서(동규칙 제55조 제3항; 범죄수사규칙 제192조)

가) 사건송치서.

나) 압수물총목록.

다) 기록목록.

라) 의견서.

마) 기타서류: 각종 조서, 증거, 진단서, 수사보고서, 피의자통계원표 등이 포함되며 접수 또는 작성일자 순으로 편철하여야 함(범죄수사규칙 192조).

2) 사건송치서(事件送致書)

(1) 피의자란(被疑者欄)

가) 피의자의 성명은 한글로 정확하게 표시한 후 괄호 안에 한자로 기재하고 이명(異名)이나 별명(別名)이 있으면 그 다음에 기재함.

ㄱ) 한자의 경우 경찰수사단계에서는 '한자불상'으로 기재하였으나 검찰송치 후에 피의자가 한자를 알고 있는 경우도 있으므로 정확히 조사하여야 함.

ㄴ) 대체로 주민등록등본이나 고발장, 고소장 등을 확인하여 알아볼 수 있음.

나) 피의자의 성명 앞에는 구속, 불구속, 미체포, 수감 중으로 구분하여 기재함, 구속의 경우는 구속란에 일자를 기재함.

다) 피의자의 한자 다음에는 지문원지작성번호와 구속된 경우에는 구속영장청구번호를 기재.

라) 피의자가 2인 이상인 경우: 피의자 표시를 아라비아숫자로 「1. 2. 3.」으로 표시, 피의자 전원을 표시할 수 없을 때에는 「별지기재와 같음」이라 기재하고 송치서 다음 장에 별지를 첨부.

마) 피의자가 법인(法人)인 경우: 법인 등기부등본을 제출받아 기록에 첨부.

(2) 죄명란(罪名欄)

가) 죄명은 경합범인 경우 「가. 나. 다.」순으로 하되 형이 중하거나 공소시효 장기순으로 함.

나) 적용되는 법률명은 띄어쓰기를 하지 않고 붙여 씀.

ㄱ) 형법범의 죄명은 대검찰청 제정의 죄명(대검찰청예규 제214호)에 의함.

ㄴ) 미수범, 교사범, 방조범은 죄명 다음에 미수, 교사, 방조라 표시함.

다) 특별법의 경우는 ○○○법 위반으로 표시: 미수·교사·방조의 경우는 표시하지 않음.

라) 「특정범죄가중처벌등에관한법률」위반의 경우에는 동법률위반 뒤에 ( )를 하고 구체적인 죄명을 표시하여야 함 → 예) 특정범죄가중처벌등에관한법률위반(뇌물).

(3) 발각원인(發覺原因)

가) 발각원인의 기재는 인지, 고소, 고발, 자수 중에 택일하며, 인지인 동시에 고소인 경우는 '인지, 고소'라고 기재.

나) 고소취소의 경우는 사건송치서의 발각원인란에 '취소' 또는 '합의'라고 기재.

다) 일부 피의자에 대한 고소취소의 경우는 '일부고소취소'라고 기재.

(4) 의견란(意見欄)

가) 의견란 표시에 있어서는 기소의 경우에는 붉은 색으로 '기소', 불기소의 경우에는 의견별로 '혐의 없음', '죄가 안 됨', '공소권 없음', '기소중지'라고 푸른색으로 명확히 표시.

나) 죄명이나 피의자가 복수일 경우에는 1.의 가. 나. 다. 기소 1.의 라. 불기소(공소권 없음) 및 2. 불기소(죄가 안 됨) 등으로 표시.

다) 의견란 기재에 앞서 유의할 사항은 수사의 전제조건인 친고죄의 고소나

공소시효, 동일사건에 대한 확정판결이 있는지 여부와 같은 형식적 요건을 조사하여야 함.

(5) 증거품란(證據品欄)

가) 증거품의 유무: '있음', '없음'으로 표시.

나) '있음'의 경우: 괄호 안에 송치, 환부, 가환부, 보관, 폐기, 인계, 환가 등을 기재.

(6) 비고란(備考欄)

가) 본적조회나 지문조회 등을 했을 경우: 조회사실을, 지명수배가 있으면 그러한 사실을 기재하여 둠.

나) 검사직수사건의 경우: '검사○○○직수사건'이라 표시하며 변호사가 선임된 사건의 경우라면 '변호사○○○'이라 표시.

다) 그 밖에 관련사건이 있는 경우: 사건번호 또는 송치한 날짜와 사건명을 기재하여도 무방함.

3) 목록(目錄)

(1) 압수물총목록(押收物總目錄)

가) 수사기록에 압수물품이 있으면 반드시 이 목록을 첨부하여야 함.

나) 압수물에 대한 색인표 역할을 함.

다) 번호, 품종, 수량, 정수, 비고란을 기재하며 압수조서의 내용과 일치하여야 함.

라) 비고란에는 송치, 환부, 가환부 등의 내용을 표시.

(2) 기록목록(記錄目錄)

가) 송치할 사건에 대한 일건수사기록의 색인표, 서류표목에는 서류종별을 기재하고 진술자, 작성연월일과 정수를 기재함.

나) 기록과 일치할 수 있도록 확인하여야 하며 특히 서류제목이 적정한지를 판단하여야 함.

다) 기타 수사서류의 편철은 접수 또는 작성한 순서에 따라 빠짐없이 편철.

4) 의견서(意見書)

사법경찰관이 피의사건에 대해 1차적인 수사를 마치고 검사에게 사건을 송치할 때, 수사과정에서 밝혀진 사실을 간명하게 기재하고 이에 대한 전과사실, 범죄사실, 적용법조 등과 사법경찰관의 의견을 붙여서 제출하는 수사서류.

(1) 인적사항(人的事項)

가) 본적과 주거를 기재할 때: 행정구역의 명칭에 따르나 ○○시의 경우는 ○○도를 생략하고 ○○읍의 경우는 도와 군을 표시하되 군과 읍의 명칭이 동일하면 군은 생략함(대법원판결양식, 1990.6.1.시행).

나) 서울특별시, 인천광역시와 같이 특별시나 광역시는 생략: 번지 다음에는 통, 반을 정확히 기재하고 아파트와 같은 집단주책의 경우는 동수 호수를 명확히 기재해야 함.

다) 본적과 주거가 같은 경우: 주거란에 '위와 같음' 또는 '상동'이라 표기, 외국인의 경우 본적은 출생지를 기재하면 무방함.

라) 법인(法人)의 경우: 법인의 명칭, 사무소재지, 대표자의 성명과 주소를 기재.

마) 직업의 경우: 일반적으로 사회에서 인정할 수 있는 직업으로 구분하여 기재, 일정한 직업이 없으면 '무직'이라 기재.

바) 성명의 기재: 사건송치서의 피의자란과 동일한 방법으로 기재 → 피의자가 진술거부권을 행사하거나, 다른 이유로 성명을 알 수 없을 경우는 '불명' 또는 '불상'이라 기재하고 피의자를 특징지을 수 있는 인상, 골격, 지문 등을 기재하고 피의자의 사진을 별지로 첨부함.

사) 외국인 피의자의 경우: 한글로 발음대로 기재하고 괄호 안에 영문자로 표기, 미군범죄의 경우는 미군당국이 작성한 범죄발생통보서를 근거로 표기.

아) 주민등록번호: 주민등록증과 동일하여야 하나 위조되거나 타인의 주민등록증을 소지하는 예가 많으므로 피의자의 전과기록이나 주민등록등본 등과 비교하여 진위 여부를 확인하여야 함.

자) 생년월일: '년', '월', '일'의 문자를 생략하고 괄호 안에 현재의 만 나이를 기재.

(2) 전과사실(前科事實)

가) 전과사실을 기재하는 순서: 단순히 연도순으로 하는 것보다는 징역, 금고, 집행유예를 선고받은 경우는 먼저 이를 연도순으로 기재하고, 동시에 벌금형을 선고받거나 기소유예처분을 받았다면 이를 징역, 금고, 집행유예 다음에 기재.

예 1989년 ○월○일, 서울형사지방법원, 강도, 징역 1년.
1990년 ○월○0일, 광주지방법원, 재물손괴, 징역 1년 집행유예 3년.
1991년 ○월○일, 부산지방법원, 교통사고처리특례법, 금고 1년.
1985년 ○월○일, 서울형사지방법원, 점유이탈물횡령, 벌금 30만원.
1986년 ○월○일, 서울형사지방법원, 폭행, 벌금 50만원.
1987년 ○월○일, 대구지방검찰청, 병역법, 기소유예.

나) 사건송치 후에 범죄경력을 발견하거나 회보를 받아 수정자료를 송부할 필요가 있으면 추송서를 첨부하여 즉시 이를 추송함(범죄수사규칙 제189조 제2항).

다) 형사처분 등을 받은 사실이 없는 경우는 '해당없음'이라고 표기.

(3) 범죄사실(犯罪事實)

가) 범죄사실을 해당구성요건에 맞추어 6하(또는 8하)원칙에 따라 정확하게 기재하며, 구성요건 해당사실을 표현하는 기본적인 상용어를 사용하여야 함.

나) 범죄사실을 기재하는 것이기 때문에 끝맺는 말은 '…한 것이다.'로 끝내야 하며 '…한 자이다.'라는 식으로 표현해서는 안 됨.

다) 세부적인 설명

ㄱ) 범죄(犯罪)의 주체(主體)

a) 피의자가 1인의 겨우는 '피의자'가 주어가 되고, 2인 이상일 경우는 '피의자○○○. 같은 ○○○, 같은 ○○○'으로 표현, 공범일 경우는 '공모하여' 또는 '공동하여'라는 표현을 첨가.

b) 피의자 2인 이상이 각기 범죄사실이 다른 경우는「1. 2. 3.」으로 항목별로 구분하여 기재.

c) 공범자 중 1인만을 기소의견으로 송치할 경우는 '피의자는 건(件) 외 ○○○과 공모하여' 또는 '피의자는 아직 체포하지 못한 ○○○ 외 3인과 공모하여'라는 식으로 표현.

d) 교사범(敎唆犯)일 경우는 본범과의 관계를 구체적으로 표시하여 본범의 범행이 교사행위로 인하여 실행되었다는 취지를 기재, 물론 문장의 주어는 교사범이어야 함.

e) 방조범(幇助犯)일 경우는 일단 정범의 범죄성립을 밝히고 방조자의 방조행위를 구체적으로 기재함, 문장의 주어는 역시 방조범이어야 함.

f) 간접정범(間接正犯)일 경우는 정범의 처벌되지 않는 행위나 과실을 이용하는 것이므로 그 취지를 기재하여야 함.

g) 미수범(未遂犯)인 경우는 대체로 형을 임의로 감경하는 장애미수와 필요적으로 감면하는 중지미수로 나누어 고찰하여야 함.

ㄴ) 범죄(犯罪)의 일시(日時)

a) 연·월·일의 기재는 아라비아 숫자로 하되 문자는 생략하고 그 사이에 점을 찍어 구분하고 시·분의 문자는「 : 」으로 표현.

예 1995.7.30. 23:30.

b) 사기나 횡령과 같이 시간이 범죄구성성립요건에 영향이 크지 않는 범죄는 탄력성있게 시간을 기재하여도 무방하나 폭력행위등처벌에관한법률과 같이 야간일 경우 형을 가중하는 범죄에 있어서는 시간까지 정확히 기재하여야 함.

c) 공소시효나 범행 당시 미성년자였는지의 여부가 문제되는 사항이 아니라면 날짜를 확실히 알 수 없는 경우는 범행을 특정할 수 있을 정도로 기재하여도 무방.

ㄷ) 범행장소(犯行場所)

a) 범행장소는 수사기관의 토지관할과 밀접한 관계가 있고 명령서나 통지서 등을 송부할 경우가 있으므로 정확히 행정구역단위로 동명이나 번지까지 기재.

b) 일반적으로 잘 알려져 있는 장소나 건물은 구체적인 번지까지 기재할 필요는 없음. 또한 범행을 특정하는데 장소가 특정될 필요가 없는 경우도 마찬가지임.

예 서울 강남구 ○○빌딩 내 ○○에서.

서울 강남구 강남대로 일대에서 흉기를 소지하고. 피해자 ○○○를.

ㄹ) 범죄객체(犯罪客體)

a) 피해자는 성명을 기재하고 괄호를 하여 남・여, 연령을 표시함.

(a) 성명 미상인 경우는 인상이나 체격 추정연령 등으로 특정.

(b) 피해자의 주소나 직업 등은 범죄와 연관이 없는 이상 기재할 필요는 없음.

(c) 단, 미성년자의제강간죄와 같이 피해자의 나이 때문에 성립하거나 가중처벌하는 범죄의 경우는 반드시 연령표시를 하여야 함.

b) 피해품의 경우는 우선 소유자나 점유자를 표시하고 각 피해품목을 종류별로 특정하여 구체적으로 기재.

(a) 가격은 적당한 소매가격으로 표시하나 이를 알 수 없을 경우는 피해 당시의 신고가격으로 표시.

(b) 가격이 실제가격과 상당한 차이가 있다면 '피해자 신고 가격 ○○○원'이라고 기재.

c) 피해가 재산상의 이익일 경우는 취득한 방법, 수단, 기간을 중심으로 표시.

예 신촌에서 일산까지의 택시요금 ○○○원의 지급을 면하여 동액 상당의 재산상의 이익을 취득한 것임.

ㅁ) 범죄수단(犯罪手段)과 방법(方法): 범죄구성요건에 입각한 해당 사실을 구체적이고 간략하게 기재하고 사용되는 용어는 이에 합당한 상용어를 구사하여야 함.

예 강도・강간: 구타하여 반항을 억압케 한 후

사기: 대금을 지급할 의사와 능력이 없음에도 이를 기망하여(거짓말하여)

횡령: ○○을 업무상 보관중 이를 임의로 소비하여

살인: ○○○을 죽일 것을 결심하고, 또는 ○○○가 죽을 것이라는 것을 알면서도

공갈: ○○을 요구하고 이에 응하지 않으면 위해를 가할 것 같은 태도를 보여 ○○○로 하여금 외포케 하여

ㅂ) 범죄행위(犯罪行爲)와 결과(結果)

a) 범죄의 주체, 객체, 일시, 장소 등으로 범행의 상황을 구체적으로 기재한 후에 마지막으로 이를 해당구성요건의 핵심적인 법률용어를 사용하여 매듭지음.

(a) 강도: ……강취한 것이다.

(b) 강간: ……강간한 것이다.

(c) 사기: ……를 편취한 것이다.

(d) 횡령: ……을 횡령한 것이다.

(e) 살인: ……을 살해한 것이다.

(f) 공갈: ……을 갈취한 것이다.

b) 결과범(결과의 발생이 있어야 성립하는 범죄)에 대해서는 결과의 발생을 기재, 결과의 발생이 중요한 살인과 같은 사건에서는 사망의 일시, 장소를 구체적으로 기재함.

예 ○○○을 식칼로 찔러 동일 04:30경 서울 중구 필동 123에 있는 ○○외과 병원에서 동맥절단에 의한 과다출혈로 사망에 이르게 하여 그를 살해한 것이다.

ㅅ) 범죄(犯罪)의 동기(動機), 원인(原因)

a) 의견서에는 간략하게 사건의 개요를 기재하는 것이므로 구성요건에 해당하지 않는 범죄의 동기, 원인 등은 기재할 필요가 없음. 이는 후술하는 피의자신문조서에서 자세히 다루기 때문.

b) 동기나 원인이 있으면 범죄의 고의를 쉽게 파악할 수 있는 사건에서는 간략히 이를 기재해도 무방.

예 시비 끝에, 욕설을 듣고, 격분하여, 노려본다고 화를 내고.

ㅇ) 죄수문제(罪數問題)

a) 실체적 경합관계에 있는 사건의 경우: 「가. 나. 다.」순으로 하여 기재함 → 공범이 2인 이상인 사건에서는 「1. 2. 3.」순으로 피의자를 구분하고 각 피의자 별로 다시 「가. 나. 다.」순으로 범죄를 기재함.

b) 상상적 경합범: 1개의 행위로 여러 결과가 발생한 경우이므로 범죄사실을 하나의 문장에 포함시켜 기재함.

(4) 적용법조(適用法條)

가) 사건송치서의 죄명란과 마찬가지 방법으로 죄명을 표기하나 구체적인 법률의 해당조문, 항, 호까지 기재. 따라서 적용법조는 범죄사실, 죄명과 일치하여야 함.

나) 적용법조는 처벌법규를 먼저 기재하고 행위법규(금지법규)를 나중에 기재.

다) 특별형법 → 형법각칙의 본조 → 형법총칙 → 기타 법조.

(5) 의견: 기소·불기소 의견 → 불기소 이유는 혐의 없음, 죄 안 됨, 공소권 없음, 기소중지 등으로 구분하여 기재.

(6) 작성자 인적사항: 작성 연월일, 작성자의 계급·성명.

5 기타서류(其他書類) 작성방법(作成方法)

1) 범죄인지서(犯罪認知書)

(1) 의의(意義): 수사의 단서를 얻어 수사에 착수할 때, 범죄사실을 인지한 내용을 기재한 서면.

가) 작성하는 경우: 경찰관이 수사에 착수할 때 → 긴급체포, 현행범체포인 때에도 작성.

나) 긴급한 사항일 경우: 수사에 따른 적절한 조치를 일단 취하고 사후에 범죄인지서를 작성해도 무방함.

다) 인지된 범죄에 대해서는 사건번호가 부여되고 인지한 기관은 이를 종결할 의무가 발생.

(2) 작성방법(作成方法)

가) 인적사항: 피의자의 본적, 주거, 직업, 성명, 주민등록번호 및 전과관계를 상세히 기재, 더불어 인적사항은 이를 확인할 수 있는 주민등록표 등을 첨부.

나) 범죄사실: 6하(8하)원칙에 의해 구체적으로 기재하되, 범죄구성요건에 해당될 수 있도록 문장을 구성.

다) 인지경위: 수사경찰이 사건의 경로로 알고 이에 대한 수사를 개시하였는지 명백히 밝혀야 함 → 당직근무 중 당서 ○○파출소 근무 경장○○○으로

부터 신병인수하여 사건을 인지하고 피의자의 행위를 조사한바…

라) 범죄인지서 작성권자 → 사법경찰관 또는 검사.

2) 현행범인체포보고서(現行犯人逮捕報告書)

(1) 수사의 합법성 담보: 현행범을 체포한 수사관은 현행범인체포보고서를 작성하여 소속관서의 장에게 제출 → 피의자의 인적사항과 범죄사실의 개요, 체포경위, 체포장소, 현행범인으로 인정한 사유, 체포시의 상황, 증거자료 등을 기재.

(2) 체포절차의 적법성 확보: 피의자의 자필, 서명이 있는 확인서를 받아둔다 → 피의자의 성명, 주민등록번호, 주소를 직접 기재케 하여 체포시 경찰관으로부터 범죄사실의 요지, 체포이유, 변호인을 선임할 수 있는 권리가 있음을 고지 받았음을 확인.

3) 압수조서(押收調書)

(1) 압수수색영장(押收搜索令狀)에 의한 경우: 영장에 의한 경우는 절차상의 합법성 여부가 문제될 여지가 있으므로 참여인의 참여 여부, 영장의 제시 여부 등을 표시한 후 압수의 경위와 결과를 기재.

(2) 영장(令狀) 없이 압수(押收)한 경우

가) 구속영장에 의한 구속, 체포영장에 의한 체포, 긴급체포, 현행범인 체포시(형사소송법 제216조): 별도의 압수수색영장 없이 압수할 수 있음.

나) 긴급체포의 경우: 피체포자가 소유, 소지 또는 보관하는 물건에 대하여 영장발부 기간 내(48시간)에 압수할 수 있음(동법 제217조).

(3) 임의처분(任意處分)의 경우

가) 소유자나 소지자, 보관자가 임의로 제출한 물건의 압수: 그 경위를 구체적으로 기재.

ㄱ) 피의자가 자신의 집에 있던 VTR을 장물이라고 진술하고 이를 임의로 제출하기에 이를 압수함.

ㄴ) 피의자가 범행 직후 버린 물건을 참고인 ○○○가 취득하고 이를 임의제출하기에 이를 압수함.

나) 압수목록: 압수한 물건의 외형상의 특징 등을 구체적으로 기재 → 경우에

에 따라서는 사진을 첨부하거나 복사 또는 직접 그려서 첨부.

다) 소유자가 소유권을 포기한다는 의사를 표명시 → 포기각서를 받아 압수조서에 첨부.

4) 검증조서(檢證調書)

(1) 의의: 사법경찰관이 오관(五官)의 작용으로 물건의 존재와 상태에 관하여 인식한 검증의 결과를 기재한 서류.

가) 검증의 대상: 제한이 없다 → 유체물, 무체물, 생물, 무생물, 동산, 부동산, 사체, 살아있는 사람 등.

나) 검증시 필요한 처분: 신체검사, 사체의 해부, 분묘의 발굴, 물건의 파괴 등의 처분이 필요함 → 피고인신문은 인정되지 않는다.

다) 실황조사와의 구별: 오관(五官)의 작용으로 수사(공통) → (차이) 실황조사는 임의수사인 데 비해 검증은 강제수사

(2) 검증조서의 작성요령

가) 형식적 기재사항

ㄱ) 피의자명: 검증시를 표준으로 한다 → 피의자 불명시는 「성명 불상자」라고 기재한다.

ㄴ) 피의사건명: 검증시에 추측되는 죄명을 명확하게 쓴다 → 생략할 수 없다.
예 폭력행위 등 처벌에 관한 법률 위반 및 방화피의사건.

나) 실질적 기재사항

ㄱ) 검증의 조건, 현장의 위치, 현장 부근의 상황, 현장의 모양, 피해상황, 증거자료, 참고인의 지시설명, 도면 및 사진 등.

ㄴ) 검증의 조건: 검증할 당시의 기후·명암, 대상의 장소·물건·육체 등 → 조건이 좋았다 나빴다, 방해가 되었다 등.

ㄷ) 현장의 위치: 현장 부근의 상황과 더불어 기재.

ㄹ) 현장의 모양 기재: 외부로부터 내부로, 전체로부터 부분으로, 상태로부터 변태로, 동종으로부터 이종으로 등.

(3) 검증조서 작성상 유의사항

가) 사실 그대로 기재 → 주관적인 의견이나 추측 금지.

나) 작위를 가하지 말 것.

다) 소극적 사항도 기재.

(4) 실황조사서

가) 근거: 범죄수사규칙 제104조 → 현장임검한 사법경찰관이 작성.

나) 작성요령

ㄱ) 형식적 기재사항

a) 피의자성명 · 피의사건명: 실황조사시를 기준으로 표시.

b) 실황조사 일시 · 장소, 작성연월일을 기재.

c) 실황조사 참여인: 각 참여인의 주거, 직업, 성명, 연령, 참여 자격 등을 명백히 기재 → 범행목격자, 피의자, 피해자, 주거자 등.

d) 되도록 도면과 사진을 첨부.

ㄴ) 실질적 기재사항: 검증조서와 동일.

5) 진술조서(陳述調書)

(1) 의의(意義)

가) 진술조서는 수사의 목적을 달성하기 위하여 피의자 아닌 제3자의 진술을 기재한 조서로서(형사소송법 제312조).

ㄱ) 임의수사: 강제소환이나 강제신문을 하여서는 안 됨 → 구인(拘引)할 수 없음.

ㄴ) 참고인진술조서, 피고인진술조서, 피해자진술조서 등 → 피의자진술조서는 없음.

나) 진술조서는 진술자가 임의로 진술하여야만 증거로서의 능력이 있으므로 임의로운 진술이라는 사실을 증명할 수 있는 형식적 요건을 갖추어야 함.

(2) 작성방법(作成方法)

가) 참고인진술조서: 신문조서가 아니기 때문에 참고인의 진술을 받는 과정에서는 진술거부권을 굳이 고지할 필요는 없음.

나) 참고인진술조서의 기재순서는 진술인의 인적사항, 진술인과 사건과의 관계를 명백히 밝히고 문답식으로 기재함.

다) 진술과정에서 전후 모순되거나 일관성이 없는 내용은 정확히 지적하여 그

사유를 명백히 밝혀둠, 또한 참고인이 전문(傳聞)한 사실을 진술할 경우는 직접 경험한 사실이 아니라는 취지를 명백히 표현하여야 함.

라) 피해자진술조서: 피해회복, 처벌희망 여부를 기재하며, 만일 피해가 상해(傷害)라면 진술 당시의 치료사항이나 치료기간에 대해 기재.

(3) 유의사항(留意事項)

가) 사건과 관련된 자 중에 참고인으로서 가치가 있는지 여부를 사전에 판단하여 가급적 필요한 참고인에 한하여 참고인출석을 요구.

나) 다른 수사자료만으로 불기소 결정함에 문제점이 없는 경우, 절도죄에 있어서 피해자가 도난 신고서를 이미 제출한 경우, 또는 동일한 유형의 피해자가 다수인 경우 등: 굳이 해당자 모두에 대해 참고인출석을 요구하는 것보다는 우편진술제도를 이용하여도 무방함.

다) 고소인이 고소를 취하(取下)하거나 피해자가 처벌의사를 철회하는 경우: 취소 등의 이유가 피의자측의 강압이나 기망에 의한 것인지의 여부에 유의.

6) 피의자신문조서(被疑者訊問調書)

(1) 의의(意義)

가) 입건된 피의자에 대해서는 사건의 진상을 파악하기 위해 반드시 피의자신문을 하여야 함.

나) 사법경찰관이 작성한 피의자신문조서: 공판정에서 그 피의자였던 피고인이나 변호인이 성립의 진정뿐만 아니라 그 내용을 인정할 때에 한하여 증거로 할 수 있기 때문에(형사소송법 제312조 제2항) 피의자의 진술이 임의로 되었다는 객관적 상황을 구비해 놓아야 함.

다) 사법경찰관이 피의자를 신문할 때: 수사를 보조하는 사법경찰관리를 참여시켜(동법 제243조) 신문시에 강압적이고 독단적인 분위기가 아니었음이 입증되도록 하여야 함.

라) 수사기관에 의한 진술거부권의 고지 여부: 경찰서에서 사용하는 피의자신문조서 양식에는 서두에 미리 인쇄되어 있지만 피의자신문시에는 재차 이 점을 확인하는 질문을 하여야 함 → 피의자는 범행사실에 대해 불리한 진술을 거부할 수 있다는 사실을 설명들었나요?

(2) 필수적(必須的)인 피의자신문사항(被疑者訊問事項)

가) 인정신문사항(人定訊問事項)

ㄱ) 피의자를 특정할 수 있는 인정신문에는 성명, 연령, 본적(본적 이전시 원적까지 기재), 주거와 직업을 물어보아야 함(동법 제241조).

ㄴ) 직업의 경우 피의자가 공무원이라면 소속 및 직급을 명기하고 공무원사본을 첨부.

ㄷ) 피의자가 진술거부권을 행사하여 인정신문에 응하지 않을 경우는 지문조회란 그 밖의 신분을 증명할 수 있는 서류로서 피의자임을 확인하여야 함.

ㄹ) 그러한 방법으로도 피의자의 신원을 확인할 수 없으면 인상, 골격, 추정연령, 기타 특정적인 사항을 열거하여 기재함.

나) 기본적(基本的) 신문사항(訊問事項): 피의자의 정상참작에 자료가 되거나 피의자의 인간성을 파악하는 데 자료가 될 수 있는 사항 → 전과 및 검찰처분관계, 포상관계, 병역관계, 학력, 경력 및 종교, 가족관계, 재산관계, 수입을 비롯한 생활상태, 술이나 담배 등의 기호식품 복용 여부까지 질문하여 기재.

다) 범죄사실관계(犯罪事實關係)

ㄱ) 위의 사항에 대한 신문이 끝나면 구체적인 범죄사실을 조사함.

ㄴ) 사법경찰관이 작성한 피의자신문조서는 비록 형사소송법상의 증거능력은 미비하게 규정되어 있으나 실질적으로는 특별한 논점이 없는 이상 검찰의 공소장이나 법원의 판결문의 기초가 되는 것임.

ㄷ) 범죄사실은 일반적 수사서류작성 부분에서 언급했듯이 6하(8하)원칙에 의해 간결하고 명확히 특정될 수 있도록 함.

ㄹ) 특히 범행후의 피의자의 태도, 예컨대 범죄로 취득한 물건을 어떻게 처리했는지 또는 범행 후 심적·정신적 상태까지 조사하여 기재.

(3) 작성방법(作成方法)

가) 요점을 정리하여 기재: 신문시 피의자가 답변한 모든 내용을 기재할 필요는 없으므로 진술시 요점을 정리하여 기재.

ㄱ) 간단한 사건 → 문답식으로 기재.

ㄴ) 사안이 복잡한 경우 → 불필요한 문답이 중복될 우려가 있으므로 일단 진술의 취지를 메모한 후에 요점을 정리하여 기재.

나) 진술취지: 신문자의 주관대로 해석해서는 안 되고, 피의자에게 유리한 내용도 기재.

다) 조서는 피의자에게 열람 또는 낭독해주어야 한다.

ㄱ) 글을 읽지 못하거나 쓰지 못하는 경우, 또는 질병이나 중상자의 경우 → 조서를 읽어주고 신문자가 대서하여 기명케 하여야 함.

ㄴ) …삭제(변경)의 청구가 있으므로 삭제(변경)의 청구와 같이 기재하였던바(…○○한 행위를 한 후를 △△한 행위로 삭제 또는 변경하겠다는 청구가 있어 그 부분을 삭제 또는 변경하였던바) 진술한 대로 오기(誤記)나 증감·변경할 것이 없다고 하여 간인한 후 서명날인케 함.

라) 진술에 오기(誤記)가 없음을 진술할 때에는 피의자로 하여금 그 조서에 간인한 후 서명 또는 기명·날인하게 함(동조 제2항).

ㄱ) 만일, 서명·날인을 거부하면 그 사유를 조서에 기재.

ㄴ) 날인만 있고 서명이 없거나, 양자가 모두 없는 경우는 조서로서의 증거능력이 일단 없게 됨.

7) 수사보고서(捜査報告書)

사법경찰관리가 수사의 단서나 그 입수상황, 수사의 경과나 그 결과 등 수사에 관계 있는 사항을 상사에게 보고하는 서면.

(1) 보고 내용: 수사의 단서, 진상, 피의자 변명, 지문의 채취상황, 여죄수사의 결과 등 수사활동과 관련된 사항.

(2) 작성시 유의사항 및 작성요령: 6하원칙에 따라 수사를 할 때마다 작성하여 보고함.

8) 신원보증서(身元保證書)

(1) 불구속 피의자에 대해서는 피의자의 출석을 보증하기 위해 신원보증서를 받아 두어야 함.

(2) 신원보증서를 작성하여 수사기록에 편철해야 하는 사건의 범위: 구속영장이

기각된 피의자, 구속적부심으로 석방된 자, 기소중지 재기사건의 피의자, 고소사건 중 고소 취소되지 않은 사건의 피의자, 주거부정자, 기타 관할 검찰청 검사장이 필요하다고 인정되는 경우 등.

9) 간이서식(簡易書式)

(1) 의의: 간이형사기소제도의 일환으로 사안이 단순하고 정황적인 형사사건처리에 관하여 정형화된 서식.

(2) 목적: 낭비 방지, 사무량 절감, 절차진행의 촉진.

(3) 대상 사건

가) 교통사건: 업무상 과실치사상, 도로교통법 위반사건.

나) 폭력사건: 폭력행위등처벌에관한법률위반, 폭행, 폭행치상, 상해사건.

다) 절도사건.

라) 도박사건.

마) 향군법위반사건.

(4) 간이서식 작성요령

가) 인적사항: 성명은 한글로, 주소란에는 반드시 통반을 기재.

나) 범죄사실

ㄱ) 공란은 그대로 두지 않고 사선을 긋는다.

ㄴ) 피의자진술: 구성요건이나 양형조건의 정황판단에 지장이 없도록 자세히 기재한다.

ㄷ) 합의 여부란: 합의 여부, 합의금, 합의이유 및 경위까지 기재한다.

ㄹ) 교통사고의 경우: 사고 당시 지후조건, 도로조건도 기재한다.

ㅁ) 범행경위란: 동기, 행위시 상황, 행위 후의 정황 등을 모두 기재한다.

6 수사자료표(搜査資料表)의 작성(作成)
—「지문규칙」 제1장에 의함

1) 수사자료표(搜査資料表)의 작성대상(作成對象)

(1) 피의자를 입건(立件)하였을 때, 담당 경찰관이 규정서식에 의한 수사자료표 1매를 작성 → 주민등록증 미발급자나 미소지자에 대하여는 십지지문원지를 작성하여야 함.

가) 직접 지문채취대상인 범죄

ㄱ) 형법상의 범죄.

ㄴ) 특별법 위반범죄.

ㄷ) 이 외의 법률위반 피의자는 주민등록증의 지문을 복사·첨부한다.

나) 상기(上記)의 대상인 범죄가 아닌 경우에도 지문을 채취해야 하는 경우

ㄱ) 피의자가 신원을 증명하는 자료를 제시하지 못하거나 않을 때.

ㄴ) 피의자가 제시한 자료로 신원확인이 어려운 때.

ㄷ) 피의자를 구속할 때.

ㄹ) 수사상 특히 필요하다고 인정하여 피의자의 동의를 얻은 때.

(2) 작성 제외

가) 즉결심판 대상자.

나) 사법경찰관이 수리한 고소·고발사건에 대하여 혐의 없음, 공소권 없음, 죄가 안 됨, 각하, 참고인중지의 불기소 의견으로 송치하는 사건의 피의자.

(3) 법적 근거

· 형의실효등에관한법률·시행령.

· 지문을채취할형사피의자의범위에관한규칙.

· 지문규칙.

· 경찰업무지침(수사자료표 수집관리).

(4) 의의: 범죄자의 전과자료의 수집 및 활용.

2) 작성방법(作成方法)

수사자료표를 작성할 때에는 '지문을채취할형사피의자의범위에관한규칙'(법무부령 제281호 1985.12.30)에 규정한 피의자에 대하여만 지문을 채취하고 그 이외의 법률위반 피의자는 주민등록증의 지문을 복사 첨부.

(1) 컴퓨터 터미널에 의한 조회(전과, 주민): 결과를 수사자료표 ⑦, ⑩번란에 연필로 기재, 전과사실 발견시에는 경찰청 감식과에 송부.

(2) 컴퓨터 터미널이 설치되지 아니한 수사기관: 관할 지방경찰청 또는 경찰청에 직송.

3) 지문원지 및 수사자료표(搜査資料表)의 정리 · 보관

(1) 지문원지: 송부표는 경찰서별로 편철하고, 지문원지는 경찰청에서 분류하여 보관.

(2) 수사자료표: 작성 후 경찰청에 송부 → 경찰청 감식과와 전산소에 통합관리(관리책임자: 경찰청 과학수사과장) → 해당 피의자에 대한 처분결과가 검찰로부터 통보된 경우 전산입력함(범죄경력 및 수사자료 조회의 기초자료가 됨).

가) 성(姓) + 이름(자음에 따라 분류숫자로 분류)순으로 배열: 주민등록번호 및 주민등록 지문번호를 기입.

자음	ㄱ	ㅋ	ㄴ	ㄹ	ㄷ	ㅈ	ㅁ	ㅂ	ㅍ	ㅅ	ㅇ	ㅊ	ㅌ	ㅎ	보충	비고
숫자	1		2		3		4	5		6	7	8		9	0	

ㄱ) 색인번호는 4개 단위의 숫자로 표시하되 그 이름 1자에 대하여 2개 단위 숫자로 분류하여야 하며 이에 미달한 때에는 각각 보충숫자를 부여한다.

ㄴ) 이름이 3자 이상인 때에는 그 이름의 처음자로부터 2자만을 그 이름으로 본다.

예 창 식 , 쇠 돌 이 , 웅 , 소 자 , 만 복
87 61 60 32 77 00 60 30 42 51

나) 주민등록증 미발급자(십지지문 채취): 지문분류번호순으로 보관 → 우수시지를 기준.

(3) 범죄경력조회 회보: 컴퓨터에서 인쇄된 것으로 회보.

(4) 신원조회: 범죄경력조회, 주민조회, 수사자료조회 → 반드시 수사 목적에만 사용해야 함.

4) 수사자료표(搜査資料表)의 폐기(廢棄) 및 삭제(削除)

(1) 전과기록이 중복기재된 수사자료표 및 지문원지(指紋原紙)를 정리한 경우.

(2) 주민등록에 사망으로 정리된 경우.

(3) 사법경찰관이 수리한 고소・고발 사건에 대하여 기소 또는 기소중지(피의자 소재불명 이외의 사유에 의한 경우에 한함) 의견으로 송치한 후 지방검찰청 또는 지청으로부터의 「혐의 없음, 공소권없음, 죄가 안 됨, 각하」의 불기소처분과 함께 수사자료표를 폐기하도록 통보 받은 경우 → 벌금형 이하의 형을 선고받아 그 형이 확정되었거나 불기소처분 및 무죄확정판결 등을 받은 경우 해당란의 기록을 삭제하여 수사자료로 별도 관리.

(4) 유류지문표・유류지문: 해당자가 검거되었거나 수배를 계속할 필요가 없게 되었을 때.

7 수사서류의 보존기간

1) 기산일

사건처리를 완결하거나 최종절차를 마친 다음해 1월 1일

2) 폐기절차

보전문서 기록대장에 주서로 폐기일자를 기입한 후 폐기하여야 한다.

보존기간	수사서류 및 장부
2년	구속・체포영장신청부 및 집행부, 긴급체포・현행범인체포원부, 압수・수색・검증영장신청부, 출석요구부, 형사대기피의자명부, 보석(구속집행정지)자 관찰부, 처분결과통지서철, 검시조서철, 잡서류철, 통신제한조치 허가신청부 및 집행대장, 체포・구속인접견・수진・교통・물품차입부
5년	통계철

25년	범죄사건부, 압수부, 체포·구속인명부, 수사종결사건(송치사건)철, 수사미제사건기록철, 피의자소재발견 처리부, 변사사건종결철
3년	통신제한조치 집행대장

3) 사건과 관련한 비치서류와 사건기록 사본: 검거사건은 3년, 미검거사건은 공소시효 만료 후 1년간 보존한다.

제 4 절 형사사법정보시스템(KICS)

1 개 요

형사사법정보시스템(Korea Information System of Criminal－justice Services)구축사업은 정보기술을 형사사법 절차에 도입, 수사·기소.·재판·형집행에 이르는 형사사법 전과정을 전자적으로 처리하기 위한 사업으로 2003년 8월 전자정부 로드맵 31대 과제에 포함된 다부처 공동사업으로 시작되었다. 대통령훈령에 근거하여 2004년 12월 법무부 산하 형사사법통합정보체계추진단을 발족, 각 기관 파견요원으로 구성, 다년사업으로 추진되었다. 형사사법정보시스템의 가장 큰 특징은 기존의 범죄정보시스템(CIMS)과 달리 법원, 검찰 및 법무부(교정, 보호관찰, 소년보호, 치료감호, 출입국) 등 기관간 정보를 공유한다는 점이다.

2 업무처리 절차

형사사법정보시스템에 의한 업무처리절차는 크게 두 구분으로 나누어진다. 즉, 단순음주사건이나 무면허사건의 약식사건은 서류송치 없이 100% 전자적 송치로 이루어지고, 이 외의 일반사건은 KICS에서 작성한 서류를 출력하여 1건의 서류송치와 전자적 송치가 병행하여 이루어지고 있다.

3 법적근거(부록 참조)

1) 형사사법절차 전자화 촉진법

2) 약식절차 등에서의 전자문서 이용 등에 관한 법률

제 5 장

과학수사

제1절 개 요

1 과학수사의 개념

과학수사(Scientific Investigation)는 수사목적을 달성하기 위해 과학지식과 기술, 기기, 시설 등을 활용하여 과학적인 방법으로 행하는 활동의 총체라고 할 수 있다. 과학수사에서 사용되는 과학들은 일반적인 방법론으로부터 화학, 물리학, 의학, 전자공학, 전기공학, 광학 등 자연과학뿐 아니라 심리학, 사회학, 논리학 등 인문과학과 그 응용학문까지 모두 포함될 수 있다. 특별히 이러한 학문중에서 직접적으로 범죄수사나 재판 등 법적 문제의 해결과 관련된 학문들을 법과학(Forensic Science)이라고 한다.

과거 규문적 형사절차에서 사용되었던 자백편중의 비합리적 수사방법이 인권침해를 이유로 거센 저항에 직면하자 객관성 · 합리성 · 가치중립성을 표방하는 과학기술이 범죄수사 기법에 접목되어 활용되기 시작한 이래 과학수사는 현대에 이르러 비약적인 발전을 하게 된 것이다. 이제 과학수사는 실제적 진실발견과 헌법 및 법률이 요구하는 인권보장을 조화시킬 수 있는 최선의 대안이 될 수 있을 것이라는 신망을 얻어가고 있다.

오늘날 과학수사는 법과학(Forensic Science) 자체나 현장 수사실무자를 위해 현장수사요령이나 개별적인 감식기법 등에 관하여 산재되어 있는 지식뿐 아니라 범죄현장에 최초로 출동하는 경찰관을 포함하여 전문적인 감식이나 감정에 참여하는 과학수사요원, 범죄현장을 빈번히 접하게 되는 순찰지구대 소속 외근요원, 현장수사를 지휘하는 수사지휘관, 법의학을 연구하는 법과학자, 기타 법정의 공판에 참여하는 관계자에 이르기까지 수많은 대상자에게 폭넓게 적용될 수 있는 원리로 법률, 조직운영, 절차, 자격 인증 등을 포함한 방대한 분야라고 할 수 있다.

2 법과학의 발전

과학수사의 근간에 속한다고 할 수 있는 법과학은 범죄수사 재판에 활용될 수 있는 과학의 집합적 개념이라고 할 수 있다. 개념적으로 볼 때 법과학((Forensic Science)은 일반적인 물적 증거에 대한 인지, 식별, 개별화, 평가와 관련된 협의의 법과학(Criminalistics)과 인체 및 구성물에 관한 법의학(Forensic Science)으로 구분하는 것이 일반적이다.

이미 11세기 로마의 법률가 퀸틸리안은 피묻는 손바닥문양(장문)이 장님에게 모친살해의 누명을 씌우기 위한 것임을 밝혔다고 전해지는 등 과거에도 물적 자료에 의해 진실을 밝히고자 하는 노력이 존재하였던 것을 알 수 있지만 지금과 같은 체계적인 학문적 틀이 만들어지기 시작한 것은 17세기 이후에 들어서야 시작된 것이라고 할 수 있다.

특히 프랑스의 베르티옹(Alphonse Bertillon)은 19세기 말에 개발한 특정 인물을 식별하기 위해 신체에 대한 일련의 측정에 대한 체계적인 과정인 인체측정술은 현대 경찰에서도 사용되는 체계적인 개인식별 및 범죄자 자료관리 측면에서 중요한 발전을 이루었다.

오스트리아 법관이자 형사법 교수였던 한스 그로스(Hans Gross)는 1891년 범죄수사에 관한 역사적 저술 “Criminal Investigation”을 통해 범죄수사에 있어 물적 증거에 관한 최초의 포괄적인 기술을 하였으며 ‘Criminalistics’라는 용어가 그를 통해 사용되기 시작하였다.

1910년 로카르드(Edmond Locard)는 파리경찰에 최초의 경찰 범죄연구실을 만들었다. 한스 그로스가 범죄수사에 있어 과학적인 방법을 활용해야 하는 당위성을 확립하였다면 로카르드는 그것을 실천에 옮기는 방법에 있어 획기적으로 기여한 것이다. 그는 범죄자가 물건이나 사람과 접촉할 때 항상 미세증거의 이동이 이루어진다고 믿었으며, 이 원칙은 오늘날 범죄감식에 참여하는 이들이 잊지 말아야 할 신조로 받아들여지고 있다. 또한 그는 프랑스 리옹대학에 법과학연구소를 설립하여 이 연구소를 통해 법과학 연구를 선도하였고 그의 성공에 자극받아 제1차 세계대전 이후 비엔나, 베를린, 스웨덴, 핀란드, 네덜란드 등에 경찰 범죄연구실이 설치되었고 오늘날 FBI Laboratory, 영국의 FSS(Forensic Science Service), 우리나라의 국립과학수사연구원과 같은 법과학 연구실의 시초가 되었다.

우리나라의 경우에도 고려시대에 이미 중국의 법의학서인 "의옥집"이 국내 검시현장에 활용되는 등 과학적인 수사방법의 부분적인 활용은 이미 오래전부터 있었던 것으로 알려져 있으나 1936년 세브란스 의과대학에서 처음으로 법의학 강의가 이루어지고 미 군정 때인 1946년 4월 법의학실험소가 개설되었다가 정부 수립 이후 치안국 내 감식과로 개편되었고 1955년 국립과학수사연구소(현재의 국립과학수사연구원)가 출범함으로써 근대적인 과학수사의 체계가 갖춰졌다고 볼 수 있다.

제 2 절 법사진 · 영상 촬영(法寫眞·映像 撮影)[1)]

법사진 · 영상 촬영은 감식 현장의 모든 것을 담아야 하기에 충분한 지식의 습득과 수많은 연습이 필요하다. 예술을 목적으로 사진을 찍는 전문사진가는 직관적인 촬영이 용인되지만 법사진 · 영상은 논리적인 사진을 찍어 현장을 직접 보지 못한 사람들에게 사진이라는 도구를 통해 현장을 설명하여야 하기에 왜곡이나 조작이 있어서는 안 된다. 그러한 이유로 구도와 노출을 신경 써서 명확하고 선명한 사진을 많이 찍어야 한다. 특히 법사진 · 영상 촬영은 마치 눈으로 보듯 현장을 묘사하여야

1) 경찰수사연수원 제작 '과학수사 기본서'; 한국CSI 전략기획분과 제작 "범죄현장 사진 촬영"(2016년).

하므로 하나의 대상물이라도 여러 각도에서 촬영하여야 한다. 이러한 사진은 증거물과 현장의 상호 관계를 보여주어 공정한 재판을 위한 중요한 증거로 활용된다는 점에서 올바른 법사진·영상 촬영 방법은 매우 중요하다 할 것이다.

1 증거물을 화면 전체에 채워서 찍어야 한다(Fill the Frame)

카메라로 증거물을 촬영하려고 할 때 낭비되는 부분을 최소화하여 촬영하여야 한다. 다시 말해 촬영하고자 하는 대상을 가능한 화면에 채워지도록 구성하여 주위의 원치 않는 불필요한 대상을 제거한 상태에서 촬영하여야 한다. 또한 증거물의 형태에 따라 방향을 일치시키고 증거물이 가장 잘 표현되도록 크고, 보기 쉽게 촬영하여야 한다. 이를 통해 사진 속에 증거물의 많은 정보를 넣어 증거로써 활용될 수 있도록 하여야 한다.

2 피사계심도를 최대한 깊게 찍어야 한다 (Maximize Depth of Field)

카메라 촬영 시, 특정 피사체에 초점을 맞추면 피사체를 기준으로 앞뒤로 일정부분에서 초점이 맞게 되는데 이 범위를 피사계심도라 한다.

법사진·영상은 현장에 있는 사물들이 피사계심도 안에서 잘 보이도록 찍어야 한다. 그러나 카메라의 Auto모드, 혹은 Program 모드로 촬영시 자체 설정으로 피사계심도를 낮춰 촬영하는 경우가 많기에 증거물 촬영 시에 유의해야 한다. 피사계심도를 깊게 촬영하려면 조리개 값을 크게 설정해야 한다. 심도를 얕게 촬영할 경우, 심도 밖에 있는 것들은 초점면에서 벗어나 흐릿하게 표현되는데 이를 아웃포커싱이라고 한다. 일반 사진의 경우 대상물에 집중하기 위해 주변 심도를 날리는 것이 문제가 되지 않지만 법사진·영상의 경우 아웃포커싱은 현장에 대한 정확하고 적정한 설명이 불가하므로 심도에 대한 재구성이 필요한 것이다.

3 증거물의 수직과 수평을 지키며 촬영한다(Keep the Film Plane Parallel)

법사진은 찾은 그대도, 있는 그대로의 모습을 제대로 촬영하는 것은 단순한 기준이지만 현장에서 잘 지켜야 할 중요한 원칙이다. 이와 같은 기준에서 보았을 때 증거물 촬영 시 수직과 수평을 유지해서 촬영하는 것은 왜곡을 방지하는 기본이라 할 수 있다.

이를 위해서는 삼각대 사용을 권장한다. 복잡한 현장에서 삼각대 사용은 불편할 수도 있지만, 전문성과 객관성을 유지해야 하는 법사진·영상에서 삼각대 사용을 주저해선 안 된다. 만일 삼각대 사용이 힘든 경우, 동료가 촬영을 수직과 수평을 유지해서 촬영할 수 있도록 돕거나, 주변 사물을 활용하여 흔들림 없이 촬영할 수 있도록 하여야 한다. 또한, 적정 노출이 어려운 현장일 때는 조리개를 열기 전에 스트로브, 조명 등을 사용하고, ISO를 높이더라도 최대한 낮은 수치의 ISO를 유지하기 위해 노력해야 한다.

제 3 절 법의혈청학(Forensic Serology)

1 법의혈청학(法醫血淸學)의 의미

1) 법의혈청학

법의학의 검사대상 중 인체(人體)에서 유래되는 각종 증거물을 혈청학적인 실험방법에 의하여 감정 및 연구하는 학문.

2) 법의학

의학 및 자연과학을 기초로 하여 법률적으로 문제되는 사항을 연구하고 또는 이를 감정하는 학문.

3) 혈청학(血淸學)

(1) 항원(抗原)과 항체(抗體)의 특이한 반응을 기본원리로 하는 학문.

(2) 항원과 항체의 반응원리를 이용 → 혈액은 물론 각종 인체조직과 인체분비액에 존재하는 혈액형 물질의 검출이 가능.

(3) 혈액형의 판정결과 → 범죄수사를 위한 범인의 색출 및 개인식별에 활용되고 있어 법의혈청학 분야가 크게 발전하게 되었음.

2 대상(對象)이 되는 증거물(證據物)

1) 인체에서 유래된 각종 물체 → 혈액형 검사가 가능하다

(1) 분비액: 혈액, 정액, 모발, 땀, 소변, 기타 인체배설물.

(2) 인체의 일부: 골편(骨片), 치아, 손톱, 인체의 장기편(臟器片) 등.

2) 혈흔(血痕)

(1) 혈액형(血液型)의 종류(種類)

가) 1901년 란트스타이너(Landsteiner)가 ABO식 혈액형을 발견.

나) 1927년 MN식 혈액형(M, N, MN 등 3개의 종류) 발견.

다) 1940년에는 Rh식 혈액형(C, c, D, E, e 5개의 종류) 발견.

다) 최근 범죄사건에는 ABO식 혈액형은 물론이지만 MN식, Rh식 혈액형 감정의 필요성도 늘어가고 있음.

(2) 혈흔(血痕)의 검사(檢査)

가) 혈흔검사의 순서

ㄱ) 육안적으로 혈흔부착 여부 및 부착상태 등을 관찰.

ㄴ) 혈흔으로 의심가는 부위에 대하여 과연 혈흔인가를 증명하는 혈흔 예비시험, 혈흔 확인시험을 실시.

ㄷ) 혈흔이 증명되면 사람의 혈흔인가를 증명하는 인혈증명시험(人血證明試

驗)을 실시.

ㄹ) 사람의 혈흔이 증명된 다음에는 혈액형 검사를 실시.

나) 혈흔(血痕) 예비시험(豫備試驗)

ㄱ) 육안으로 발견이 어려운 혈흔

a) 루미놀(Luminol) 시험: 혈액 속에 (루미놀+무수탄산나트륨+과산화수소)를 반응시키면 파란 형광색을 내는 것을 이용하는 방법 → 암실에서 실시.

b) 루미놀 시험의 단점: 화학섬유, 놋그릇, 고구마즙 등에 대해서는 실시 곤란.

ㄴ) 육안으로 혈흔모양의 물질이 발견되는 경우

a) 무색 마라카이트 록(green) 시험: 백색 종이 위에 놓고 (무색마라카이트록+빙초산+과산화수소) 시약을 떨구어 혈흔이 초록색을 띠는 것을 이용 → 혈액이 1만배 정도 희석되어도 검출 가능.

b) 벤지딘 시험: 혈색소의 촉매작용으로 산소가 벤지딘을 산화, 청색으로 보이게 함.

ㄷ) 철판, 동판, 과일즙 등이 부착되어도 반응하므로 혈흔 단정에는 부적합함.

다) 혈흔(血痕) 확인시험(確認試驗)

ㄱ) 혈흔양성반응을 나타낸 부위에 대한 헤모크로겐 결정체(hemochrogen crystal) 시험을 실시하여 혈흔을 확인.

ㄴ) 혈흔이라면 붉은 색깔의 국화 꽃술 모양의 결정체가 현미경에서 관찰됨.

ㄷ) 혈액이 200배 이상 희석되면 검출이 곤란함.

라) 인혈(人血) 증명시험(證明試驗)

ㄱ) 침강반응중층법: 사람 혈액을 토끼에게 면역주사해서 만든 항(抗)사람 면역혈청(免疫血淸)을 이용하여 백색의 침강대가 형성되어 있을 때 인혈(人血)로 판정.

ㄴ) 한천 겔 면역확산법: 편판의 홈에 한천을 부어 혈흔추출액과 항인혈혈청이 경계부위에서 백색의 침강선을 형성하면 인혈로 판정.

ㄷ) 휘브린 편판법: 인체분비액, 경조직 등을 휘브린 평판에 놓고 스트렙토

키나제를 떨구어 시료 주위가 용해되어 투명해지면 인혈로 판정 → 오래된 혈흔에서도 가능.

마) 혈액형(血液型) 검사(檢査)

ㄱ) ABO식 혈액 검사

a) 흡착시험법: 항 혈청에서의 혈구 응집으로 판단.

b) 해리시험법: 섬유 등에 묻은 혈흔을 해리(한 개의 분자가 원자, 이온 등으로 분리되는 현상)하여 항A형, 항B형, 항H형(O형 판단용) 시험관에 각 혈액을 반응시켜 판단 → ABO식은 적은 혈흔, 10년 이상의 혈흔에서도 검사가 가능.

c) 혼합응집시험법: 혈흔, 타액, 땀(지문), 모발 등을 시료로 항혈청과 적혈구 부유액을 슬라이드 그라스에 접착시켜 판정 → 극히 적은 량의 혈흔에 대해서도 가능.

ㄴ) 이 검사만으로 누구의 혈액인지 구분되지 않을 때에는 MN식, Rh식 검사를 추가로 실시.

바) 혈흔에서의 성별감식

ㄱ) 짐사(giemsa) 염색법: 현미경 450배 관찰에서 여성 혈흔에서 백혈구 세포핵에 돌기모양(드럼스틱)이 관찰된다.

ㄴ) 키나크린 염색액: 남성 Y염색체에 염색되어 형광현미경상 백혈구세포핵에서 형광빛이 발견된다.

사) 혈흔의 형상과 현장상태

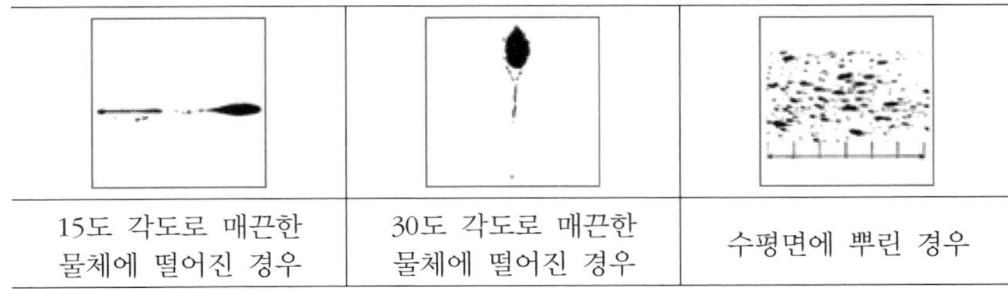

15도 각도로 매끈한 물체에 떨어진 경우	30도 각도로 매끈한 물체에 떨어진 경우	수평면에 뿌린 경우

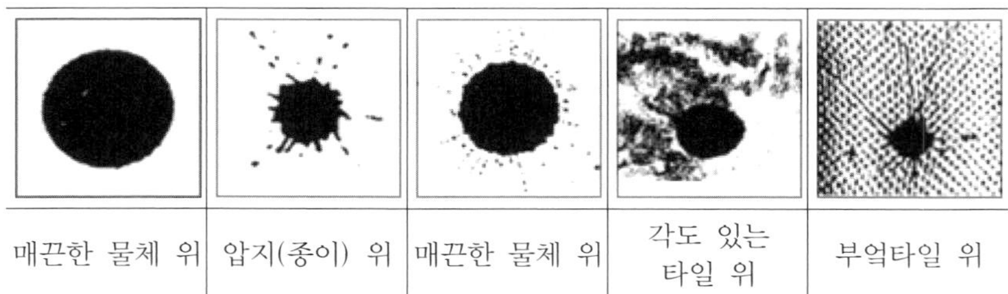

매끈한 물체 위	압지(종이) 위	매끈한 물체 위	각도 있는 타일 위	부엌타일 위

3) 타액(唾液)

(1) 타액(타액반): 구강 내로 분비되는 유동액 → 무색, 냄새·맛 등이 없으며, 다소 혼탁하고 끈적임. 점막세포·아밀라아제·혈액형물질을 함유.

(2) 범인의 혈액형 판단가능: 담배꽁초가 대부분을 차지, 그 외에도 사건의 종류에 따라 껌, 우표, 휴지, 마스크, 손수건 등도 가능.

(3) 타액(타액반) 검사의 방법(순서): 자외선 검사 → 전분화요소검출시험 → 사람타액증명시험 → 혈액형 검사시험.

가) 타액(唾液)·타액반(唾液班)의 검사(檢査)

ㄱ) 자외선검사(紫外線檢査): 암실에서 자외선을 쪼여 타액반이 형광반응하는 것을 이용 → 정액, 질액, 본드, 풀 등도 형광 반응하므로 주의.

ㄴ) 전분화효소검출시험(澱粉化酵素檢出試驗): 타액에서 아밀라아제 검출시험을 통해 타액임을 증명 → 5년이 경과된 경우도 가능.

ㄷ) 사람타액증명시험: 항사람 타액 면역혈청(타액을 토끼에 면역주사하여 만듬)을 사용 → 침강반응중층법, 한천 겔 면역확산법 등 이용(인혈증명시험과 동일).

나) 혈액형(血液型) 검사(檢査)

ㄱ) 분비형과 비분비형 검사: ABO형 혈액형 물질이 타액, 정책, 위액 등에 다량 분비되는 사람을 분비형(검사인원 중 약 82%)이라고 함.

ㄴ) 루이스(Lewis)식 검사: Leb물질 양성인 사람이 비분비형에 속함 → 흡착시험법에 의한 혈액형 검사와 동일하게 실시.

ㄷ) ABO식 혈액형 검사: (흡착시험법) 항 혈청에서의 혈구 응집으로 판단 → 비분비형은 항A,B,H 혈청 어디에서도 반응하지 않음.

다) 성별감식

ㄱ) 크레실 액트 바이오렛트 염색액 → 여성의 경우, 성염색질이 발견.

ㄴ) 남성 타액의 형광소체 시험법 → 부패되거나 1주일 이상 경과시 성별식별 곤란.

ㄷ) 식사 후, 음료수 복용 후, 끈적한 접착제와 타액이 혼합되면 상피세포 검출이 없거나 곤란함 → 성별식별 불가능.

라) 비즙(鼻汁: 콧물)의 검사순서

ㄱ) 현미경에 의한 검사: 비즙반은 원주상피세포가 발견됨.

ㄴ) 사람비즙검사: 비즙과 질액과는 공통항원이 존재하므로 항사람질액면역혈청을 사용 → 침강반응중층법.

ㄷ) 혈액형 검사: 흡착시험법에 의한 ABO식 혈액형 검사와 동일.

4) 정액(精液)

정액의 법의학적 증명은 성범죄 수사의 유력한 증거가 됨.

(1) 정자(精子)의 생존(生存)

가) 여성 질내에서의 생존

ㄱ) 14시간 후면 염색성 상실.

ㄴ) 36시간 또는 그 이상 생존 → 여성의 배란기에는 생존기간이 길어짐.

ㄷ) 80시간 후면 정자의 검출이 안 됨.

나) 시체 내에서의 정자: 시체의 보존상태에 따라 다르며, 부패된 시체에서는 검출 안 됨.

다) 정관수술한 경우: 약 3개월간 정자 누출 가능.

(2) 정액(精液) 검사(檢査)

가) 정액반: 정액이 의복, 손수건, 휴지 등 어떤 물체에든 부착되어 있는 상태.

나) 정액반의 감정순서

ㄱ) 육안적 관찰: 황회백색, 밤꽃 향기

a) 강간에 의한 경우: 국소 부위에 외상(外傷), 질내의 정액, 성병감염 유무로 판단 → 구강이나 직장 내 정액의 검출도 가능.

b) 화간(和姦)·강간의 구별: 정액의 질외 유출, 외음부에서 다량의 정액,

의복에 부착된 정액으로 구별.

c) 피해자가 저항한 경우: 질 부위 이외에의 사정 흔적이 있다.

ㄴ) 자외선조사(紫外線照射)에 의한 관찰: 암실에서 자외선을 조사(照射) → 정액성분(후라빈)으로 형광을 발함 → 타액반, 질액반, 뇨반, 세제 등에서도 형광을 발함.

ㄷ) 정자의 관찰: 현미경으로 정자의 운동성 관찰

a) 직접관찰.

b) 바에키염색법: 머리 부분은 적색, 꼬리 부분은 청색.

c) 코린스토키염색법: 머리 부분이 적색 또는 옅은 적색.

d) 시간이 경과된 정자는 꼬리 부분이 떨어져 나간 변형된 정자의 머리 부분만 관찰된다.

ㄹ) 결정형성시험

a) 후로란쓰법: 후로란쓰 시액을 이용, 처음에는 갈색의 과립 → 다음에 침상(針狀)의 결정 마지막으로 갈색의 마름모형, 판(板) 모양의 결정체.

b) 바베리오법.

c) 푸라덴법.

ㅁ) 효소검출시험: 정액 중의 산성인산효소를 검출 → 무정자증, 정관수술자 등의 정액도 증명 가능, 전기영동장치(전극에 의해 효소단백을 분리하는 장치) 개발로 활기를 띰.

ㅂ) 사람 정액증명시험: 항사람정액 면역혈청을 이용 → 정액, 질액, 혈액이 혼합되어 있을 때 적합.

ㅅ) 혈액형 검사의 순서로 실시하여 최종 개인식별을 추정.

(3) 질액(질액반)의 검사: 루골염색법 → 현미경으로 갈색의 질 편평 상피세포가 발견됨, 드물게 여성 질내에서 번식하는 트리코모나스라는 원충이 발견되기도 함.

(4) 정액검사시(精液檢査時)의 주의점(注意點)

가) 성범죄 사건: 증거물이 항시 정액과 질액(膣液)이 혼합된 혼합반(混合班)이기 때문에 정액의 혈액형만 선택적으로 판정하기가 어려움.

나) 피해자의 질액의 혈액형(피해자의 타액을 시료로 혈액형을 검사하는 것이 좋음)을 알아야 하며, 판정된 피해자의 혈액형과 비교하여 정액의 혈액형을

추정.

5) 모발(毛髮)

(1) 모발의 검사법: 일반적인 검사, 개인식별을 위한 검사, 모발질화의 검사 세 가지로 분류.

(2) 모발(毛髮)의 검사사항

가) 사람과 동물털 검사.

나) 발생부위.

다) 연령검사.

라) 성별검사.

마) 이발 후의 경과일수.

바) 모발 손상검사.

사) 퍼머, 염색유무의 검사.

아) 뽑은 모발, 자연 탈락모의 검사.

자) 혈액형 검사 등.

(3) 모발(毛髮) 채취시(採取時) 주의사항(注意事項)

가) 모발의 채취: 모발의 부착상태를 상세히 기록함은 물론 사진촬영과 동시에 즉시 채취해야 함 → 특히 교통사고에서 차체에 밀착되어 있는 모발은 무리한 힘을 가해 채취하면 사고 당시에 생긴 손상인지 자료 채취시에 생긴 손상인지의 판정이 어렵게 됨.

나) 모발을 뽑아서 채취할 필요가 있을 때: 모선단(毛先端)을 잡고 당기는데, 모발이 늘어나는 형태적 변화가 없도록 모근(毛根)쪽에 힘을 가하는 것이 좋음.

다) 음모(陰毛)의 경우: 음경(陰莖) 또는 음각(陰刻)의 상하좌우에서 각각 5~10개씩 채취해야 함.

라) 피해자 모발을 대조자료로서 채취할 때: 보통 두모(頭毛)의 경우 두부(頭部)의 전후좌우에서 각 20개 이상 채취하는 것이 원칙.

마) 모발시료(毛髮試料): 모근(毛根)이 부착되어 있는 것이 바람직.

6) 골(骨)

(1) 예비검사: 헤이버씨관 형태 비교, 혈청학적 검사

가) 헤이버씨관 형태 비교: 대퇴골(평균 개수) → 사람(1.78), 신생아(3.17), 원숭이(3.46).

나) 혈액형 검사: 골분, 골수, 연골들을 재료로 검사.

다) 성별검사: 두개골, 골반, 흉골 등.

라) 연령검사: 치아, 두개골봉합, 구개봉합, 하악각(아랫턱) 등 → 출생시 170°, 치아교환기 150°, 영구치 완성기 100°, 35세 110°, 55세 120°, 70세 130°.

마) 신장(身長)의 검사: 사지골(四肢骨)의 최대 길이를 이용하여 생전의 신장 추정.

(2) 사망 후 경과시간의 추정

가) 지상 사체의 백골화(근육, 인대는 남아 있음): 1년.

나) 지중 사체의 연수 소실: 3~5년.

다) 지중 사체의 완전 백골화(근육, 인대 소실): 5년.

라) 골의 지방 소실: 5~10년.

마) 골의 풍화 개시: 10~15년.

제 4 절 지문감식(指紋鑑識)

1 지문(指紋)의 종류(種類)

지문규칙 제15조(경찰청훈령 제252호).

1) 지문(指紋)

손가락 말절 장측부(지두내면)의 융선의 문형 → 보통으로는 그 외의 문형도 포함

해서 호칭.

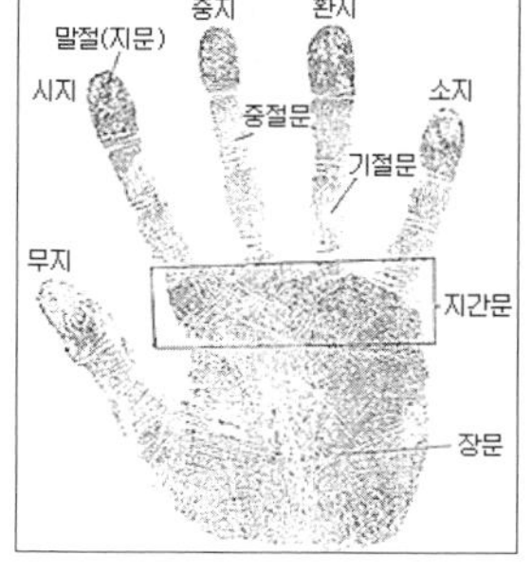

(1) 삼각도: 2개의 융선이 접합선 또는 병행선을 이룸으로써 형성되는 삼각형 모양.

가) 접합선: 2개 이상의 융선이 어느 1점에서 만나 1개의 융선이 된 선.

나) 표준각: 2개 이상의 삼각도를 형성한 와상문에서 중앙으로부터 가장 먼 곳(외부)에 있는 좌우 양쪽의 삼각도.

다) 궁상문: 삼각도가 없다.

라) 제상문: 제선이 흐르는 반대측에 1개가 형성된다.

마) 와상문: 좌우측에 2개 이상 형성된다.

(2) 추적선: 좌측 표준각 하변을 형성한 융선이 우측 표준각 내측 또는 외측에 이르기까지 추적되는 선 → 와상문의 종점을 정하기 위한 것.

가) 추적선을 추적하는 방법

ㄱ) 추적선이 분기된 경우 → 굵은 융선을 따라간다.

ㄴ) 융선의 굵기가 같은 경우 → 하부 융선(외측)을 따라간다.

ㄷ) 추적선이 중단된 경우 → 아래 융선(외측)을 따라간다.

ㄹ) 추적선이 융선 굵기만큼 중단된 경우 → 그대로 따라간다.

추적선의 기점

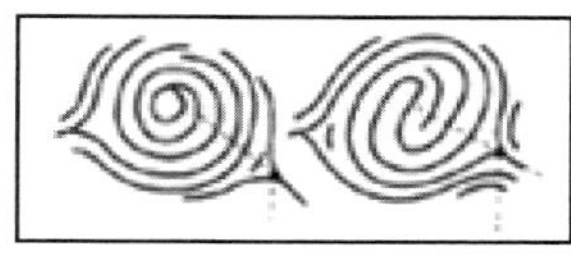
추적선의 종점

나) 추적선의 기점: 좌측표준각(삼각도)에서 추적선이 시작되는 점

ㄱ) 접합점이 있는 경우 → 접합점을 기점으로 한다.

ㄴ) 접합점이 없는 경우(병행하는 경우) → 하변의 1점을 기점으로 한다.

다) 추적선의 종점: 우측표준각의 표준점

ㄱ) 추적선이 우측표준각에 닿았을 경우 → 표준점.

ㄴ) 추적선이 우측표준각의 내측으로 흐른 경우 → 우측표준각을 2등분하는 가상의 직선과 추적선의 교차점.

ㄷ) 추적선이 우측표준각의 외측으로 흐른 경우

a) 우측표준각이 접합하였을 경우 → 접합점.

b) 병행하였을 경우 → 가상정점에서의 수직선과 수직선의 교차점.

(3) 분기선: 1개의 융선이 2개 이상의 융선으로 나뉘어진 선.

(4) 제상문에서

가) 내단: 을종제상문의 융선수를 알기 위한 기준점.

ㄱ) 단선·호상선이 2개 이상인 경우: 가장 높이가 높은 것, 또는 외단에서 먼 것, 중간(홀수인 경우).

ㄴ) 제상반원인 경우: 외단에서 먼 쪽.

ㄷ) 단선이 외단보다 낮은 경우: 단선을 내단으로 보지 않고, 제상반원인 경우와 같이 외단에서 먼쪽의 제상반원을 내단으로 본다.

나) 외단: 삼각도의 접합점.

ㄱ) 접합 외단: 삼각도의 접합점 → 접합점이 여럿일 때는 내단에서 가장 가까운 점.

ㄴ) 병행 외단 → 가상정점으로부터 내단을 향하여 가장직선을 그어 융선과 처음 만나는 교차점.

ㄷ) 게재 외단: 가상정점으로부터 병행선과 가상직선을 그었을 때 게재선과의 교차점 → 게재선이 짝수인 경우는 내단에 가장 가까운 점.

2) 지문(指紋)의 종류

(1) 궁상문("1"): 활(弓) 모양 또는 파도와 같은 돌기 모양으로 형성된 지문 → 중심부의 특징이나 삼각도가 없으며, 돌기 방향은 반드시 상부를 향한다.

가) 보통 궁상문: 평탄하게 흐른 궁상선이 모여서 1개의 문형으로 형성된 지문.

나) 돌기 궁상문: 파도와 같이 돌기한 궁상선으로 형성된 지문.

다) 편류 궁상문: 중심부 융선이 좌측 또는 우측으로 편류한 지문.

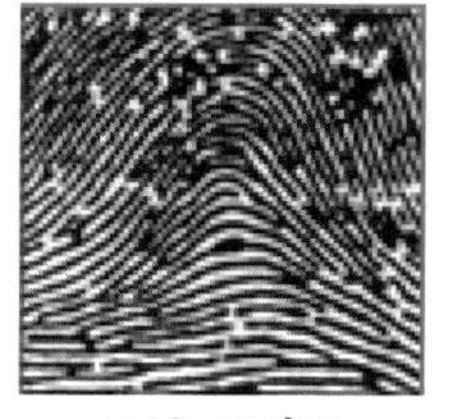

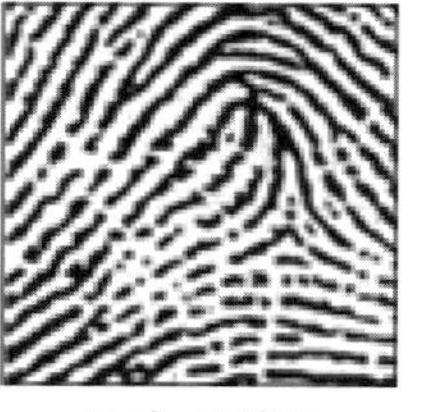
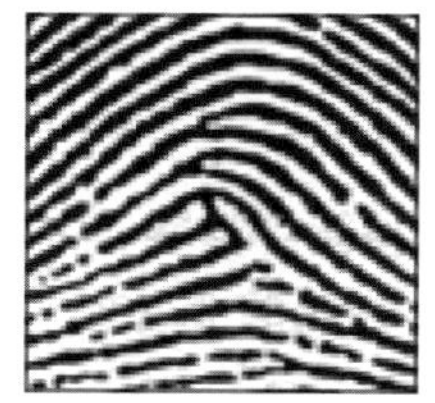

보통 궁상문　　돌기 궁상문　　편류 궁상문

(2) 제상문: 말(馬)발굽 모양의 제상선이 모여서 형성된 지문 → 융선이 흐르는 반대쪽(좌측이나 우측)에 삼각도가 1개 있고, 돌기 방향이 대부분 상부를 향한다.

가) 갑종 제상문("2"): 좌수(左手) 지문을 찍었을 때는 삼각도가 좌측에 형성되어 있고, 우수(右手)를 찍었을 때는 우측에 형성되어 있는 지문.

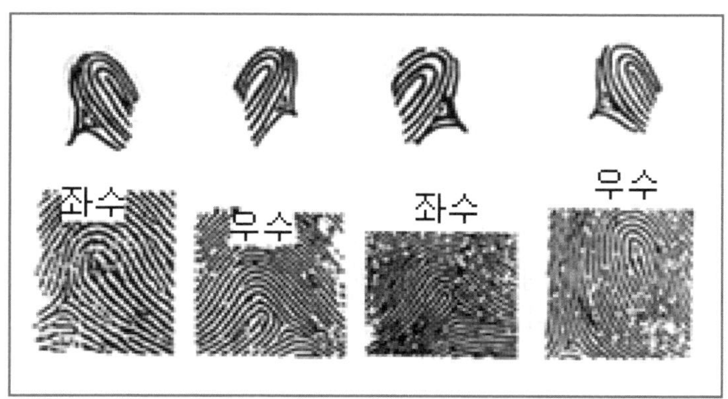

<갑종 제상문>　　<을종 제상문>

나) 을종 제상문("3~6"): 갑종 제상문과 삼각도가 반대 → 내단과 외단 사이의 융선수를 기준으로 분류.

ㄱ) 융선수 7개 이하 → "3"

ㄴ) 융선수 8~11개 → "4"

ㄷ) 융선수 12~14개 → "5"

ㄹ) 융선수 15개 이상 → "6"

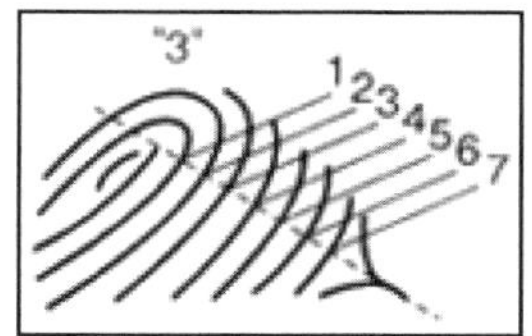

(3) 와상문("7~9"): 달팽이 모양(와상선 · 환상선 · 제상선)으로 융선이 독립 또는 혼합하여 형성(상부곡선과 하부곡선) 둥글게 돌아가고, 2개 이상의 삼각도가 있는 지문.

가) 표준점 안쪽에 융선이 4개 이상 있는 경우("7").

나) 표준각 내측 또는 외측으로 흐르고 융선수가 3개 이하인 경우("8").

다) 융선이 삼각도 외측으로 흐르고 4개 이상인 경우("9").

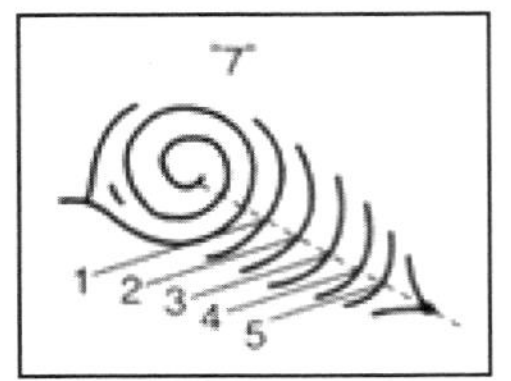

참고

① 순와상문: 중심부 융선이 와상선(소용돌이 모양)으로 형성된 지문.

② 환상문: 중심부의 융선이 환상선(원, 타원형 모양)으로 형성된 지문.

③ 2중 제상문: 중심부를 형성한 1개의 융선으로써 2개 이상의 제상선을 형성하고 원기점 방향으로 환류하는 지문.

④ 쌍태 제상문: 중심부를 형성한 1개의 융선으로써 2개 이상의 제상선을 형성하고 원기점과 반대되는 방향으로 흐르는 지문.

⑤ 유태 제상문: 중심부의 제상선 내에서 호상선 또는 제상선의 돌부가 상반(거꾸로)되게 형성되어 있는 지문.

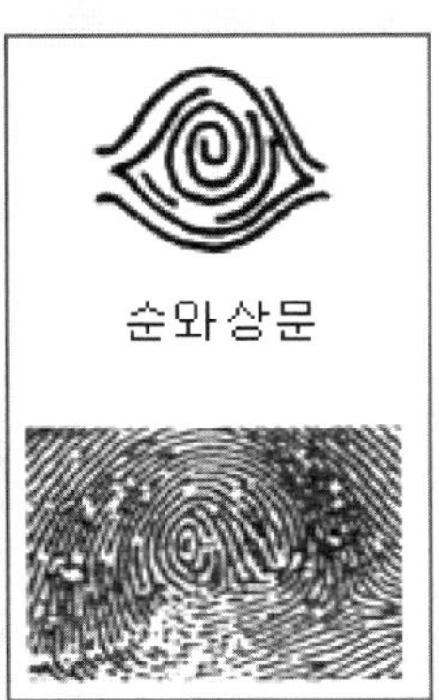

(4) 혼합문: 2개 이상의 문형(궁상문 제외, 제상문과 와상문, 환상문 등)이 혼합하여 2개의 문형으로 형성된 지문

<환상문>

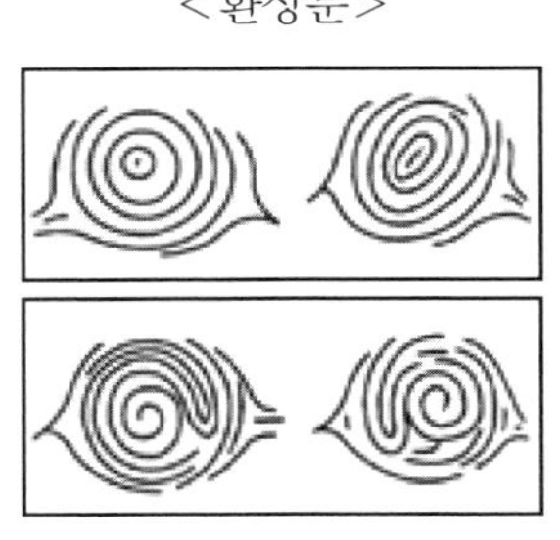

<이중제형와상문> <유태제형와상문>

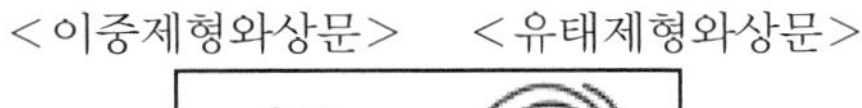

<혼합문>

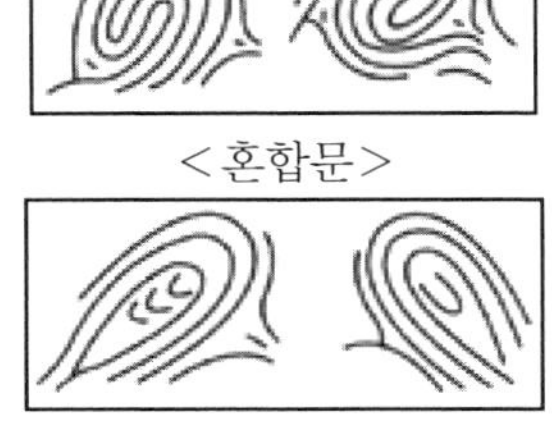

(5) 지두 절단시("0"): 지두가 절단되었거나 기타 사유로 지문을 채취하지 못한 경우.

(6) 손상지문("⊙"): 분류 기준점이 손상되어 정상적인 분류를 할 수 없을 때 → 불완전지문, 일시적인 불명지문.

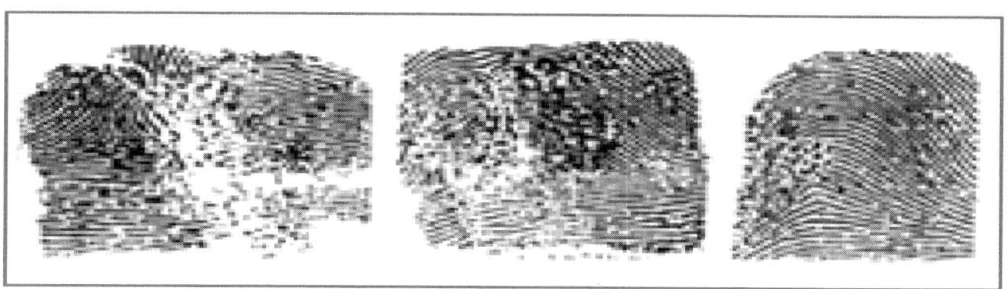

(7) 변태문("ꝯ (9안에 중간점)"): 궁상문, 제상문, 와상문의 어떠한 종류에도 속하지 않는 지문 → 제상문이 나란하게 두 개 있는 지문 등.

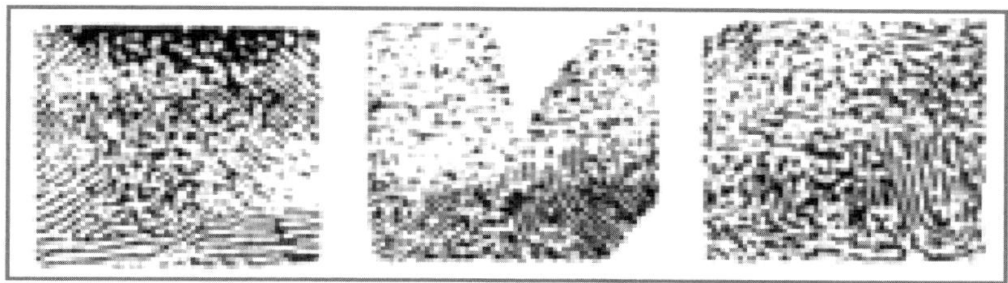

(8) 육손가락: 간지로 분류 → 간지가 불명인 경우는 지지(枝指; 육손이의 덧붙은 손가락)로 분류 → 지지가 불명인 경우는 변태문으로 분류.

(9) 제상문의 외단 및 와상문의 표준각이 불명한 때: 추정분류번호로 분류한다.

3) 지문채취요령

(1) 지문채취 순서: 좌수(左手)의 시지 → 중지 → 환지 → 소지 → 무지, 우수(右手)도 같은 순서로 채취한다.

가) 우수무지 지문의 채취가 불가능한 경우: 우수무지의 손상, 절단 등으로 채취 불가능시에는 그 사유를 기재하고 좌수무지를 찍는다.

나) 좌우수 무지의 채취 불가능한 경우: 시지 → 중지순으로 지문을 채취, 지별(손가락) 표시를 한다.

(2) 회전채취와 평면채취

가) 회전채취: 각 손가락을 좌측부터 우측으로 180° 이상 회전하여 지문의 삼각도가 모두 나오도록 채취한다.

나) 평면채취: 회전시키지 않고 그대로 채취한다 → 회전지문이 잘 안 보일 경우 평면지문으로 대조하기 위함이다.

(3) 지두절단, 손상 또는 기타의 사유로 지문채취가 불가능한 경우: 해당란에 그 사유를 기재한다.

(4) 최근 경찰서 단위 수사과에 전자지문입력기가 보급되어 있어 지문을 스캔하는 방식으로 입력 저장하고 있다.

4) 지문(指紋)의 2대특성(二大特性)

(1) 만인부동(萬人不同)

가) 융선이 문형을 이루는 것은 둥근 것, 곧은 것, 긴 것, 짧은 것 등.

나) 여러 가지 융선의 집합에 의한 것으로 융성의 문형에는 중단(끊어짐), 분기(갈라짐), 접합(맞붙음) 등을 포함.

다) 문형에 포함되는 이러한 것들이 그 문형의 고유의 특징이 되는 것으로 이 특징의 전부가 일치하는 동일한 문형은 다른 데에는 절대로 존재하지 않음.

라) 부모형제지간은 물론이려니와 일란성 쌍둥이의 경우에도 지문은 상이(相異).

(2) 종생불변(終生不變)

가) 사람이 이 세상에 가지고 태어난 지문은 그 사람의 일생을 통하여 변화하지 않음.

나) 지문의 피부가 직업적인 원인에 의하여 마멸되든지, 창상 등에 의해 손상되는지 하는 일이 있으면 지문도 일시적으로 마멸 또는 절손됨.

다) 창상(創傷) 등이 가벼운 경우에는 앞서의 문형과 동일한 특징을 구비한 문형이 재현됨.

5) 지문(指紋)의 효용(效用)

(1) 신원(身元) 및 범죄경력(犯罪經歷)의 확인(確認): 지문은 증거의 王.

(2) 변사자(變死者)의 신원확인(身元確認): 신원불상의 변사자가 발생하였을 경우 변사자의 지두(지문)가 완전히 부패하지 않았을 때는 십지지문(十指指紋)를 채취하여 신원확인이 가능.

(3) 범죄현장지문(犯罪現場指紋)에 의한 범인(犯人)의 신원판명(身元判明)

가) 현장지문: 범죄현장 또는 범인의 침입로, 도주로, 범행의 예비음모 장소 등에서 채취한 지문.

나) 신원 판명: 채취된 유류지문과 일지(一指)지문 및 주민지문자료 또는 용의자 지문과 대조하여 범인의 신원이 판명 → 지문자동검색시스템(AFIS).

2 현장지문(現場指紋)

1) 현장지문(現場指紋)

'범죄현장에서 채취한 지문' → 범죄현장의 여러 가지 물건에 인상된 잠재(潛在)(육안으로 보이지 않는 것) 또는 현재(顯在)(육안으로 보이는 것)의 지문을 그대로 또는 가공 검출시켜 채취한 모든 지문.

2) 준현장지문(準現場指紋)

피의자의 검거를 위해 범죄현장 이외의 장소에서 채취한 지문 → 범죄현장은 아니더라도 범죄현장과 관련이 있는 범인의 침입경로, 도주경로 및 예비장소 등에서 발견된 지문, 또는 전당포, 금은방 등에 비치된 거래대장에 압날(壓捺)된 지문 등 피의자 발견을 위하여 범죄현장 이외의 장소에서 채취한 지문.

(1) 관계자지문: 현장지문 또는 준현장지문 중에서 피의자의 지문이 아닌 지문.

(2) 유류지문: 현장지문 또는 준현장지문 중 관계자지문에 해당되지 아니하는 지문.

3) 현장지문(現場指紋)의 보존(保存)

(1) 범죄현장은 「증거의 보고」라고 하듯이 주도면밀한 계획으로 행하여진 범죄라 할지라도 범죄사실을 입증할 수 있는 증거자료가 존재함, 현장보존 또는 현장관찰, 현장채증활동을 할 때에는 이러한 자료가 파괴 또는 멸실되지 않도록 주의하여야 함.

(2) 현장지문(現場指紋) 등의 파괴(破壞) 방지(防止)

가) 현장에서 유류된 지문은 범인의 신원확인의 중요한 수단이 되고 입증상의 절대적 가치를 가지고 있으나 다른 현장자료에 비해서 눈에 보이지 않으므로 손이 닿기 쉬우므로 파괴 또는 멸실되지 않도록 특별한 주의가 필요.

나) 임장자는 책임자의 통제에 따라 행동하여야 하며 설사 장갑을 낀 경우라도 현장의 물체에 함부로 손을 대서는 안 됨.

(3) 임장자(臨場者) 자신의 지문(指紋)의 유류방지(遺留防止)

가) 범죄현장에서 채취한 지문이 임장자의 지문과 일치하는 경우가 허다함 → 많은 시간과 노력과 수사상의 차질 발생.

나) 임장자가 자신의 지문을 유류했다고 생각되는 경우 → 임장 책임자에게 즉시 보고.

(4) 기타자료(其他資料)와의 관계(關係): 범죄현장에서 발견되는 흉기, 기타 물건 등 증거자료 수집은 지문 채취 후 신중히 취급하고, 혈액감정을 위하여 지문 채취할 자료를 함부로 취급하여서는 안 됨.

4) 현장지문(現場指紋)의 유류상태(遺留狀態)와 부착(附着)의 원리(原理)

(1) 현장지문(現場指紋)의 유류상태(遺留狀態): 인상상태(印象狀態)에 따라서 현재지문과 잠재지문으로 나눔.

가) 현재지문(顯在指紋): 육안으로 식별할 수 있는 지문

ㄱ) 정상지문: 분비물 이외의 유색물질로 인상된 것이 입체적으로 인상되어 육안으로 볼 수 있는 지문 → 먼지, 혈액, 잉크 등이 부착된 손가락에 의해서 인상된 지문.

ㄴ) 역지문: 연한 점토, 마르지 않은 도장면 등에 인상된 지문 → 융선이 반대로 나타남.

ㄷ) 현상지문: 탄력성이 없는 물체(먼지, 유지류(乳脂類), 페인트, 점토)에 인상된 지문.

나) 잠재지문(潛在指紋): 육안으로 식별할 수 없는 것 → 지두의 분비물에 의해서 인상되며 가공검출하지 않으면 육안으로 보이지 않는 지문.

(2) 잠재지문(潛在指紋) 부착(附着)의 이유(理由): 손가락 내측의 피부에 있는 융선의 한선공(汗腺孔)에서 무색 투명한 분비물이 나오고 이 분비물이 손가락이 닿는

물체에 부착됨.

5) 현장지문(現場指紋)의 발견방법(發見方法)과 증거력(證據力)의 보존(保存)

(1) 현장지문(現場指紋)의 발견방법(發見方法)

가) 현장지문을 채취하기 위해서는 그 발견이 전제

ㄱ) 통상 현장지문은 출입구, 물색의 개소, 도주구 등에 유류되어 있는 것이 많으므로 이러한 곳들을 중점적으로 검색하여야 함은 물론 그 주위도 철저히 검색하여야 함.

ㄴ) 장갑흔이 검출되더라도 검색을 포기하지 말고 현장지문이 발견될 만한 곳은 철저히 검색하여야 함. 장갑을 끼고 범행을 하더라도 범행이 부자연스러운 까닭에 범인이 무의식중에 장갑을 벗는 경우도 있기 때문.

나) 잠재지문의 발견: 회중전등, 거울 같은 것을 이용하여 사광선(斜光線)·반사광선을 비춰봄으로써 육안으로도 잠재지문의 존재 여부가 식별되기도 함.

(2) 현장지문(現場指紋)의 증명력(證明力) 보존(保存)

가) 지문은 개인식별상 절대적인 증명력을 가짐: 범죄현장에서 채취한 유류지문은 범죄수사에 있어서 「증거(證據)의 王」으로서 취급.

나) 지문이 검출되었을 때: 필히 채취에 앞서 입회인의 확인이 필요 → 채취에 앞서 사진촬영.

다) 사진촬영: 현장지문을 검출한 물건의 사건명, 사건발생 연월일, 피해자, 채취 연월일, 입회인 성명, 채취지문을 검출하였을 때에는 지문에 번호를 매긴 후 사진촬영 하는 것.

(3) 현장지문(現場指紋)의 조회: 현장지문 등을 채취한 경찰관서의 장의 조회 요청 → 경찰청장·지방경찰청장은 그 현장지문을 지문자동분류검색기(AFIS)에 입력된 지문과 대조하고 관계자 지문, 용의자 지문 및 지문자료와 대조 → 그 결과를 회보.

3 현장지문(現場指紋)의 채취법(採取法)

1) 현재지문(顯在指紋)의 채취법(採取法)

(1) 먼지에 인상된 경우 → 사진촬영, 전사판에 의한 방법, 실리콘러버에 의한 방법.

(2) 혈액으로 인상된 지문 → 사진촬영에 의한 방법, 전사판에 의한 채취방법.

2) 잠재지문(潛在指紋)의 채취법(採取法)

(1) 육안으로 식별할 수 있도록 한 다음 → 사진촬영 또는 전사판에 전사채취.

(2) 고체법(古體法): 분말법(粉末法) → 가장 단순하고 일반적으로 사용하는 방법.

가) 미세한 분말을 물체에 도포(塗布)해서 분비물에 부착시켜 잠재지문을 검출하는 방법 → 젤라틴지나 셀로판 테이프로 부착하여 전사하여 채취.

나) 표면이 편편하고 매끄러우며 경질(硬質)의 물체상에 유류된 잠재지문을 채취하는 데 적당 → 가루가 날리지 않도록 자석 분말을 사용하는 것이 좋음.

다) 부패한 변사체의 지문이나 공구흔(工具痕) 채취: 주로 실리콘러버에 의한 전사방법을 사용 → 흑색 실리콘러버에 경화제를 섞어 사용.

(3) 액체법(液體法)

가) 지두의 분비물 중의 염분, 단백질 등에 화학적 반응을 일으켜서 지문을 검출하는 방법 → 「닌히드린 용액법」과 「초산은 용액법」이 있음.

ㄱ) 닌히드린 용액법(지류나 다공질 물질에서 지문을 검출하는 가장 유용한 화학시약).

a) 닌히드린 분말 20g+아세톤, 에틸알코올, 증류수 등에 용해 → 0.6% 닌히드린 용액.

b) 지문에 남아 있는 아미노산 성분과 반응하여 자주색 지문으로 현출.

ㄴ) 초산은(또는 질산은) 용액법

a) 초산은 분말 30g+증류수(또는 에틸알코올) 1,000ml → 0.3% 초산은 용액.

b) 초산은이 땀성분 중의 염화나트륨과 반응하여 염화은(AgCl)의 형태로 부착.

나) 지류(紙類)에서 지문을 검출하는 경우에 사용.

(4) 기체법(氣體法): 옥도가스를 사용하여 잠재지문(분비물)의 지방분에 작용시켜 다갈색으로 착색시켜 지문을 검출하는 방법.

(5) 강력순간접착제법(가스분사 지문현출법): 가장 많이 사용

가) 사용방법: 접착제(시아노아크릴레이트)를 80℃로 가열(수산화나트륨을 사용하는 방법도 있다) → 방독면 착용 후 잠재지문이 있다고 생각하는 지점에 분사 → 지문이 흰색으로 현출 → 응고되기 전에 도포, 전사판으로 채취하여 사진 촬영.

나) 플라스틱류의 지문 검출에 효과적.

다) 단점: 유리, 알루미늄, 금속, 니스칠된 나무, 셀로판, 가죽류 등과 같이 표면이 매끄러운 물체에서는 지문 검출이 안 됨.

(6) 오스믹산 용액법: 오스믹산의 증기에 의한 화학반응을 이용하여 지문을 검출.

가) 강력순간접착제법 및 오스믹산 용액법의 장점: 고체법, 액체법 및 기체법으로 지문현출이 불가능한 습기있는 지류(紙類), 장기간 경과된 문서, 화장지류, 과일류, 각종 테이프류, 피혁류, 스티로폴류, 나뭇잎사귀 등에서도 지문현출이 가능.

나) 단점: 유리시험관에 넣을 수 없는 대형물체에 부착된 지문은 현출이 불가능.

(7) 가변광선 채증장비: 가변광선(적외선, 가시광선, 자외선)을 이용하여 현장에서 손쉽게 채취.

가) 스펙트럼 9000: 형광시약(DFO시약)을 바른 후 광선을 조사(照射) → 지문에서 발하는 형광을 카메라로 포착(카메라에 오렌지색 등의 렌즈 부착).

나) POLIVIEW: 지문검색시스템과의 연결이 가능토록 한 가변광선 장비.

다) 활용: 지문, 혈액 · 정액 · 침 등 체액, 휘발류 · 화장품 등의 물질, 압필적 흔적, 보이지 않는 잉크, 은행도장 등의 흔적 채취.

(8) 진공금속지문채취기(VMD: Vacuum Metal Deposition)

가) 범죄현장의 증거물을 진공통에 넣고 진공상태에서 금과 아연을 증발시켜 증거물에 입힘으로써(도금의 형식) 유류지문을 육안으로 식별 가능하도록

현출시키는 방법.

나) 매끈하고 흡수성이 없는 표면, 폴리에스테르 재질 등의 플라스틱류, 카메라 필름이나 사진, 매끈한 천, 가죽이나 비닐, 고무 등에 효과적.

다) 장점: 강력한 접착제보다 효과가 크고 오래된 지문도 현출이 가능.

(9) 지문자동검색시스템(AFIS: Automated Fingerprint Identification System)

가) 전산시스템: 사람의 지문을 미리 전산입력해 놓고, 범죄현장 지문 등에 대해 컴퓨터로 비교 검색하여 용의자 등을 판명해주는 장비.

나) 활용: 유사지문을 유사도의 순위가 높은 순으로 검색하여 보여줌.

3) 사체(死體)의 지문 채취방법

(1) 직접채취법

가) 사후 얼마 안 된 사체: 알코올로 세척 후 동일 지문을 3장 정도 채취.

나) 부패된 사체: 얇은 종이에 약솜을 대고 살짝 눌러서 채취.

(2) 실리콘러버에 의한 채취: 요철이 심한 손, 미이라화된 손, 물에 젖어 불은 손, 화상으로 오그라든 손 등의 채취에 적합 → 흑색 실리콘러버가 사진촬영시 선명함.

(3) 피부형성제 사용법: 쪼그라든 손의 표피를 평평하게 펴기 위한 주사제를 사용하는 방법.

제 5 절 족흔적감식(足痕迹鑑識)

1 현장족흔적(現場足痕迹)의 의의와 종류

1) 현장 족흔적

범인이 범죄현장에 남겨놓고 간 보행흔적(步行痕迹)·족흔(足痕) → 기타 범행에 사용했던 도구흔(道具痕), 차량흔(車輛痕) 및 다른 물건에 의해 인상(印象)된 모든 흔적까지 광범위하게 포함.

2) 인상물체(印象物體)에 의한 분류(分類)

(1) 족흔(足痕): 각종 신발흔, 맨발흔, 구두흔, 오토바이, 양말흔 등의 보행에 따른 흔적.

(2) 타이어 흔적(痕迹): 자동차, 자전거, 오토바이, 리어카 등 범행차량의 타이어 흔적.

(3) 도구흔(道具痕): 드라이버, 뺀치, 빠루, 칼, 기타 공구에 의해 인상된 흔적.

(4) 기타흔(其他痕): 치아흔, 장갑흔, 찰과흔 등이 있으며 지문, 필적, 인영, 탄흔은 제외.

3) 인상상태(印象狀態)에 의한 분류(分類)

(1) 입체족흔적(立體足痕迹): 모래, 진흙, 연토 등이나 눈(雪) 위 등에 요철이 그대로 나타나는 입체상태의 족흔적 → 석고법, 사진촬영법.

(2) 평면족흔적(平面足痕迹): 종이, 헝겊, 나무판, 비닐장판, 마루바닥 등에 평면상태로 인상된 족흔적 → 사진촬영법, 제라찐전사법, 정전기법, 진공압흔법(석고액), 잠재족적채취법.

(3) (참고) 잠재족적: 인체의 분비물에 의해서 인상된 맨발, 양말흔의 채취 → 잠재지문채취방법과 동일.

2 족흔적(足痕迹)의 이용(利用)

1) 족흔(足痕)

족적을 이용하면 범인의 수, 범행경로, 범행위장 여부, 기타범행상황, 도주경로 등을 추정할 수 있고 범인의 체격, 직업 등의 추정 또한 가능.

2) 차량흔(車輛痕)

차량은 차종, 형식, 연식에 따라 접지폭(接地幅), 모양 등이 각각 상이하므로 범행에 사용된 차량을 추정할 수 있고, 또한 용의자의 차량과 대조함으로써 증거자료로 활용할 수 있음.

3) 도구흔(道具痕)

(1) 드라이버, 빠루 등의 도구를 사용하여 침입 또는 물색한 경우 창문틀, 금고, 출입구, 가구 등에 인상된 흔적은 상황에 따라 다르게 나타나며 또한 그 고유특징을 발견할 수 있음.

(2) 인상사태의 관찰이나 피의자의 도구와 비교 대조함으로써 수사자료 및 증거자료로 활용.

4) 만물부동

족흔적은 재판상 증거주의에 따라 물증확보의 필요성에 의하여 채취하며 또한 개개인에 따라, 이용하는 차량에 따라 족적, 차량흔, 도구흔 등에서 상이한 특징이 발견될 수 있으므로 흔적의 특징은 만물부동이라고 할 수 있음.

3 족흔적(足痕迹)의 검색(檢索) · 보존(保存)

1) 검색(檢索)의 착안점(着眼點)

(1) 범행현장의 출입구, 물색장소, 도주구의 바깥, 집주위 등에 대하여 광범위한 검색을 실시하고, 자동차 사용사범에 대해서는 타이어흔, 마찰흔 등의 발견에 주의.

(2) 금고, 창틀, 출입문, 가구 등에서는 공구흔, 장갑흔의 검색을 하여야 함.

(3) 사광선(斜光線) 등을 이용하여 발견에 노력하여야 하며, 사건의 양상에 따라 범인의 심리, 행동을 추측하여야 함.

2) 검색방법(檢索方法)

(1) 사광선(斜光線) 이용(利用)

가) 족흔적을 형성하는 토사, 먼지 등의 미세한 융기부분에 사방향(斜方向)으로부터 광선을 조사하여 생기는 그림자에 의해 족흔적을 발견하는 방법.

나) 자연광선을 이용하거나 또는 각종 투과기, 광도가 강한 회중전등, 인공광

선을 이용.

(2) 정전기(靜電氣) 발생장치(發生裝置)의 이용(利用): 방바닥, 마루바닥, 방석, 의자커버, 이불위, 융단 등에 인상된 잠재족적을 정전기 발생장치에 의해 검색함.

3) 족흔적(足痕迹)의 보존(保存) 및 입증가치(立證價値)

(1) 지문(指紋)의 경우와 동일.

(2) 보존조치: 흔적의 위치표시와 동시에 밟아도 훼손되지 않도록 단단히 덮개를 덮고 표찰(주의표지)을 놓는 등 보존조치를 취하여야 함.

4 족흔적(足痕迹)의 채취(採取)

1) 사진촬영법(寫眞撮影法)

(1) 입체흔, 평면흔 등 모든 흔적: 우선 사진촬영 후 다른 방법을 행하는 것이 원칙.

(2) 정밀 촬영: 미세한 부분(특징)까지 사진에 나타나도록 촬영 → 반드시 자를 놓고 아주 가까이에서 정밀히 촬영하여야 함.

(3) 자외선 또는 적외선 촬영.

2) 석고채취법(石膏採取法)

족적의 주위에 틀을 만들어 석고액을 부어 응고시켜 채취하는 방법 → 모래, 진흙, 눈위에 입체상태로 인상된 족흔적 채취에 사용.

3) 제라틴 전사법(轉寫法)

나무판, 유리, 비닐장판, 마루바닥, 아스팔트, 콘크리트상의 평면 족흔적을 채취할 때 쓰이며 우선 사진촬영한 다음에 전사함이 원칙 → 전사지(젤라틴지)를 이용한 지문채취법과 유사.

4) 실리콘러버법

실리콘에 촉매(경화제)를 혼합하여 이것을 흔적면에 가볍게 발라주어 채형하는 방법으로 특히 도구흔을 채취할 때 사용.

5) 정전기채취법(靜電氣採取法)

(1) 담요, 방석, 의자커버 등 섬유류 위에 먼지류로 인해 인상된 족흔적을 채취하는 것 → 정전기 족흔적 채취기를 이용.

(2) 정전기 족흔적 채취기: 두루마리 채취판(합성수지제)을 잠재족적이 인상된 물체 위에 엎어서 펴놓은 후 전기를 이용하여 채취판에 정전기를 발생시켜 정전기의 흡인력에 의해 흔적이 채취판에 부착되록 하는 것.

(3) 부착된 흔적은 사진촬영을 한 후 젤라틴 전사판에 채취함.

6) 진공압흔채취법(眞空壓痕採取法)

종이류 위에 족흔적 또는 사건관련 압필흔을 진공상태에서 정전기 현상을 이용해서 채취하는 것.

7) 희미한 혈흔 · 족흔(血痕足痕) 검출법(檢出法)

(1) 눈으로 잘 볼 수 없는 희미한 혈흔족적, 지문 등을 각종 시약을 사용하여 선명하게 발색시켜 채취하는 방법.

(2) 벤지딘 시약, 무색 마라카이트 그린 시약, Ortho－tolidine용액을 사용.

8) 희미한 흙먼지흔 검출법

토사, 진흙 등의 철분이 함유되어 있는 물체에 의해 종이, 헝겊, 나무판 또는 장판 위에 희미하게 유류된 족흔적을 시약에 의해 발색시켜 채취하는 방법.

5 감정자료(鑑定資料)의 채취(採取)

1) 대조자료(對照資料)의 작성(作成)

(1) 현장에서 채취한 자료와 동일하게 작성: 현장에서 채취한 자료가 입체흔이면 대조자료도 입체흔을 작성하고, 현장자료가 평면흔이면 대조자료도 평면적으로 작성.

(2) 현장에서 맨발흔을 채취하였을 경우: 보통 서 있는 상태, 걸어가고 있는 상태, 발바닥 안쪽에 힘을 주었을 때, 그리고 발바닥 바깥쪽에 힘을 주었을 때의 최소한 네 가지 이상의 여러 상태에서 대조자료를 작성하여야 함.

2) 감정물(鑑定物) 포장(包裝)

(1) 감정물의 우송: 자료가 파손되지 않도록 포장을 잘 하여야 함.

(2) 감정자료가 석고인 경우: 두터운 스폰지, 스티로폴 또는 솜 등으로 양면을 싸서 포장하여 우송 도중 파손되는 것을 방지.

(3) 의류, 종이류 등에 유류된 족흔적 자료(특히 흙먼지흔인 경우): 흔적문양이 멸실되지 않도록 포장 송부하여야 함.

제 6 절 유전자지문(DNA Fingerprint)

1 유전자(遺傳子)와 DNA, DNA 지문(指紋)

1) 유전자지문

(1) 생물개체의 특징이 자식에게 전해지는 것을 유전(遺傳)이라 하고 이와 같은 일을 맡아 하는 것을 유전자(遺傳子)라 함.

(2) 디옥시라이보핵산(deoxyribo－nucleic acid: DNA)

가) 유전자의 본체, 즉 유전적 성질을 지배하는 물질로 핵산의 일종.

나) 염색체 위에 존재하는 유전정보를 세포에서 세포로 옮기고 부모에게서 자식에게 전해 줌.

(3) DNA지문

가) DNA의 단편인 미니새터라이트(minisatellite) DNA: 수십 수백 염기쌍이 수만 회 또는 그 이상 같은 방법으로 반복된 구조의 차이를 나타내는 것.

나) 개인차가 심하여 DNA 지문이라고 함: 일란성(一卵性) 쌍둥이는 DNA 지문이 동일.

(4) DNA의 '미니새터라이트': 패턴은 개체에 따라서 고도의 특이성을 나타내어 마치 손가락의 지문과도 같이 천차만별이기 때문에 DNA지문이라는 용어를 사용하게 되었음.

(5) DNA지문의 분석기술: 범죄수사 및 친생자(親生子) 감별(鑑別)에 획기적이며 새로운 감정법으로 그 중요성이 강조되고 있는 것은 최근 전 세계적 흐름임.

2) 유전자지문 분석

(1) 써던브럿법(southern blot hybridization)의 순서

가) 증거물, 혈액, 정자, 모근세포에서 DNA 추출.

나) 제한효소에 의한 DNA 절단.

다) 전기영동법에 의한 DNA 배열.

라) DNA변성에 의해 한 가닥으로 만듬

마) 맴브란 필터에 전사(轉寫).

바) 방사성 동위원소 탐침을 DNA단편에 삽입.

사) X선 필름에 감광.

(2) 중합효소연쇄반응법(PCR법): DNA 양끝의 시발체를 DNA에 결합반응, 반복, 중합효소에 의한 합성으로 대량 증폭시키는 방법 → 적은 시료만으로도 가능.

(3) VNTR(짧은 염기서열이 반복)형의 대립유전자들이 똑같이 나타날 확률: 34,900명 중의 1.

(4) STR(VNTR의 마이크로새터라이트 부위)형의 대립유전자들이 똑같이 나타날 확률: 20만명 중의 1.

2 DNA 지문의 범죄수사(犯罪搜査)에의 이용

1) 강간사건의 경우

강간피해자의 질액에서 정자의 DNA지문을 분석하여 용의자의 DNA지문의 패턴과 비교해 봄으로써 범인확증에 탁월한 방법임이 증명.

2) DNA지문의 동일성 여부

현재 개발되어 사용중인 8종류의 혈액형검사법을 동시에 사용하여 검사했을 때 두 사람이 똑같을 가능성을 보일 확률은 0.014(약 7,000분의1), 하지만 DNA지문이 동일할 확률은 1개의 DNA '미니새터라이트'를 사용했을 경우 약 3,000억분의 1 이하이며 2개의 검출용 시료를 사용했을 때는 5×1019 이하의 확률을 나타냄.

3) DNA지문 분석을 위한 증거물의 채취, 수집 및 운반요령(運搬要領)

(1) DNA지문(指紋) 분석(分析)을 필요(必要)로 하는 사건(事件)

가) DNA지문 분석법은 완벽한 개인식별이 가능하여 범죄사건 해결에 강력한 법적 수단임.

나) 고도의 기술을 필요로 하며, 또한 시약 등 비용이 고가이므로 반드시 다음과 같은 경우에 한하여 DNA지문 분석을 의뢰해야 함.

ㄱ) 혈액이 동일한 피해자와 피의자가 모두 피를 흘려 식별 곤란한 경우: 흉기 또는 의복 등에 묻은 혈흔이 과연 누구의 피인지를 반드시 식별할 필요가 있는 경우.

ㄴ) 성범죄: 강간 피해자인 여성과 피의자의 혈액형이 동일하면서 현장에서 검출된 정액이 과연 피의자의 정액인지 증명을 필요로 할 때.

ㄷ) 혈액형 검사로는 친생자 유무가 증명되지 않을 때.

ㄹ) 토막난 사체 유기 사건: 토막난 사체조직으로부터 DNA 분석을 실시하여 동일인의 조직인지 식별할 필요가 있을 때.

(2) DNA지문(指紋) 분석(分析)이 가능(可能)한 시료(試料) 및 보존요건(保存要件)

가) DNA 분석이 가능한 시료: 사람혈흔, 혈액(심장혈 포함), 정액 및 정액반, 모발(모발 뿌리세포가 있어야 함), 장기조직편, 피부, 뼈, 치아, 손톱 등.

나) 혈흔과 정액반: 건조된 상태에서 냉장고에 보존했을 경우 1~2년 경과한 후에도 DNA 분석이 가능.

다) 용혈(溶血)된 혈액, 부패, 희석 그리고 오염된 혈흔, 혈액, 정액(반) 및 오래 방치된 장기조직편(臟器組織片) 등에서는 DNA분석이 불가능할 때가 많음.

라) DNA 분석에 필요한 시료의 양: 신선혈흔, 정액반의 경우 1cm×1cm 크기(DNA증폭실험의 경우), 모근 세포 최소한 3개 이상, 혈액 2㎖ 이상, 인체조직의 경우 중량 5g 이상.

마) 보존상태, 보존환경, 경과일수 등에 따라 더 많은 시료의 양을 필요로 하기도 함.

(3) 증거물(證據物)의 채취(採取) 및 운반요령(運搬要領)

가) 유동혈액: 항응고제(抗凝固劑)인 EDTA가 들어 있는 시험관에 채혈하여 서늘한 곳에 보존하면서 운반해야 함.

나) 여름철의 경우: 부패되기 쉬운 혈액 및 정액은 빠른 시간 내에 면천조각(또는 거즈)에 전사(轉寫)하여 그늘에서 완전히 건조시킨 다음 종이봉투에 넣어 운반.

다) 모발은 특히 뿌리세포가 다치지 않도록 주의를 기울여 채취, 운반해야 함.

제 7 절 화학적 감정(鑑定)

1 화학적(化學的) 감정의 의의

1) 자연과학의 전반적인 지식을 응용

각종 테러사건, 협박사건, 가스중독사건, 본드류 흡입사건, 폭발물 사건, 음주 후 교통사고 등 다양한 범죄사건의 발생시 수사, 증거제시 및 사건의 공정한 해결을 위하여 자연과학의 전반적인 지식을 응용한 화학적 판정이 재판상 범죄사실을 결정짓게 하는 데 목적이 있음.

2) 응용분석화학

감정대상물에 대하여 화학적 특성, 구성성분 및 합성경로의 특징적인 불순물 등을 분석하는 응용분석화학의 한 분야임.

2 화학적(化學的) 감정(鑑定)의 대상(對象)

1) 유해화학물질

유해화학물질이란 「유해화학물질관리법(有害化學物質管理法)」에서 규정.

(1) 화학물질: 원소와 화학반응에 의하여 생성되는 물질.

가) 알코올류(메칠알코올, 에칠알코올), 청산류(Hydrogen Cyanide).

나) 산·알카리류(Acid and Alikalies), 살서제류(Rodenticides; 쥐약).

다) 유해성 금속류(비소, 수은, 납, 크롬, 금, 은, 동 등).

라) 환각성 유기용매류, 연료용 가스류(액화석유가스, 액화천연가스), 일산화탄소(Carbon Monoxide), 유화수소 등.

(2) 유독물: 삶의 건강에 또는 환경에 위해(危害)를 미칠 독성이 있는 화학물질 → 톨루엔, 황산칼륨 등 425종.

(3) 특정유독물: 유해정도가 크다고 인정되는 유독물 → 삼산화비소, 질산칼륨 등 94종이 지정.

(4) 방사성 물질, 의약품, 의약부외품, 화장품, 마약, 향정신성 의약품, 농약, 비료는 제외.

2) 폭발성(爆發性) 물질류(物質類)

고성능 폭약류(High Explosive: Nitro 화합물, Nitric Ester, Nitramines, Nitric, Chloric 및 Perchloric Acid의 염 등), 저성능 폭약류, 뇌관화약류, 산업용 폭약루(Minning Explosive), 화학가스(Chemical Gas) 등.

3) 환경오염 물질류

산업폐수 및 폐기물에 의한 농작물 및 양어장의 피해 여부나 상수도원의 오염 여부 및 폐기물의 종류·성분 등에 대한 감정의 경우에 대상이 됨.

3 감정대상(鑑定對象) 물질과 시료 채취(採取)

1) 감정대상 물질과 시료 채취

(1) 사건현장의 주변상황에 대한 사건 개요, 즉 관련자의 직업, 연령, 유류품, 해부소견 및 병적 소견 등에 대한 자료를 수집하고 초기 감정물은 전문요원에 의하여 파손되지 않는 세척된 용기에 채취.

(2) 감정 대상물질로는 범죄와 관련된 대부분의 물건이 화학적 감정의 대상이 되며 따라서 대상범위가 대단히 넓어 그것을 일일이 열거하기는 어렵지만 자주 볼 수 있는 대상물을 분류해 보면 아래와 같음.

2) 유해물질(有害物質) 중독사건(中毒事件)

(1) 소화관 내용물(4℃ 보존): 위 내용물 및 위 세척액 약 100g 정도를 채취하고 전반적인 유해화학 물질의 확인 및 정량을 실시.

(2) 혈액(4℃ 보존): 체액에 오염되지 않은 순환혈액을 50㎖ 이상 채취하여 각종 유해화학물질의 정량과, 특히 혈중 알코올, 일산화탄소, 청산, 유화수소, 환각성 용매류, 수은 및 납 등 유해성 중금속류에 대한 정량을 실시하여 중독 여부를 판단.

(3) 요(尿)(동결보존): 전량을 채취하며 혈액보다 함량이 높은 유해화학물질의 체내 대사물질과 변화체 확인 및 정량을 실시.

(4) 간장(肝臟)(동결보존): 주 해독장기로 많은 유해물질이 축적되므로 특히 유해성 중금속류 등을 확인 및 정량함.

(5) 뇌(동결보존): Toluen, Ethylacetate와 같은 휘발성이 강한 유기용매류의 흡입에 의한 중독시 혈액에서 보다 높은 함량이 유지되므로 감정시료로 접합.

(6) 기타 신장, 폐(유해가스 흡입사건의 경우), 모발 및 손톱(유해성 중금속류의 만성

중독, 즉 비소 및 수은 등의 중독사건의 경우 적합한 시료) 등.

3) 휘발성(揮發性) 물질(物質)의 흡입사건(吸入事件)

사용된 각종 본드류, 구두약, 비닐용기 및 프라스틱 용기 등의 유류품 및 뇨, 혈액, 뇌조직(채취 가능한 것) 등을 채취해야 하며 휘발을 방지 할 수 있도록 포장.

4) 교통사고(交通事故)와 관련된 사건의 혈액(血液)

정확한 혈중알코올 농도의 분석을 위하여 채취된 혈액은 부패 및 응고 방지처리를 하여 송부하여야 함.

5) 폭발물질류(爆發物質類)

(1) 폭발물질류의 분석목적을 제조 과정까지 포함하여 그 형태를 유추하기 위함.

(2) 폭발사건 발생시 화약의 종류를 식별하는 것은 중요한 과제.

(3) 폭발생성물, 잔사 및 미반응 폭약에 대한 감정시료로는 특히 폭심(爆心) 부근의 토양, 파편의 표면에 부착된 잔사 및 미세한 흔적물질(microtraces)을 여러 가지 채취방법으로 채취(handpicky, adhesive tape, vacuming, washing 및 scraping).

(4) 이동이 불가능한 증거물의 유기물 성분은 아세톤 및 에테르에 적신 탈지면으로 닦아내고 무기물 성분을 가온(加溫)시킨 증류수에 적신 탈지면으로 잘 닦아서 채취.

6) 총기발사(銃器發射) 잔여물(殘餘物)

(1) 목표목에서 잔류량: 총알의 관통 여부.

(2) 발사자의 손 및 옷 등에서 잔류량: 발사자를 증명.

7) 환경오염물질류(環境汚染物質類)

폐기물의 잔여량, 주변의 토양, 물 및 피해 입은 농작물과 폐수인 경우 세척된 용기에 4ℓ정도 채취 후 채취 연월일, 장소, 수역 명칭 및 생산 품목 등 참고가 될 자료를 명시하여 송부하여야 함.

제8절 약독물(藥毒物) 감정(鑑定)

1 사용량(使用量)에 따른 약품(藥品)의 구분

1) 상용량(常用量): 치료의 목적으로 사용하는 보통약(일반적으로 극량의 1/3).
2) 극량(極量): 위험성 없이 사용할 수 있는 최대량.
3) 중독량(中毒量): 중독상태를 나타내는 최소량.
4) 치사량(致死量): 죽음에 이르는 최소량.
5) 독약(毒藥): 극량과 중독량의 차이가 적은 약품 → 극약보다 강함.
6) 극약(劇藥): 극량과 중독량의 차이가 비교적 적은 약품.
7) 보통약(普通藥): 극량과 중독량의 차이가 많은 약품.

2 범죄(犯罪)에 사용되는 주요약물(主要藥物)

1) 자살 · 타살의 목적으로 사용되는 의약품(醫藥品)

(1) 주로 신경안정제나 수면제 성분.

(2) 로라제팜, 디아제팜 등의 신경안정제: 대부분이 향정신성의약품으로 지정 → 수면제 중 독실아민은 쉽게 구할 수 있는 성분으로 인하여 사망한 예가 많이 있음.

2) 약물 · 마취강도에 사용되는 약품(藥品)

최근 드링크제나 오렌지쥬스 등에 수면제나 신경안정제 같은 약물을 타서 피해자에게 마시게 하여 정신을 잃게 한 후 금품을 갈취하거나 강간하는 등의 사건이 발생.

3) 고가한약재[생약(生藥)]들의 진위판별

(1) 고가 한약제(생약): 웅담, 사향, 녹용 등.

(2) 함유물에 따른 진위판별: 웅담(곰 쓸개) → 우르소옥시콜린산, 저담(돼지 쓸개) → 히오데옥시콜린산, 우담(소 쓸개) → 데옥시콜린산이 다른 쓸개보다 많이 함유됨.

4) 독성(毒性) 한약재(韓藥材)[생약(生藥)]

부자(천연두, 초오), 스코폴리아근(랑탕근, 미치광이풀), 호미카(마전자) 등의 알칼로이드 함유식물들이 있음.

5) 복어독(毒)으로 의뢰(依賴)되는 사건(事件)

(1) 복어의 알이나 내장: 테트로도톡신이라는 성분이 함유 → 독성이 매우 강하여 미량만 먹어도 사망에 이름.

(2) 생체시료 중 복어독의 확인: 위(胃) 내용물을 산으로 처리한 에칠알코올로 추출한 후 단백질, 지방 등을 제거하여 시료를 정제한 다음 쥐에게 주사하여 판정.

6) 잔류농약(殘溜農藥)의 검출(檢出)

식품 중에서는 콩나물 재배시 부패 및 변질을 막기 위해 불법으로 농약(Benzimidazole)을 사용하고 있는데 이들 농약의 검출방법을 개발하여 콩나물 중 미량의 농약성분(Carbendazim) 검출에 적용.

3 감정물(鑑定物) 채취요령(採取要領)

1) 자살 · 타살사건(事件)의 경우

(1) 피해자의 증상을 본 사람의 증언, 부검소견, 사건개요 등을 감정인에게 알려줌.

(2) 사건현장에서는 특히 음독약물이나 음식물의 잔여품, 구토물, 용기, 약포지 등 독물이 함유 또는 부착되었을 것으로 사료되는 모든 물건을 채취토록 함.

(3) 사체 부검 결과 중독사의 혐의가 있는 경우 채취하여야 할 검체는

가) 위(胃) 내용물 및 뇨의 전량.

나) 혈액 100g 이상.

다) 간, 비장, 신장, 각 100g 이상.

라) 필요한 경우에는 십이지장과 소장내용물이나 뇌 및 심장의 일부.

마) 감정목적이 약물, 독물, 일산화탄소 등의 가스중독사 여부나 주취 정도를 측정할 경우에는 감정물에 어떠한 물질도 첨가하지 말 것.

(4) 매장되었던 사체를 채취할 경우: 관의 내부에 칠한 페인트류, 관의 외측 위, 아래의 흙 등도 대조 시험용으로 채취.

2) 사고(事故)로 인한 중독(中毒) 또는 치사사건(致死事件)의 경우

(1) 복용음료 등도 수집: 자·타살사건의 증거물 채취 이외에 피해자가 복용하였던 시판음식물, 청량음료, 주류, 의약품, 식품 첨가물, 화공약품, 농약류 및 쥐약 등도 수집하여야 함.

(2) 의료 및 약화사고(藥禍事故) 시비사건의 경우: 치료에 사용되었던 모든 조제약, 주사약, 수액세트, 주사기 등과 조제약에 대한 처방전을 함께 송부.

3) 수면(睡眠) 및 마취제류(痲醉劑類) 측정(測定)의 경우

(1) 에테르·클로로포름 등과 같은 흡입마취제류: 휘발성이 매우 강하므로 이들이 묻어 있는 탈지면, 수건 또는 사용하였던 용기류 등은 반드시 밀폐용기에 놓고 포장함.

(2) 먹다 남은 음료 등 채취: 마취범죄와 관련된 쥬스캔, 요구르트병, 드링크제류, 빨대, 먹다 남은 비스켓류 등을 채취하여 적은 양이라도 소실되거나 오염되지 않도록 포장하여 송부.

4) 가스 중독사(中毒死)

피해자의 혈액, 뇨, 뇌 및 사건현장 주위의 공기를 비닐봉지 등에 채취하여야 하며, 가스의 발생 요인이 될 수 있는 물질도 수집하여야 함.

5) 한약재류(韓藥材類)에 의한 중독 · 중독사의 경우

치료에 사용된 한약재, 사용용기, 한약 등을 채취하고 한약재 처방도 함께 송부.

6) 고가 한약재의 진위(眞僞) 여부

웅담, 우황, 사향, 녹용 등의 진위 여부는 충분량의 시료(약 2000g)와 진품을 함께 송부.

7) 복어중독(中毒)의 감정(鑑定)

복어의 알이나 내장 모두를 채취하고 사망자의 위 내용물(전부), 혈액(200g 이상), 뇨(전량)를 채취하여 송부함.

8) 불량식품류(不良食品類)의 감정(鑑定)

충분한 시료를 수집하고 해당식품의 일반성분 분석표를 같이 송부하여야 하며, 불량식품 제조 과정에서 사용한 각종첨가물을 수집하여 표기하고 각각 포장하여 송부.

9) 주류(酒類), 청량음료(淸凉飮料) 등의 감정

유해성의 여부 및 진위 여부를 감정 의뢰코자 할 때에는 반드시 완전 포장된 진품을 함께 의뢰.

10) 천연식품(天然食品)의 진위 여부

벌꿀, 참기름, 고춧가루 등의 진위 여부는 충분량의 시료(200g)와 진품을 동시에 송부.

제9절 물리학적(物理學的) 검사(檢査)

1 물리학적 검사의 의의(意義)

1) 물리학적 검사법

어떤 물체가 무엇인지, 동일한지, 변형된 원인이 무엇인지, 흔적의 형성 원인, 두 흔적의 동일성 여부 등 수사상 필요한 의문점을 알아내는 방법.

2) 물체의 동일 여부 감정

(1) 각종 사건현장에서 수거되는 감정물의 동일 여부의 확인은 그 종류나 유형이 수없이 많음.

(2) 살인사건 현장에서 수거된 유류물체: 휴지, 섬유, 장갑, 포박용 철사, 나일론 끈 등 현장에 유류된 물체와 용의자가 가지고 있는 관련될 만한 물체와의 동일 여부는 범인임을 증명하는 결정적 증거가 될 수 있음.

(3) 감정 방법: 외관(색상, 형태), 규격의 비교, 구성성분의 비교 및 물리적 성질(빙점, 융점, 탄성, 전기전도성, 열전도성, 연소성, 비중, 밀도, 굴절률, 자성 등)과 함께 흔적을 비교.

(4) 피해자를 묶었던 끈(나일론, 철사, 테이프)의 동일 여부 감정: 같은 종류가 얼마든지 산재해 있을 수 있기 때문에 용의자가 소지한 것과 범행에 사용된 것이 동일한 종류의 것이라 하더라도 특별한 경우가 아니면 결정적인 증거가 될 수 없음.

(5) 변형 여부 검사: 감정인은 두 감정물이 한 개의 물체이었는데 분산된 것이지를 감정하여야 함 → 수거된 전량을 손상이나 변형 없이 제시하여야 함.

2 흔적(痕迹)의 감정(鑑定)

1) 흔 적

(1) 흔적에는 필적과 인영, 총기발사흔, 치흔(齒痕), 윤적, 지문, 족적, 의류상의 흉기흔, 공구흔, 충격흔, 파괴흔 등 여러 가지가 있음.

(2) 동적 흔적

가) 필적, 공구흔, 흉기흔적, 충격흔.

나) 감정방법: 형태와 상호접촉에 의하여 부착될 수 있는 물질 또는 물체의 비교검사가 병행.

(3) 정적 흔적

가) 인영, 윤적, 지문, 초기발사흔, 족적, 치흔.

나) 형태만의 비교로 감정이 가능.

2) 화재사고(火災事故)의 감정

(1) 화재사고: 어떤 발화원인에 의하여 가연물로 된 재산이 연소되어 인적, 물적 피해를 입은 것.

(2) 발화원인: 전기적 발열에 의한 화재, 연소기구에 의한 화재, 방화, 자연발화, 고온물체에 의한 화재, 화학화재 등.

(3) 화재감정 순서: 화재현장에서의 연소흔적, 목격자 진술, 소방관계자의 증언 등 → 최초 연소부위 결정 → 발화와 관련이 있을 만한 감정물 수거 → 과연 수거된 감정물에 의해 발화되었는지, 발화되었다면 어떤 원인에 의한 것인지 감정의뢰.

제10절 총기감정(銃器鑑定)

1 총기사건처리(銃器事件處理)

1) 총기사건

일반적으로 흔히 대하는 사건이 아니므로 처음 담당하는 경찰관들은 매우 당황하여 현장의 초동수사 과정에서 가장 실수가 많은 종류의 사건임.

2) 총기사건의 감정 원칙

현장보존 철저 → 감정담당자가 직접 현장에서 증거물 수집 또는 총기의 발사방향 등을 확인 → 현장감식과 실험을 병행하여 감정.

2 증거물(證據物) 수집(蒐集) 및 보존방법

1) 사진이나 약도로 총기나 모든 증거물의 위치: 기록하기 전에는 범죄현장에 있는 총기에 절대 손을 대지 말아야 할 뿐만 아니라 총기의 주위도 중요하므로 그대로 두어야 함 → 바닥에 총기를 떨어뜨린 자국이 있거나 총강내(銃腔內)에 흙이나 기타 이물질이 들어 있는 경우에는 자살을 뒷받침해 주는 단서가 되며 이와 같은 경우에는 총기에도 어떤 표적이 반드시 남게 되고 총기와 탄피의 위치 및 벽에 생성된 탄환의 사입구(射入口)도 사진과 약도로 기록.

2) 총기의 잘 닦여진 표면: 탄창 또는 손잡이 부분에서 지문이 발견될 수도 있음.

3) 총기를 다룰 때: 연필이나 이와 유사한 물건을 총신에 넣어 바닥에서 집어 올리는 일이 없도록 함.

4) 자동권총의 경우: 매우 주의하여 총열을 집어 올려 손잡이에 지문이 있는지 확인하여야 하며 특히 안전에 주의.

5) 자살사건의 경우: 소총을 발로 발사하였을 때에는 총의 방아쇠에 흙이 묻어 있을 때도 있음.

6) 총기의 상태에 대하여 즉각적이고 상세한 기술을 해야 하며, 총이 제대로 기능을 발휘하였는지의 여부를 판단하기 위하여 총신 내부에 있는 불발탄약의 존재상태 등에도 특별한 주의를 해야 함.

7) 총기 전문가에게 가져갈 때: 될 수 있는 대로 여러 사람의 접촉을 피하도록 하여야 함.

8) 자동권총의 실탄을 제거할 때에는 새로운 실탄이 약실에 들어갈 수 없도록 손잡이 속에 있는 탄창을 내려야 함.

9) 약실에서 제거한 실탄은 가장자리에 종이를 붙여 표시하고 더 이상 표흔(表痕)이 생기지 않게 하기 위하여 솜이나 얇은 천으로 포장.

10) 피해자의 사체는 현장에서 착의를 수거하여 혈액이 묻은 부분과 묻지 않은 부분을 분리하여 포장.

11) 총기는 간단한 외부손질은 하되 분해 및 총강 내의 손질은 하지 말아야 함.

12) 탄피, 탄환의 수거시에도 위치를 촬영하고 약도를 작성하여야 함.

13) 교환이 용이한 총기 부속에는 표시를 하고 약실에서 필히 실탄을 제거하여야 함.

14) 탄환, 탄피의 발사흔을 손상치 않도록 특히 조심하고, 탄환이 신체에 박혀 있는 경우 수술 또는 해부를 하여 그 탄환을 수집해야 하며 집도의사에게 발사흔이 손상되지 않도록 주의하여야 함.

15) 현장에서 발사물의 수집시 많은 인원의 공동작업을 피하고 적은 인원이 침착하게 수집하여야 함.

16) 탄환이 관통한 물건과 정도 및 탄환의 형태, 총격의 개략적인 각도 등을 수첩에 기록하여야 함.

17) 용의자의 손에서 화약잔사물의 채취: 탄연(彈煙)에 의해 피해자의 착의에 그을음이나 화약이 부착된 것.

3 탄피(彈皮) · 탄환(彈丸)을 이용한 총기식별

1) 범죄현장에서 수집된 탄피 또는 탄환에서 생성되는 총기의 발사흔은 발사된 총기를 확인하는 데 중요한 단서가 됨.

2) 탄피(彈皮): 총기발사 후 발사위치의 2~3m 반경 내에 탄피가 남아 있게 되는데(단, 회전식총기류나 사제총기류는 탄피가 현장에 유류되지 않는 것이 상례).

3) 탄피의 밑 부분을 보면 제조회사, 제조 연도, 제조 월 또는 구경이 음각(陰刻)된 문자를 확인할 수 있으며 용의자를 검거하면 약실 등의 안전검사를 하되 절대 분해하지 말고 실탄 6발 이상과 함께 감정을 의뢰하여 동일한 총기에서 발사된 탄피인지 여부를 확인.

4) 탄환(彈丸): 총열의 강선(腔線)을 통과하면서 강선흔이 남게 되며 이 강선흔은 발사되는 총기마다 특성이 있어서 용이하게 발사총기를 식별할 수 있음.

제11절 문서감정(文書鑑定)

1 문서감정(文書鑑定) 개요(概要)

1) 문 서

문자 또는 이에 대신할 부호를 사용하여 영속할 수 있는 상태에서 어떤 물체 위에 기재한 의사표시를 말함.

2) 문서감정

(1) 유형: 필흔감정(筆痕鑑定), 인영감정(印影鑑定), 필흔재생감정(筆痕再生鑑定), 인자감정(印字鑑定)(타자문자, 인쇄문자, 체크라이터문자 등).

(2) 감정내용: 위(僞) · 변조감정(變造鑑定), 탄화문자감정(炭火文字鑑定), 불명문

자감정(不明文字鑑定), 필기구(筆記具) 색소감정(色素鑑定), 묵문자(墨文字)의 기재시기(記載時期) 확정감정(確定鑑定), 인영(印影)의 날인(捺印) 전(前)·후(後) 기재감정(記載鑑定), 지문의 날인 전·후 기재 감정, 타자문자 위에 날인된 인영 및 지문의 전·후 관계 감정 등.

(3) 문서감정의 목적(目的)

가) 수사방향의 설정을 목적으로 하는 감정.

나) 절차를 위한 감정.

다) 사실입증을 위한 감정.

2 문서감정의 종류 및 감정의뢰(鑑定依賴) 방법

1) 필흔감정(筆痕鑑定)

필적은 개인에 따라 항상성(恒常性)과 희소성(稀少性)이 존재하며 이를 전제로 필적감정이 행하여짐.

2) 대조자료의 수집

(1) 기본자료(평소(平素) 필흔(筆痕)): 용의자가 평소 썼던 필적을 수집한 것.

(2) 새로운 필적(시필(試筆)): 용의자에게 수사관이 감정자료와 동일한 필기구, 용지, 서체를 이용하여 감정물과 동일한 내용 또는 유사한 문장을 쓰도록 하여 수집된 필적.

(3) 시필(試筆)을 수집하는 경우

가) 받아 적을 내용을 수사관이 직접 낭독해주고 용의자가 꼭 그 내용을 입으로 따라 하면서 적도록 하여야 하며(인간의 뇌는 각기 다른 두 가지 동작을 하게 되면 뇌에 혼란이 와서 자연히 평소 습성이 나타남) 기재 조건을 변경해서(서서, 앉아서, 엎드려서, 누워서 등) 받아야 함.

나) 약 5통에서 10통 범위 내에서 받고 반드시 시필 말미 부분에 작성일자와 자신의 서명을 쓰도록 함.

3) 인영감정(印影鑑定)

(1) 인영(印影): 특정인의 인격을 상징하여 그 동일성을 증명하기 위해서 사용되는 일정한 형상(形象)을 의미하며 보통 문서, 유가증권 등과 결합하여 그 신용을 높이는 데 중요한 의미를 가지게 됨.

(2) 감정대상: 2개 이상의 인영(印影) 이동식별(異同識別), 2매의 용지에 간인된 인영, 인영문자의 판독, 위조인영의 식별 등이 해당.

(3) 인영감정을 위한 자료수집시에는 원본을 수집하는 것을 절대 원칙으로 하며 대조 인영은 가능한 한 실인(實印)도 함께 송부하고 불가능할 경우 증거물과 동일한 용지에 지면조건을 달리하여 최소한 20개의 날인을 하여 그 용지를 송부해야 함.

(4) 실인(實印)을 날인하여 의뢰할 경우: 인장을 현 상태로 날인한 후 다시 손질하여 재날인하고 인장을 처음 조각하여 날인했을 경우와 장기간 사용하였을 경우 사용빈도에 의해 변화상태가 수반되므로 가능한 한 인감류인 경우에는 관청에 등록된 인영을 수집함.

4) 불명문자(不明文字)의 감정(鑑定)

(1) 불명문자: 고의 또는 자연현상 등으로 육안으로 읽을 수 없는 상태로 된 문자.

(2) 불명문자의 검사

가) 광학적 검사방법.

나) 화학적 검사방법.

5) 문서감정(文書鑑定)에 있어서 불가능(不可能)한 것

(1) 부자연(不自然)한 상태(狀態)에서 쓴 필흔(筆痕)에 관한 감정(鑑定).

(2) 필자의 성별, 연령, 직업, 학력 등에 관한 감정.

(3) 잉크의 기재시기에 관한 감정.

(4) 기타: 인영의 날인시기, 인쇄시기 또는 인쇄공정에 관한 감정, 위조인쇄의 위조방법에 관한 감정, 워드프로세서 문자감정, 불명문자를 기재한 기재용구 또는 잉크의 종류 감정을 불가능.

제12절 성문증거(聲紋證據)[2)]

1 성문증거의 의의 및 분류

1941년 미국 벨 연구소에서 사람의 목소리가 전달되는 과정을 연구하던 중 성문 분석기를 개발하였고, 이 장비는 제2차 세계대전에서 독일군을 도청하는 데 사용되었다. 이후 1962년 로렌스 케르스타(Lawrence Kersta)는 성문을 음파 형태로 시각화하는 장치를 개발한 것이 성문 분석의 시작이라 할 수 있다.

오디오 포렌식 감정물은 아날로그 혹은 디지털 녹음 장치에 기록된 24㎑ 이하 대역의 음향 신호를 뜻하며, 감정 유형은 음성 동일인 여부 식별, 편집 여부 식별, 음질 개선, 기타 음향정보 분석 등으로 구분한다. 모든 오디오 포렌식 감정물은 원본을 원칙으로 하며, 의뢰사항이 편집 여부면 감정 대상으로 이미징 사본을 권장한다.

2 디지털 녹음

디지털 녹음이 필요한 경우 스마트폰 어플리케이션, 보이스 레코더 등을 사용한다. 이때 입과 마이크의 거리는 약 50cm 거리를 두고 마이크와 입 사이에 녹음을 방해하는 요소는 가능한 한 제거할 수 있도록 한다.

이후 분석을 의뢰할 때는 기기의 작동 여부를 점검하고, 제품을 포장하여 의뢰한다. 이때 데이터 전용 케이블이 있을 경우 함께 동봉하고, 2010년 이전 제품은 전용 프로그램이 필요한 기기는 함께 제출하도록 한다. 분석을 의뢰할 기기가 녹음 기능이 있는 일반 전화기일 경우 작동 여부를 확인하고, 저장매체가 따로 분리되지 않으면 전화기가 손상되지 않도록 포장하며, 배터리가 분리되는 경우 분리 후 제출하는데, 만일 배터리가 분리되지 않으면 전원을 반드시 끄고 "HOLD"기능 설정 후 포장

2) Richard Safersteein 저, 박성우 · 홍성욱 역, 수사와 과학, 2005.

하여 의뢰하여야 한다.

3 디지털 저장매체

디지털 파일을 이미징할 때는 검증된 프로그램을 사용하여야 한다.

메모리카드는 분실의 가능성이 크고, 잘 부서질 수 있으므로 포장재를 여러 겹 포장하고, 하드디스크는 미세먼지와 전자기장에 영향을 받으므로 대전[3]방지 포장 후 완충재로 재포장한다. CD/DVD 등에 기록된 정보는 정상적으로 읽어지는지 확인 후 긁혀지지 않도록 포장한다.

4 성문증거 활용 방법

1) 동일인 판별(voice comparison)

동일인 판별이란 신원미상자와 용의자의 음성이 같은지 비교하는 작업이다. 2010년대까지는 음성 전문가들이 직접 신호 처리적 특성인 음성의 질, 지역의 특징, 언어적 특성 등과 음성의 빠르기, 주파수 특성, 호흡 패턴 등을 분석하여 성문 증거를 통한 동일인 판별을 수행하였다. 이를 청각 및 음향 분석(auditory and acoustic framework)이라고 하는데 이러한 분석 방식은 다양한 언어, 음향적 요소를 고려한다는 장점이 있다. 그러나 전문가의 직접 분석은 분석과정에서 분석관의 주관이 개입할 수 있고, 분석관의 경험도 등 전문성에 따라 신뢰도에 차이가 생길 수 있다. 이러한 주관적 판단을 배제하고, 동일인 판별을 할 수 있도록 2000년대부터 자동 화자 인식(automatic speaker recognition)기술이 연구되기 시작하였다. 이는 분석관의 주관적 개입이 없기에 기존 방식과 비교해 객관적이고, 같은 시스템을 사용할 경우, 같은 데이터 입력에 같은 결과가 나온다는 반복성에 의한 신뢰도 상승이 장점이라 할 것이다. 다만 자동 화자 인식은 주파수 특성을 주로 활용하기에 상대적으로 다각적 분석에 한계를 보이고 있고, 짧은 음성에 신뢰도가 떨어진다는 한계를 가지고 있다.

---

3) 어떤 물체가 전기를 띰.

2) 음성 프로파일링(speaker profiling)

음성 프로파일링이란 성문을 통해 화자의 지역, 사회적 지위, 교육 수준, 연령 등의 정보를 유추하는 분석이다. 이는 성문 분석을 통해 수사와 용의자 범위를 특정하는 데 활용될 수 있다.

동일인 판별은 법정 증거로 널리 활용된다면, 음성 프로파일링은 범죄 수사 과정에서 주로 활용되는 기법이다.

3) 청취 증인 활용(earwitness)

청취 증인이란 사건 당시 음성을 들은 증인을 의미한다, 시각을 통한 범인 식별(visual line-up)기법과 흡사하게 청취 증인에게 용의자의 음성을 들려준 후 범인의 음성과 가장 유사한 음성을 지목하도록 하는 방식이다.

제13절 거짓말 탐지기를 이용한 수사 "거짓말탐지기운영규칙"

1 거짓말 탐지기를 이용한 수사의 의의

거짓말 탐지기를 이용한 수사: 피의자, 피내사자, 중요참고인 기타 수사사항에 대하여 알고 있거나 관련되어 있다고 믿을 만한 상당한 이유가 있는 자를 대상으로 거짓말 탐지기를 이용하여 정신적인 동요로 인한 생리적 변화의 과정에서 일어나는 심장의 움직임과 혈압, 맥박의 변화 및 전류에 대한 피부 저항도의 변화와 호흡운동의 변화상태 등을 기록하여 진술의 진위발견을 행하는 수사.

2 거짓말 탐지기의 효과

1) 범죄의 용의자가 수명인 경우 범인을 가려낼 수 있다.

2) 범죄에 사용한 증거물을 찾아내거나 피해자의 사체 은닉장소 등을 찾아낼 수 있다.

3 감독권자(규칙 제21조)

1) 경찰청 수사국 과학수사과장

거짓말 탐지 검사업무의 효율적인 운영을 기하기 위하여 전문요원의 교육, 시설, 기기 등의 관리 및 거짓말 탐지 검사업무의 조정, 통제, 확인 등 적절한 감독을 하여야 한다.

2) 지방경찰청 수사(형사)과장

거짓말 탐지기의 관리 및 검사의 적정 여부를 수시 확인 · 감독하고 검사결과에 대하여 심사분석하여 업무를 발전시켜야 한다.

(1) 범위

가) 강 · 폭력 · 일반사건에서 수명의 용의자 중 범인구별.

나) 진술의 진위판단.

다) 사건의 단서 및 증거수집.

라) 상반되는 진술의 비교확인.

마) 진술의 입증.

바) 자백의 기회부여 및 수사의 방향전환.

(2) 허용성(許容性)

가) 피의자에 대한 거짓말 탐지기의 사용: 그 자체만으로 피의자의 진술거부권을 침해하였다고 볼 수 없다는 일본판례(동경고판 소화 41.6.30)가 있으나, 피검사자의 명시적인 동의(또는 적극적인 요구)하에 허용된다.

나) 거짓말탐지기운영규칙 제14조: 검사관은 검사를 시작하기 전에 피검사자가 임의로 동의하였는가를 확인한 후 피검사자로부터 거짓말 탐지기 검사 동의서를 받도록 규정.

3) 검사결과의 정확성을 보증하는 조건

(1) 검사기계의 우수한 성능.

(2) 검사 당시 피검사자의 의식의 명료성과 심신상태의 건전성.

(3) 질문표의 작성 및 질문방법의 합리성.

(4) 검사자의 전문성.

(5) 검사결과 판정의 정확성.

4) 최근의 판례(증거능력에 대해)

– 거짓말 탐지 결과를 유죄로 인정하기 위하여

(1) 거짓말을 하면 반드시 일정한 심리상태의 변동이 일어난다.

(2) 그 심리상태의 변동은 반드시 일정한 생리적 반응을 일으킨다.

(3) 그 생리적 반응에 의하여 피검사자의 말이 거짓말인지 여부를 정확히 판정할 수 있다는 전제조건이 충족되어야 한다.

(4) 이러한 전제조건을 충족하였다고 인정할 수 없을 경우 거짓말 탐지기에 의한 검사결과의 증거능력을 부정하여야 한다.

(5) 거짓말 탐지기의 검사결과의 증거능력에 관하여는 형사소송법 제313조 제2항이 적용된다는 대법원 판례(대법원 1987.7.21. 선고 87도968 판결)가 있다 → 성립의 진정이 인정되는 경우.

5) 거짓말 탐지기 사용 유의사항

(1) 탐지 시기: 검사의뢰는 가능한 한 수사의 초기단계에서 행해야 한다.

(2) 검사의 장소: 외부의 소음, 기타의 자극이나 영향이 없는 장소 → 방음, 환기장치, 녹음장치, 입체 VTR 시스템 시설, 별도의 검사관실, 면접실, 관찰실을 설치하여야 한다.

(3) 검사결과를 신빙할 수 없는 무용(無用)한 검사(규칙 제13조)

가) 피검사자가 과도한 신경과민상태.

나) 병력이 있는 자: 정신병적인 질환자, 심장병, 호흡기질환 고혈압 · 저혈압 등.

다) 정신적 · 육체적인 면이 비정상적인 자: 구타, 수면부족, 금식, 설사병 등.

라) 장기수사로 인한 노이로제 상태인 자.

마) 취급중인 사건 이외에 다른 잡념이 많은 자.

바) 장기수사로 체념상태에 있는 자.

사) 검사 24시간 전에 향정신성 의약품을 복용한 경우.

6) 검사의뢰시 자료(資料)의 준비(準備): 거짓말 탐지기 검사의 구분

(1) 일반검사

가) 피검사자가 부인하는 진술의 진위를 자료 없이 반복 확인하는 검사.

나) 검사하고자 하는 사건의 개요와 진술조서를 첨부하여 의뢰하면 됨.

(2) 자료검사: 사건과 관련되어 피검사자에게 공개되지 않은 유형 · 무형의 자료가 있을 때 실시하며 이 자료를 이용하여 피검사자의 범행관련 여부를 알아내는 검사법으로 일반검사 후 자료가 있을 때 병행하게 됨.

(3) 검사에 쓰일 자료는 발견자 이외의 다른 사람이 더 이상 알지 못하도록 비밀을 유지해야 한다.

7) 검사절차(檢查節次): 거짓말 탐지기 검사 5단계

(1) 자료수집단계.

(2) 검사 전 면담단계.

(3) 본 검사단계.

(4) GRAPH 판독단계.

(5) 검사 후 면담 · 질문단계.

제14절 기타 감정(其他 鑑定)

1 수퍼임포즈법

「물건 위에 물건을 겹쳐간다」는 사진상의 용어로서 이중으로 겹치는 방법으로 알려져 있다.

1) 사체의 신원 확인 방법으로 사용 예(例)

(1) 백골화의 사체 또는 부패된 사체에 특정적인, 즉 추정되는 사람의 생전의 사진을 확대 또는 축소하여 음성(negative) 원판을 작성하여 2개의 원판을 시찰대(view box)에 올려놓고 특징점을 비교 검토.

(2) 두정부(頭頂部)의 형태, 코, 눈, 치아와 입술과의 관계, 아래턱의 가장자리 모양 등을 보아서 두개골의 양성(positive)사진과 생전의 사진이 일치하면 본인이라고 단정할 수 있는 유력한 참고자료가 된다.

2) 슈퍼임포즈 감정방법의 활용 예

(1) 열차사고.

(2) 항공기의 추락사고.

(3) 대형 화재사고.

(4) 부패로 백골화된 사체.

2 토양검사법(土壤檢査法)

1) 지표면을 구성하고 있는 토양은 인간의 생활과 불가분의 관계에 있으므로 범죄수사에도 중요한 자료를 제공하고 있다.

2) 범죄사건의 발생 지역에서 흔히 신발, 피복 기타에 부착된 미량의 토양과 사고 지점에서 채취한 토양 시료와 비교 검사함으로써 동일 지점의 토양 여부를 감별한다.

3) 토양의 감정방법

(1) 중액법.
(2) 미생물에 의한 감별.
(3) 침강법.
(4) 편광편미경에 의한 검사.
(5) pH 적정법.
(6) 양이온 및 음이온 정성시험.
(7) 정색반응(呈色反應).

4) 토양의 동일 여부 감별법은 토양의 부착상태, 사건현장을 고려하여 감정방법을 선택하여야 하며, 물리적 및 화학적 검사의 결과를 종합하여 판정하여야 한다.

5) 유류감정(油類鑑定)

(1) 감압증류법.
(2) 굴절률 측정.
(3) 비중측정시험.
(4) 증류곡선 측정시험.
(5) 분류성상 시험.
(6) 분별증류법.

6) 고무감식법(鑑識法)

주로 각종 사고현장에서 타이어 성분의 동일성 여부 감정을 위하여 사용 → 절도, 살인사건 등의 사건현장에서 담벽 등에 부착된 신발의 고무를 활용하여 주거침입로를 확정하고 용의자 신발과의 고무 동일성 여부를 감정하여 사건 해결에 확고한 실증제시.

(1) 비중측정시험.

(2) 열분해시험.

(3) Spot test.

(4) 박막과 용액의 적외선흡수 Spectrum에 의한 분석법.

(5) 열분해 가스크로마토그라피에 의한 고무분석.

7) 방사화 분석

(1) 정의: 시료에 중성자 및 양자, 입자 등을 조사하여 시료중의 원소를 전부 방사화하고 그 방사화 동위원소들은 각각 일정한 반감기에서 고유의 에너지인 γ선 및 β선을 방사하므로 그 방사능을 검출하여 특정의 방사성 동위원소의 양을 분석하고 방사화 전의 원소를 정량(定量)하는 방법이다.

(2) 방사화 분석의 이용: 미량의 증거물들을 정확하고 용이하게 분석할 수 있는 방법은 방사화분석밖에 없다.

(3) 방사화 분석의 활용범위

가) 독성물질의 검출.

나) 모발의 개인식별.

다) 총기사건의 경우 사수의 감별.

라) 공업제품 및 가공품의 동일성감별.

마) 토양의 동일성 감별.

제15절 국립과학수사연구원의 감정업무

1 감정(鑑定)

범죄수사 및 사법재판에 관한 증거물에 대하여 법의학, 법과학 및 공학적 감정과 연구.

1) 법의학부

사체부검, 검안, 병리조직 검사, 혈흔, 정액, 타액, 모발, 배설물, 유전자분석, 슈퍼임포즈, 플랑크톤, 범죄분석, 법최면, 거짓말탐지, 인영, 형사사진 등 감정.

2) 법과학부

독극물, 부정의약품, 부정식품, 마약, 향정신성의약품, 대마초, 환각물질, 화공약품, 섬유, 토양, 페인트, 부정유류, 중금속, 총기, 화약류, 화재, 폭발사고, 기계, 구조물안전사고, 음성분석, 교통사고 감정 등.

2 연구(研究)

범죄사건 · 사고현장에서 채취된 증거물에 대한 법의 · 법과학적 감정제고를 목적으로 감정기법 개발 등.

3 감정업무의 구체적 업무영역 구분

1) 법의학부

(1) 법의학과: 법의(法醫) 부검 및 검안, 대량재해의 개인식별, 병리학적, 검사, 법인류학적 · 법치학적 감정, 플랑크톤 감정 등.

가) 법의연구실: 부검 및 검안 → 변시체의 사인규명, 대향재해시의 개인식별, 사후경과시간 추정 등.

나) 부검관리실: 부검 및 검안에 따른 각종 증거물 관리, 취식물의 감정 및 연구, 부검실의 관리 및 운영 업무.

다) 병리연구실 → 사인 규명에 필요한 정보를 제공하고, 손상의 원인 및 경과시간, 질병의 발생 기전 등.

ㄱ) 병리조직학적 검사: 부검시 채취한 장기에 대한 광학현미경검사, 면역조직화학적검사, 전자현미경검사 및 분자병리학적 검사 등.

ㄴ) 임상병리학적 검사: 혈액 및 뇨 등 체액에 대한 검사.

라) 법치학실: 법치학적 감정 및 연구, 골조직 등 경조직 감정 및 연구, 복안, 수퍼임포즈법의 감정 및 연구 → 신원불상의 사망자로 지문으로 신원이 나오지 않는 경우, 부패되어 유골만 있는 경우, 시신이 훼손된 경우 등의 성별, 연령감정, 뼈의 특이한 질환, 키, 출산 여부 등을 추정.

(2) 생물학과: 혈액, 혈흔, 모발, 인체분비물 및 조직 등 생물학적 시료의 면역·혈청학적 분석, 유전자(DNA)분석을 통한 개인식별, 미생물 동정, 식물 및 식물편의 형태학적 감정.

가) 면역연구실: 주로 성범죄 사건 증거물의 면역학적 감정, 미생물의 분리 동정과 수사식물학 관련 감정.

나) 혈청연구실: 혈흔, 혈액, 피부조직, 뼈, 치아 등의 생물학적 시료에 대해 혈청학, 면역학, 생화학적 방법을 이용한 혈액형의 감정.

다) 유전자분석실: 각종 사건, 사고와 관련된 혈흔(혈액), 정액, 모발, 기타 인체조직 및 인체분비물에 대한 유전자형분석.

라) 유전자연구실: 미토콘드리아 DNA, Y－염색체 분석 및 기타 생물학적 방법에 의한 신원확인 및 친생자 여부 확인 등의 감정.

마) 유전자검색실: 유전자형 분석, 유전자 자료파일의 보존관리, 유전자 자료의 검색 및 조회에 관한 업무.

(3) 범죄심리과

가) 범죄분석실: 범죄심리의 분석 및 연구, 법최면 검사 및 연구, 범죄원인·범죄예방과 청소년 비행 등에 관한 연구.

나) 거짓말탐지실: 폴리그래프를 이용하여 생리변화 중 호흡, 심장혈관활동(혈압, 맥박 등), 피부전기반응 등의 생리반응을 분석하여 사건의 진위를 확인하는 거짓말 탐지 검사.

(4) 문서사진과

가) 문서감정실: 필적, 인영, 인쇄물, 위조지폐, 유가증권, 위·변조와 불명문자의 판독, 날인, 선·후 작성 여부 및 잉크 색재 분석 등 → 범죄와 관련된 문서에 관한 감정·연구.

나) 형사사진실: 필름, 사진, 마이크로필름, VCR테이프, 디지털영상 등의 각종

영상물의 복원 및 계측, 동일성 여부 그리고 VCR 및 사진편집 등의 영상물 진위 여부 판별과 각종 특수사진제작, 부검사진 등의 사진촬영 등과 관련된 감정.

2) 법과학부

(1) 약독물과: 변시체 등의 생체시료에서 의약품류, 독극물류, 농약류, 톡신류 등에 대한 감정 및 연구, 부정식품 등에 대한 유해성 감정 및 연구.

가) 약품연구실

ㄱ) 약독물의 음독, 오용 등에 의한 변사사건, 독총, 독침에 의한 살인사건 등에서 제시되는 생체시료 및 유류품 → GC, HPLC, FT－IR, GC/MS 등 첨단분석장비를 이용하여 유해성분 등을 확인 정량.

ㄴ) 마취강도에 사용되는 약물, 한약(생약), 한약추출물(생약엑기스) 중에서 Alkaloid 및 유해성 중금속의 확인정량, 의약부외품, 불법제조 의약품, 화장품, 불법제조 화장품의 규격시험 및 유해물질 함유 여부 시험.

나) 식품연구실: 부정 불량식품, 농수산물, 가공식품, 식품첨가물, 건강보조식품 및 기호식품 등 모든 식품에서 보존료, 중금속과 같은 유해물질의 검출시험 및 규격시험, 특히 벌꿀, 주류(위스키, 브랜디 등), 식용유지류(참기름 등) 및 고춧가루의 변조 · 위조에 대한 진위판별시험, 축산물, 어패류에서 포르말린 함량시험, 잔류항생물질 및 천연독(복어독, 아플라톡신 등)의 검출시험 → GC, HPLC, GC/MS, AA, ICP 등 각종 최첨단 분석장비 및 최신 분석기술을 이용하여 감정.

다) 독물연구실

ㄱ) 자 · 타살 사건으로 의뢰되는 생체시료, 독극물 투여 협박사건, 양어 등 및 각종 농작물을 상대로 한 재물손괴사건 등의 증거물에서 농약류 감정.

ㄴ) 곡류, 채소류, 한약재, 기호 및 향신료, 과실류, 콩나물 등 농산물에서의 잔류농약의 분석시험, 복어독 등의 톡신, 생물학적 독소 증명 → GC, GC/MS, HPLC 등 첨단분석장비를 이용 감정.

(2) 마약분석과

가) 마약연구실: 약물남용자의 뇨(尿), 혈액 및 모발 등 주로 생체시료에서 메스암페타민, 대마, 헤로인 및 코카인의 복용 여부를 감정하며, 뇨시료의 경우 면역분석법에 의한 예비실험 후 GC/MS에 의한 확인실험으로 약물 복용 여부를 판정.

ㄱ) 뇨시료: 경찰 및 검찰에서 의뢰되며 마약류관리에관한법률에 저촉되는 모든 약물에 대해 검출시험.

ㄴ) 메스암페타민, 덱스트로메토르판 등의 남용약물의 내성 및 의존성 발현의 기전을 밝히고자 동물실험을 이용하여, 약동력학적 실험 · 연구.

나) 향정약물연구실

ㄱ) 메스암페타민 등 향정신성의약품, 헤로인 등 마약류, 대마 등의 각종 압수품에 대한 확인실험 → 침전반응, 정색반응 TLC, GC 및 GC/MS 등.

ㄴ) 메스암페타민: 의뢰된 증거물 중에 혼재되어 있는 불순물을 분석하여 제조원을 추적하고자 하는 실험이 국제적인 협력하에 실시.

ㄷ) 모발 실험: 세척, 절단, 추출, 정제, 유도체화 등의 과정을 거친 후 GC/MS에 의해 약물함유 여부를 판정 → 약물투여 후 장기간이 경과된 경우라도 약물복용을 판정.

다) 환각물질연구실

ㄱ) 본드, 코크, 니스 등에 함유된 유기용매 중 톨루엔, 메틸알코올, 초산에틸의 함유 여부를 실험.

ㄴ) 가스류: 부탄, 프로판 등을 확인 → 흡입한 사람에서는 뇨와 혈액을 채취하여 이들의 흡입 여부를 GC 및 GC/MS에 의해 측정.

(3) 화학분석과: 사건현장 유류품 등 각종 감정물의 화학적 감정 및 연구.

가) 고분자연구실

ㄱ) 합성수지류, 고무류, 윤활유, 섬유류, 지질류, 금속, 유리, 안료 및 부정유류 등 고분자물질의 감정.

ㄴ) 살인사건 피해자의 의류에 부착된 토양, 광물류 등의 비교감정.

ㄷ) 화재사건 관련 인화성 물질 등의 성분을 열분해 가스크로마토그래프, FT－적외선분광광도계, SEM－EDX, ICP 등의 첨단장비에 의해 분석.

나) 유기학연구실

ㄱ) 교통사고 피의자의 혈액 및 변사자의 혈액 중의 알코올 함량을 GC head space법에 의하여 측정.

ㄴ) 메칠알코올 등에 의한 변사사건의 경우 → 혈액, 뇨 등에서 메칠알코올 및 그외 대사산물을 분리하여 확인 및 함량을 측정.

다) 무기학연구실: 환경유해물질류, 산·알카리류, 유해성 중금속류, 유해성 가스류, 화공약품류, 혈중 일산화탄소-헤모글로빈의 농도 및 기타 독성물질 → IC, Purge&Trap, GC/MS, ICP, AA, HPTLC, CO-oximeter 등에 의하여 실험

(4) 물리분석과: 물리학적 방법에 의해 화재, 안전사고 등 사건의 원인규명과 개인식별을 위한 음성의 감정, 총기류에 관한 연구.

가) 물리연구실: 화재, 폭발, 기계구조물 파괴사고 등의 현장조사 및 수거된 증거물을 SEM, 실체 현미경 등을 이용한 파괴해석 등으로 원인 규명을 하며 공구흔의 형성원인 및 말소문자 현출 등의 감정.

나) 화재연구실: 화재현장에 대한 현장조사 및 수거된 화재관련 감정물을 공학적 검사를 통해 화재발생과 관련이 있는지 감정.

다) 음성연구실: 유괴, 폭발예고, 독극물 투입 협박사건 등에서 녹음된 테이프들을 시험한다. 음성에 의한 개인식별, 화자의 성별·연령·언어의 영향권 등에 관한 추정, 녹음테이프의 인위적 편집 여부, 주변음 및 기계음분석, 음질개선 및 대화내용확인 등.

라) 총기연구실: 비교현미경을 이용하여 탄환·탄피에 생성된 발사흔의 분석과 피사체에서의 금속성분 분석을 통한 총기 및 실탄의 종류 구분, 총기류에 의한 자·타살 식별, 폭발현장 조사 및 폭발 잔류물에서의 폭약성분 검출을 통한 폭약의 종류, 구성성분의 조성, 용도 및 위력에 관한 감정업무 및 기타 폭발사고의 원인규명에 관한 감정.

(5) 교통공학과: 교통사고 원인해석과 각종 증거물 분석에 관한 업무.

가) 차량연구실: 사고차량의 구조결함 및 정비불량을 감정하며, 컴퓨터프로그램을 이용한 충돌속도의 추정 등.

나) 역학연구실: 교통사고와 관련된 차량 및 도로 등에 대한 물리학적, 기계공학적, 화학적, 생물학적, 법의학적 감정결과를 종합 → 컴퓨터시뮬레이션

을 이용, 사고를 재구성하여 사고원인을 판정.

다) 분석연구실: 실체현미경, 열분해가스크로마토그라피, 주사형전자현미경 등을 이용, 사고현장에 유류된 차량페인트, 프라스틱파편, 섬유류 등 각종 물질의 분석을 통해 뺑소니 용의차량의 추적자료 제공 및 확인.

제16절 과학수사의 현재와 미래

1 4차 산업혁명과 과학수사의 발전

4차 산업혁명이란 인공지능기술 및 사물인터넷, 빅데이터 등 정보통신기술(ICT)과의 융합을 통해 생산성이 급격히 향상되고 제품과 서비스가 지능화되면서 경제·사회 전반에 혁신적인 변화가 나타나는 것을 말한다.[4] 따라서 1차 산업혁명의 기계화, 2차 산업혁명의 대량생산화, 3차 산업혁명의 정보화에 이은 4차 산업혁명은 물리사물인터넷(IoT), 로봇공학, 가상현실(VR) 및 인공지능(AI)과 같은 혁신적인 기술이 우리가 살고 일하는 방식을 변화시키는 현재 및 미래를 의미하는 것이다.[5] 이러한 4차 산업혁명은 경찰활동에 있어 실종아동, 용의자 신원을 확인할 수 있는 지능형 CCTV와 무인항공기를 활용한 자율순찰, 추적 분야에 이용되고 있고, 범죄정보, 범인자료를 AI로 분석하여 범죄유형별 예방정보공유, 위험범인분석을 통해 경찰의 출동검거 및 시민경고[6] 시스템을 만들어 격변하는 범죄환경에서 경찰도 적응 및 발전하여 나아가고 있다.

이에 본 절에서는 4차 산업혁명에 따른 사회의 변화에 있어 과학기술을 비롯한 경찰활동이 어떻게 변해가고 발전해 나아가야 할지에 대해 생각해 보도록 한다.

---

4) https://terms.naver.com/entry.naver?docId=3583976&cid=43659&categoryId=43659
5) 네이버 지식백과, 4차 산업혁명, 시사경제용어사전, 기획재정부, 2017.
6) 장광호, 스마트치안: 4차 산업혁명 시대, 혁신적 경찰활동, 박영사, 2020, p. 25.

2 예측치안과 인공지능(AI)

예측 치안(predictive policing)은 경찰이나 수사대와 같은 법집행기관이 인공지능을 사용해 잠재적 범죄 활동을 통계적으로 예측하고 범죄가능 패턴을 식별하는 기법이다.[7] 미국 등 경찰은 인공지능이 도입되기 이전부터 축적된 범죄데이터를 분석하여 범죄위험도가 높은 지역과 낮은 지역에 대한 범죄지도를 제작하기 시작하였으며, 최근에는 인공지능을 기반으로 한 복수의 많은 데이터들을 연결하여 차량 번호판 판독기, 유비쿼터스 카메라, 데이터 저장, 향상된 컴퓨터 기능을 결합하여 더욱 정확하고 예측이 가능한 시스템을 만들고 있다.[8]

예측치안 관련 인공지능 활용사례를 살펴보면, 우선, 캘리포니아의 제프리 브랜팅엄 교수팀이 지진발생 예측 알고리즘을 활용하여 개발한 프로그램으로 범죄가 발생될 장소와 시간을 예측하는 플레드 폴(Pred Pol)을 개발하여 범죄예방에 활용한 사례가 있다. 실제로 로스엔젤레스 경찰과 시애틀 경찰 등 미국 지역경찰과 영국의 맨체스터 경찰, 켄트경찰은 프레드폴을 도입, 활용하고 있으며 도입 이후 범죄율이 약 20%가량 줄었다고 보고하였다.[9] 또한 컴파스(COMPAS)는 미국 노스 포인트사에서 개발한 AI로 유사 범죄자들의 기록과 특정범죄자의 정보를 빅데이터 분석하고, 범죄자의 재범가능성을 계량화 할 수 있는 인공지능 시스템이다. 컴파스(COMPAS)는 단순히 재범확률 계산뿐만 아니라 범죄가 언제 어디서나 어떤 사람에게 일어날 가능성이 높은지를 추정할 수도 있는 것으로 알려져 있다. 이를 통해 실제로, 미국의 위신콘주 주정부는 인공지능이 계량한 재범가능성을 형량 결정에 참고하고 있으며, 유타, 버지니아, 인디애나 시와 캔자스 시 등 활용하는 기관이 늘어나고 있는 추세이다.[10]

---

7) Ferguson, A. (2014), "Big data and predictive reasonable suspicion", University of Pennsylvania Law Review, 163.

8) John, E. (2017). "The undue influence of surveilance technology companies on policing", New York University Law Review, 91.

9) 김동현, (2019). "예측치안분야 편향 해소 방안", 한국정보화진흥원, Special Report 2019−7, pp. 1−2.

10) 상게서, p.2.

3 증강현실(AR)과 범죄현장

범죄사건이 발생하게 되면 사건해결에 있어 중요한 요인 중 하나가 바로 범죄현장을 사건이 발생한 상태로 보존하는 것이다. 그러나 이미 사건이 발생하고 나면 여러 가지 요인으로 인해 사건현장은 처음과 달리 오염되거나 손상되어질 수밖에 없고, 이로 인해 잘못되면 사건해결의 열쇠가 될 수 있는 소중한 증거가 멸실될 수도 있다. 하지만 앞으로는 범죄현장의 사진과 촬영물 등을 범죄분석 전문가에게 보내고, 이러한 자료와 정보를 분석하여 범죄현장을 처음과 같은 상태로 겹쳐 보게 할 수 있는 증강현실 기술을 사용할 수 있게 되어 범죄사건 현장에서 발생할 수 있는 문제점을 일부 해결할 수 있게 되었다. 즉 범죄현장에 도착한 경찰관이 증강현실을 기반으로 재구성 된 범죄현장을 보고 어떤 증거를 수집해야 하고, 어느 부분을 더 유심히 살펴봐야 하는지 알기 쉽게 해 준다. 또한 증강현실을 통해 현실의 이미지나 배경에 가상의 이미지를 겹쳐 보이게 함으로써 처음상태와 달리 변형되어진 범죄현장을 처음과 같은 상태의 범죄현장과 비교해 봄으로써 혹시나 사건을 해결하는데 놓친 부분이 없는지 여러 번 살펴 볼 수 있게 되어 범죄사건의 실마리를 찾는데 많은 도움이 될 것이다. 가상현실을 기반으로 한 범죄사건을 해결하기 위한 노력으로 실제 스위스 취리히 대학의 법과학 연구소에서는 범죄현장의 쌍방향 시각화를 허용하는 저비용 시스템을 제시하였고, 이와 비슷하게 영국 스테퍼드셔 대학의 프로젝트도 영국 경찰대와 협업하여 가상현실을 통한 범죄현장을 표현하는 방법을 개발하는 것을 검토하고 있다.[11)]

4 DNA 몽타주

과거 범죄자를 검거하는데 있어 목격자, 참고인등의 진술을 바탕으로 그려진 몽타주를 통해 범인의 인상착의 등을 확인하는 방법을 사용하였다. 그러나 시간이 흐르게 되면 목격자의 그 당시 범죄현장에서 범인의 인상착의는 흐려지게 되고, 때로

---

11) https://tomsdigitalstory.tistory.com

는 목격자가 가지고 있는 주관적 선입견과 편견으로 범인의 인상착의가 실제 범인과 일치하지 않는 진술을 토대로 그려진 몽타주를 통해 범인을 찾게 되는 한계도 발생하게 된다. 그러나 앞으로는 이러한 문제점이 어느 정도 해결되어 범죄현장에 용의자의 피 한 방울만 주어지면 정확한 몽타주를 그릴 수 있는 유전자 몽타주가 개발·시행되어질 것이다. DNA에는 머리카락 색부터 피부색, 쌍꺼풀 유무, 키 등 겉으로 드러나는 외모뿐 아니라 식성, 학습능력, 혈압 등 체질과 질환에 관한 개인의 모든 정보가 담겨 있기 때문에 이런 특성을 이용해 범죄현장에서 확보한 DNA로 범인 정체를 알아 낼 수 있다.[12] 즉 각각의 개인이 가지고 있는 신체특징과 얼굴생김새 관련 유전자에 관여하고 있는 눈동자 색과 머리카락 색, 그리고 피부색을 구별하여 몽타주를 작성하는 것이다. 실제로, 1986년 영국 레스터에서 10대 여성 두 명이 연이어 성폭행당한 뒤 살해되는 사건이 일어났다. 영국 경찰은 로드니 버클랜드라는 17세 소년을 용의자로 지목하고 자백까지 받아냈다. 하지만 DNA 지문기법으로 범죄현장에서 확보한 범인 DNA와 비교한 결과 소년과 일치하지 않는다는 결론이 나왔다. 소년은 무혐의 처분을 받았고 DNA 조사 결과 범인은 이듬해 검거됐다. 이 사건은 DNA를 활용한 과학수사로 억울한 사람의 누명을 벗게 한 첫 사례로 기록됐다.[13] 향후 목격자가 없는 범죄일지라도 사건현장 범인의 DNA 정보를 바탕으로 눈동자의 색, 머리카락 색은 물론이고 얼굴 형태와 노화정도까지 정확하게 몽타주를 그릴 수가 있게 되어 검거 확률이 획기적으로 높아질 전망된다.

5 미생물 지문(Microbial Fingerprint)

'미생물 지문(Microbial Fingerprint)'이 과학 수사의 새로운 도구로서 거론되고 있다. 미생물 지문이란 인체의 다양한 부위에 서식하는 미생물의 종류 및 독특한 구성분포를 비교해 인간의 신원을 밝히는 자료로 사용하는 것을 의미한다.[14] 인간은 약 100조 마리에 달하는 장내 미생물을 비롯해 겨드랑이, 머리카락, 손가락, 피부 등 인체에는 20여 개소에 다양한 세균들이 미니 생태계를 구성하며 존재하고 있다. 따

12) https://www.hankyung.com/it/article/2017090388461
13) https://www.hankyung.com/it/article/2017090388461
14) https://www.sciencetimes.co.kr/?p=140285&cat=29&post_type=news&paged=152

라서 모든 사람은 쌍둥이라 할지라도 각자 독특한 세균 분포를 갖고 있기 때문에 범인의 신원을 밝히는 데 상당히 유용한 증거 활용될 수 있다.[15] 실제로 호주 머독대학의 실바나 트리디코 교수팀이 음모에 서식하는 세균들을 비교해 음모에 서식하는 세균들의 경우 머리털에 서식하는 세균보다 종류가 더 많고 개인별로 독특한 패턴을 보인다는 것을 알아내고 이 결과를 토대로 성범죄 용의자의 미생물 지문을 작성하는 법을 개발해 화제를 모았다. 또한 연구를 진행한 실바나 트리디코 교수는 "사람의 DNA는 옮지 않지만 세균은 전염된다며 몸속에 사는 세균을 이용한 프로파일링 기법을 개발한다면 특히 성범죄에 유용할 것"이라고 밝혔다.[16]

6 3D 프린팅

3D프린팅는 '3D로 입체적인 물체를 제작하는 기술'이다. 종이에 글자를 인쇄하는 기존 프린트와 유사한 방식으로, 스캔 데이터를 바탕으로 입체모양을 만들어 3D 프린터에 입력한 모형을 3차원 실물로 완성할 수 있다는 장점이 있다.[17] 영국의 웨스트요크셔 경찰은 3D스캐닝을 범죄현장조사에 적용 중인데 절단된 골격의 3D 실물 제작으로 상호 일치여부를 확인한 바 있으며, 홍콩경찰 브리핑 지원팀은 3D프린팅 기술을 통해 테러, 인질, 화재사건의 작전투입 전 현장전체를 모형화하여 작전의 이해도를 높이는데 사용하고 있다.[18] 이 외에도 범죄현장에서 발견된 뼈, 치아 조각 등의 증거를 3D로 입체화하여 용의자로 의심되는 인물의 정보와 대조한다든지, 범죄현장을 3D로 재현하여 용의자의 동선과 현장의 상황을 분석하는 방법에 이용하는 등 향후 3D프린팅 범죄 현장이나 증거를 재현하는 경찰활동에서 많이 활용될 것으로 예상된다.

15) https://www.sciencetimes.co.kr/?news
16) https://www.dongascience.com/news.php?idx=5709
17) 장광호, 전게서, p. 116.
18) 상게서, pp. 117-118.

제 6 장

수사행정

제 1 절 수사지휘(搜查指揮)

1 수사지휘의 개념(概念)

1) 수사지휘

수사간부가 실제의 수사를 할 때에 수사의 착수로부터 종결에 이르는 각 단계에서 수사상황을 장악하여 수사방법의 적부를 검토하고 필요한 지시와 감독으로 수사의 진행을 적정수사의 궤도에 올려놓기 위하여 수사조직의 편성, 수사요원의 지휘 및 사건의 지휘 등을 내용으로 수행하는 수사간부의 감독기술.

2) 수사지휘의 기본(적정수사)

(1) 형사에 관한 실체 및 절차법령에 합당하게 수행하여야 한다는 합법성.

(2) 수사의 수단・방법이 범죄사실의 객관적 진상을 명백히 발견하는 데 적합하도록 신속・경제적으로 활용되어야 한다는 합리성.

(3) 수사는 인권침해를 초래하는 일이 없이 사회양식에 비추어 타당한 것이라야 한다는 타당성.

3) 수사지휘의 요체(要諦)

(1) 수사단계

가) 수사의 단서를 얻어 수사에 착수하는 단계.

나) 수집된 자료를 검토하는 단계.

다) 수사방침을 수립하는 단계.

라) 사건과 범인을 검토하는 단계.

마) 피의자・참고인의 조사단계.

바) 수사내용 종합의 단계.

사) 사건송치의 단계.

아) 사후처리의 단계.

(2) 수사지휘의 요체: 적정수사를 실행하기 위해서는 능력・기술・소질・지식・경험이 각자 다른 수사요원을 수사목적 달성을 위하여 조직의 일원으로서 또는 독립시켜서 그들이 가진 능력을 충분히 발휘하도록 통제하면서 낭비와 무리 없이 지휘해 나가는 것이 수사지휘의 요체이다.

4) 수사지휘의 내용(內容)

(1) 수사조직의 편성.

(2) 수사종사원의 지휘.

(3) 사건의 지휘.

2 수사조직의 편성(編成)

1) 필요성(必要性)

모든 자료를 종합하여 판단하는 동시에 넓은 지식과 기술을 활용하여 항상 조직의 힘으로 수사를 진행하기 위하여.

2) 수사조직(搜査組織) 편성(編成)의 원칙(原則)

(1) 조직의 목적(또는 목표)을 명백히 하여야 한다.

(2) 인원 · 장비 · 비용 등 수단을 충족시켜야 한다.

(3) 목적과 수단의 조정으로 조직전체의 균형이 이루어지도록 하여야 한다.

3) 수사조직 편성방법

(1) 수사목적의 명확화와 수사수단의 조정

가) 수사조직 편성: 수사목적을 명확히 해야 한다 → 구체적 사건에 대응하여 수사간부는 먼저 무엇을 수사할 것인가를 항목별로 계획을 세워야 한다.

나) 간부의 지휘능력이며 책임: 해당 항목의 완급 · 경중 · 실행가능성 · 경제성 등을 고려하여 목적과 수단을 조정 → 적정한 조정이 간부의 지휘능력이며 책임.

(2) 필요한 업무의 분석

가) 수사목적을 명확하게 정한 다음에는 각 항목의 업무분담에 들어가기 전에 목적 달성에 필요한 모든 업무를 분석해야 한다.

나) 본질적인 수사활동 외에도 대민 홍보, 기동력 확보, 수사요원의 급식, 활동비, 건강관리 등 부차적인 업무도 반드시 뒷받침되어야 하기 때문에 이러한 사항들도 충분히 고려하여야 한다.

(3) 업무(業務)의 합리적(合理的) 분담(分擔) → 업무 분담시 유의점

가) 이질적인 업무를 한 사람에게 담당시켜서는 안 되며, 형사의 능력의 유무만을 기준으로 업무의 적량을 무시하여 현저하게 차등을 두어서는 안 된다. 즉, 과다 · 과소의 분담은 사기에도 중대한 영향을 미치는 것이므로 금물이다.

나) 각자의 능력과 적성을 고려하여 분담시킴으로써 각자의 능력이 충분히 발휘되도록 분담해야 한다.

다) 하나의 업무항목을 너무 세분하여 여러 사람에게 할당하거나 또는 하나의 업무를 중복부담 시켜서는 안 된다.

(4) 수단(手段)의 충족(充足): 필요한 업무의 합리적 분담이 정해지면 다음으로

분담된 업무를 효과적으로 수행하기 위하여 인원・장비・비용 등 필요한 수사수단을 충족시켜야 한다.

(5) 연락통제체제의 3가지

가) 형사로부터의 보고체제.

나) 간부로부터의 형사들에 대한 지휘체제.

다) 형사들 상호간의 협조연락체제.

4) 수사조직(捜査組織)의 타당성 검토(檢討)

(1) 수사목적에 합치되고 있는가.

(2) 수사수단은 충족되어 있는가.

(3) 중복된 부분은 없는가.

(4) 예상한 장해에 대한 대책은 어떠한가.

(5) 수사변전에 따르는 적응성은 어떠한가.

3 수사요원(捜査要員)의 지휘(指揮)

1) 중요성(重要性)

수사지휘는 수사 진전을 적정 수사라는 궤도 위에 올려놓는 작업으로 적정 수사를 실현하기 위해서 부하를 능률적으로 운용할 수 있도록 하기 위해.

2) 수사간부(捜査幹部)로서의 자격요건(資格要件)

(1) 필요한 업무지식과 기능을 체득할 것.

(2) 부하(部下)에 대한 적절한 주의와 지시의 방법을 숙지할 것.

(3) 책임에 따르는 지식을 숙지할 것.

(4) 부하통솔의 기능을 체득할 것.

(5) 수사방법을 연구・개선하는 자세를 갖출 것.

(6) 중간간부의 임무를 자각할 것.

3) 지휘자의 기본적 태도

(1) 사적 권위(私的 權威): 계급적 권위보다는 실질적인 인간관계를 위주로 하여 사적·인격적 권위를 함양하여야 한다.

(2) 일하는 자의 심리를 파악: 수사요원에게도 인간의 기본적 요구, 즉 사회정의·공정·안정·인정·자주·진보·교제의 욕구를 추구하는 심리가 작용하고 있으므로 이를 충분히 배려하여 지휘하는 자세가 필요하다.

4) 수사요원에 대한 지휘법칙

(1) 조화된 지휘태양(指揮態樣)의 활용 = 지휘의 태양 3가지

가) 독재적 지휘.

나) 민주적 지휘.

다) 방임적 지휘.

(2) 책임범위 설정: 수사요원의 지휘에 있어서는 그 책임의 범위와 정도를 명확하게 설정해 주어야 한다.

(3) 명확하고 구체적인 지휘

가) 지휘를 할 때: 지시명령의 내용을 명확하고 구체적으로 전달하여야 한다. 간부 자신이 충분히 연구하고 지시 명령하지 않으면 부하는 그 내용을 이해하지 못한다.

나) 부하의 능력에 따라 지시내용의 명확성, 구체성의 정도를 달리하지 않으면 안 된다.

(4) 보고: 수사간부는 부하로부터 수사결과에 대한 보고를 빠짐없이 받아야 하며 보고 내용을 검토하여 정확성 여부를 판단할 수 있어야 한다. 또한 간부는 보고내용이 사실에 근거를 둔 진실한 내용인지 여부를 간파할 줄 아는 판단력을 가지고 있지 않으면 안 된다.

(5) 지휘성과의 확인: 간부는 지시를 하는 것만으로 책무를 다했다고 생각해서는 안 되며, 지시 명령된 사항을 충분히 이해하고 주의력을 집중하여 성실하게 이행하고 있는가를 감독 확인하여야 한다.

4 사건(事件)의 지휘(指揮)

1) 사건지휘의 성질(性質)

수사지휘 업무 중 전술한 수사조직편성이나 수사요원의 지휘는 준비적·정적인 업무로서 수사관리에 속하는 업무이나 수사지휘는 구체적 사건 발생에 대하여 행하는 실행적·동적 업무인 것이다.

2) 사건지휘의 기본 이념

수사지휘의 본질은 사건지휘에도 그대로 타당한바, 즉 합법성·합리성·타당성을 구비한 적정수사의 실현을 사건지휘의 기본이념으로 한다.

3) 사건지휘의 요체(要諦)

(1) 현장검거능력(現場檢擧能力)의 향상: 범죄발생으로부터 시간이 흐르면 흐를수록 범인검거는 어려워지므로 초동수사체제와 기동수사체제를 강화하여 적극적·능동적 수사의 전개로 현장검거능력을 향상시켜야 한다.

(2) 자료수집능력(資料蒐集能力)의 향상

가) 평소 기초자료를 수집 정비해 놓아야 한다.

나) 정보활동을 강화하여 정보원을 개척한다.

다) 수사요원에만 의존할 것이 아니고 외근 경찰관 등 전 경찰력의 이목을 동원하는 조직수사체제의 강화가 필요하다.

4) 사건지휘의 내용

(1) 사건착수의 지휘

가) 사건착수 시기: 사건의 성질·규모·주동인물·수사자료 등을 고려하여 수사착수의 시기를 결정해야 한다.

나) 적정시기를 선택하기 위해 고려할 사항

ㄱ) 단서의 공정·확실성을 판단할 것.

ㄴ) 사건의 검거가치를 판단할 것.

ㄷ) 의율판단(擬律判斷)을 할 것: 사건검거에 있어서 법률 적용상 불합리한 점이 없는가를 판단하는 것 → 수사간부는 형사법령·판례 등에 대한 부단한 연구로 수사상 법률적용의 과오가 없도록 판단하여 수사착수를 지휘하여야 함.

a) 그 행위가 추상적 권한에 속할 것.

b) 그 행위가 구체적 권한에 속할 것.

c) 직무행위의 방식이 유효요건을 구비하고 있을 것.

(2) 합리수사를 위한 지휘

가) 불합리한 수사의 원인

ㄱ) 불확실한 증언(진술)이나 자료를 검토함이 없이 피의자를 구속하는 경우.

ㄴ) 수집된 자료나 정보를 그 진실성을 해명함이 없이 피의자에 불이익하게 해석하여 수사를 진행하는 경우.

ㄷ) 좀더 수사를 하면 용의점 유무가 명백히 될 수 있는 것인데도 수사를 생략하고 경미한 자료만으로 서둘러 구속부터 하는 경우.

ㄹ) 증거의 수사 없이 피의자의 허위자백만으로 수사를 완결하려고 하는 경우.

나) 합리성에 대한 판단 검토

ㄱ) 자료수집의 방법은 완전한가.

ㄴ) 자료에 대해서 어떤 감식방법을 택할 것인가.

ㄷ) 사건의 추정은 적당한가, 다른 추정은 없는가.

ㄹ) 수사방침은 정당한가.

ㅁ) 검증방법은 정당한가.

ㅂ) 사실인정은 정당한가.

다) 수사의 연락·통제 체제의 완비: 범죄의 광역화, 기동화에 대처하여 신속, 정확한 지휘를 하기 위해서는 수배공조체제, 조회, 보고, 연락, 통제 등 공조 및 연락통제의 정비가 필요.

라) 기 타

ㄱ) 압수물의 환부에 있어서는 그 절차의 적정을 기하여 형사상, 민사상의 물의가 생기지 않도록 지휘하여야 한다.

ㄴ) 사건의 가치를 판단, 내용을 포착해서 강제수사와 임의수사의 구분을 명시해 주어야 한다.

ㄷ) 계속수사를 필요로 할 경우: 그 체제 및 추진방법과 수사의 종결시기를 판단 예견하여 틀림이 없도록 지휘하여야 한다.

(3) 피의자 검거에 대한 지휘

가) 확실한 자료와 적시(適時) 검거: 수사간부는 확실하고 충분한 자료를 수집하여 적시에 피의자를 구속하도록 지휘해야 한다.

나) 별건구속(別件拘束)에 대한 주의: 증거가 확실한 경죄(輕罪)를 이유로 피의자를 구속한 후 중죄(重罪)에 관한 조사를 하는 것.

(4) 영장송치(令狀送致)에 대한 지휘

가) 구속영장(拘束令狀) 경우: 구속영장 신청에 관하여 수사간부는 수사단서나 출처, 신빙성 등을 잘 검토하고, 기초수사의 상황, 소명자료, 완결방법 등을 검토하며, 피의사실, 죄명, 적용법조 등의 입증 가부를 확인하는 등 일정한 검토표를 만들어 구체적으로 점검을 한 후 영장신청을 지휘하여야 한다.

나) 압수(押收)·수색(搜索)·검증영장(檢證令狀)의 경우: 압수, 수색, 검증을 할 장소 및 사건의 특정을 소명한 자료를 확인하여 착오가 없도록 하고 야간집행을 할 경우 그 필요성 내지 사유가 서류상 정확히 기재되어 있는가를 확인하여야 한다.

(5) 피의자조사에 대한 지휘: 수사간부는 진술의 진실성 판단, 질문사항에 대해 조사지시, 구속 여부의 필요성을 판단하는 등 조사사항, 방법 등을 지휘.

(6) 사건송치(事件送致)에 대한 지휘 주의점

가) 송치서류상의 시간, 장소, 인명, 공범상호간의 진술에 대한 모순 여부를 확인.

나) 송치서의 범죄사실의 기재가 6하(8하)원칙에 따라 범죄성립요건을 충족하고 있는가, 정상의견의 근거가 되는 입증자료가 있는 가 등을 확인.

다) 영장집행상황, 진술, 증거, 실황 등 조서에 관한 핵심부분을 점검.

라) 중요한 증거물, 압수목록 등을 확인.

마) 보충수사를 필요로 하는 부분은 메모해 두었다가 사후지시에 실수가 없도

록 하여야 함.

(7) 사건송치 후의 지휘: 수사는 사건송치 후 기소와 소송종결에 이르기까지 계속되므로 송치기록을 조사하여 불비점 및 보충수사의 필요 여부를 확인하고 수사 전반에 대한 성패를 분석하여 수사활동의 진보개선에 그 경험을 활용하여야 함.

제 2 절 수사본부(捜査本部) 운영(運營)

1 개설(槪說)

1) 수사본부의 설치 · 운영의 목적

살인 기타 특별중요사건이 발생한 경우 경찰의 조직기능을 통일적으로 강력하게 발휘, 적정하고 효율적인 수사활동을 추진함으로써 종합수사의 시효를 거두기 위하여 설치 운영하는 것이다.

2) 근거법규

(1) 범죄수사규칙(犯罪修辭規則) 제19조.

(2) 수사본부운영규칙(捜査本部運營規則)(경찰청 예규 제102호).

3) 수사본부의 특성(特性)

(1) 특정임무 수행을 위한 비상설(임시)조직(책임체제(責任體制)의 변경(變更)): 수사본부는 구체적인 특별중요사건의 수사해결이라는 특정의 임무를 수행하기 위해 정상적 수사체제와는 별도로 임시로 편성되는 수사조직이다.

(2) 통일적 수사체제(지휘체제의 변경): 정상적인 수사지휘계통을 일시 배제하고 특별한 지휘명령계통에 따라 특정사건만을 전담하기 위한 수사체제이다.

(3) 강력한 수사수행력(활동체제의 변경): 강력한 수사의 수행을 위해 수사본부는 인원, 장비, 수사비 등의 특별지원을 받아 수사를 추진한다.

2 설치(設置) 및 편성(編成)

1) 설치시기(設置時期)

(1) 수사본부를 설치해야 될 시기: 「특별중요사건이 발생한 경우에 특히 수사를 통일적으로 또한 강력히 추진할 필요가 있다고 인정할 때에 지방경찰청장은 수사본부를 설치한다.」

(2) 설치 여부 결정

가) 국민의 피해의식이 크거나 비상한 관심의 대상이 되는 사건.

나) 초동조치 단계에서 범인을 검거할 전망이 없고,

다) 사건해결에 상당한 곤란이 예상되어 통상적 수사체제(주로 경찰서 단위의 수사)에 의한 수사로서는 수사의 실효를 기대하기 어려운 경우.

2) 설치권자(設置權者)

수사본부의 설치, 해산 및 수사본부장, 부본부장과 본부요원의 임면(任免)은 지방경찰청장이 행한다.

3) 수사본부의 설치장소

수사본부는 사건발생지를 관할하는 경찰서에 설치 → 다만 사건의 태양 등에 의하여 다른 장소에 설치하는 것이 타당하다고 인정될 때에는 예외로 한다.

4) 수사본부 설치에 따른 지시(指示)

수사본부장은 다음 5)의 (1)에 해당하는 자 중에서 지방경찰청장이 지명한다.

5) 수사본부장(搜査本部長)

(1) 수사본부장이 될 수 있는 자(지방경찰청장이 지명)

가) 서울지방경찰청 형사부장, 경기지방경찰청 제2부장, 차장이 있는 지방경찰청에서는 차장.

나) 기타 지방경찰청 강력(수사)과장 또는 사건관계과장.

다) 사건관할지 경찰서장.

(2) 수사본부장의 임무(任務): 수사본부장은 수사본부사건의 수사를 지휘하며 수사요원을 지휘감독하고 수사본부를 관리 운영한다.

6) 수사부본부장(搜査副本部長)

(1) 수사부본부장에 위임될 수 있는 자

가) 서울지방경찰청 형사부장, 경기지방경찰청 제2부장, 차장이 있는 지방경찰청에서 차장이 수사본부장이 되었을 때

ㄱ) 해당 경찰청 사건 주무과장.

ㄴ) 수사본부가 설치된 관할지 경찰서장.

나) 지방경찰청 주무과장 또는 관할지 경찰서장이 본부장이 되었을 때

ㄱ) 지방경찰청 주무계장.

ㄴ) 관할지 경찰서 형사(수사)과장.

(2) 부본부장의 임무: 수사본부장을 보좌하며 수사본부의 운영관리의 원활을 기하고 인접 지방경찰청·경찰서간의 공조 및 수사지휘.

7) 수사전임관(搜査專任官)

(1) 전임관: 수사본부를 설치한 지방경찰청·경찰서 사건 주무과의 경정 또는 경감급 → 따로 임명절차를 요하지 않고 대상자 중 본부장이 지정.

(2) 수사전임관은 수사본부의 중추로써 수사추진에 임한다.

8) 수사본부의 요원(要員)

(1) 수사요원: 관할 경찰서 수사요원으로 편성 → 수사본부장은 본부요원 편성에 있어 필요하다고 인정되는 경우에는 인접·기타 경찰서로부터 요원의 파견을 명할 수 있다.

(2) 본부요원은 수사본부장의 지시, 명령에 복종하여야 하며 부여된 수사업무를 성실히 수행하여야 한다.

9) 홍보관(弘報官) 및 분석연구관(分析硏究官)

(1) 홍보관: 본부장이 총경, 경정, 경감급 → 대외적으로 알려야 할 사건내용과 수사협조사항 등 홍보에 주력하여야 한다.

(2) 분석연구관: 본부장이 수사경력이 많은 경정, 경감, 경위급 → 사건분석 연구검토, 합리적인 수사계획 수립, 수사미진사항 · 수사상 문제점 도출 보완, 검증조서 작성 및 송치시까지 수사지침의 제시 등을 수행.

3 수사협조(搜査協助)

1) 경찰서장의 임무

(1) 본부사건수사에 있어서 수사본부장의 통제에 따라 수사본부장으로부터 지시된 수배, 조사 등 필요한 조사를 신속, 정확하게 행하여야 한다.

(2) 각 경찰서장과 기타 관계 소속장은 본부사건에 관련된 정보 기타 수사자료를 얻었을 때에는 필요에 따라 응급조치를 하는 동시에 지체 없이 수사본부장에게 보고하여 그 지휘를 받아야 한다.

2) 초동수사반(初動搜査班)의 협력

초동수사반은 그 출동한 사건에 대하여 수사경과를 신속히 수사본부에 보고, 인계하는 동시에 그후의 수사에 협력.

3) 인접경찰서(隣接警察署) 수사간부(搜査幹部)의 임장(臨場)

수사본부장의 특별한 지시가 없더라도 신속히 범죄현장에 임장하여 수사에 대비하여야 한다.

4) 수사회의

수사본부장은 필요할 때에는 본부요원과 관계소속직원을 소집하여 회의를 개최한다.

4 수사서류(捜査書類)

1) 비치서류(備置書類)의 종류(種類)

수사전임관이 해당 사건의 수사진행 상황을 빠짐없이 기록한다.

(1) 사건수사지휘 및 진행부.

(2) 수사일지 및 형사배치표.

(3) 수사보고서철.

(4) 용의자 명부.

(5) 참고인 명부.

2) 비치서류와 기록의 원본작성

지방경찰청 수사주무과장은 전항의 구비서류와 사건기록의 사본을 작성하여 일괄 편철하고 재검토 반성하는 동시에 금후의 수사자료 또는 교양자료로 활용하여야 한다.

3) 비치서류 · 사건기록 사본 등의 보존기간

(1) 검거사건: 3년.

(2) 미검거사건: 공소시효 만료 후 1년.

5 수사본부의 해산(解散) 및 사후조치(事後措置)

1) 수사본부의 해산사유

지방경찰청장이 해산을 명한다.

(1) 범인을 검거하였을 때.

(2) 상당히 장기간 수사하였으나 사건해결의 전망이 없을 때.

(3) 전 각호 이외에 특별수사를 계속할 필요가 없게 되었을 때.

2) 수사검토회(搜查檢討會)

수사본부장은 수사본부의 해산에 즈음하여 특히 필요 없다고 인정할 때를 제외하고는 그 본부사건의 수사관계자를 소집하여 수사검토회를 개최하고 수사실행상 경과를 반성 검토하는 등 수사기능의 향상을 도모하여야 한다.

3) 계속수사(繼續搜查)

(1) 수사본부장은 사건을 해결하지 못하고 수사본부를 해산하는 경우: 해당사건에 관하여 계속하여 수사를 담당하여야 할 주무과장 또는 경찰서장에게 관계서류와 증거물, 사건수사지휘 및 진행부, 수사일지 및 형사배치표 등을 인계하는 동시에 사후의 수사에 있어서 유의하여야 할 사항을 명확히 인계하여야 한다.

(2) 전항의 경우에 인수한 주무과장 또는 경찰서장: 연 4회 이상 수사담당자를 지명하여 특별수사를 하여야 한다.

6 종합수사지휘본부(綜合搜查指揮本部)

1) 전국 2개 이상 시 · 도에 걸친 범죄의 광역수사

필요하다고 인정하는 때에 경찰청에 지휘본부를 설치 · 운영하는 것으로 범죄수사규칙 제19조에 의한 각시 · 도 지방경찰청의 수사본부의 수사활동에 대한 지휘통제, 조정 및 감독을 그 활동의 목적으로 한다.

2) 구성 및 업무

「종합수사본부운영규칙」에 따른다.

제 3 절 수사와 대언론관계(對言論關係)

1 언론매체의 중요성

1) 현대사회의 발달과 더불어 통신수단과 언론매체는 날로 그 영향력을 확대해 가고 있으며, 이러한 언론매체와의 관계설정 및 그 이용은 행정기관과 민간기업체를 불문하고 중요성이 날로 더해가고 있다.

2) 수사업무와 대언론관계가 일반적인 경찰공보의 원칙과 크게 상이하지는 않으나 수사업무의 성격상 도출되는 몇 가지 특이한 문제들을 공보의 기본 원칙과 더불어 기술한다.

2 대언론관계의 일반원칙(一般原則)

1) 공중이 알고 싶은 것을 알릴 것.

2) 적절한 시기에 보도자료 제공.

3) 경찰의 공신력 유지.

4) 설득적일 것.

5) 원활한 대언론 관계의 유지.

3 언론사 취재요청(取材要請)에 대한 협조방법

1) 평상시 준비

(1) 가능한 한 신속하게 응답한다.

(2) 각종 정보를 가지고 있어야 한다.

(3) 언론사에 제공하는 정보의 정확성은 신중히 검토해야 한다.

(4) 사건관련 사진, 비디오 등 관련자료를 항상 준비해 둔다.

(5) 언론과의 통화일지를 작성하여 관리한다.

2) 사건용의자(事件容疑者) 익명(匿名) 보도자료(報道資料) 제공원칙 준수

사건용의자는 확정 범죄자가 아니므로 반드시 익명으로 보도자료를 제공하여야 한다 → 피의사실공표죄에 해당하지 않도록 해야 한다.

3) 국민정서(國民情緖)에 악영향이 우려(憂慮)되는 범죄사건은 접견제한(接見制限)

(1) 강력범 등 주요범인의 연행, 현장검증 또는 송치시: 용의자 인터뷰는 제한하여야 한다(단, 사진・카메라 촬영은 취재활동으로 간주되어 허용).

(2) 구속영장 집행 후 특정사건 피의자 등을 취재목적으로 별도 접견하거나 촬영하도록 하여서는 안 된다.

(3) 이런 제한은 국민의 알권리를 침해하는 것이 아니라 무분별한 인터뷰 결과가 여과 없이 그대로 방영되는 경우 국민정서에 악영향을 끼칠 수 있기 때문이다.

4) 보도사건(報道事件)의 브리핑 정례화(定例化)

대형사건・사고의 경우(정기: 1일 2회(09:00, 16:00), 수시: 필요시) 브리핑을 할 필요가 있다.

5) 언론창구(言論窓口)의 일원화(一元化)

경찰청의 경우 해당 부서의 국장 또는 과장, 경찰서의 경우 서장(署長)으로 일원화 → 입회인을 두는 것이 좋다. 보도자료 발표자는 보도자료의 일관성 유지 및 경찰의 신뢰제고에 노력해야 한다.

6) 언론매체(言論媒體)에 대한 공평한 대우(待遇)

종합일간지가 언제나 최고의 매체는 아니다. 방송, 각종 지역소식지, 주간지, 월간지, 부정기 간행물, 기업체 사보 등도 대상 공중의 성격에 따라서는 효과적일 경우가 있다.

4 각종 대중매체(大衆媒體) 활용방법(活用方法)

1) 쉽게 범인을 검거하기 어려운 경우

인쇄매체나 특히 영상매체를 활용하는 경우 뜻밖에 많은 성과를 거둘 수 있다.

2) 새로운 주요 수사수단의 하나로 활용

모방범죄 등에 유의.

5 언론과의 인터뷰 방법

1) 인쇄매체(印刷媒體)의 질문에 대한 응답요령

(1) 기자와 인터뷰를 하기 전에 먼저 질문자의 신분을 확인.

(2) 질문의 목적이나 내용에 따라서 답변을 할 것인지의 여부를 결정함.

(3) 답변을 하기로 결정한 경우: 정확한 사실만을 말해 주어야 하며 사실을 과장하거나 확인되지 않은 사실을 알려 주어서는 안 된다.

2) 영상매체(映像媒體)와의 인터뷰

(1) 인쇄매체는 응답자가 말한 것만을 보도하지만 영상매체는 응답한 것 자체를 보여주게 된다. 즉 답변자의 머뭇거림, 망설임, 옷차림 등 각종 비언어적 커뮤니케이션이 수반되므로 사전에 철저한 준비가 이루어져야 한다.

(2) 사전의 준비로서 미리 프로그램을 보고 프로그램의 형식이나 인터뷰 스타일에 익숙해지도록 노력하고 응답자가 자신의 분야에 대한 최근 정보를 응답도중에 잘못 말했으면 즉시 정정토록 한다.

3) 수사관련(搜査關聯) 언론 브리핑의 준비방법(準備方法)

(1) 언론 브리핑: 수사의 진행상황 또는 성과를 기자들에게 알리고 기자들의 질문에 답변을 제공하기 위하여 마련된다.

(2) 브리핑을 위해서는 사전에 치밀한 준비가 필요하다.

(3) 브리핑 장소로는 넓은 장소보다는 좁은 장소가 좋으며 전화, 팩시밀리, 별도의 방송인터뷰장소 등이 마련되어야 한다.

(4) 발표 내용은 간단하게 개요와 배경을 설명하는 정도로 가급적 짧게 하고 질문시간을 길게 하는 것이 좋다.

(5) 예상 질문에 대한 답변을 미리 준비해서 정확하고 신속하게 반응할 수 있도록 하여 주고 가능하면 시각적 자료를 많이 활용하여야 한다.

6 보도자료(報道資料)가 갖추어야 할 요건

1) 적시성(適時性)·신속성(迅速性)이 있어야 한다

(1) 보도자료는 반드시 취재기자가 취재에 착수하기 전에 먼저 전달하여 주는 것이 바람직하다. 아무리 좋은 보도자료를 작성하여 제공하더라도 시간이 맞지 않으면 무용하게 된다.

(2) 발달된 방송기술로 인하여 시간을 다투는 뉴스보도의 경우에는 사건취재 기자의 손이 미치지 못하는 경우 보도자료의 내용대로 보도되어 보도자료의 제공이 큰 효과를 발휘하는 경우가 많아지고 있다.

2) 내용이 기사적(記事的)이어야 한다

(1) 보도자료의 내용이 경찰용어에 의해 작성된 경찰보고서식과 동일한 것이어서는 안 된다.

(2) 경찰의 주관적 입장이 다소간 더하여진 보도자료가 내용의 큰 수정 없이 보도되기 위해서는 언론사의 책임간부가 보도자료의 내용을 정정 없이 받아들이거나 아니면 적어도 약간의 수정으로 족하도록 만들어 주면 가장 바람직하다.

7 신문(新聞) · 방송(放送)의 보도과정(報道過程)

1) 신문의 경우

(1) 경찰담당기자(警察擔當記者)는 신문사의 편집부, 방송사는 보도국 사회부 소속 기자로서 서울지방경찰청의 경우 책임기자(속칭 캡) 산하에 몇 개의 라인이 있어 1개 라인에서 2개 내지 4개 경찰서를 담당하는 속칭 수습기자가 사건을 취재하여 서울지방경찰청 책임기자의 지시를 받아 본사에 송고하게 된다.

(2) 취재된 기사는 사회부 경찰사건 담당(사회부 사건차장)이 취합한 후 미비점 보완지시 등을 하여 하나의 사건기사를 완성시킨다.

(3) 편집부에서는 세부사항을 결정한 후 인쇄에 들어가게 된다.

(4) 원고(原稿)의 마감

가) 석간(夕刊)의 경우: 원고마감은 10:00 전후로 하기 때문에 석간에 기사화해야 되겠다고 마음먹으면 09:00까지 보도자료를 주면 충분히 검토할 시간이 있으나 12:00 전후로 보도자료를 전달하면 이미 편성된 타 기사를 삭제하고 삽입해야 하기 때문에 보도 여부가 불확실하게 된다.

나) 조간(朝刊)의 경우: 조간을 위한 보도자료는 늦어도 17:00까지 전달해 주어야 해당 일에 기사화되는 것에 시간적인 문제가 없게 된다.

2) 뉴스의 경우

(1) TV뉴스: 보도국 사회1부 소속 기자가 신문사 기자와 같은 방법으로 활동하면서 취재를 하게 되고 취재 기사는 사회1부 사건담당(사건차장)에게 송고된다.

(2) 해당 사건차장: 내용의 보완 등을 지시하여 기사내용을 수정한 후 완벽한 기사가 완성되면 부장 결재 후 편집회의에 회부한다.

(3) 편집부: 제목과 뉴스 진행시 사용할 문장 등을 결정한다.

(4) 취재기자: 사진과 기사내용이 일치하게 다시 구성해서 다시 편집부에 넘기면 완성되어 보도된다.

제4절 유치인보호관 근무

1 유치(留置)의 의의(意義)

유치(留置): 피의자, 피고인, 구류인 및 의뢰입감자 등의 도주, 증거인멸자해행위, 통모행위, 도주원조 등을 미연에 방지하고 동시에 유치인의 건강을 보호하기 위하여 신체의 자유를 구속하는 것을 유치라고 한다.

2 근거법규(根據法規)

1) 행형법(行刑法).
2) 피의자유치(被疑者留置) 및 호송규칙(護送規則)(경찰청 훈령 제670호).
3) 경찰관직무집행법(警察官職務執行法)(제9조).
4) 유치장설계표준요강(留置場設計標準要綱).

3 유치인보호관 근무의 중요성(重要性)

1) 유치인의 인권보장 → 유치인의 도주, 죄증인멸, 자해행위, 통모행위 등을 미연에 방지하고 동시에 유치인의 건강 및 유치장 내의 질서유지를 하여야 할 중대한 업무인 동시에 책임이 있다.

2) 돌발사고의 미연 방지 → 수사상의 자료를 발견・수집하는 적극적인 임무도 아울러 수행.

4 유치장 관리책임(管理責任)의 구분(區分)

1) 경찰서장(警察署長)

피의자의 유치 및 유치장의 관리에 관하여 전반적인 지휘·감독을 하여야 하며 그 책임을 져야 한다 → 필요시 유치장 감독·순시.

2) 유치인보호 주무자(主務者)(수사과장)

경찰서 수사과장은 경찰서장을 보좌하여 간수근무에 당하는 유치인보호관을 지휘·감독하고 피의자의 유치 및 유치장의 관리에 책임을 진다 → 매일 1회 이상 유치장 감독·순시.

3) 경찰서의 수사계장(수사지원팀장)

유치인보호 주무자를 보좌하여 피의자의 유치 및 유치장의 관리에 적정을 기하여야 한다 → 매일 2회 이상.

4) 야간 또는 공휴일

야간 또는 공휴일에는 상황실장 또는 경찰서장이 지정하는 자가 유치인보호 주무자의 직무를 대리하며 그 책임을 진다 → 근무시간대 매 3시간마다 1회 이상.

5 유치인보호관의 마음가짐

1) 유치인보호관의 유의점

(1) 유치장에서 간수근무에 당하는 유치인보호관은 항상 유치인에 대한 처리를 공정히 하여야 하고, 도주·증거인멸·통모·자해행위 등을 미연에 방지하는 동시에 건강보호에 유의.

(2) 유치인들을 교화·선도하여 유익한 사회복귀자가 되도록 노력하여야 한다.

2) 유치인보호관의 마음가짐

(1) 공정(公正)한 처우(處遇).

(2) 엄정(嚴正)한 근무(勤務).

(3) 정확(正確)한 교대(交代).

(4) 교화선도(教化善導).

3) 국가인권위원회법

모든 개인이 가지는 불가침의 기본적 인권을 보호하고 그 수준을 향상시킴으로써 인간으로서의 존엄과 가치를 구현하고 민주적 기본질서의 확립에 이바지함을 목적으로 한다.

(1) 위원회의 업무(제19조)

가) 인권에 관한 법령(입법과정 중에 있는 법령안을 포함한다)·제도·정책·관행의 조사와 연구 및 그 개선이 필요한 사항에 관한 권고 또는 의견의 표명.

나) 인권침해행위에 대한 조사와 구제.

다) 차별행위에 대한 조사와 구제.

라) 인권상황에 대한 실태조사.

마) 인권에 관한 교육 및 홍보.

바) 인권침해의 유형·판단기준 및 그 예방조치 등에 관한 지침의 제시 및 권고.

사) 국제인권조약에의 가입 및 그 조약의 이행에 관한 연구와 권고 또는 의견의 표명.

아) 인권의 옹호와 신장을 위하여 활동하는 단체 및 개인과의 협력.

자) 인권과 관련된 국제기구 및 외국의 인권기구와의 교류·협력.

차) 그 밖에 인권의 보장과 향상을 위해 필요하다고 인정하는 사항.

(2) 위원회의 권한행사

가) 시설을 방문조사할 수 있다(제24조): 구금·보호시설의 직원은 위원 등이 시설수용자를 면담하는 장소에 입회할 수 있다 → 대화내용을 녹음하거나 녹취하지 못한다.

나) 평등권 침해에 대한 조사(제30조): 고용, 상품판매, 훈련기관의 기회 등.

다) 시설수용자의 인권침해 진정에 대한 조사(제31조): 진정인(진정을 하려는 자를 포함)과 위원 등과의 면담에는 구금·보호시설의 직원이 참여하거나 그 내용을 청취 또는 녹취하지 못한다 → 보이는 거리에서 시설수용자를 감시할 수 있다.

ㄱ) 소속 공무원 등은 시설수용자가 위원회에 제출할 목적으로 작성한 진정서 또는 서면을 열람할 수 없다.

ㄴ) 시설수용자의 자유로운 진정서 작성과 제출을 보장하기 위하여 시간과 장소를 제공해야 한다.

라) 수사기관과의 협조(제34조): 진정의 원인이 된 사실이 범죄행위에 해당한다고 믿을 만한 상당한 이유가 있고 그 혐의자의 도주 또는 증거의 인멸 등을 방지하거나 증거의 확보를 위하여 필요하다고 인정할 경우 → 위원회는 검찰총장 또는 관할 수사기관의 장에게 수사의 개시와 필요한 조치를 의뢰할 수 있다.

6 유치시의 조치(措置)

1) 피의자의 유치절차(留置節次)

피의자입(출)감지휘서(유치인보호 주무자) → 신체·피복의 검사 → 위험물의 보관 → 수용의 분리, 동시에 3인 이상의 피의자를 입(출)감시킬 때에는 간부(幹部)가 입회하여야 한다.

2) 유치인의 유형에 따른 분리유치

(1) 남자와 여자는 분리수용.

(2) 분리유치 원칙: ① 형사범과 구류인, ② 20세 이상인 자와 20세 미만인 자, ③ 병자 및 불구자, ④ 사건관계의 공범자 등 → 유치실이 허용하는 한 분리유치.

(3) 여자를 유치할 때 유아의 대동: 유아가 생후 18개월 이내인 경우 「유아대동신청」으로 경찰서장(警察署長) 허가를 받아 대동케 할 수 있다(허재영 외, 2017: 411) → 불허된 경우, 인수할 자가 없으면 관할 행정관청 복지과에 인도하여 보호하게

하여야 한다.

해설☞ 「소년원법」에 의하면 16세 미만의 자와 16세 이상의 자는 분리수용한다.

3) 흉기(凶器) 등의 검사(피의자유치및호송규칙 제8조)

(1) 신체에 흉기 등의 은닉 소지 여부를 철저히 수사하여야 한다 → 다만, 여자피의자의 경우는 성년의 여자를 참여시켜야 한다.

(2) 피의자의 신체를 검사할 때: 두발을 비롯한 신체의 각 부분과 의복 및 양말의 속까지 면밀한 검사를 실시하여 흉기는 물론 독극물(毒劇物), 성냥, 담배가루 등을 은닉, 소지하는 일이 없도록 하여야 한다.

(3) 정밀신체검사를 실시해야 하는 경우

가) 구속영장발부자.

나) 살인・강도・강간・방화・마약류・조직폭력 등 죄질이 중한 사범.

다) 반입금지물품 휴대 의심자.

라) 기타 자해우려가 있다고 판단되는 자.

4) 위험물(危險物) 등의 취급(取扱)(동규칙 제9조)

(1) 수사상 또는 유치장의 보안상 지장이 있는 다음과 같은 물건은 유치기간 중 이를 보관.

가) 혁대, 넥타이, 금속물 기타 자살에 공용될 우려가 있는 물건.

나) 성냥, 라이타, 연초, 주류 등 화재 기타 사고발생 원인이 된다고 인정되는 물건.

다) 죄증인멸 등 수사에 지장이 있다고 인정되는 물건.

라) 독극물 및 다량 또는 장기복용함으로써 현저하게 건강을 해칠 수 있는 약품.

(2) 피의자가 현금, 유가증권 기타 귀중품을 소지하고 있을 경우 → 그 금품을 제출받아 영치(領置)하여야 한다.

(3) 제(2)항의 규정에 의한 위험물 또는 금품을 임치할 때: 범죄수사규칙별지 제88호 서식에 의한 임치증명서를 교부하고 동규칙 제89호 서식에 의한 임치급식상황표에 명확히 기재하여야 하며 금품과 귀중품은 출납공무원에게 인계하여 습득금품취급요강에 의거 보관토록 하여야 한다 → 석방(釋放)시 반납한다.

(4) 흉기 등의 검사나 위험물 등의 임치: 조사, 접견, 기타의 사유로 출감하였던 피의자가 다시 입감할 때에도 역시 이행하여야 한다.

5) 가족(家族)에의 통지(通知)(동규칙 제11조)

(1) 피의자를 체포(逮捕)·구속(拘俗)한 때: 사법경찰관은 형사소송법 제87조의 규정에 의하여 지체 없이 서면으로 그 가족이나 그가 지정한 자에게 통지해 주어야 한다.

(2) 유치인으로부터 신청이 있을 때: 경찰서장은 그 가족 또는 대리인에게 수사상 지장이 없는 범위 내에서 유치인의 신상에 관한 사항을 통지할 수 있다.

7 유치인보호관 근무요령(勤務要領)

1) 유치인보호관의 배치(配置)(동규칙 제16조)

(1) 유치인보호 주무자: 유치인 수와 성질 등을 고려하여 유치인보호에 필요한 인원의 유치인보호관을 유치장에 배치.

(2) 유치보호관 부적임자: 초임자, 사고·징계경력자, 기타 책임감이 부족한 자를 배치하여서는 안 된다.

2) 유치인보호관 근무요령

(1) 유치인보호관은 근무 중 계속해서 유치장을 순시하여 유치인의 태도를 살펴서 사고방지에 노력, 특이사항 발견시 유치인보호 주무자에게 즉시 보고하여 필요한 조치를 취한다.

(2) 자살 또는 도주의 우려 등 사고발생 가능자: 유치인보호관 근무일지의 인계사항에 적색으로 기재하고 특별히 관찰 → 유치인보호 주무자에게 보고하여 그 지휘를 받아서 유치장 내에서도 수갑(手匣), 포승(捕繩) 등을 사용할 수 있다(동규칙 제22조).

(3) 유치인보호관은 유치인에 대하여 차별대우를 하거나 오해받는 행위를 하여서는 안 된다.

(4) 유치장 출입: 관계직원이라 하더라도 필요 없이 출입해서는 안 되며, 유치인보호관은 경찰서장 또는 유치인보호 주무자의 허가 없이 필요 없는 자를 출입시켜서는 안 된다.

(5) 유치인보호관이 유치인으로부터 수사자료 기타 참고사항을 발견하였을 때에는 지체 없이 유치인보호 주무자에게 보고하여야 한다.

(6) 유치인의 의뢰에 대한 조치(동규칙 제21조)

가) 변호인의 선임에 관한 요청.

나) 처우(處遇)에 관한 요청.

다) 환형유치(換刑留置)된 자의 가족 등에의 통지 요청.

라) 질병치료 요청.

마) 기타 합리적이고 타당한 요구.

3) 관계부책(關係簿册)의 비치와 기재요령(동규칙 제5조)

(1) 구속인명부(拘束人名簿)(범죄수사규칙 제85호 서식): 구속과 석방사항, 죄명, 인상착의, 구속자의 인적사항, 전과 및 가족관계를 기재하되 특히 주민등록번호를 대조 기재함으로써 본인 여부를 반드시 확인하고 거소를 명확히 밝혀 기재 → 범죄사실은 기재사항이 아니다.

(2) 임치급식상황표(任置給食狀況表): 임치금품의 수량과 임치금의 사용명세 등을 일자별로 명확히 기재하고 급식상황을 관·사식을 구분 표시하여야 하며 비고란에는 입감 시 부터 출감 시 까지 재감했던 유치실 호실을 일자별로 구분하여 기재.

(3) 구속인접견부(拘束人接見簿)(범죄수사규칙 제33호 서식): 유치인의 성명, 접견신청자의 인적사항, 유치인과의 관계, 접견일자, 대화요지, 입소자 등 필요사항을 기재하여야 한다.

(4) 유치인보호관 근무일지: 유치인보호관의 근무상황, 감독순시상황, 정기검사결과, 수감자 현황, 위생상태 및 유치인의 의뢰사항과 조치결과 등을 기재.

(5) 구속인수진부(拘束人受診簿)(범죄수사규칙 제36호 서식), 구속인교통부(범죄수사규칙 제34호 서식), 물품차입부(범죄수사규칙 제35호 서식) 등을 비치하여 기재.

8 급양위생(給養衛生)

1) 급식(給食) 등(동규칙 제27조)

유치인보호 주무자는 유치인에 대한 식사급여에 있어서 영양 및 위생에 관한 검사를 하여야 하며, 질병자 또는 기타 특별한 사유가 있는 유치인에 대하여는 죽이나 그 자에게 적당한 식사를 급여하여야 한다 → 유아를 대동한 여자에 대한 급식은 해당 유아분까지 배려하여야 한다.

2) 음주(飮酒) 등의 금지(禁止)

유치인에게는 음주 또는 흡연을 허가하지 못한다.

3) 자비부담식량(自費負擔食糧)

유치인은 자기의 비용으로 취식할 수 있으며, 자비부담식량의 종류 및 분량은 당해 경찰서장이 정한다.

4) 보건위생(保健衛生)(동규칙 제30조)

(1) 수사 및 유치보호에 지장이 없는 범위내에서 건강을 위하여 일광욕과 간단한 운동, 이발, 목욕 등을 시켜야 하며 유치장 내외를 주기적으로 청소, 소독하여야 한다.

(2) 유치장 내에는 응급조치에 대비하여 상비약품을 비치하고 수시 점검하여 변질 여부를 검토하여야 한다.

(3) 분리수용: 유치인보호 주무자는 유치인이 ① 발병(發病)하였을 때와 ② 임부(姙婦)(수태 후 6개월 이상의 부녀자), 산부(産婦)(분만 후 60일을 경과하지 아니한 부녀자), ③ 노약자(70세 이상의 자)에 대하여는 경찰서장에게 보고하여 필요한 조치를 받게 하고 그 상황에 따라 다른 유치실에 수용 → 유치인의 질병이 위독하거나 조속히 치료될 가능성이 없어 그의 가족에게 연락이 필요할 때에는 그 사유를 가족에게 통지.

(4) 격리·소독: 유치인이 전염병예방법 제2조에 규정된 전염병에 걸렸거나 또는

걸릴 염려가 있다고 인정될 때 → 지체 없이 격리하는 동시에 소독 기타 필요한 조치를 하여야 한다.

9 접견(接見) 또는 서류 기타 물건의 접수(接受)

1) 변호인과의 접견, 접수

(1) 유치인에 대하여 변호인으로부터 유치인과 접견 또는 서류 기타 물건의 접수 신청이 있을 때에는 유치인보호 주무자는 친절하게 응하여야 한다.

(2) 유치인과의 접견 또는 서류 기타 물건의 접수시에는 유치인보호 주무자가 지정하는 경찰관이 이에 참여하여야 하되 서류 기타 물건의 접수를 방해하여서는 안 된다. 다만 수사 또는 유치장의 보안상 지장이 있다고 인정되는 물건 등이 접수되지 않도록 관찰하여야 한다.

(3) 가시거리 내에서 감시할 수 있다 → 가청(可聽) 거리가 아님에 주의.

2) 변호인 이외의 자와의 접견, 접수

수사 또는 유치장의 보안상 지장이 없는 한 그 편의를 도모하여야 한다. 다만 식량과 의류품을 접수하는 때에는 위험물 등의 은닉 여부를 검사하여야 한다.

3) 접견의 장소

접견은 접견실 등 유치장 이외의 지정된 장소에서 유치인보호 주무자가 지정한 경찰관이 입회하여 실시한다.

4) 접견시간 및 요령

(1) 평일과 토요일: 09:00~20:00까지로 하고 일요일과 공휴일은 하절기에는 09:00~18:00까지, 동절기에는 09:00~17:00까지로 한다. 다만 신정, 설날, 추석연휴 기간에는 20:00까지 연장한다.

(2) 유치인의 접견시간: 1회에 5분 이상 30분 이내로 하되 접수순서에 따라 접견자의 수를 고려, 평등하게 시간을 배분하여 실시.

(3) 변호인 또는 변호인 이외의 자에게 유치인을 접견시킬 때에는 구속인접견부(범죄수사규칙 제33호 서식)에 유치인 성명, 신청자의 주거, 직업, 성명, 유치인과의 관계, 접견일자, 대화요지를 기록하여야 한다.

(4) 접견 중 대담내용이 죄증인멸의 우려가 있거나 불필요한 대담을 할 때에는 입회한 유치인보호관 등이 접견을 중지시키고 유치인보호 주무자에게 보고하여야 하며 접견 도중 검사한 음식물을 제외한 물품의 수수를 금하고 암어 등으로 상호의사를 주고받지 않도록 엄중히 관찰하여야 한다.

10 사고발생(事故發生)에 대한 조치(동규칙 제24조)

1) 유치인보호관의 조치

유치인 또는 유치장에서 사고가 발생하였을 때에는 응급조치를 강구하는 동시에 지체 없이 유치인보호주무자를 경유하여 경찰서장에게 보고.

2) 경찰서장의 조치

유치장 사고 중 유치인의 자살, 질병으로 인한 사망, 도주 기타 중요한 사고에 대하여는 지체 없이 지방경찰청장 및 지방검찰청 검사장에게 보고하고, 보고를 받은 지방경찰청장은 필요한 조치를 취함과 동시에 이를 지체 없이 경찰청장에게 보고하여야 한다.

3) 가족 등에 통지

유치인이 자살하였거나 질병에 의하여 사망한 때에는 지체 없이 가족 등에게 통지하는 동시에 의사의 검안을 요청하는 등 적절한 조치를 취하여야 하며 사망의 원인 기타 필요한 사항을 명백히 하여야 한다.

11 석방(釋放)과 일시 출 · 입감(一時出 · 入監)

1) 석방(釋放)의 요령(要領)

(1) 유치기간에 대한 주의(동규칙 제42조): 유치인보호주무자와 유치인보호관은 항상 유치인의 유치기간에 유의하여야 하며, 유치기간이 만료되는 자에 대하여는 유치기간 만료 1일 전에 보고하여 위법유치(違法留置)하는 일이 없도록 하여야 한다.

(2) 유치상의 주의(동규칙 제43조)

가) 본인 여부를 반드시 확인 → 보관 중인 위험물 및 금품 등을 정확히 반환 → 석방 일시, 석방 후의 귀주지(歸住地) 기타 필요한 사항과 함께 이를 명확히 기록하여 두어야 한다.

나) 석방되는 자: 유치인보호관은 유치중인 자의 죄증인멸(罪證湮滅) 등을 위한 비밀서신, 암호문 등을 지참 연락하지 못하도록 검사를 하여야 한다.

다) 석방일이 야간 또는 공휴일인 때: 유치인보호주무자는 석방자에게 반환할 임치금품을 미리 준비하여 상황실장에게 보관시켜 두었다가 석방할 때 반환함에 차질이 없도록 하여야 한다.

2) 석방의 구분

(1) 만기석방(滿期釋放): 구류형을 받은 사람에 대하여 그 형의 만기일에 석방하는 것.

(2) 송치(送致): 형사피의자에 대하여 사건을 관할 지방검찰청 또는 지청에 송치하는 경우 또는 검사의 지휘로 유치인을 교도소에 이송하는 것.

(3) 피난(避難) 및 일시석방(一時釋放)(동규칙 제25조)

가) 긴급한 경우(경찰서장): 풍수해, 화재, 기타 비상재해를 당하여 유치장 내에서 피난시킬 다른 방도가 없다고 인정될 때에는 지방검찰청 검사장의 지휘를 받아 다른 장소에 호송하여 피난시키거나 또는 일시 석방시킬 수 있다.

나) 경찰서장이 유치인을 일시 석방할 때: 출두일시 및 장소를 지정하는 이외에 이유없이 출두하지 않을 경우에는 형법 제145조 제2항(집합명령위반

죄)에 의거 처벌된다는 것을 경고하여야 한다.

12 감독의 철저(徹底)

1) 정기검사(定期檢査)(동규칙 제23조)

경찰서장은 유치인보호 주무자로 하여금 주 1회 이상 실시하도록 하여야 한다.

(1) 위험물 등의 신체내의 은닉 여부.

(2) 위험물 등의 유치실내의 은닉 여부.

(3) 통모하기 위한 통신 등의 은닉 소지 여부.

(4) 유치실의 천정, 벽, 바닥 등 모든 부분에 대한 안전성 여부.

(5) 화장실, 창문, 환기통 등에 설치된 창문 철책의 견고성 여부.

(6) 유치장 출입문이나 유치실문을 젓가락, 성냥개비, 철사 등으로 쉽게 열 수 있는지의 여부.

(7) 유리창 밖에서 창문으로 쇠톱 등 위험물을 던져 넣을 수 있는지의 여부.

(8) 2층으로 된 유치장의 경우 위층에서 뛰어내려 자해할 수 있는지의 여부.

(9) 유치실 순시자가 유치인보호관의 근무상황을 유치장 밖에서 확인할 수 있는지의 여부.

(10) 유치인보호관이 간수근무요령을 숙지하고 있는지의 여부.

(11) 기타 유치인 및 유치장 관리에 필요한 사항 등을 점검.

2) 감독순시(監督巡視)(동규칙 제17조 제1항)

유치장 관리책임자는 감독순시 기준표에 의거 유치장을 순시하여 유치인의 동정을 파악하고 유치인보호관의 근무를 지도 감독하여야 한다.

3) 유치장(留置場)의 열쇠 보관(保管)(동규칙 제17조 제2항)

유치장의 열쇠는 유치인보호관에게 임의로 맡겨서는 안 되며 유치인보호 주무자가 보관·관리하여야 한다 → 일과 후에는 상황실장이 보관·관리

13 대용유치실(代用留置室)에 있어서의 조치(동규칙 제72조)

해설 ☞ 대용유치실: 경찰서에서 검찰로 송치되면 확정판결전까지 구치소에 수감되는데, 구치소가 없는 일부 관할지역에서 경찰서 유치장을 구치소로 활용하는 것.

1) 사고 발생시

경찰서장은 당해 피고인에 사고가 발생하여 필요한 조치를 하였을 때에는 지체없이 책임기관에 통보하여야 한다.

2) 변호인(辯護人) 이외의 자와의 접견, 접수

변호인 이외의 자와의 접견 또는 서류 등의 접수는 당해 유치인의 신병의 구속에 대한 책임을 지고 있는 기관에서 제한하지 않는 자 및 접견 또는 서류 등의 접수 승인을 받은 자에 한하여 허용한다. 기타 유치인보호관 등 입회경찰관의 근무요령은 일반 유치인에 대한 것과 같이 실시하면 된다.

제 5 절 호송(護送)

1 호송의 의의(意義)

1) 호송(護送)

즉결인, 형사피고인, 피의자 또는 구류인 등(이하 피호송자라 한다.)을 검찰청, 법원, 교도소 또는 경찰서로 연행하기 위하여 이동하면서 간수하는 것.

2) 호송의 종류

(1) 호송내용에 의한 구분

가) 이감호송: 피호송자의 수용장소를 다른 곳으로 이동하거나 특정관서에 인

계하기 위한 호송.

나) 왕복호송: 피호송자를 특정장소에 호송하여 필요한 용무를 마치고 다시 발송관서 또는 호송관서로 호송.

다) 집단호송: 한번에 다수의 피호송자를 호송.

라) 비상호송: 전시, 사변 또는 이에 준하는 국가비상 사태나 천재, 지변에 있어서 피호송자를 다른 곳에 수용하기 위한 호송.

마) 호송수단: 호송에 필요한 수송수단 → 도보호송, 차량호송, 열차호송, 선박호송, 항공기호송.

(2) 호송방법에 의한 구분

가) 직송(直送): 인수해야 될 곳으로 직접 호송하는 것.

나) 체송(遞送): 여러 곳을 거쳐서 호송하는 것 → 피호송자가 질병으로 호송을 계속할 수 없을시, 가까운 경찰서에 인도하고 치료 후 지체 없이 치료한 경찰서에서 호송하는 것.

(3) 호송수단에 의한 구분

가) 도보호송.

나) 차량호송.

다) 열차호송.

라) 선박호송.

마) 항공기호송.

3) 근거법규

(1) 수형자(受刑者) 등 호송규칙(護送規則).

(2) 피의자유치(被疑者留置) 및 호송규칙(護送規則)(경찰청 훈령 제62호).

2 호송관리책임(護送管理責任)과 호송관의 임무

1) 호송관리책임(피의자유치및호송규칙 제47조)

호송관서의 장(지방경찰청은 형사·수사과장): 피호송자의 호송업무에 관하여 전반적인 관리 및 지휘·감독을 하여야 한다.

2) 호송주무관(護送主務官)의 임무

(1) 지방경찰청의 수사계장 또는 형사(지능)계장 및 경찰서의 수사과장(호송주무자): 피호송자의 호송업무에 관하여 직접 지휘·감독하여야 하며, 호송의 안전과 적정 여부를 확인하여야 한다.

(2) 호송출발 직전: 호송경찰관에 대하여 심적 대비, 포승 및 시정 방법, 승차방법, 도로변 또는 교량 등 통행방법, 중간연결 및 보고방법, 사고발생시의 조치방법, 숙식, 물품구매 교부방법, 용변 및 식사시간 주의사항 등을 교양하여야 한다.

3) 호송관

(1) 호송관의 결격사유(缺格事由)

가) 피호송자와 친족 또는 가족 등의 특수한 신분관계가 있거나 있었던 자.

나) 신체 및 건강상태가 호송업무를 감당하기 곤란하다고 인정되는 자.

다) 기타 호송근무에 부적합하다고 인정되는 자.

(2) 호송관의 수: 어떠한 경우라도 2명 이상 지정 → 조건부순경 또는 의무경찰만으로 지명할 수 없다.

가) 경장 1인: 호송관이 5인 이상 10인 이내일 때.

나) 경사 1인: 호송관이 11인 이상 30인 이내일 때.

다) 경위 1인: 호송관이 31인 이상일 때.

(3) 호송관의 임무

가) 호송관서의 장과 호송주무자의 지휘명령의 수행.

나) 피호송자의 도주 및 증거인멸, 통모, 자상(自傷), 자살행위 등의 방지.

다) 피호송자의 건강과 신변안전조치.

4) 호송관의 책임한계(責任限界)

호송관은 호송하기 위하여 피호송자를 인수한 때로부터 호송을 끝마치고 인수관서에 인계할 때까지 동규칙 제63조(호송관의 임무)의 규정에 관하여 책임을 진다.

3 호송 출발 전의 조치

1) 피호송자의 신체검사(동규칙 제49조)

(1) 포박 前: 호송관은 반드시 호송주무관의 지휘에 따라 포박하기 전에 피호송인에 대하여 안전호송에 필요한 신체검색을 실시하여야 한다.

(2) 여자인 피호송자의 신체검색: 여자경찰관이 행하거나 성년의 여자를 참여시켜야 한다.

2) 피호송자의 포박(捕縛)

(1) 포박의 법적근거: 행형법, 경찰관직무집행법, 피의자유치 및 호송규칙.

(2) 피호송자가 1인인 경우: 반드시 피호송자에게 수갑을 채우고 포승으로 포박하여야 한다.

(3) 2인 이상의 호송: 피호송자마다 포박한 후 호송수단에 따라 2인 내지 5인을 1조로 하여 상호 결박시켜 포승하여야 한다.

(4) 포수용 포승(1인용, 6m) ↔ 호송용 포승(2명 이상, 10m).

가) 호송승(護送繩): 수갑의 중앙에 반절로 묶고, 좌우로 돌려 등허리의 중앙에서 바로 맺음한다.

나) 양수승(兩手繩): 양손을 나비묶음한 후 등허리에서 바로 묶음한다.

다) 신사승(紳士繩): 왼손과 오른손을 묶어 등 뒤에서 바로 묶음하여 양손은 주머니에 넣도록 한다.

라) 요승(腰繩): 양손을 뒤로 나비묶음하여 허리띠에 돌려 묶음한다.

마) 수갑병용승: 수갑과 포승을 병용하는 방법.

3) 호송시간(동규칙 제54조)

호송은 일출 前 또는 일몰 後에는 할 수 없다 → 다만, 기차, 선박 및 차량을 이용하는 때 또는 특별한 사유가 있는 때에는 그러하지 아니하다.

4) 호송수단(동규칙 제55조)

(1) 원칙: 경찰호송차 기타 경찰이 보유하고 있는 차량에 의함 → 경찰차량을 사용할 수 없거나 기타 특별한 사유가 있는 때에는 도보나 경비정, 경찰항공기 또는 일반교통수단을 이용할 수 있다.

(2) 호송수단의 결정: 호송관서의 장은 호송사정을 참작하여 호송수단을 결정하여야 한다.

(3) 집단호송인 경우: 가능한 한 경찰차량을 사용하여야 한다.

5) 인수관서에의 통지(동규칙 제52조)

호송관서는 미리 인수관서에 피호송자의 성명, 호송일시 및 호송방법을 통지하여야 함.

4 호송의 종류(種類)와 요령(要領)

1) 도보호송(徒步護送)(동규칙 제56조)

(1) 피호송인 1인을 호송할 때: 피호송자의 일보 뒤, 좌 또는 우측 일보의 위치에서 왼손 또는 오른손으로 포승줄을 잡고 인수관서 또는 특정지까지 호송하여야 한다.

(2) 피호송인 2인~5인 호송할 때: 포박한 피호송자를 일보 거리로 세로줄을 지어 연결 포승하고 그 뒤에서 호송관 1인은 전항의 방법에 의하고 다른 호송관은 피호송자열 좌우에 위치하여 피호송자열과 일보 내지 2보 거리를 항시 유지하면서 호송하여야 한다.

(3) 피호송자가 6인 이상일 때: 도로의 사정에 따라 2열 내지 3열 종대로 하여 전항의 방법에 의하여 한다.

2) 차량호송(車輛護送)(동규칙 제57조)

(1) 피호송자의 탑승위치: 운전자 바로 옆, 뒷자리나 출입문 앞, 뒤, 옆자리가 아닌 곳에 승차하여야 한다 → 소형차량이거나 특별한 사유가 있을 때에는 그러하지

아니할 수 있다.

(2) 호송관의 위치: 관찰에 적당한 장소에 위치하여 항시 피호송자를 관찰하여야 한다.

(3) 화물자동차 등 덮개가 없는 차량에 의하여 호송할 때: 호송관들은 적재함 가장자리에 위치하며, 피호송자의 도주 기타의 사고를 방지하여야 한다.

3) 열차호송(列車護送)(동규칙 제58조)

(1) 열차의 객실 또는 화물차 안에 승차시켜야 하며, 열차의 승강구, 연결 장소, 출입문, 세면장소 및 화장실 등에 승차시켜서는 안 된다 → 객실보다는 화물차 안이 더 안전함.

(2) 호송관은 열차의 구조, 일반승객 기타 주위의 사정을 고려하여 관찰에 적당한 장소에 위치하여 항시 관찰하여야 한다.

(3) 피호송자가 좌석에 앉아 있을 때에는 창문을 열지 못하게 하여야 한다 → 다만 각별한 안전조치가 강구된 경우에는 예외로 한다.

(4) 집단호송 또는 20명 이상의 비상호송일 때: 일반승객들이 승·하차한 뒤에 하여야 한다 → 사전에 건설교통부 소속 공무원의 협조를 구할 수 있다.

4) 선박호송(船舶護送)(동규칙 제59조)

피호송자를 선박의 객실 내 또는 화물실에 승선시켜야 하며, 그 이외의 장소에 승선시켜서는 아니 된다 → 소형선박이거나 기타 특별한 사유가 있을 때에는 그러하지 아니할 수 있다.

5) 항공기호송(航空機護送)(동규칙 제60조)

피호송자를 항공기의 조종석 바로 뒤 또는 출입문 바로 앞, 뒤, 옆 이외의 장소에 탑승시켜야 한다 → 소형 항공기나 특별한 사유가 있을 때에는 그러하지 아니할 수 있다.

6) 선박·항공기 호송시(護送時)의 관찰조치(觀察措置)(동규칙 제61조)

차량 및 열차호송에 의하여 호송관은 관찰조치 기타 관계자의 협조를 구하여야 한다.

5 호송 중 유의사항(동규칙 제62조)

1) 일반적 주의사항

피호송자의 가족이나 기타 관계인이 피호송자와 동반·면접·물건수수 행위 등을 못하게 하여야 한다 → 가능한 한 도심지나 번화가를 피하고 호송 중 피호송자가 흡연을 하지 못하도록 하여야 한다.

2) 피호송자의 용변(用便)

호송관은 화장실에 같이 들어가거나 화장실문을 열고 관찰을 철저히 하여야 한다.

3) 수갑(手匣) 및 포승(捕繩)

피호송자를 포박한 수갑 또는 포승은 질병의 치료, 용변 및 식사할 때에 한쪽 수갑만을 최소한의 시간에 풀어주는 것을 제외하고는 호송이 끝날 때까지 변경하거나 풀어주어서는 아니 된다.

4) 기습방지(奇襲防止)

항시 피호송자의 기습으로부터 방어할 수 있는 자세와 관찰이 용이한 위치를 유지하여야 한다.

5) 호송중 식사

가까운 경찰관서에서 하여야 한다 → 열차, 선박, 항공기에 의한 호송일 때에는 그러하지 아니할 수 있다.

6) 피호송자의 유숙(留宿)

(1) 유치장 또는 교도소 감방에 입감 유숙: 체류지 관할경찰서 또는 교도소에 의뢰하여 유치장 또는 교도소 감방에 입감 유숙시켜야 한다.

(2) 가장 가까운 경찰관서에 유숙: 전항에 의하여 유숙시킬 수 없는 지역에서는 호송관은 가장 가까운 경찰관서에 유숙에 관한 협조를 의뢰하여야 한다.

7) 식량 등의 자비부담(동규칙 第67조)

피호송자가 식량, 의류, 침구 등을 자비로 부담할 때에는 호송관은 물품의 구매 또는 피호송자에의 공여를 허락할 수 있다 → 구매대가를 피호송자의 영치금품 등에서 지급한 때에는 호송관은 본인의 인증서를 받아야 한다.

8) 호송비용의 부담(동규칙 第68조)

(1) 호송관 및 피호송자의 여비, 식비 기타 호송에 필요한 비용: 호송관서에서 부담.

(2) 피호송자를 교도소 또는 경찰서 유치장에 숙식하게 한 때: 호송비용은 당해 교도소 또는 경찰관서가 부담.

9) 호송비용 산정(算定)(동규칙 第69조)

피호송자를 교도소 또는 경찰서 유치장이 아닌 장소에서 식사를 하게 한 때의 비용 → 시가의 최저 실비액으로 산정.

10) 영치금품(領置金品)의 처리(處理)(동규칙 第53조)

(1) 원칙: 금전, 유가증권은 호송관서에서 인수관서에 직접 송부한다 → 소액의 금전, 유가증권 또는 당일로 호송을 마칠 수 있는 때에는 호송관에게 탁송할 수 있다.

(2) 호송도중 피호송자 자비부담: 피호송자가 호송도중에 필요한 식량, 의류, 침구의 구매비용을 자비로 부담할 수 있는 때 → 그 청구가 있으면 필요한 금액을 호송관에게 탁송하여야 한다.

(3) 물품은 호송관에게 탁송한다: 위험한 물품 또는 호송관이 휴대하기에 부적당한 물품은 발송관서에서 인수관서에 직접 송부할 수 있다.

(4) 송치하는 물품의 책임: 호송관에게 탁송할 때에는 호송관서에 보관책임이 있고, 그렇지 아니한 때에는 송부한 관서에 그 책임이 있다.

6 사고발생시의 조치(동규칙 제65조)

1) 피호송자가 도주(逃走)하였을 때

(1) 즉시 사고발생지 관할경찰서에 신고: 도주피의자의 수배 및 수사에 필요한 사항을 알려 주어야 하며, 소속장에게 전화 기타 신속한 방법으로 보고하여 그 지휘를 받아야 한다.

(2) 호송관서의 장: 보고접수 즉시 상급 감독관서 및 관할검찰청에 즉보(卽報)하는 동시에 인수관서에 통지 → 도주피의자의 수사에 착수.

(3) 호송관서에 보관: 도주한 자에 관한 호송관계 서류 및 금품은 호송관서에서 보관.

2) 피호송자가 사망(死亡)하였을 때

(1) 즉시 사망지 관할경찰관서에 신고하고 사체와 서류 및 영치금품은 신고관서에 인도하여야 한다.

(2) 인도받은 경찰관서: 즉시 호송관서와 인수관서에 사망일시, 원인 등을 통지하고 서류와 금품은 호송관서에 송부한다.

(3) 호송관서의 장: 보고접수 즉시 상급 감독관서 및 관할검찰청에 보고하는 동시에 사망자의 유족 또는 연고자에게 이를 통지하여야 한다.

(4) 인도받은 사체: 사후 24시간 이내에 사체를 인수할 자가 없을 때에는 구, 시, 읍, 면장에게 가매장을 하도록 의뢰하여야 한다.

3) 피호송자가 발병(發病)하였을 때

(1) 경증(輕症): 호송에 큰 지장이 없고 당일로 호송을 마칠 수 있는 때에는 호송관이 적절한 응급조치를 취하고 호송을 계속하여야 한다.

(2) 중증(重症): 호송을 계속하기가 곤란하다고 인정될 때에는 피호송자 및 서류와 금품을 발병지에서 가까운 경찰관서에 인도하여야 한다 → 경찰관서는 즉시 질병을 치료하여야 하며, 질병의 상태를 호송관서에 통지하고 질병이 치료된 때에는 호

송관서에 통지함과 동시에 치료한 경찰관서에서 지체 없이 호송하여야 한다.

(3) 호송관서의 조치: 관할검찰청에 발병상황 및 치료경과를 그때마다 보고하여야 한다.

7 호송 후의 조치(동규칙 제52조)

1) 피호송자의 인계

인수관서에 도착하여 피호송자를 인수하여야 할 관서에 인계 → 인수권자에게 관계기록, 증거품, 소지금품과 함께 정확히 인계하여 책임한계를 명백히 함 → 귀서하여 소속 경찰관서장에게 호송완료 보고.

2) 인계시 유의사항

피호송자를 일시 대기시켜 두고 인계하는 관계로 인계에만 몰두하여 도주, 자살, 외부와의 연락 등을 기도할 기회를 줄 염려가 있으므로 각별히 주의하여야 한다.

8 기타의 조치

1) 호송관의 총기휴대(銃器携帶)(동규칙 제70조)

호송관은 호송 근무시 호송관서의 장의 특별한 지시가 없는 한 총기를 휴대하여야 한다.

2) 업무협조(業務協助)(동규칙 제71조)

경찰관서의 장은 호송관서의 장 또는 호송관으로부터 다음 각 호에 관하여 업무의 협조의뢰를 받았을 때에는 최대한으로 협조하여야 한다.

(1) 피호송자의 도주: 관내에서 피호송자가 도주한 사실을 인지하였거나 호송관으로부터 도주신고를 받았을 때 또는 도주피의자의 수배의뢰가 있을 때.

(2) 입감의뢰: 피호송자의 유숙을 위한 입감의뢰가 있을 때.

(3) 질병 등: 호송관으로부터 피호송자의 사망, 부상, 질병의 신고가 있을 때.

(4) 사고신고 등: 기타의 사고신고 또는 호송관으로 부터 호송에 관한 업무의 협조의뢰가 있을 때.

제6절 수배(手配)·조회제도(照會制度)

1 수배제도(手配制度)

1) 개 설

(1) 수배(手配): 피의자 및 수사자료를 발견·확보하기 위하여 다른 경찰관서에 대해서 수사상 필요한 조치를 의뢰하여 경찰의 조직력을 활용하는 활동.

(2) 수배의 중요성: 교통기관의 발달로 인하여 범죄자의 행동은 더욱 광역화하고 기동화되는 범죄가 많아졌으므로.

(3) 현행 수배제도

가) 사건수배: 긴급사건수배와 사건수배(협의의 사건수배)의 2종이 있다.

나) 지명수배: 지정한 피의자에 대하여 그의 체포를 의뢰하거나 출석요구를 의뢰하거나 또는 그 피의자의 사건처리를 의뢰하는 수배 → 지명수배, 지명통보의 2종이 있다.

다) 장물수배(臟物手配): 다른 경찰관서에 대하여 장물의 발견을 요구하는 수배이다.

(4) 수배제도의 기본적 원칙

가) 신의성실(信義誠實)의 원칙: 수배를 의뢰받은 경찰이 신의를 존중하여 성실히 적절한 조치를 취할 것을 전제.

나) 수배의 적정화(適正化): 각종 수배 중 소정의 요건에 의하여 행하여야 함 → 위배시 상대편 경찰에 부담을 주게 된다.

다) 공조체제의 강화: 경찰관서간의 연대의식을 기초로 함.

2) 수배의 종류 및 수배요령

(1) 사건수배

가) 긴급사건수배(緊急事件手配): 지체 없이 수사긴급배치·긴급수사 기타 필요한 조치를 요구하는 수배(범죄수사규칙 제25조).

예 A경찰서 관내에서 발생한 사건의 피의자가 B경찰서 관내로 향하여 도주 중이라고 인정될 경우.

ㄱ) 수배의 요령

a) 긴급사건수배서에 의하여 수사긴급배치, 긴급수사 기타의 긴급조치를 의뢰한다.

b) 긴급사건수배는 그 성질상 전화, 무전, 모사전송 기타 편리한 방법에 의한다.

c) 경찰서장은 긴급사건수배를 하는 경우에 직접 또는 지방경찰청장을 경유하여 행하여야 한다(범죄수사규칙 제35조).

ㄴ) 경찰수배규칙(제2조 및 제5조) — 수배의 분류

a) 긴급수배: 전화, 무전, 모사전송 기타 편리한 방법.

b) 보통수배: 서한, 회보 등으로 실시: 3일 이내 → 2건 이상인 경우는 종합 일괄하여 수배.

ㄷ) 긴급수배의 범위와 수배완료시간

a) 전국수배: 전국일원에 수배 → 사건 발생시간(인지하였을 때는 인지시간)으로부터 24시간 이내.

b) 청한수배: 시·도 지방경찰청장 관할 일원에 수배 → 12시간 이내.

c) 서한수배: 경찰서 관할 일원에 수배 → 6시간 이내.

d) 특정지수배: 수배사안과 관련 있는 특별한 지역에 수배 → 12시간 이내.

ㄹ) 축소수배(제7조): 중요치 않은 사건이거나 피의자 또는 피수배자의 신원 일체 불상 등 인적사항이 불명확한 사건에 대하여는 수배기준표에 구애됨이 없이 소속 관서장의 재량으로 수배범위를 축소할 수 있다.

나) 조치(수사긴급배치)

ㄱ) 수배를 접수한 경찰: 신속하고 확실하게 수배에 응하는 수사조치를 취하

하여야 함.

ㄴ) 긴급배치 방법: 미리 정해져 있는 수사긴급배치계획에 의하여 행하여진다 → 사건의 규모, 태양, 범인의 수, 흉기휴대의 유무, 사용차량, 교통사정 등 제반의 사정을 검토하여 그 상황에 적합한 중점적이고 탄력적인 배치를 하도록 고려.

ㄷ) 긴급배치는 범인의 체포를 목적으로 하는 것은 물론이지만 그에 이르지 않더라도 범인의 도주경로 기타 수사상의 단서를 얻는 데 힘써야 하며 입수한 수사자료는 즉시 수배경찰서에 통보해야 함.

구 분	甲 호	乙 호
대상 범죄	살인사건: 강도·강간·유괴·방화·살인 강도사건: 인질·해상강도, 금융기관 및 5,000만원 이상 다액 강도, 총기·폭발물소지 강도, 연쇄강도 방화사건: 관공서·산업시설·시장·열차·항공기·대형선박 등의 방화, 연쇄방화, 중요한 범죄은닉목적의 방화, 보험금 취득목적 등의 계획적인 방화 총기·대량탄약 및 폭발물 절도 조직폭력사건 약취·유인 또는 인질강도, 수인(囚人)·구속피의자 도주	• 다음 중 甲호 이외의 사건 살인·강도·방화죄 중요 상해치사죄 1억원 이상 다액 절도 관공서·중요시설 절도 국보급 문화재 절도 • 기타 경찰서장이 중요하다고 판단하여 긴급배치가 필요하다고 인정하는 사건
발령 권자	1. 사건발생지 관할경찰서 또는 인접경찰서에 시행할 경우 → 발생지 관할경찰서장이 발령한다. 인접 경찰서가 타시도 지방경찰청 관할인 경우도 같다 2. 사건발생지 지방경찰청의 전경찰관서, 또는 인접 지방경찰청에 시행할 경우 → 발생지 지방경찰청장이 발령한다 3. 전국적인 긴급배치 → 경찰청장이 발령한다	
생략 사유 및 해제 사유	• 긴급배치 생략사유 1. 사건발생 후 상당한 시간의 경과로 범인체포 불가능하다고 판단되는 경우 2. 범인의 인상착의가 확인되지 않고 사건내용이 애매한 경우 3. 범인의 성명, 주거, 연고지 등이 판명되어 조속히 체포할 수 있다고 판단되는 경우 • 긴급배치 해제사유 1. 범인을 체포하였을 때 2. 허위신고 또는 주요사건에 해당되지 않음이 판명되었을 때	

	3. 긴급배치를 하더라도 효과가 없다고 인정될 때	
조치	• 수사긴급배치 실시보고: 차상급기관의 장에게 지체 없이 보고 • 수사긴급배치 해제보고: 실시보고와 같은 방법으로 6시간 이내에 해제일시, 사유, 단속실적 등을 보고	
경력 동원	형사(수사)요원, 지구대, 파출소, 검문소의 가동 경찰력 100%	• 형사(수사)요원의 가동 경찰력 100% • 파출소·검문소 요원의 가동 경찰력 50%

(2) 사건수배(협의(狹義)의 사건수배): 수사 중인 사건의 용의자와 수사자료 기타 참고사항에 관하여 통보를 요구하는 수배(범죄수사규칙 제26조).

가) 목적: 수사 중인 사건에 관하여 수사자료를 조금이라도 많이 그리고 널리 수집하기 위하여.

나) 사건수배는 수효도 많고 서식화할 필요도 없다고 인정되기 때문에 사건수배서 또는 적절한 방법에 의할 것으로 함 → 범죄수사규칙 제35조에 규정한 절차에 의한다.

다) 수배의 요령

ㄱ) 수배의 내용

a) 신원불명의 타살사체에 대하여 신체특징 등을 들어서 해당자의 발견을 의뢰하는 것.

b) 유인의 염려 있는 행방불명자의 특징을 들어서 해당자의 발견을 의뢰하는 것.

c) 현장유류품에 대하여 소지자, 사용자, 제조처, 판매점 등의 발견을 의뢰하는 것.

d) 범인으로 지목되는 인물의 연령, 신장, 특징 등을 들어 해당 인물의 발견 통보를 요구하는 것 등이다.

ㄴ) 수배의 방법 및 형식

a) 수배의 방법, 형식에 대하여는 특별한 규정이 없으므로 완급의 정도, 수배의 범위 등을 고려하여 서면, 전화 기타 가정 적당한 방법에 의하여 행하게 된다.

b) 수법범죄: 경찰서의 요구 또는 지방경찰청의 판단에 의하여 지방경찰청에서 공조제보를 작성해서 경찰서 또는 다른 시·도지방경찰청에 송부하여 행한다.

라) 조 치

ㄱ) 수배를 접수한 경찰은 통보를 요구한 사항에 대하여 신속히 필요한 수사조치를 취하고 필요에 따라 그 결과를 통보한다.

ㄴ) 수법범죄: 공조제보에 의한 사건수배의 송부를 받은 시·도지방경찰청에서는

a) 보관 중에 있는 동일유형별 수법원지와 대조하여 동일수법의 피의자를 발견하였을 때 → 용의자 수사에 필요한 사항을 회보하고 해당 사실을 수법원지의 여죄란에 부기한다.

b) 동일인의 범행이라고 인정되는 동일범행자조사표 유무를 조사하여 해당한 표가 있을 때 → 그에 필요한 사항을 기입한다.

c) 전 각호의 처리를 마친 사건수배서 → 작성연도별로 구분하고 다시 범죄수법별 기준표의 소분류에 의하여 보관한다.

(3) 참고통보(參考通報): 참고통보는 수사 등의 의뢰가 아니라 반대로 다른 경찰관서에 대하여 수사상의 편의를 제공하고 원조하기 위한 통보.

(4) 유의사항

가) 신속(迅速)한 수배(手配): 최근 범행은 점차 기동화하고 있어 시간의 경과에 비례해서 범인의 행동범위도 확대되고 있는 실정이므로 사건이 발생하였을 때에는 우선 판명된 자료에 의하여 신속히 수배하는 것이 중요하다.

나) 수배내용의 검토

ㄱ) 수배를 함에 있어서는 내용을 검토해서 의뢰의 취지 기타 수사를 위하여 필요한 사항을 명확히 하여 의뢰를 받는 경찰에 폐를 끼치지 않도록 해야 한다.

ㄴ) 긴급사건수배서의 서식(書式)(4호)에 기재사항(記載事項)

a) 범죄일시, 장소.

b) 범죄사실의 개요.

c) 피의자의 성명, 연령, 인상, 체격, 특징, 착의, 휴대품, 무기의 휴대 여부.

d) 도주경로 및 방법.

e) 피의자 승용차의 종별.

ㄷ) 사건수배는 그 수효가 많고 서식화할 필요도 없다고 인정되기 때문에 사건의 개요와 통보를 요구할 사항을 명백히 하여 (긴급)사건수배서에 의하여 처리하도록 되어 있다(범죄수사규칙 제26조 제2항).

다) 수배의 범위, 방법 등의 검토

ㄱ) 수배의 범위, 방법을 결정: 수사간부의 책임 → 수배범위를 필요 이상으로 넓히는 것은 공연히 업무를 가중시키게 되고, 반면 현저하게 범위를 축소하는 것은 수배효과를 감소시킬 우려가 있다.

ㄴ) 수배해제는 적정하게 행해야 하며 책임회피를 위하여 수배해제를 등한히 하여 다른 경찰관서에 폐를 끼치는 일이 없도록 하여야 한다.

라) 남용의 금지 → 합리적인 수배가 필요.

마) 접수 경찰의 신속 적절한 조치 → 신속한 검거가 가능하도록.

2 지명수배(指名手配) · 통보(通報)

1) 지명수배(指名手配)

특정한 피의자에 대하여 그의 체포를 의뢰하는 제도 → 특히 기소중지 의견으로 사건을 송치할 때에는 지명수배를 하여야 한다.

(1) 대 상

가) 법정형이 장기 사형, 무기 또는 3년 이상의 징역이나 금고에 해당하는 죄를 범하였다고 의심할 만한 상당한 이유가 있어 체포영장 또는 구속영장이 발부된 자.

나) 지명통보 대상인 자로 지명수배의 필요가 있어 영장이 발부된 자.

다) 긴급사건수배에 있어서 피의자의 성명 등을 명백히 하여 그 체포를 의뢰한 경우.

라) 수사상 필요한 경우 → 영장을 발부받지 아니하고 지명수배할 수 있다.

(2) 요 령

가) 체포 또는 구속영장을 발부받을 경우: 사법경찰관이 체포 또는 구속영장을 신청하고, 사건담당 직원은 지명수배 전산입력요구서를 작성하며, 수배담당직원은 지명수배 전산입력요구서에 따라 전산입력한 후 이를 보관한다.

나) 체포 또는 구속영장을 발부받지 않을 경우: 체포 또는 구속영장 신청 절차를 생략하고 지명수배 전산입력 요구서 작성 및 전산입력을 한다.

(3) 지명수배자 소재 발견시 조치사항

가) 지명수배자의 소재를 발견하였을 때: 피의자에게 영장제시, 범죄사실의 요지 및 체포 또는 구속의 이유와 변호인을 선임할 수 있음을 고지하고 변명의 기회를 준 후 체포 또는 구속 → 확인서를 받아 신병과 함께 수배관서에 인계하여야 한다.

나) 영장을 소지하고 있지 않은 경우라도 급속을 요하는 때: 피의자에게 범죄사실의 요지와 영장이 발부되었음을 고지하고 체포 또는 구속할 수 있다 → 사후 신속히 영장을 제시하여야 한다.

다) 영장을 발부받지 아니하고 긴급체포한 경우: 피의자에게 긴급체포한다는 사실을 고지하고 범죄사실의 요지, 체포의 이유와 변호인을 선임할 수 있음을 고지하고 변명의 기회를 준 후 지명수배자를 긴급체포 → 확인서를 받고 긴급체포서를 작성한다 → 12시간 이내에 검사에게 긴급체포승인건의를 하여야 한다.

라) 도서지역에서 지명수배자가 발견된 경우: 발견관서는 지명수배자의 소재를 계속 확인하고, 수배관서와 협조하여 검거시기를 정함으로써 검거 후 영장청구시한(48시간)이 경과되지 않도록 하여야 한다.

마) 지명수배자 체포보고서 작성: 검거자는 구속영장 청구에 대비하여 피의자가 도망 또는 증거를 인멸할 염려가 농후하다는 점을 부각시키기 위하여 필요한 경우 → 체포의 과정과 상황 등을 자세히 기재하고 이를 수배관서에 인계하여 수사기록에 편철하여야 한다.

바) 검거된 지명수배자의 호송

ㄱ) 일선관서장: 검거된 지명수배자의 신속한 호송을 위하여 미리 호송요원 및 호송차량을 지정한 자체 호송계획을 수립한다.

ㄴ) 원칙: 수배관서에서 검거관서로부터 인계받아 호송.

ㄷ) 지명수배자를 검거한 때로부터 영장청구시한(48시간)을 경과하여서는 안 된다.

사) 기소중지자를 검거한 때: 수배관서의 사법경찰관은 즉시 관할 지방검찰청에 보고하고 피의자를 조사한 다음 검거한 때로부터 36시간 이내에 검사의 지휘를 받아야 한다.

아) 검거한 지명수배자에 대하여 지명수배가 수건인 경우에는 아래의 수배관서 순서에 따라 검거된 피의자를 인계받아 조사하여야 한다.

ㄱ) 법정형이 중한 죄명으로 지명수배한 수배관서.

ㄴ) 검거관서와 동일한 검찰청 또는 지청의 관할구역에 있는 수배관서.

ㄷ) 검거관서와 거리 또는 교통상 가장 인접한 수배관서.

자) 지명수배자가 검거된 경우: 수배관서의 사법경찰관은 즉시 지명수배를 해제.

차) 체포·구속의 통지: 검거된 기소중지자를 인수한 수배관서의 사법경찰관은 지체 없이(늦어도 24시간 이내에) 체포 또는 구속의 통지를 하여야 한다.

카) 긴급체포한 지명수배자를 석방한 경우: 동일한 범죄사실에 관하여 영장을 발부 받지 아니하고는 다시 지명수배하지 못한다.

2) 지명통보(指名通報)

특정한 피의자를 발견한 경우, 그 피의자에 대한 출석요구를 의뢰하는 제도 → 기소중지의견으로 사건을 송치할 때에는 지명통보하여야 한다.

(1) 대 상

가) 법정형이 장기 3년 미만의 징역, 금고 또는 벌금에 해당하는 죄를 범하였다고 의심할 만한 상당한 이유가 있고, 수사기관의 출석요구에 응하지 아니하고 소재수사 결과 소재불명인 자.

나) 사기, 횡령, 배임죄 및 부정수표단속법 제2조에 정한 죄의 혐의를 받는 자로서 초범이고 그 피해액이 1,000만원 이하에 해당하는 경우의 자.

(2) 요 령

가) 사법경찰관은 지명통보대상피의자에 대하여 지명통보 전산입력요구서를 작성하여 지명통보 사실을 전산입력한다.

나) 송치사건 기록의 의견란: '기소중지(지명통보)'라고 기재하고 지명통보 전산입력요구서 사본을 기록에 편철한다.

(3) 지명통보자 소재발견시 조치사항

가) 지명통보된 자의 소재를 발견한 때: 피의자에게 지명통보된 사실과 범죄사실, 지명통보한 관서 등을 고지하고 발견일자로부터 1개월 이내에 통보관서에 출석하거나 사건이송신청을 하겠다는 내용이 기재된 '지명통보자 소재발견 보고서'를 3부 작성하여 1부는 피의자에게 교부하고, 1부는 소재발견관서에서 보관하며, 1부는 통보관서에 송부하여야 한다.

나) 소재발견한 지명통보자에 대하여 지명통보가 여러 건인 경우: 각건마다 '지명통보자 소재발견 보고서'를 작성하여야 한다.

다) 지명통보자 소재발견 보고서를 송부받은 통보관서의 사건담당자는 즉시 지명통보 피의자에게 피의자가 출석하기로 확인한 일자에 출석하거나 사건이송신청서를 제출하라는 취지의 출석요구서를 발송하여야 한다.

라) 지명통보 피의자가 정당한 이유 없이 확인한 일자에 출석하지 아니하거나 사건이송신청을 하지 아니한 때에는 지명수배 절차에 따른다.

마) 지명통보 피의자가 통보관서에 출석하거나 이송신청에 따른 이송관서에 출석하여 조사에 응한 때에는 조사한 사법경찰관은 즉시 지명통보를 해제하여야 한다.

3) 중요지명피의자종합수배(重要指名被疑者綜合手配)

중요지명피의자종합수배는 지명수배피의자 중 전국적으로 강력한 조직적 수사를 행할 필요가 있다고 인정되는 흉악중요범죄의 지명수배피의자에 대하여 경찰청의 중요지명피의자종합수배(서)에 등재하여 행하는 수배다 → 범죄수사규칙상의 수배는 아니다.

(1) 수배의 요령

가) 중요지명피의자 종합수배: 강력범, 중요폭력 및 도범(盜犯), 기타 중요범죄의 피의자로서 지명수배 후 6월이 경과되어도 체포하지 못한 자 → 지방경찰청장이 매년 5월과 11월에 중요지명피의자종합수배자를 선정 → 피수배자의 최근 사진과 함께 종합수배신청서로 경찰청에 종합수배요청 →

경찰청장이 선정 → 매년 6월과 12월에 '중요지명피의자종합수배서'를 작성하여 전국에 공개수배한다.

나) 수사·형사, 외근경찰관 전원에게 배부 → 항시 휴대케 하는 외에 필요에 따라 기타의 직원과 외부기관에 대해서도 배부한다.

다) 종합수배서에 강력범죄피의자로서 공개수배를 필요로 한다는 취지를 명시한 대상자에 대해서는 1회에 20명을 넘지 않는 한도로 공개수배를 붙인다.

(2) 조치: 중요지명피의자종합수배제도는 지명수배한 후에 수사하여도 아직 체포하지 못한 흉악·중요 피의자를 특히 전국적으로 강력한 조직적 수사에 의존하여 검거하려는 것인바 그 취지를 인식하여 종래의 수사를 반성 검토하고 새로운 정보자료의 수집에 의해서 피의자의 신속한 검거를 도모하여야 한다.

3 장물수배(臟物手配)

수사중인 사건의 장물에 관하여 다른 경찰관서에 그 발견을 요구하는 수배(범죄수사규칙 제31조 제1항).

1) 수배의 요령

(1) 장물의 명칭, 모양, 상표, 품질, 품종 기타 특징 등을 명백히 하여야 하며 필요한 때에는 사진, 도면 또는 동일한 견본조각 등을 첨부하여 수배한다.

(2) 공조제보인 '장물수배표'에 의하여 행하는 경우의 요령

가) 경찰서에서 지방경찰청에 장물수배표의 작성을 요구하는 경우에는 서면, 전화 기타의 방법에 의하여 공조제보(장물수배)의 기재사항을 갖추어서 행한다.

나) 지방경찰청에서는 경찰서의 요구 또는 스스로의 판단에 의하여 수배할 필요가 있다고 인정할 때에는 공조제보인 '장물수배표'를 작성하여 다른 시도지방경찰청 또는 관내 경찰서로 송부한다.

다) 수배는 보통 '장물수배표'의 송부에 의하여 행하는 것이지만 급속을 요하는 때에는 경비전화에 의할 수 있다.

2) 장물품표의 구분

(1) 특별장물품표(特別重要贓物品票): 수사본부를 설치하고 수사하고 있는 사건에 관하여 발부하는 경우의 장물품표 → 홍색용지(紅色用紙)를 사용.

(2) 중요장물품표(重要贓物品票): 수사본부를 설치하고 있는 사건 이외의 중요한 사건에 관하여 발부하는 장물품표 → 청색용지(靑色用紙)를 사용.

(3) 보통장물품표(普通贓物品票): 기타 사건에 관하여 발부하는 경우의 장물품표 → 백색용지(白色用紙)를 사용.

3) 조치(措置)

(1) 장물조회와의 대조

가) 지방경찰청에서 공조제보인 '장물수배표'를 접수하였을 때: 장물소표와 함께 장물 분류기준 번호순으로 분류 보관한다.

나) 지방경찰청에서 공조제보인 '장물조회'를 접수하였을 때: 공조제보인 '장물수배표' 및 '장물소표'와 대조한다 → 해당한 것을 발견하지 못한 때에는 그것을 배열 보관하고 반복하여 대조한다.

(2) 장물수사의 실시: 장물수사를 접수한 경찰서에서는 고물상, 전당포업자 기타에 대하여 장물수사를 실시하여 수배된 장물의 발견에 힘쓴다.

(3) 발견통보: 장물수배 되어 있는 장물을 발견한 때에는 즉시 그 취지를 관계경찰관서에 통보하여야 한다.

(4) 특칙: 범죄수법공조자료관리규칙 제11조의 피해통보표의 중요장물조회는 장물수배로 본다.

4 조회(照會)

1) 조 회

범죄수사의 목적을 달성하기 위하여 미확인된 범죄의 의심 있는 사실을 발견한 후에 평소 수집 분석하여 놓은 자료와 대조 확인함으로써 범죄사실 등을 확실히 하는 것.

(1) 수사의뢰가 아님: 용의자 또는 수사자료를 이미 확보한 후에 구체적으로 그러한 용의자 또는 수사자료가 진실로 범죄사실과 관계된 것인가를 확인하는 것.

(2) 조회대상에 따라: 범죄경력조회, 지명수배(통보)조회, 장물조회, 여죄조회, 신원조회, 수법조회, 지문조회, 운전자기록조회, 차량조회(차적조회), 182조회 등으로 구분 → 조회방법에 따라 긴급조회와 컴퓨터(computer)에 의한 조회로 구분.

(3) 근거법규

가) 범죄수법공조자료관리규칙(犯罪手法共助資料管理規則).

나) 범죄수사자료긴급조회규칙(犯罪搜査資料緊急照會規則).

다) 지명수배취급규칙(指名手配取扱規則).

라) 범죄수사규칙, 지문규칙, 경찰컴퓨터온라인 운영규칙.

마) 형(刑)의실효등에관한법률(제9조).

2) 조회제도의 유의사항

(1) 성실한 자료작성: 대조할 자료가 처음부터 무성의하게 잘못 작성되었다면 조회의 결과 역시 정확할 수 없음.

(2) 신속 · 정확한 조회활용: 조회할 사항을 명백히 하고, 특징이 있는 것을 조회할 때에는 그 특징을 정확히 하여야 한다.

3) 지문규칙상의 조회

(1) 범죄경력조회(犯罪經歷照會): 형사입건, 즉결심판에 회부된 사실이 있느냐의 여부를 지문 또는 컴퓨터로 조회하는 것.

(2) 신원조회: 경찰관서의 장이 범죄수사상 필요하다고 인정되는 자의 신원을 조회하는 것.

가) 주민 인적사항 조회: 범인조사, 피의자신문조서 작성 기타 용의자 인적사항의 정확 여부 및 내용을 조회할 때에 실시한다.

ㄱ) 조회사항: 대상자의 성별, 성명, 추정연령(연도)으로써 조회한다.

ㄴ) 회답내용: 대상자의 성별, 성명, 생년월일, 주민등록번호, 지문번호, 군번, 직업, 본적, 주소를 알 수 있다.

나) 범죄경력조회, 수사자료조회: 대상자의 범죄경력조회와 수사자료조회에 대하여 십지지문을 분류하여 경찰청 감식과 지문계에 조회할 수 없을 때 기타 필요시에 조회한다.

ㄱ) 조회사항: 대상자의 성명, 생년월일로써 조회한다.

ㄴ) 회답내용: 대상자의 성별, 성명, 생년월일, 지문번호, 본적, 지문원지 작성연월일 및 관서, 전과경중, 주민등록번호, 선고연월일 및 관서, 죄명, 형기집행관서, 출소연월일을 알 수 있다.

4) 범죄수법공조자료관리규칙상의 조회

(1) 수법조회(手法照會): 범죄수법의 대조 또는 범죄수법자료(수법원지, 피해통보표, 공조제보, 각종 소표, 동일범행자조사표 등)에 의하여 수사의 단서를 찾거나 수사과정에 있어서의 자료를 얻기 위하여 그러한 수법 기타 자료를 조회하는 것.

(2) 공조제보.

5) 긴급조회: 「범죄수사자료긴급조회규칙」(경찰청예규 제73호)

(1) 긴급조회: 우범지대를 수사하거나 불심검문, 전당포 등 영업장소의 임검단속시, 기타 범인의 수사에 있어서 즉시 알아야 할 수사상 필요가 있을 때 또는 범인이 묵비권을 행사하거나 상대방이나 소지자가 답변하지 아니하는 경우 또는 범죄혐의가 있는 물품을 발견하였을 때 하는 조회방법.

(2) 조회수단(照會手段): 범죄수사자료긴급조회는 컴퓨터 터미널, 경비전화 또는 지문전송기에 의한다 → 경찰관서에 컴퓨터 온라인실에서 한다.

(3) 긴급조회 부호(符號) 및 대상

가) 범죄경력조회("A"): 검거한 피의자, 불심검문대상자, 신원조사대상자.

나) 지명수배조회("B"): 검거한 피의자, 불심검문대상자, 신원조사대상자.

다) 장물조회("C"): 검거한 피의자, 불심검문대상자, 신원조사대상자, 고물상업자가 소지한 출처불명의 물건 등.

라) 신원확인조회("D"): 신원불상자, 변사자, 기타 신원을 알 수 없는 인물.

마) 수법조회 및 여죄조회("E"): 발생한 수법범죄 사건과 검거한 수법범죄 피의자.

바) 긴급사실조회: 수사상 필요한 대상인물의 신상과 행적을 알고 싶을 때 → 경비전화로 직접 실시함이 원칙.

(4) 조회방법

가) A, B조회 및 D조회 중 주민등록증 소지자의 주민조회: 대상자의 성별, 성명, 생년월일, 본적, 주소 등 인적사항을 적시 조회.

나) C조회 중 중요장물: 범죄수법공조자료관리규칙 제2호 서식 피해통보표의 비대체성 피해품에 부여한 대상물의 품목별 분류번호와 동 물품의 고유번호(제작, 발행번호)를 적시하여 조회.

다) E조회: 범죄수법공조자료관리규칙 제12조 각호에 의거 대상사건 및 대상자의 수법별 분류번호, 신체특징별 분류번호, 성명 등을 적시 조회.

라) C조회 대상에 해당하지 않는 장물조회: 관계경찰서간 경비전화로 실시한다.

마) D조회 중 변사자에 대한 신원확인: 지문규칙 제8조에 의거 십지지문을 채취하여 경찰청에 지문전송 조회한다.

5 조회회보(照會回報)

1) 각종 조회

온라인 통신방법에 의하여 즉시 회보.

2) C조회 대상에 해당하지 않는 장물조회 회보

범죄수사자료긴급조회규칙 제2호 서식에 의거 회보.

3) 변사자신원조회 결과

지문규칙에 의거 회보.

4) 긴급사실조회

범죄수사자료긴급조회규칙 별지 제1호 서식에 의거 경비전화로 직접 실시하여 회보하되 신속하고 정확히 조사하여 의뢰관서에 회보.

5) 컴퓨터 조회 대상

「경찰컴퓨터온라인 운영규칙」(1995.9.19. 경찰청예규 제148호).

(1) 주민·인적사항 조회: 주민자료에 의한 조회 → 신원불상변사자, 동일인 여부 확인, 인적사항이 불확실한 자 등의 신원을 확인할 때 지문 등으로 행하는 조회.

(2) 범죄경력조회: 신원 및 범죄경력에 과하여 수사자료표의 열람, 대조 또는 컴퓨터 터미널에 의한 조회.

(3) 수사자료조회: 벌금형 이하의 형을 선고받아 그 형이 확정되었거나 불기소처분 및 무죄확정판결 등을 받은 기록을 범죄경력에서 삭제하여 별도관리하는 자료에 의한 조회.

(4) 지명수배조회: 지방경찰청 수배 주무계에 공조제보 등 자료에 의한 조회를 할 수 있고 컴퓨터 터미널로 조회할 수 있다.

6) 범죄수법조회

(1) 조회사항: 대상자 또는 범죄의 수법분류, 성별, 추정연령(연도)은 필수적인 사항이며 기타 직업, 공범, 범행장소로서 조회하고 구체적인 수법내용 및 인상특징을 조회하면 더욱 명료해진다.

(2) 회답내용: 동일수법의 범죄자에 대한 성별, 이명(異名), 생년월일, 주민등록번호, 본적, 주소, 출생지, 직업 등이 회보된다.

7) 운전자기록조회

8) 차량조회

9) 장물조회

10) 182조회

문자식 전산수배.

제 7 절 우범자관찰보호

1 우범자 첩보수집 등에 관한 규칙

1) 우범자(虞犯者)

다음 등으로 다시 죄(罪)를 범할 우려가 있는 자

(1) 범죄경력: 강도, 강간, 절도, 장물, 폭력행위, 약취유인, 도박, 사기, 각종 위조·변조, 밀수 및 마약사범 등의 범죄경력이 있는 자 중

(2) 환경: 범죄단체 조직원 기타, 성벽 또는 환경으로 보아

(3) 심신장애자, 마약중독자 및 알코올 중독자 기타 특정한 사유가 있어.

2) 우범자 관찰보호의 목적(目的)

범죄발생의 위험을 방지하고 관찰기록을 보관하여 수사자료로 활용함을 목적으로 한다.

3) 근거법규

「우범자 첩보 등에 관한 규칙」(2012.8.28. 경찰청예규 제470호).

2 우범자의 구분(동규칙 제3조)

1) 첩보수집대상자

(1) 살인, 방화, 강도, 절도, 강간, 강제추행, 마약류사범의 범죄경력이 있는 자 중 그 성벽, 상습성, 환경 등으로 보아 재범의 우려가 있는 자(살인, 방화 범죄로 실형을 받고 출소한 자, 위의 범죄에서 살인·방화를 제외하고 타 범죄로 하여금 3회 이상 금고형 이상의 실형을 받고 출소한 자).

(2) 범죄단체의 조직원 또는 불시 조직화가 우려되는 조직성폭력배 중 범죄사실 등으로 보아 죄를 범할 우려가 있는 자.

2) 자료보관 대상자

(1) 첩보수집 대상자중 기간만료 또는 심사위원회의 심사를 통해 첩보수집의 필요가 없다고 판단되는 자.

(2) 살인·방화로 실형을 받고 출소한 자로 범행동기, 범죄사실 등 심사결과 자료보관만으로 족하다고 판단되는 자.

(3) 살인, 방화, 강도, 절도, 강간, 강제추행, 마약류사범의 범죄경력이 있는 자 중 그 성벽, 상습성, 환경 등으로 보아 재범의 우려가 있는 자(살인, 방화 범죄로 실형을 받고 출소한 자 중 , 위의 범죄에서 살인·방화를 제외하고 타 범죄로 하여금 3회 이상 금고형 이상의 실형을 받고 출소한자에 해당되지 아니한 자).

3 우범자의 편입(編入)(동규칙 제4조)

1) 출소 통보

경찰서장은 교도소장 등 수형기관의 장으로부터 출소통보를 받은 경우 거주 여부 등 별지 제1호 서식 우범자 심사기준 및 의결서상의 내용을 면밀히 파악한 후 심사위원회를 통해 죄를 범할 우려가 있다고 인정되는 경우 우범자로 편입하여야 한다.

2) 관내에서 우범자 발견

심신장애자, 마약류 중독자 및 알코올중독자 기타 특정한 사유가 있어 그 성격 또는 환경에 비추어 죄를 범할 우려가 있는 자를 관내에서 발견하였을 때에는 심사를 거쳐 우범자로 편입 관찰 보호하여야 한다.

3) 편입대상자 관내 부재(不在) 또는 전출자(轉出者)

(1) 조치사항: 우범자 편입 대상자가 소재불명일 경우 먼저 우범자로 편입한 후

행방불명 처리하여야 한다.

(2) 우범자 편입 대상자가 관내 거주하지 않고 소재가 확인되었을 경우 관할 경찰서로 통보하고, 전입 통보를 받은 경찰서장은 지체 없이 소재를 확인하여 우범자로 편입하여야 한다.

4 우범자 전산 입력 및 전출(동규칙 제8조)

1) 우범자 전산입력 후 보관

우범자로 편입하는 자에 대해서는 별지 제2호 서식 우범자 전산입력카드를 작성, 경찰서 우범자 담당자가 전산입력후 보관하여야 한다.

(1) 경찰서 수사과에서 담당.

(2) 지구대, 지역경찰서, 파출소: 관찰보호대상자 명단을 관찰기본대장에 등재하고 관찰 보호 상황은 근무일지에 기재.

2) 전출(轉出) 우범자의 통보

우범자가 타 관할로 전출한 것을 알았을 때 → 우범자 전산입력카드 원본을 송부하여야 한다.

3) 전입(轉入) 우범자의 파악

(1) 경찰관: 주거지가 불확실한 우범자에 대하여는 주민등록 등재지 관할 경찰서장이 필요한 조치를 하여야 한다.

(2) 경찰관은 직무수행 중 관내에 우범자로 인정되는 자가 전입한 사실을 인지하였을 때에는 우범자 여부를 조회하여 우범자일 경우 우범자로 편입하여야 한다.

4) 우범자 전산입력카드의 폐기(동규칙 제9조)

① 우범자가 사망하여 삭제된 때에는 전산입력카드를 폐기한다. ② 우범자가 전출하거나 사망 이외의 사유로 삭제 결정된 자는 당해 카드에 그 일자와 사유를 명기하여 별도 보관한다.

제8절 범죄통계(犯罪統計)

1 범죄통계의 개요

1) 범죄통계

범죄의 발생, 검거 등을 계속적으로 집계하여 분석한 자료 → 사회의 치안상태 및 이에 대처하는 경찰활동의 실태를 객관적으로 파악하고 수사운영, 방범대책 등 시책을 적절하게 추진하기 위한 기초자료로 삼는 것

(1) 현재: 경찰관서에 신고 된 사건(발생원표), 검거된 사건(검거원표, 피의자표)을 토대로 작성된 공식적인 통계자료가 운용 중.

(2) 암수범죄(暗數犯罪): 실제의 범죄와 통계에 나타난 범죄의 차가 심한 범죄 → 절도, 횡령, 사기, 낙태, 풍속범 등.

2) 범죄통계원표(犯罪統計元標)

근거규정(根據規定): 경찰범죄통계규칙(경찰청훈령 제384호), 경찰 범죄통계 작성 및 관리에 관한 규칙(경찰청훈령 제554호 2009.7.31)

2 원표(元標)의 작성

1) 범죄통계원표(이하 범죄원표라 칭한다)

각 경찰관서에서 작성하여야 한다.

2) 발생통계원표

형사사건이 발생(고소, 고발, 인지 등 포함)된 수사기관에서 즉시 작성 → 고소·고발사건의 "각하의견" 송치시는 작성하지 않음.

3) 검거통계원표와 피의자통계원표

검거 또는 이송(검거 지휘사건 포함)을 받아 최종 수사 종결한 경찰관서에서 작성(경찰범죄통계규칙 제2조).

(1) 기소중지의견으로 송치하는 사건으로서 피의자 미검인 경우 → 검거통계원표 미작성.

(2) 사건송치 기록에는 반드시 피의자통계원표를 첨부 → 미검거로 기소중지 의견으로 송치되는 피의자도 포함.

3 범죄통계원표의 종류 및 작성

구 분	1인 1죄	1인 수죄	수인 1죄	수인 수죄
발생통계원표	발생별 1매 작성	각 죄마다 1매	1매	각 죄마다 1매
검거통계원표	검거별 1매 작성	각 죄마다 1매	1매	각 죄마다 1매
피의자통계원표	피의자별 1매 작성	가장 중한 죄만 1매	피의자 수대로	가장 중한 죄만 1매

1) 집계(集計) 및 보고(報告)

① 집계·보고(각 경찰관서) → 보고(지방경찰청) → 매년 전국의 통계를 집계(경찰청), ② 정보통신관리관은 전국 경찰관서에서 전산입력 된 통계자료를 월·분기·년의 말일을 기준으로 다음달 10일까지 수사국장에게 통보한다. ③ 수사국장은 통보된 자료를 집계 관리하고 필요한 자료를 경찰청 해당기능과 지방청(경찰서)에 송부하여 분석 활용하도록 한다. ④ 경찰청 수사국장은 각 경찰관서에서 전산시스템에 입력한 자료를 매일 대검찰청 정보통신과로 송부한다. 다만 발생·검거통계원표는 대검찰청과 오류확인을 위해 연1회 CD로 제작하여 송부할 수 있다.

2) 보존연한

각종 범죄통계의 보존년한은 매년분(1월 1일부터 12월 말까지)을 보존단위로 하여 다음 해 1월부터 기산하여 각각 다음 연한으로 한다.

(1) 경찰청, 지방경찰청 및 경찰서 발간 범죄통계분석지 20년.

(2) 경찰범죄통계원표대장(발생・검거통계원표대장 5년, 피의자통계원표대장 3년).

(3) 발생통계원표, 검거통계원표 1년.

4 범죄원표(犯罪元標)의 작성요령(作成要領)

1) 경찰범죄통계규칙(1993.12.1. 경찰청훈령 제123호)(개정 2000.4.1 훈령 제301호; 2002.7.25 전개 경찰청훈령 제384호; 2009.7.31. 경찰청훈령 제554호)에 의한다.

2) 경찰 범죄통계 작성 및 관리에 관한 규칙(2009.7.31. 경찰청훈령 제554호).

제 2 편

수사 각론

제1장
강력범죄 수사

제1절 수사(捜査)의 개관

강력범죄의 개념은 실정법상의 개념이 아니라 실무상 개념에 불과하다. 더구나 범죄수사의 양축인 경찰과 검찰은 그 개념을 달리 규정하고 있어 실무적으로도 아직 통일된 개념은 존재하지 않는다. 경찰은 강력범을 살인·강도·강간(성폭력 포함)·방화의 4종류로 분류처리하여 경찰청 통계에 산입하고 있으며, 이에 비하여 검찰은 검찰통계사무규정 및 검찰예규 등에 의하여 형법범 중 살인·강도·강간(성폭력 포함)·방화·폭행·상해·협박·공갈·약취유인·체포감금죄와 특별법범 중 '폭력행위등처벌에관한법률' 위반사범을 강력범으로 지칭하고 있다.

그러나 강력범죄 분류대상간의 차이에도 불구하고 강력범죄에 대한 양 수사기관의 분류방식을 분석해 보면 양 기관 모두 '흉기 등 강한 물리적 유형력을 이용하거나 심리적 또는 물리적으로 반항할 수 없는 상태를 일으켜 1차적으로 생명·신체에 피해를 가하고, 2차적으로 재산상의 피해를 발생하게 하는 범죄, 생명·신체에 피해를 가져오는 위험성이 큰 범죄, 위험성이 불특정 하게 일어날 수 있는 범죄를 강력범죄로 분류하고 있음을 알 수 있다. 이처럼 양 기관의 분류방식에 기초한다면 강력범죄는 폭력 등 물리력 행사를 동반하여 개인의 생명이나 신체에 위해를 가하거나 가할 우려가 있는 대인범죄를 말한다. 결국 강력범죄는 강한 유형력의 행사없이 이루어지는 지능범죄와 구별되며 다음과 같은 특징을 가지고 있다.

첫째, 범죄사실이 뚜렷하게 나타나거나 범죄현장이나 피해객체에 대하여 행사된 유형적인 여러 단서가 남게 된다.

둘째, 범인의 신원이 특정되지 아니하거나 불명한 것이 대부분이다.

셋째, 특별한 경우를 제외하고는 타 범죄자에 비하여 교육수준과 신분 등이 낮은 편이다.

넷째, 범행의 방법이 그 범행에 일반적으로 사용되어온 전통적이고 정형적(定型的)인 형태를 이루고 있다.

위와 같은 특징을 가지고 있는 강력범죄는 수사의 일반이론과 그와 관련된 각종 수사기법이 종합적으로 적용될 수 있는 가장 전형적인 범죄이다. 따라서 강력범죄수사는 가장 전형적인 진행절차의 습득을 그 전제조건으로 하여 수많은 경험과 과학수사기법습득을 통한 노하우를 가미함으로써 완성된다.

제 2 절 살인사건 수사

1 개 설

1) 살인사건의 특징

살인죄라 함은 고의로 타인의 생명을 빼앗는 것을 내용으로 하는 범죄이다. 살인죄는 전체범죄 발생건수의 0.05%에 불과하지만 형법상 범죄 중에서도 극단적으로 법질서를 파괴하고 또한 개개의 피해자 가족, 그리고 현장 부근 주민들에게 직접적으로 충격을 일으킬 뿐 아니라 나아가서는 일반사회에까지 생활의 안전을 위협하여 범죄 불안심리를 가중시킨다.

살인범죄는 범죄현장에서 단서를 얻는 것이 보통이고 여기에서 단서를 얻지 못하면 검거전망은 낙관할 수 없다. 특히 살인현장에는 피해자의 사체는 있으나 때로는 신원이 불명한 경우가 있으므로 이런 때에는 피해자 신원판명이 범죄원인과 사건 해결의 실마리가 된다.

살인범죄는 대부분 '동기와 목적'이 있기 마련이며 이에 대한 규명이 선행되어야 한다. 그러므로 수사관은 이와 같은 점에서 과학적인 수사기법과 풍부한 경험을 살려 계획수사와 공조수사체제로 착실히 사건수사를 진행시켜야 한다.

2) 살인사건의 유형

살인죄를 광의적으로 분류하면 보통살인(형법 제250조 제1항), 존속살해(형법 제250조 제2항), 영아살해(형법 제251조), 촉탁·승락에 의한 살인(형법 제252조 제1항), 자살교사 및 방조(형법 제252조 제2항), 위계·위력에 의한 살인(형법 제253조) 등이 있다. 위의 어느 것이든 미수를 벌하고 살인죄, 존속살해죄 및 위계·위력에 의한 살인죄에 대하여는 예비음모죄를 인정하고 있다.

2 살인사건 수사의 일반적 진행과정

1) 초동조치

현장에 도착하는 경우 도착시간을 확인하고 생존하고 있는 피해자가 있으면 구호를 실시함과 아울러 피해자로부터 수사자료(범인, 원인, 피해상황, 피해자의 신원, 현장 또는 부근에 있었던 사람)를 청취한다. 이 경우 녹음기를 활용하는 것이 좋다. 먼저 도착한 외근간부는 출입금지구역을 설정하여 출입을 통제하고 즉시 추가 수배에 필요한 사항을 파악하여 본서로 보고하고 범죄현장 부근을 수색하여 범인이 은신해 있는 경우 체포활동을 한다. 아울러 책임간부와 임장자는 현장보존에 유의하여 초동 수사활동을 전개한다.

2) 현장관찰

현장관찰을 위해서는 먼저 임장요원들의 임무를 분담하고 필요한 기자재를 수집 정비하여야 한다. 관찰시에는 범인의 출입관계, 사체, 공범유무 등을 유의하여 살펴보아야 한다.

3) 수사방향의 결정

현장관찰 및 현장자료수집의 결과를 토대로 수사회의를 개최하여 수사방향을 결정한다. 수사방향을 결정한 후에는 수사요원을 확보하고 각 요원별 임무를 분담하고 수사용 기자재를 확보하여 수사의 진행에 차질이 없도록 만전을 기하여야 한다.

4) 수사활동

살인사건 수사의 경우 여러 가지 수사실행의 방법이 필요하다. 즉 참고인 및 목격자를 상대로 한 탐문수사, 현장을 중심으로 한 수사, 범인의 인상착의에 의한 수사, 감별수사, 유류품 수사, 감식수사, 용의자 내사 및 추적수사의 과정을 거쳐 범인의 검거에 이르게 된다.

3 사망원인별 유형

살해행위의 유형에는 여러 가지가 있고 그 행위의 교묘성은 점차 발달되어 새로운 수법이 속속 등장하고 있다. 유형에 따라 현장의 상황과 창상의 모양을 세밀하게 검사함으로써 사망원인의 판별이 가능하나 상세한 것은 법의학의 전문분야에 속하므로 여기에서는 개략적인 부분만을 소개한다.

1) 교 살

교살은 끈(허리띠, 수건, 넥타이, 노끈 기타 이에 준하는 물건)을 가지고 목을 졸라매어 질식하게 하여 죽음에 이르게 하는 행위이다. 이것은 피해자의 경부를 검사함으로써 판별될 수 있는데 범행에 사용한 끈이 대개 현장에 남아 있는 경우가 많다.

2) 액 살

이 행위는 손으로 목을 눌러 압박함으로써 질식하게 하여 죽음에 이르게 하는 것으로 액살 흔적으로 손톱자국이 남아 있으므로 이 흔적에 대한 사진을 촬영하여 증거로 보존하여야 한다

3) 절자살

예리한 단도나 식도, 기타 뾰족한 것으로 찌르거나 베어서 다른 부위에 치명상을 주거나 다량의 출혈로 인하여 죽음에 이르게 하는 행위이다. 이런 창상은 창구가 대개 정연함이 보통이다.

4) 총 상

권총, 장총, 기타 총기를 이용하여 신체의 치명적 부위에 발사 적중시켜 살해하는 행위인데 이 경우에는 탄피가 현장에 남아 있는 경우가 많고 총탄이 관통되지 않은 것은 체내에 남아 있으며 관통된 것이라도 현장에 떨어져 있는 경우가 있으므로 이것을 잘 수집하여 이화학적 검사를 하면 총기의 종별과 개별성을 식별할 수 있다.

5) 박살(타살)

이것은 석괴, 곤봉, 철봉, 기타 둔기로 타살하는 것인데 이러한 창상은 그 부위가 부정연 하다.

6) 독 살

독약이나 독극물을 복용케 하여 살해하는 것인데 이것은 법의해부를 하여 위액을 채취 검사하면 판별된다.

7) 소 살

휘발유, 석유 기타 강력한 인화물질을 사용하여 불에 태워서 살해하는 행위인데 방화사건에 있어서 살해수단을 병행하는 예가 있다. 그리고 한가지 주의할 것은 죄증을 인멸하기 위하여 살해 후에 소실하게 하는 경우도 있다는 것이다.

8) 폭 살

폭발성 화약을 사용하여 살해하는 행위인데 이것은 정치적 테러 기타 암살수단으로 많이 사용되나 종종 일반적인 살인의 수단으로 사용되는 경우도 있다.

9) 기타방법의 살해

이것은 부양의무자가 피부양자에게 음식물을 제공하지 않아 아사하게 하거나 유아에게 모유를 주지 않아서 죽음에 이르게 하는 부작위행위가 있고 또 고지나 강변에서 떠밀어 살해하고 실족사로 가장하는 경우도 있다. 이 외에도 교묘한 방법으로 살해하는 경우도 있으므로 주의하여야 한다.

4 법의학적 사망시간 확정방법

1) 체온의 냉각

체온은 사망시부터 냉각하기 시작한다. 건강체의 경우 일반적으로 사후 24시간 정도에 주위의 온도와 같게 되나 주위온도에 따라 다르다.

2) 각막의 혼탁

각막의 혼탁이란 안구의 까만 곳이 하얗게 흐려지는 것을 말한다. 사망직후부터 흐려지기 시작하여 24시간이 되면 동공을 보기 어려울 정도가 된다고 한다.

3) 시 반

사후 1시간 경과 후에 저위에서부터 적자색으로 나타나고, 2~3시간 후에는 비교적 현저히, 그리고 12~14시간 후에는 더욱 뚜렷이 나타난다. 사후 3~5시간 후에 체위를 바꾸면 새로이 아래쪽으로 놓여진 부위에 생기고 먼저 생긴 곳은 사라지나, 사후 10시간 이상되면 전위에 의하여 시반의 위치가 바뀌지 않는다.

4) 사후강직

성인은 사후 2~4시간에 턱, 목 등 상부관절에서부터 발현하여 15시간 정도 되면 전 관절에 미쳤다가 3~4일 후에 이완된다. 그 속도는 주위온도가 높을수록 빠르다.

5) 부패현상

일반적으로 강직이 풀릴 때부터 시작한다. 그 진행정도는 온도, 공기의 유통에 따라 다른데 공기중의 1주간은 수중의 2주간, 지중의 8주간에 해당한다고 한다.

6) 위장내용물

음식물의 위장체류시간은 보통 3~5시간이라고 한다. 따라서 장내 내용물 및 소화의 정도는 사망전 최종 식사시간부터 사망까지의 시간을 추정하는 자료가 된다. 또한 음식물의 종류를 감별함으로써 의외의 단서가 나타나기도 한다.

5 살인범죄의 동기 파악

살인범 수사는 그 동기가 무엇인가에 따라 수사방향이 달라진다. 그러므로 수사 시작시에 동기가 무엇인가가 규명되어야 한다. 살인의 일반적인 동기를 살펴보면 재물, 원한, 치정, 분노, 범죄은폐, 미신, 정신이상 등을 들 수 있다.

1) 재 물

재물을 동기로 하는 것은 강도살인이 대부분이다. 금전의 필요사유는 여러 가지가 있을 수 있으며 살해행위는 대개 처음부터 계획된 것은 별로 없다. 처음에는 강·절도를 목적으로 범행을 하던 중 피해자에게 신분이 발각되거나 피해자의 반항으로 인하여 살해를 하게 되는 것이다. 이런 범죄의 특징은 금품이 목적이기 때문에 금품이 보관되어 있을 만한 장소를 물색한 흔적을 볼 수 있는 것이 일반적이나 물품을 물색할 시간적 여유 없이 범행을 감지 당하여 살해 후 도주할 때에는 별로 물색의 흔적을 찾을 수 없는 경우도 있다. 또한 현장상황으로 보아 원한과 잘 구분되지 않는 경우가 있는데 이런 때에는 침입과 도주로, 유류품 범행수단, 방법 등을 기준으로 식별해야 한다. 원한관계는 피해자에 대한 면식과 사전지식을 가지고 있으므로 다른 사람이 도저히 알 수 없는 통로로 침입한다든지 도주하는 사례가 있어 구별할 수 있다. 그러나 '재물을 목적'으로 하는 것은 금품을 '물색한 흔적'을 남기게 되는 것이 대부분이고 재물목적의 범죄현장상태는 참혹하지 않는 점이 그 특징이다.

2) 원 한

원한에 의한 살인사건의 원인은 여러 가지가 있으나 그중 중요한 것을 열거하면 남녀관계, 경제관계, 고용관계, 모욕 또는 치욕관계, 복수관계 등이 있으며, 수사시에는 피해자의 이러한 관계들에 대해서 면밀히 수사해 보아야 한다.

3) 치 정

남녀관계에 있어서 치정을 동기로 하여 사람을 살해한다는 것은 흔히 볼 수 있다. 이러한 범죄의 특징은 그 수단방법이 원한의 경우와 같이 '잔혹성이 있고', 간음, 기타 사체에 성적 흔적이 남게 된다.

4) 분 노

분노가 동기가 되어 사람을 살해하는 경우는 많이 볼 수 있다. 특히 성격에 과격성이 있는 자, 충동성이 있는 자는 여러 사람 앞에서 모욕을 당하거나 부녀자들 앞에서 멸시를 당한 사소한 원인으로 분개하여 언쟁을 하다가 돌이나 몽둥이 등으로 순간적으로 살해하는 경우가 있다. 뿐만 아니라 일단 그 현장을 떠났다가 다시 흉기를 가지고 와서 살해하는 경우도 볼 수 있다. 대부분 범인은 일시적 충동으로 살해행위를 하였으나 범행 직후 뉘우치고 자수한다든지 또는 현장에서 도주하여 자살하는 경우도 있다. 그러므로 범행방법은 대개 공공연하여 범인판단은 용이하나 자살의 우려가 있으므로 적절한 조치를 취하여야 한다.

5) 범죄은폐

범죄은폐를 위한 살인은 중대한 다른 범죄를 감행한 것을 알고 있는 자를 살려 두었다가는 언젠가 그 범죄가 발각될지 몰라 불안한 상태에서 발각을 두려워하여 살해하거나 타인에게 범죄현장을 발각당하여 그 목격자를 살해하는 경우가 있다. 특별히 잘 아는 집에 강도 또는 절도를 목적으로 침입하였다가 그 면식이 발각되어 현장에서 살해하는 사례가 있다. 이러한 행동은 극히 충동적이기 때문에 그 범행방법은 계획성이 없다. 그러므로 현장에 사체를 방치하는 경우도 있고 때로는 사체를 알아볼 수 없도록 하거나 은닉 또는 불태우는 경우도 있다.

6) 미 신

미신이 살해 동기가 되는 것은 인체의 일부분이 불치병의 특효약이라는 그릇된 믿음에서 비롯되는 경우가 많으며 또는 사이비 종교의 잘못된 교리를 맹신함으로써 발생하기도 한다. 이런 종류의 수사는 그 범죄가 어느 정도 국한되어 있으므로 치밀하게 계획을 세워서 수사하면 추정이 가능하고 사체의 일부분이 사라진 흔적이 있거나 집단 살해 또는 자살의 경우 미신에 근거한 살인으로 보고 수사하는 것이 좋다.

7) 정신이상

정신병자가 사람을 살해하는 경우가 있다. 때로는 몽상적이고 망상적인 정신이상에서 급작스럽게 범행을 저지르는 사례이다. 이러한 사건은 수사가 비교적 단순하나 특히 범인의 정신감정에 유의할 필요가 있다. 하지만 반대로 정신이상을 가장하여 자기의 죄책을 모면하려고 간계를 쓰는 자도 종종 있으므로 주의하여야 한다.

제3절 강도사건 수사

1 강도죄의 특징

강도죄는 재물을 절취한다는 점은 절도와 같으나 사람에 대하여 폭행협박 등의 유형력을 행사한다는 점, 강도 실행 중 범죄발각 등으로 살인으로 이어지는 경우가 있어 절도에 비하여 발생빈도가 낮으나 사회적으로 미치는 파장은 절도죄와 비교할 수 없다. 또한 사회도적가치의 붕괴와 청소년문제의 증가 등으로 인하여 10대 떼강도의 연쇄강도사건 등으로 시민들의 우려는 더욱 크다고 할 수 있다.

2 강도죄의 본질과 수법

1) 강도죄의 본질

강도의 죄는 상대방의 반항을 억압할 정도의 폭행 또는 협박으로 타인의 재물을 강취하거나 기타 재산상의 이익을 취득하거나 제3자로 하여금 취득하게 함으로써 성립하는 범죄이다. 강도죄의 기본적 구성요건은 단순강도죄(형법 제333조), 준강도죄(제355조), 인질강도죄(제336조)이고, 그 밖에 특수강도죄(제334조), 강도상해·치상죄(제337조), 강도살인·치사죄(제338조), 강도강간죄(제339조), 해상강도죄(제340조), 상습강도죄(제341조) 등이 있다.

2) 강도죄의 수법

대표적인 강도죄의 수법은 대략 다음과 같다.

(1) 침입강도: 주거, 점포, 은행, 차량, 서박, 항공기 등에 침입하여 물건을 강취하는 방법이다.

(2) 노상강도: 어두운 골목길에서 행인을 흉기로 폭행 또는 협박하여 소지품을 강취하는 방법이다.

(3) 인질강도: 사람을 인질로 인치하여 그 석방의 대가로 금품을 강취하는 방법이다.

(4) 준강도: 절도가 재물의 탈환을 항거 또는 체포를 면탈하거나 죄증을 인멸할 목적으로 폭행 또는 협박을 하는 경우를 말한다.

3 수사요령

1) 초동수사 및 긴급배치

초동수사요령은 살인사건 수사와 동일하며, 긴급배치는 강도죄에 있어서는 특히 중요하다. 강도죄의 피해자가 포박된 경우를 제외하고는 즉시 신고되는 경우가 일반적이므로 신속하고 치밀한 긴급배치는 현장 주변에서 범인을 검거할 가능성을 한층 높여준다. 현장에 최초로 임장한 경찰관은 피해목격자 등의 참고인을 조사하여 수배에 필요한 사항을 우선적으로 청취하고 즉시 강도용의자의 인상착의 등을 신속히 전파하여 긴급배치의 효과를 높이도록 하여야 한다.

2) 피해자 조사

피해품(장물)의 품목 · 종류 · 수량 · 가액(사건의 규모 확정), 피해품 소지의 상황, 피해를 당하게 된 경위(범행방법 추정) 및 범인으로 지목되는 자 또는 범인의 인상착의를 확인한다. 강도는 피해자가 보는 가운데 범행이 이루어지기 때문에 피해자로부터 범인의 특징과 범행방법을 상세히 알아낼 수 있다. 또한 폭행 · 협박이 반항을 억압할 정도에 이르지 않으면 공갈에 해당하므로 이를 명백히 하여야 한다.

3) 목격자 · 참고인의 발견 · 확보

지휘간부는 수사요원을 불필요하게 현장에 집합시키지 말고 신속하게 배치하여 목격자 · 참고인의 발견 · 확보에 노력하고 발견된 중요사항은 신속하게 보고하게 하여야 한다. 또한 현장에 모여든 구경꾼에 대하여도 탐문을 실시하고 필요에 따라 주거 · 성명의 확인이나 사진촬영을 하여 두고, 현장 부근에 주차중인 자동차의 번호를 기록하여 이런 차량관계자 가운데에서 목격자 · 참고인의 발견에도 노력하여야 한다.

4) 흉기 등의 발견

절도와는 달리 대개 흉기 기타 용구를 사용하게 되고 또 이와 같은 범행 공용물을 현장 부근에 버려두는 예가 많으므로 범인검거전이나 후에 이를 반드시 압수하도록 하여야 한다.

5) 장물수사

장물은 재물범죄의 가장 중요한 단서로서 장물유입경로의 추적은 범인특정과 체포의 지름길이 되기 때문에 피해품이 확인되면 즉시 장물수사에 착수하여야 한다.

6) 수법수사

상습자의 범행이라고 인정되는 사건에 대하여는 수법원지 또는 수사자료를 활용하는 한편 경찰서에 보관되어 있는 범죄사건부도 충분히 검토하여 용의자 및 유사수법 사건의 발견에 노력하고, 유사수법 전력의 탐색은 범행수법 외에 범인의 인상특징, 지리감의 유무도 병행하여 검토한 후에 중점적으로 실시하여야 한다.

제 4 절 성범죄 수사[19)]

1 성폭력의 개념 정리

1) 일반적 정의

피해자의 의사에 반하여 성적 자기 결정권을 침해하는 범죄

2) 학술적 정의

(1) 협 의

폭행・협박을 행사하여 피해자에게 성적 자기 결정권을 침해하는 범죄

(2) 광 의

협의+피해자의 의사에 반해 신체적 접촉을 하거나 음란성 언어 및 통신매체, 카메라를 이용한 범죄(성폭력범죄의 처벌 등에 관한 특례법상 처벌 규정)

(3) 최광의

광의+불특정 다수를 상대로 금전 또는 재산상의 이익을 약속하고 성행위를 하거나 성행위 상대방이 되는 범죄

19) 경찰청 제작 '성폭력 근절 매뉴얼' (2021년); 서울성동경찰서 제작 'Q&A로 알아보는 여청사용설명서' (2023년).

3) 법률상 정의

(1) 형　법

제32장 강간과 추행의 죄에 명시

(2) 성폭력범죄의 처벌 등에 관한 특례법

성폭력 범죄를 강간, 강제추행 외 간음·추행 목적의 약취·유인, 통신을 이용한 음란, 음행매개(성매매 알선), 공연음란, 각종 음란물 제조·판매 등으로 정의

(3) 아동·청소년의 성보호에 관한 법률

성범죄와 성폭력 범죄를 구분하여 정의하고 있다.

성폭력 범죄의 경우 폭행·협박 등으로 아동·청소년에 대한 직접적인 간음·추행 등 행위로 나아간 경우를 의미하고,

이외의 행위(아동·청소년 이용 음란물 소지 등)를 포함하여 아동·청소년의 성 자체를 침해한 경우는 성범죄로 정의하여 구분하고 있으며, 성범죄의 보호법익은 "아동·청소년이 외부로부터 부적절한 성적 자극이나 물리력의 행사가 없는 상태에서 심리적 장애 없이 성적 정체성 및 가치관을 형성할 권익"이다.

2 성폭력 적용 법률의 변화

1) 성폭력 범죄에 대한 처벌 강화

(1) 반의사불벌죄 및 친고죄 삭제

(2) 공소시효 적용배제 대상 확대

(3) 성폭력 범죄 법정형 상향

아동·청소년에 대한 강간죄에 무기징역 추가(아동·청소년의 성보호에 관한 법률 제7조)

아동·청소년 이용 음란물 소지죄에 징역 추가(아동·청소년의 성보호에 관한 법률 제11조 제5항)

(4) 음주·약물로 인한 「임의적 감경」 배제 확대(아동·청소년의 성보호에 관한 법률 제19조, 성폭력범죄의 처벌 등에 관한 특례법 제20조)
음주·약물로 인한 심신장애 상태에서 아동·청소년 성폭력 범죄를 범한 때 형법 제10조 제1항(심신상실), 제2항(심신미약), 제11조(농아자) 규정 적용배제

2) 성폭력 피해자 보호 대책

(1) 증인 보호를 위한 증인지원시설 및 증인지원관 도입(성폭력범죄의 처벌 등에 관한 특례법 제32조), 각급 법원은 증인지원 시설을 관리하고 피해자 등의 보호와 지원을 담당하는 직원(증인지원관)을 두도록 규정
(2) 의사소통 및 의사 표현에 어려움이 있는 성폭력 피해자에 대한 형사사법 절차에서 진술 조력인 제도 도입

3 성폭력 피해자 '조사' 경찰관 행동 요령

1) 성폭력 피해자 인권 보호를 위한 십계명

① 범죄 발생 시부터 성폭력 피해자 전담조사관 지정(여경 위주), 피해자 보호 활동 개시
- 피해자 조사 전 성폭력 피해자 보호·지원 안내 및 신청(동의)서 작성
- 피해자가 여성이면 여성 성폭력 피해자 전담 조사관이 조사하되, 예외적으로 피해자의 동의를 받아 남성 전담 조사관이 조사 가능

② 병원 진료 시 될 수 있으면 여경이 동행하여 우선 치료와 증거수집 병행
③ 피해자의 의사에 반하지 않는 한, 피해 여성은 여경(성폭력 피해자 전담조사관)이 조사
④ 피해자의 조사 횟수 최소화
- 피해자 조사 전 수사에 필요한 사항을 철저히 준비

⑤ 피해자 또는 법정대리인의 신청이 있는 때에는 신뢰관계자 동석(성폭력범죄의 처벌 등에 관한 특례법 제34조, 아동·청소년의 성보호에 관한 법률 제28조)
- 피해자 또는 법정대리인에게 신뢰관계자가 동석할 수 있음을 고지하고 신청

이 있는 때에는 수사상 지장을 초래할 우려가 있는 등 부득이한 경우가 아닌 한 피해자와 신뢰 관계가 있는 자(가족, NGO 등)를 동석하게 한다.

⑥ 피해자 조사는 공개된 장소가 아닌 진술 녹화실 등 외부와 격리된 장소에서 조사(성폭력범죄의 처벌 등에 관한 특례법 제30조, 아동·청소년의 성보호에 관한 법률 제26조)
- 19세 미만·장애인이 피해자인 경우 반드시 진술 녹화 시행(단 피해자가 원치 않는 경우 제외), 증거보전 특례절차를 통한 진술 횟수 최소화

⑦ 피해자 비난이나 책임 추궁, 가해자 옹호, 반말 등 부적절한 용어 및 불친절 금지
- 피해자가 정신적인 원조를 받는다는 느낌을 가질 수 있도록 친절하고 온화한 태도 유지
- 진술의 신빙성 등 고려, 개방형 질문 등 피해자가 자발적으로 사건 내용을 진술할 수 있도록 분위기 조성
- 해당 사건과 무관한 피해자의 성 경험과 성범죄를 당할 당시의 기분 등 피해자가 모멸감이나 수치심을 느낄 수 있는 질문이나 공소 유지에 필요하지 아니한 질문은 하지 않는다.
- 특별한 이유 없이 합의 등을 종용함으로써, 특정 당사자를 두둔한다는 의혹을 사지 않도록 하여야 한다.

⑧ 피의자 확인 시 반드시 범인식별실 사용, 피의자와 피해자 간 대질조사 지양
- 모든 조사와 신문은 분리하여 진행하고, 가해자의 신원확인이 필요한 경우에도 원칙적으로 피해자와 가해자가 직접 대면하지 않는 방법을 택한다.
- 대질 신문은 최후의 수단이라고 인정되는 경우에만 극히 예외적으로 시행하고, 대질 방법 등에 대한 피해자 측의 의사를 최대한 존중.

⑨ 피해자 상담·치료지원 및 보호를 위해 성폭력 관련 전문기관(NGO)연계
- 13세 미만이거나 장애인이면 관련 전문가에게 피해자의 정신·심리상태에 대한 진단 소견 및 진술 내용에 대한 의견을 조회하여야 함(성폭력범죄의 처벌 등에 관한 특례법 제33조)
- 19세 미만이거나 장애인일 때 속기사를 참여케 하여 편안하게 진술할 수 있는 환경을 조성(성폭력범죄의 처벌 등에 관한 특례법 제29조, 성폭력 범죄의

수사 및 피해자 보호에 관한 법률 제25조)

⑩ 원칙적으로 비공개 수사, 피해자 인적사항 및 사생활 비밀 누설 금지

- 피해 사실이 외부에 노출되지 않도록 될 수 있으면 전화 등으로 피해자에게 직접 연락하고, 타인을 통하여 연락할 경우 피해 사실이 공개되지 않도록 소환 이유 등 고지 금지
- 모든 성폭력 범죄의 범죄신고자 등(범죄에 대한 신고·진정·고소·고발 등 수사단서 제공, 진술·증언·자료 제출, 범인 검거를 위한 제보 또는 검거 활동을 한 자)에 대하여 가명 조사를 활용, 신원이 노출될 가능성을 사전에 차단 (성폭력범죄의 처벌 등에 관한 특례법 제23조)
- 피해자가 원하면 출장 조사 적극 활용

2) 13세 미만 아동이나 장애인 대상 성폭력의 경우

① 지방청별 해바라기센터(전국 30개소)에서 피해조사 시행

② 국선변호인 선정, 신뢰관계자 동석, 진술 조력인 참여가 가능함을 반드시 고지

③ 조사 전 진술 녹화 취지를 설명하고, 진술 녹화 시 진술 분석 전문가나 속기사 참여하에 피해조사 시행

해설 ☞ 재판 중에 영상녹화물 재생 시 피해자 신원 노출의 문제가 있으므로, 사전에 서면으로 작성, 진술 녹화 시 피해자 신원 관련 사항 진술 금지

④ 장애인의 경우 유형별 특성에 맞는 조사 시행

해설 ☞ 농아인의 경우 어떠한 의사소통 방법을 원하는지(수화, 필담 등), 시각장애인의 경우 어느 정도 사물을 볼 수 있는지, 지적 장애인의 경우 어느 정도 진술이 가능한지 여부 등을 고려하여 필요하면 전문가와 협조

3) 친족 간 성폭력 발생 시

① 사건관계자와 신고 이력 조회 의무화, 가해자 신병 확보 및 피해자 필요성 판단 철저

- 사건 접수 단계 KICS 상 '수사대상자(사건)검색'을 통해 피해 아동에 대한 이전 조사 이력 등 확인
- 학대 예방경찰관(APO) 및 아동보호전문기관과 협조, 피해 아동에 대한 이

전 학대 신고 이력 및 사례관리 여부 조회

- 가해자와 피해자가 가정폭력범죄의 처벌 등에 관한 특례법 제2조 제2호의 가정구성원인 관계에 있으면 같은 법 제5조(응급조치), 제8조(임시 조치) 등 신청

② 신뢰관계인 참여 이행 철저

13세 미만 피해자 조사 시에는 신뢰관계인을 반드시 참여시키고, 조사 중 신뢰관계인이 이석 시 조사를 중단했다가 참석 이후 다시 진행하는 등 이행 철저

③ 피해 아동보호를 위한 유관기관 협업 강화

친족 간 성폭력 사건은 전문지식과 정보공유를 바탕으로 한 피해 아동보호에 더욱 주력할 필요가 있으므로, 아동보호기관이나 성폭력 상담소 등 전문기관과 피해 아동 분리 및 기관 보호 등 논의 후 합동 대응

④ 피해자 신변 보호 내실화

- 신변 보호 요청 공유

  13세 미만 피해 아동이 해바라기센터에서 조사 중 신변 보호를 요청하는 경우, 해바라기센터 조사관은 신변보호조치 요청 사항을 담당 수사관에게 신속히 통보

- 신속한 신변보호조치

  담당 수사관은 신변 보호 요청 사실을 통보받거나 확인 시 신속히 신변 보호 심사 절차 및 신변보호조치 실시

- 주말 · 휴일 · 야간 등 신변 보호 심사 절차를 즉시 시행할 수 없는 경우, 담당 수사관의 판단하에 긴급 지원절차를 적극적으로 활용하여 우선 조치

- 신변 보호 철회 시 확인 철저

  신변 보호를 요청한 피해 아동이 신변 보호를 철회할 경우, 반드시 보호자 또는 법정대리인의 의사 및 철회 사유를 직접 확인(청취 또는 대면) 후 위험성을 판단하여 결정

제5절 유괴사건 수사

1 유괴사건의 특징

통상 실무적으로 칭해지는 유괴사건은 미성년자 등을 대상으로 한 인질강도죄(형법 제336조; 특정범죄가중처벌등에관한법률 제5조의2)를 의미한다.

그러나 유괴의 의미를 본인의 의사에 반하여 타인의 실력적인 지배하에 둠으로써 개인의 자유로운 생활관계를 침해한다는 관점에서 이해하면 형법상의 약취·유인의 죄를 포괄한다. 형법상의 약취·유인의 죄는 미성년자 약취·유인죄(형법 제287조)를 기본적 구성요건으로 하여 추행·간음·영리목적약취·유인죄(제288조 제1항), 부녀매매죄(제288조 제2항), 국외이송목적약취·유인·매매죄(제289조 제1항), 결혼목적약취·유인죄(제291조) 등이 있다. 본 절에서는 인질강도죄(이하 유괴라 한다)를 중심으로 설명한다. 인질강도죄는 사람을 체포·감금·약취 또는 유인하여 이를 인질로 삼아 재물 또는 재산상의 이익을 취득하거나 제3자로 하여금 이를 취득하게 함으로써 성립하는 범죄이며 미성년자의 약취유인은 특정범죄가중처벌등에관한법률에 의해 가중 처벌된다.

2 몸값 요구시의 조치

1) 기본적 사항

몸값을 요구하는 범인의 전화가 걸려 오거나 서면이 통지될 경우 지휘본부에 즉시 보고하여야 한다. 보고를 받은 지휘본부는 소요기재의 배치, 긴급배치 태세의 요청, 무전기가 부착된 자동차의 집중 배치, 요원의 임무지정과 배치, 지휘연락에 대한 신호지정 등을 실시하고 아울러 몸값을 준비하여야 한다. 몸값을 준비할 때에는 지폐번호를 기록하거나 기타 특수공작을 실시한다.

2) 전화의 경우

몸값을 요구하는 전화가 걸려올 경우 관할 전화국에 배치된 직원에게 발신지추적을 지시하고 발신장소가 확인될 경우 해당 전화기의 소재지에 직원을 급파하여야 한다. 전화발신장소가 관할구역 내일 경우는 신속한 현장출동에 어려움이 없으나 타관내일 경우는 상호 긴밀한 협조체제를 구축하여 지연 출동하는 일이 없도록 하여야 한다. 또한 전화내용을 녹음하고 가능한 한 통화시간을 연장하여 발신자에 경찰관이 도착할 수 있는 시간적인 여유를 확보하여야 한다.

3) 서면의 경우

서면으로 통지된 경우 서면의 내용으로 범인의 추정이 가능하고 해당 서면에 대하여는 지문채취와 필적감정을 실시한다.

3 체포활동

1) 사전협의

현장에 검거를 위하여 배치되는 직원들에 대하여 활동 개시시간을 통일하고 해당 직원들에 대한 임무분담을 구체적으로 지시하여야 하며 또한 행동통일을 위하여 신호를 결정하여야 한다.

2) 몸값 소지자의 미행

몸값 소지자에 대한 보호대책을 강구하고 몸값 전달장소 변경 등의 사태급변시 즉응할 수 있는 조치를 강구하여야 한다. 미행을 할 때에는 직선적이고 단순한 미행은 지양하고 미행자는 주변상황에 어울리는 위장 또는 변장을 실시하여야 한다.

3) 현장지휘

몸값 전달장소에는 현장지휘본부를 실시한다. 현장지휘본부는 경찰마크가 없는 차량을 이용한다. 그리고 현장주변에서는 범인이 자동차 등의 교통기관을 이용해 올

것을 예상하여 반드시 2선·3선의 복선배치를 실시하는 외에 주요 간선도로에는 비노출 차량을 배치하는 등 도주방지를 위한 대비책을 수립하여야 한다.

4) 잠　복

잠복을 위한 요원들의 지정장소로 직행하는 것을 금하고 주변으로 우회하여 잠복 장소로 진출하여야 하며 만나기로 약속된 장소가 직시되는 장소를 택하고 필요시를 대비하여 경찰견을 준비하는 것도 좋다.

5) 범인체포

범인의 체포시에는 공범자가 있는지에 특히 유의하고 몸값 소지자가 몸값을 전달한 후 안전권내에 돌아온 후에 체포에 착수한다. 체포시에는 전원이 일체가 되어 움직일 수 있도록 지정된 신호를 하고 만약 몸값을 지정된 장소에 둔 후 범인이 찾아가는 경우에는 범인이 몸값을 손에 넣었을 때의 동정을 살펴서 체포에 착수한다.

6) 피유괴자의 구출

검거한 범인으로부터 신속하게 피유괴자의 소재를 알아내어 피해자를 구출하여야 한다.

7) 통신수사

몸값 목적 유괴사건의 경우 범인은 필연적으로 몸값을 요구하는 전화를 걸거나 전자메일 등 연락을 보내게 된다. 통신수단의 발달로 인하여 편지를 보내는 것보다는 전화(이동전화 포함) 혹은 인터넷을 이용하는 경우가 많으므로 감청을 이용하면 통화내용 및 통화자의 발신지를 추적할 수 있어 몸값 목적 유괴사건에 있어서는 필수적으로 취해야 할 조치이다.

제6절 폭력사건 수사

1 조직폭력범죄의 특징

조직폭력범죄란 폭력행위등처벌에관한법률에 규정된 범죄를 목적으로 구성된 단체 또는 집단(조직폭력배)에 의한 범죄를 말한다. 조직폭력배는 '힘'이라는 절대적 계율에 의하여 모든 것을 해결한다는 폭력긍정의 사상을 중핵으로 하여 형성되고, 법질서 부정이라는 생활기반에 따른 범죄자 집단이다. 이와 같은 조직폭력배가 저지르는 조직범죄의 태양은 개인의 세력 또는 조직의 힘에 의한 세력다툼 사범, 존립유지를 위한 자금활동에 따른 범죄 또는 자금활동 그 자체의 위법행위 등의 유형에 따라 매우 다양한 형태를 갖게 되는 특징이 있다.

2 조직폭력범죄 수사요령

1) 경찰조직력의 활용

조직범죄에 대처하기 위해서는 조직의 힘을 활용한 수사가 이루어져야 한다. 그러기 위해서는 돌발적인 세력다툼사범에 대하여 신속하게 수사체제를 확립하고 또한 복잡 곤란한 사건에 대한 집중적인 수사를 실시하는 등 조직력 있는 수사활동을 추진하여야 한다.

2) 선제수사의 추진

단속할 대상이 뚜렷하게 부각되면 수사의 목표는 조직을 괴멸하는 데 있으므로 '초동적인 수사' 또는 '사건처리나 하는 단순한 수사'여서는 안 된다. 또 범죄태양으로 보아도 잠재성이 강한 범죄이므로 현상적인 것만을 처리하는 데 그치지 말고 현재화하지 않은 부분까지 드러내게 하기 위한 적극적인 수사가 필요하다. 따라서 항상 선제적인 수사가 추진되어야 한다.

3) 현장검거와 조건부 거래수사의 배제

조직폭력배의 세력다툼사범 또는 폭행·상해·공갈 등 소위 가두폭력사범에 대해서는 초동수사단계에서 검거·해결하도록 수사방향을 수립하여야 한다. 또 세력다툼사범은 조직폭력배 간부 등에 의하여 '범인의 대체', '흉기의 예비' 등의 공작이 이루어질 가능성이 많으므로 그러한 기회를 주지 않는 신속한 수사를 진행하여야 한다. 또한 조직폭력배와 경찰이 대치한 경우 협상 등의 거래수사는 절대 배제하고 경찰 자신이 정공수사에 의하여 피의자를 검거하고 사건을 처리하여야 한다.

4) 모든 법령의 적용

조직폭력배 구성원 등의 활동은 사회의 여러 면에 걸쳐서 나쁜 영향을 미치고 있고, 특히 자금활동을 위해서는 도박·음란서적 등의 판매, 마약·각성제 등의 거래, 각종 기업활동에 따른 특별법령의 위반, 사기, 사문서·유가증권의 위조 등의 범죄에 해당하는 사안이 많으므로 폭력적인 수단에 의한 폭행·상해·공갈 또는 불법감금뿐만 아니라 관련되는 모든 범죄행위에 대하여 관계법령을 모두 적용하여 폭력범죄 단속의 목적을 달성하도록 노력하여야 한다.

5) 피의자의 확실한 사회격리

조직폭력을 뿌리뽑기 위해서는 조직 구성원을 검거하여 사회로부터 격리시켜야 한다. 이 목적을 달성하기 위해서는 검거한 피의자에 대해서는 확실한 과형이 이루어지도록 철저한 수사를 하여야 한다. 즉 '평범한 폭력범죄'라는 타성적인 처리에 그칠 것이 아니라 목격자 기타 참고인을 확보하여 범죄사실을 명확히 함과 동시에 평소 실태규명 작업 등에 의하여 얻어진 조직관계·활동실태 등의 자료에 의거하여 조직적 폭력성을 입증하여야 한다.

6) 수사협력자의 보호

조직폭력배가 근절되기 어려운 이유중의 하나는 범죄의 목격자는 물론 피해자까지도 신고 또는 수사의 진행에 협력하기를 거부한다는 것이다. 피해자 및 참고인들은 수사대상 피의자를 제외한 타 조직원에 의한 보복을 두려워하여 진술을 거부하는 것이 대부분이다. 그러므로 조직폭력배 수사의 원할을 기하고 이들을 뿌리뽑기 위해서는 수사기관에 협력하거나 범죄의 피해를 신고하는 수사협력자에 대해서는 적극적으로 보호할 수 있는 조치를 강구하고 실행하여야 한다.

제 2 장
절도범죄 수사

제 1 절 일반절도사범 수사

1 절도죄의 개념

절도죄라 함은 타인의 재물을 절취함으로써 성립하는 것이다. 재산죄 중에서 재물만을 객체로 하는 순수한 재물죄이다. 보호법익은 소유권으로 위험범이고 상태범이다. 그러므로 점유의 침해가 있어도 소유권을 침해하지 아니하면 절도죄는 성립하지 않고 본죄가 성립하기 위하여는 주관적 구성요건으로 고의 이외에 소유권을 영득하는 의사인 불법영득의 의사가 필요한 것이다. 강도죄, 사기죄 및 공갈죄가 재물 이외에 재산상의 이익도 객체로 하는 것과 구별된다(손봉선, 2000: 511).

2 객 체

타인의 재물이다. 타인이라 함은 자기 이외의 자연인, 법인, 법인격 없는 단체를 포함한다. 그리고 타인의 재물이라 함은 자기 이외의 자의 소유에 속하는 재물로서 타인과의 공유물도 이에 포함된다.

3 행 위

타인의 재물을 절취하는 것을 말한다. 절취라 함은 폭행, 협박에 의하지 아니하고 타인의 점유에 속하는 재물을 그 소유자의 의사에 반하여 자기 또는 제3자의 지배하에 두는 것을 말한다. 본죄의 착수시기는 타인의 점유를 침해하는 행위가 개시된 때이고, 기수시기는 타인의 재물을 취득함으로써 기수가 되는 것이다.

4 주관적 요건

본죄는 타인의 재물을 절취한다는 고의 이외에 불법영득의 의사가 필요하다.

5 범죄유형

1) 절도죄

형법 제329조에 해당하는 범죄로 타인의 재물을 절취함으로써 성립한다.

2) 야간주거침입절도죄

형법 제330조에 해당하는 범죄로 야간에 사람의 주거, 간수하는 저택, 건조물이나 선박 또는 점유하는 방실에 침입하여 타인의 재물을 절취함으로써 성립하는 죄이다.

3) 특수절도죄

형법 제331조에 해당하는 범죄로 야간에 문호 또는 장벽 기타 건물의 일부를 손괴하고 사람의 주거, 간수하는 저택, 건조물이나 선박 또는 점유하는 방실에 침입하거나 또는 흉기를 휴대하거나 2인 이상이 합동하여 타인의 재물을 절취함으로써 성립하는 것이다. 여기서 흉기라 함은 사람의 살상 또는 재물의 손괴를 목적으로 제작되어진 기구를 말하는 것으로 흉구라고도 한다.

4) 자동차 등 불법사용죄

형법 제331조의2에 해당하는 범죄로 권리자의 동의 없이 타인의 자동차, 선박, 항공기 또는 원동기장치 자동차를 일시 사용함으로써 성립하는 것이다. 그러나 본죄는 사전에 동의를 받을 시간적 여유가 없어 일시 사용하고 사후에 승낙을 받았을 경우에는 위법성을 조각한다.

5) 상습범

상습적으로 형법 제329조(절도) 내지 제331조의2(자동차 등 불법사용죄)의 죄를 범한 자는 가중처벌한다.

6 절도범의 수법

1) 날치기

노상에서 타인의 신변에 있는 물건을 순간적으로 잡아채 도주하는 방법.

2) 소매치기

타인의 재물을 주의가 산만한 틈을 이용하여 기술적으로 절취하는 방법.

3) 들치기

백화점 기타 상점의 고객을 가장하여 상품을 민활하게 훔치는 방법.

4) 방치물절도

옥외 또는 노상에 방치된 물건을 감시가 없는 틈을 타서 훔치는 방법.

5) 침입절도

야간, 주간에 건조물, 방실, 주거 등에 침입하여 재물을 훔치는 방법.

7 절도사건 발생시 즉보 대상

1) 경찰청 즉보사건

(1) 5,000만원 이상의 다액 절도(상습조직치기사건은 500만원).
(2) 총기 · 대량탄약 및 폭팔물 절도.
(3) 외국공관 및 관저 절도.
(4) 중앙관서 및 '가'급 중요시설 절도.
(5) 국보급 문화재 절도.

2) 지방경찰청 즉보사건

(1) 2,000만원 이상의 다액 절도(상습조직치기사건은 전부).
(2) 관공서, 전선 등 절도.
(3) 경찰관련 신문 · 방송보도 예상 및 보도.
(4) 기타 중요하다고 인정되는 절도(사회저명인사, 언론기관임원 등).

8 수사상 유의사항

1) 초동조치

절도범은 일상에서 발생하고 피해자로부터의 신고에 의해서 단서를 얻을 수가 있다. 또 시민생활의 일상에서 느낄 수 있는 범죄이다. 절도사건은 국민들이 생활주변에서 쉽게 접하는 범죄로 범인을 검거하지 못하는 경우에는 경찰에 대한 평가나 신뢰도에 크게 영향을 준다. 최근의 절도사건은 시대의 발달에 따라 광역화, 교묘화, 스피드화의 경향을 보이고 있다. 그러므로 신속하고 정확하게 처리하고 조기에 범인을 검거하도록 노력해야 한다. 또한 피해자 관계의 수사는 우선 피해자에 대하여 다음과 같은 것을 명확히 해서 피해사실을 확정함과 동시에 범인에 관계되는 정보를 수집하는 데 최선을 다하여야 한다.

(1) 피해품과 피해정도의 확인: 피해의 대상인 피해품의 종류, 수량, 가격 등을

명확히 한다.

(2) 피해일시 및 장소: 절도당한 물건이 언제, 어디에서 없어졌는지를 정확하게 확인하는 것이 중요하다.

(3) 피해품 보관상태: 보관장소에 대한 시정의 상태와 피해품은 누구라도 알 수 있는 곳에 두었는지 또는 알고 있는 사람은 누구인지 등을 확인한다.

(4) 피해 당시 가족의 소재: 외출중인가, 업무중인가, 손님이 왔는가 등을 조사한다.

(5) 범인의 목격 여부조사: 범인을 목격했을 때는 범인의 인적사항 또는 인상, 특징, 복장, 휴대품 등이 있었는가 등을 확인한다.

(6) 의심이 가는 용의자 확인: 피해자로부터 심증이 가는 범인이 있는지를 확인하고 있을 때에는 그 이유를 확인한다.

(7) 피해 당시의 상황 조사: 가축 등의 우는 소리, 오토바이나 자동차의 발차음, 기타 이상한 소리, 거동 수상한 사람이 배회하는 일이 있었는가 등을 확인한다.

(8) 유류품 등의 유무 확인: 범행 현장에서의 현장검증이나 혹은 족적, 지문, 기타 유류품이 있었는지에 대한 확인 그 외 기타 추정되는 사람에 대해서 알고 있는 것을 확실히 한다.

2) 현장수사

절도사건의 범죄현장에 있어서는 현장보존, 현장관찰, 증거자료의 수집, 현장 부근의 탐문수사, 검문검색 등의 제 활동을 실시하여 범인의 검거에 노력해야 한다.

(1) 현장관찰: 절도범의 범행현장은 수사에 도움이 되는 자료가 남겨진 경우가 많다. 따라서 현장에 출동한 경우는 수사에 도움이 되는 여러 가지 자료의 수집에 노력하는 것이 중요하다.

(2) 탐문수사와 검색: 범죄현장에서는 현장관찰에 의거 탐문 및 검색 등의 수사를 개시해야만 한다. 이에 관한 수사를 실시할 경우에는 범행시간을 추정하는 정보의 수집, 범인 또는 용의자 목격자의 발견, 범인의 수, 인상, 특징, 착의, 휴대품, 차량 사용의 유무 등을 확인한다.

(3) 자료에 기초한 수사: 범인의 지리감 유무에 대한 수사는 수사의 범위를 결정하는 데 중요한 단서를 제공할 수 있고 유력한 정황증거가 될 수 있다. 지리감 수사

는 범죄수법 및 피해자로부터 청취한 사항을 종합검토해서 그 유무를 판단하지 않으면 안 된다.

(4) 유류품 수사: 유류품의 수사는 유류품 출처의 추궁에 중점을 두고 수사해야 한다. 유류품은 범행현장과 관련되어지는 직접적인 물적 자료로부터 출처를 추궁해 간다면 범인에 도달할 수 있는 경우가 많기 때문에 적극적으로 수사를 실시할 필요가 있다.

(5) 피해품 수사: 피해가 발생한 때는 피해품을 확인하고 특징을 명확하게 하는 것이 피해품 수사에 도움이 된다. 피해품 등의 구입자와 취득자 등에 대해서는 다음 사항을 명확하게 하지 않으면 안 된다.

- 피해품의 종류, 품질, 수량, 현상 등.
- 피해품 매입 등에 대한 일시, 장소, 구입처 등.
- 구입 당시의 피해품 등의 상황.
- 피해품 등에 대한 특징 등.

(6) 단서 수사: 절도사건의 수사는 단서를 발견하여 이를 검토하고, 동일 범죄 수법을 파악하여 범인을 알아내는 데 노력하여야 한다. 그리고 범죄수법원지, 피해 통보표, 피의자 사진 등의 범죄 수법자료와 대조하여 단서를 조사하고 전력자의 색출, 수사자료를 입수하기 위하여 침입, 도주의 수단과 방법, 지문 족적 등을 채취하고 범인의 신체적 특징 등의 조사가 이루어져야 한다.

(7) 용의자 수사: 용의자 수사는 현장수사, 피해품 수사, 수법수사 등에 의해서 수집된 사건의 용의자에 대하여 진범인지 아닌지를 밝히는 것이 수사의 목적이다. 용의자와 피해자와의 관계, 알리바이와 사건 전후의 동정 및 현장과의 관련 여부, 즉 지문, 족적, 유류품, 범행방법, 감, 목격자의 면식 등 수사자료와의 관계를 조사한다.

(8) 범행관련 수사: 연속 발생한 사건을 분석하여 용의자가 다른 절도 상습자와의 관계 또는 다른 사건과 관련된 것인지를 알아내기 위한 철저한 미행, 잠복 등을 실시한다.

(9) 추적 수사: 용의자를 발견하지 못하였을 경우에는 연속해서 발생한 사건의 일시, 요일, 피해 대상가옥, 목적물, 지역 등 수법의 동일성을 상세히 분석하고 범인의 동향을 추적할 수 있도록 노력한다.

9 차량절도범 수사

최근 자동차 문화의 도입과 더불어 자동차, 오토바이 도난 사건이 계속 증가하고 도난 자동차, 오토바이를 이용한 금융기관 강도와 날치기 등 악질 범죄가 증가하고 있다. 이러한 자동차 도난 등을 접수한 경우는 신속한 수배와 광범위한 수사를 실시하여 도난 차량의 조기발견과 피의자를 검거하여 피해회복 및 제2의 범죄를 미연에 방지하기 위한 계획을 세워야 한다.

(1) 사건을 접수할 경우의 조치: 자동차 절도 등의 범인은 범행 후 단시간에 원거리까지 도주하기 때문에 피해품의 회수가 어렵다. 그러므로 사건을 접수할 경우 즉시 통신망을 이용, 보고하여 전국적인 수사를 조직적으로 행할 수 있도록 수배하도록 한다.

(2) 도난차량 발견을 위한 수사

가) 불심검문, 자동차 검문, 교통위반 단속, 교통사고 취급 및 검색 등에 의해 불심차량의 발견에 노력하고 조회, 도난 차량의 해당 유무를 확인한다.

나) 도난차량은 차체번호를 고치고 판매하는 경우도 있으므로 수리업자, 폐차업자, 해체업자 등의 관련여부에 대해서도 탐문하여 도난차량의 발견에 수사력을 집중한다.

(3) 민중 협력의 확보: 자동차 도난은 열쇠와 엔진을 직선 연결하여 절취하므로 주차장이나 노상에서 많이 발생하고 있다. 특히 주차장에 있어서 자동차 도난 대책으로 주차장관리자 등과 협력하여 불심 차량 발견시 경찰에 신고하도록 조치한다.

(4) 방치차량 수사: 차량용조회기(M.D.T), 휴대용조회기(H.D.T), 차량번호자동판독기(A.V.N.I) 등을 적극 활용하여 도난차량의 발견에 노력하고 발견시에는 피해자에게 환부하기 전에 유류지문을 채취한다.

(5) 차량번호 자동판독기(A.V.N.I): 주행중인 차량의 번호판을 순간 포착, 이를 판독·인식한 후 수사에 활용하는 기기이며, 포착된 차량번호 영상을 소프트웨어로 판독·인식한 후 경찰청 주전산기의 범법·무적차량 등의 자료를 자동 검색한 후 그 결과가 검문소의 단말기의 모니터와 경광등에 표시된다.

(6) 수배해제: 도난차량 발견시 해당 차량을 환부하거나 반환한 후 수배해제를

누락하지 않도록 하고, 불심검문을 실시하는 경우 선량한 사람이 범인취급 당하는 등 문제가 발생하지 않도록 유의하며 피해차량을 발견하였을 때에는 신속히 수배해제를 하여야 한다.

(7) 사고방지 노력: 차검문, 불심검문의 대상은 상대가 누구라도 범죄를 범할 수 있고 또는 범할 우려가 있는 경우가 있으므로 상대방으로부터 예상치 않은 반격을 받기도 하고 도주해 버릴 염려도 있기 때문에 위해를 방지하기 위하여 일단 정지시킨 후 상대와의 거리유지, 상대의 거동 등에 유의한다.

10 선의취득과 압수물의 환부

1) 특례규정

(1) 민법 제249조(선의취득): 평온, 공연하게 동산을 양수한 자가 선의이며, 무과실인 경우 그 동산을 점유하는 경우에는 양수인이 정당한 소유자가 아닌 때에도 즉시 동산의 소유권을 취득한다.

(2) 민법 제250조(도품, 유실물 특례): 전조의 경우에 동산이 도품이나 유실물인 경우에 피해자 또는 또는 유실자는 2년 내에 물건의 반환을 청구할 수 있다(금전은 예외).

(3) 민법 제251조(도품, 유실물 특례): 양수인이 도품 또는 유실물을 공개시장에서 또는 같은 종류의 물건을 판매하는 상인에게서 선의로 매수한 때에는 피해자 또는 유실자는 양수인이 지급한 대가를 변상하고 그 물건의 반환을 청구할 수 있다.

2) 압수품이 현금인 경우

(1) 피해현금이 다른 현금과 혼동하고 있는 경우: 발견된 현금 전부를 압수할 수는 없으며, 임의제출로 이를 확보하고 검증 등에 의해 그 존재를 명백히 하여야 한다.

(2) 피해현금이 예금된 통장을 압수한 경우

가) 절취한 현금과 예금통장은 동일성이 인정되지 않기 때문에 형사소송법 제134조(피해자 환부)는 적용되지 않고, 제133조(환부, 가환부)가 적용되어 제출인에게 환부해야 한다.

나) 피의자에게 예금통장을 환부한 다음 현금은 피의자가 피해자에게 직접 환부토록 한다. 다만, 피의자가 피해자에게 환부를 희망할 경우에는 피해자에게 환부할 수 있다(유재두, 2013: 387).

11 법률적용시 유의사항

1) 피해품이 임산물인 경우 특별법인 산림법 제93조 및 제94조를 적용함으로써 독립하여 산림절도죄로 처벌한다.

2) 관리할 수 있는 동력은 재물로 보기 때문에 전기, 수도 등의 동력은 형법 제346조에 의하여 처벌하여야 한다.

3) 타인의 점유 또는 권리의 목적이 되는 피의자 소유의 물건인 경우 형법 제323조의 권리행사방해죄에 의하여 처벌된다.

4) 공무소로부터 보관명령을 받았거나 공무소의 명령으로 타인이 간수하는 피의자 소유의 물건인 경우에는 형법 제142조의 공무상 보관물 무효죄에 의하여 처벌한다.

5) 손괴, 은닉 또는 기타의 목적으로 타인의 물건을 절취하였더라도 불법영득의 의사가 없는 한 형법 제366조의 손괴죄에 의하여 처벌하고 절도죄로 처벌하지 못한다.

6) 특정범죄가중처벌 등에 관한 법률 제5조의4는 형법 제332조에서 5인 이상이 공동하여 상습으로 죄를 범하면 더욱 가중처벌하도록 규정하고 있다.

7) 제329조의 절도, 제330조의 야간주거침입절도, 제331조의 특수절도 등의 상습범은 특정범죄가중처벌 등에 관한 법률 제5조의4, 제1항을 적용하여 가중처벌하여야 한다.

제 2 절 치기사범 수사

1 치기사범의 개념

소매치기사건의 경우 검거보다는 예방에 노력해야 하는데, 검거하더라도 현장에서 검거하지 않으면 피해자나 물적증거의 확보에 상당한 어려움이 있다.

2 치기배의 종류

1) 강도 치기사범

(1) 돌변치기: 절도가 발각되어 강도로 변하는 것 → 준강도.

(2) 가로치기: 사람을 따라가다가 한적한 곳에서 덮치는 것.

(3) 행인치기(퍽치기): 길목을 지키다가 지나가는 사람을 덮치는 것.

2) 절도 치기사범

(1) 바닥치기: 핸드백 등을 열거나 째고 절취하는 것으로 2~3명 또는 단독 범행.

(2) 올려치기: 버스에 승차하려는 피해자를 막고 핸드백 등을 열거나 째고 절취.

(3) 안창따기: 양복 안주머니를 면도칼로 째고 절취하는 것.

(4) 굴레따기: 목걸이나 팔찌 등을 끊어서 절취하는 것.

(5) 들치기: 대합실, 은행, 백화점 등에서 혼잡한 틈을 이용하여 절취하는 것.

(6) 차치기: 오토바이 · 승용차를 타고 다니면서 핸드백 등을 낚아채 가는 것.

(7) 아리랑치기(부축빼기): 술에 취한 사람 옆에 취한 것처럼 앉아 있거나 부축하는 척하면서 절취하는 것으로 일명 박쥐라고도 한다.

(8) 봉투치기: 봉투와 봉투를 상호 교환하여 보관하다가 가지고 도망하는 것.

3 치기사범의 각종 수법

1) 째고빼기: 호주머니, 핸드백을 째고 소매치기 하는 것.
2) 줄띠풀기: 목걸이, 시계 등을 푸는 소매치기.
3) 끊고채기: 목걸이, 시계 등을 끊고 소매치기 하는 것.
4) 가로치기: 돈 가진 사람을 따라가 행인을 덮치는 것.
5) 행인치기(퍽치기): 길목을 지키다 행인을 덮치는 강도.
6) 돌변치기: 절도가 발각되자 강도로 변하는 것을 말한다.
7) 바닥치기: 핸드백 등을 열거나 째고 금품을 절취.
8) 올려치기: 버스에 승차하려는 피해자의 앞을 막고 핸드백을 열거나 째서 절취.
9) 안창따기: 양복안주머니를 면도칼로 째고 절취.
10) 굴레따기: 목걸이나 팔찌 등을 끊어서 절취.
11) 들치기: 대합실 등에서 혼잡한 틈을 이용하여 절취.

4 소매치기사범의 외형상 특징

1) 안경 착용자가 적으며 눈동자가 반짝임.
2) 체격이 호리호리하고 행동이 날쌔고 민첩함.
3) 무엇에 쫓기는 등 바쁘며 걸음걸이가 빠름.
4) 경찰관이 따르는지 살피기 위해서 뒤를 잘 돌아봄.
5) 대부분 간편한 복장이나 올려치기, 안창치기는 신사복이 많음.
6) 시장 등에서 활동하는 소매치기는 다소 허름한 옷을 착용.
7) 백화점 등 고급장소에서는 옷을 깔끔하게 착용한다.

5 소매치기범의 검거시기

1) 장물을 빼내는 순간.
2) 공범자에게 장물을 인도할 때.

3) 장물을 빼내는 것을 보지 못한 경우 피해 확인 후.
4) 미수범은:
(1) 호주머니 또는 가방 등에 손이 들어가 있을 때.
(2) 가방·의류 등을 잘랐을 때.

제 3 절 화재범죄 수사

1 개 념

화재현장 조사는 과학과 기술이 합작된 종합작품으로 자연과학에 바탕을 두고 연소 현상에 관한 과학적 측면의 화인을 규명하기 위해서는 먼저 조사자가 화재현장의 크고 작은 것을 불문하고 문제의식을 갖고 체계적인 조사방법을 이용하여 보다 많은 자료를 수집할 수 있도록 많은 노력이 필요하다.

그러므로 현장 조사 대상 및 일련의 절차 등은 조사자가 일관된 방법으로 현장자료와 주변 정보 수집을 위해 기본적인 체계를 제공하기 위한 목적이고, 현장조사에서 종합적인 판정을 완성하기 위한 보조자료이다.

2 현장 조사

1) 화재(火災)란

불은 고대에서부터 현대까지 인류생활에 매우 중요한 부분을 차지하여 왔다. 그런데 인간은 불을 사용함에 있어 사람의 신체나 재산상에 피해를 줄 수 있는 경우가 있다. 다시 말해 생활에 불이 꼭 필요하지만 불로 인한 과실에 의한 실화와 고의에 의한 방화가 있다.

2) 목 적

화재 수사의 주요 목적은 원인을 정확하게 규명하여 범인을 체포하고 적절한 형벌법령을 적용하여 유죄판결을 받게 하는 것이다. 이 과정에서 화재의 원인이 어떻게 행하여 졌는지 여부를 결정하고 증거와 정보의 수집으로 책임의 소재를 명백히 하여 공소 유지의 실효를 거양함에 있다.

3 화재 수사

화재 원인을 신속 정확하게 규명하기 위해 화재 조사에 관한 공적 업무에 관여하는 기관은 여러 곳이 존재할 수 있으나 사건 해결에 기준이 되고 민형사상 구속력이나 영향력이 미치는 것은 경찰의 화재 수사결과이다.

4 화재조사의 법적근거

조사기관	법 적 근 거	비 고
경 찰	(공공의 안전에 관한 죄) 1. 실화: 형법 제170조~제 171조 2. 방화: 형법 제164조, 제166조, 제167조)	범죄수사
소 방	(화재원인 및 피해조사) 소방기본법: 제29조~제33조)	소방행정
가 스 전문기관	(액화 석유가스의 안전 및 사업법) 안전관리 및 사고의 통보 등 제30조~제35조	사고예방 홍보
전 기 전문기관	(전기안전 공사) 전기안전관리법(사업) 제30조, 제33조 전기사고의 원인, 경위 등 조사 제41조 제3항	사고예방 홍보
보험사	(화재로 인한 재해 보상법) 화재로 인한 재해 보상 가입에 관한법률 제16조	보험금지급

5 화재 조사요원 자세

화재 현장 조사는 목적에 따라 조사 방법에 차이가 있으나 기본적인 연소이론은 물론, 물리적, 화학적, 기계적인 분야에서 화재가 발생할 수 있다. 잠재적 발화 위험성과 화기 및 연소 기구의 화재 발생원인 등 사전에 충분한 이론 정립이 중요하다.

6 현장조사 순서

현장 원인조사는 한 번에 실시하면 정확한 원인을 밝히는 데 어려움이 있다. 그러므로 정확한 연소 진행 상황을 관찰하고, 발화 장소를 찾아내는 것이 매우 중요하다.

현장 조사 진행 순서 계획을 세우고, 화재 건물 내·외 구조파악과 연소 진행 상황 관찰, 화재 관계자·목격자 등 다각도로 조사가 필요하다.

7 현장 보존

화재 현장에서 타고 남은 구조재, 기구, 집기류, 전기, 가스설비 등 소훼 물건 모두 조사함에 있어 중요한 상황 증거가 되는 것을 꼭 숙지하고 정확한 화인규명을 위해 가능한 현장 본래의 상태로 보존되어야 한다.

8 사전 준비

화재 규모에 따라 적정 인원 구성이 필요하고 현장을 조사함에 있어 객관적·합리적으로 판단하고 현장 조사에 신뢰성을 위해 경찰, 국립과학수사 화재감식 전문요원, 전기, 가스 전문기관들과 합동으로 현장 임장 조사하는 것이 원칙이다.

9 현장 조사

현장 조사자는 전체 상황을 잘 파악하여 관련된 문제점을 검토하면서 선입관을 배제하고 현장에서 수집된 인적·물적 증거자료를 개관적이고 합리적 판단과 과학적 타당성을 토대로 발화원인, 연소 확대요인 등 규명하는 것이다.

10 감식전 준비사항

1) 복장 및 발굴장비 준비

가. 복장: 안전복, 안전화, 안건모, 비닐코팅장갑, 방진 마스크

나. 장비: 괭이, 펜치, 갈고리, 삽 등 발굴에 필요한 장비

다. 채증: 사진기, 캠코더, 유증·가스 감지기, 감정물 채증용 비닐 팩

2) 관계자 진술청취

가. 피해자, 목격자 진술

- 화재 전후의 시간대별 행적, 전기제품 및 조리기구 작동여부, 보험 및 부채관계. 원한관계, 화재개연성 있는 물건, 당시 일기 및 풍향 등에 대하여 질문
- 화재현장에 대한 자세한 내부도 작성(출입문, 가구, 전기제품, 전등, 콘센트, 주방기구 등의 위치 및 종류 등)

나. 초기 진화상태

최초 출동 경찰관, 소방 및 구호관계자의 목격진술 및 소화하기 위하여 내부 진입시 특이점, 현장 초기상태 및 훼손여부 확인 등 안전사고의 주의한다.

다. 화재감식 중 유의사항

- 화재 특성상 민사와 직결될 수 있으므로 연행에 각별히 주의한다.
- 전기의 통정여부 및 붕괴위험의 취약부분 확인 등 안전사고 유의한다.

11 현장 감식

1) 발화장소 및 발화여부 판단

가. 화재현장 전체관찰

화원부 전체를 한눈에 관찰할 수 있는 높은 곳이나 건물에 높은 곳에 올라가 배부에서 볼 수 없는 지붕이나 천공부분 등의 소훼상태, 불의흐름, 주변의 화염 유입가능부의나 불티의 발생가능 장소 등에 대하여 관찰, 전체적으로 심하게 탄 곳이 몇 개소인가 확인한다.

나. 불의 탄 V패턴

불길의 성장과정 차이에 따라 흔히 발화부위에서는 'V'자 형태의 연소 패턴이 식별된다.

다. 주염흔(走焰痕), 주연흔(走煙痕)

화재초기 산소가 충분하여 완전연소에 가깝게 연소된 곳은 흰색으로 변이되는 주염흔이 관찰되고, 화재가 진행되면서 산소가 부족하여 불안전 연소된 곳은 그을음 등이 부족하여 검은색으로 식별되는 주연흔이 관찰된다.

라. 출입문의 연소형상

출입의 연소형상으로 구역내 화재의 진행순서를 추정할수 있다.

같은 구획내 출입문이 위치한 벽면 내·외부의 수열흔 및 그을음 부착상태가 다른 형상을 가진다.

마. 목재의 탄화심도 및 균열흔

기둥, 보 등의 목재가 연소하면서 나타나는 형상으로 균열흔이 세밀한 방향, 탄화심도가 깊게 형성된 방향의 발화부를 추적해 간다.

바. 콘크리트의 박리흔(剝離痕)

콘크리트가 화염을 받게 되면 콘크리트 내에 품고 있는 수분을 잃게 되어 응집력을 상실하면서 벽면 등에서 이탈하는 현상으로 발화부나, 맹렬한 화염 접촉부위, 개구부를 통한 화염의 출구부분 등에 많이 나타난다.

사. 알루미늄 용융 및 철재의 만곡

알루미늄(창문틀)은 500~600도 용융되며, 이때 용융의 방향으로 발화부를 추적해 갈 수 있으며, 철재의 경우 오랜 시간 동안 열을 받게 된 경우 다른 곳에 비하여 붉게 나타는 경향이 있고, 화염에 노출되는 부분에서 중력방향으로 만곡 되거나, 하중이 없는 철일 경우 열을 받는 부분이 늘어나면서 반대방향으로 넘어진다.

아. 물건의 쓰러진 및 소락

탄화 잔해 및 지붕채의 소락은 불에 의해 약해진 골조가 붕괴되면서 형성하므로 부의가 발화부일 가능이 높고, 발화부 방향으로 물건 등이 쓰러지는 경향이 있다.

제3 장
지능범죄 수사

제 1 절 보험범죄 수사

1 보험범죄의 개념

보험범죄란 "보험가입자 또는 제3자가 받을 수 없는 보험급부를 대가없이 받거나, 부당하게 낮은 보험료를 지불하거나 또는 부당하게 높은 보험 급부의 지급을 요구할 목적을 가지고 고의적으로 행동하는 일체의 불법행위"를 말한다. 보험범죄의 개념에 대하여는 학자에 따라 다소의 차이는 있으나 보험금을 부당하게 수취하는 모든 행위로 요약되고 있다.

보험사기란 보험의 사기적 측면에 초점을 둔 용어로 보험회사를 상대로 하여 사기적 방법에 의해 보험을 청구하는 것을 말한다(조해균, 1990: 35).

2 보험범죄의 특징

1) 저위험 · 고소득(Low risk-High)

일반인이면 한번쯤 보험사기의 유혹에 빠지기 때문에 강력한 처벌에 대해 부정적이고, 보험사는 영업중심의 정책마인드 때문에 조용하게 처리되기를 원하는 풍토하에서 저위험·고소득의 특징이 기인한다.

2) 협의입증의 난해성

보험사기가 성립하기 위해서는 고의에 의해 재산적 이득을 얻었음을 입증하여야 하는데 현실적으로 중대한 과실과 고의를 구분하기가 쉽지 않으며, 각 보험사 등의 이기주의, 상해진단의 주관성, 전문수사 인력의 부재, 신고율 저하, 신고자 보상 및 보호체제의 미미함도 협의입증을 어렵게 하는 요인으로 작용한다.

3) 생계형 범죄의 공존

보험사기는 지능적 범죄로서 악의적이고 교묘한 수법, 공동범행 등 조직적이고 치밀한 형태와 함께 우발적이고 단독범이며 생계유지를 목적으로 하는 행태도 공존한다.

4) 보상성 심리와 동조의식 존재

보험사기는 위장보험이라는 무형의 서비스에 대한 불만과 소멸성 보험료에 대한 보상심리가 내재되어 있으며 대기업인 보험사를 대상으로 하기 때문에 죄의식을 약화시키고 모방과 동조의식이 존재한다.

5) 사기폐해의 간접성, 광범위성

보험사기는 외견상 보험사에 직접적인 피해를 주는 것 같지만 내부적으로는 보험료 인상 요인이 되므로 결국 피해주체의 전이, 즉 피해당사자가 현재의 보험계약자가 아닌 미래의 계약자로 전이된다.

6) 범죄의 복잡성, 다양성

다른 범죄의 결과로서 보험사기가 이용되기도 하지만 보험사기를 위해 다른 범죄를 저지르기도 하는 등 복합적인 성격을 띠고 있으며 범죄의 형태도 정형화되지 않고 다양성을 띄고 있다.

7) 내부종사자의 공모

보험사기는 보상내용을 이해하기 어려운 보험상품의 특성상 보험사의 생리와 보상절차에 대하여 밝은 모집종사자 등 내부적인 개입이 두드러진다. 또한 각 보험사의 인력구조조정은 직원들의 조직 충성도를 약화시켜 범죄유혹에 빠지게 하는 주요 원인이 되기도 한다.

3 보험사기 유형

1) 교통사고 관련 보험사기

교통사고를 이용한 보험범죄는 유형별 적발건수로 보아 전체 보험범죄의 약 80% 정도를 차지하고 있는데 이는 자동차의 보급이 일반화되어 있고 책임보험이 강제화되면서 불특정 자동차를 대상으로 보험범죄를 획책하여도 범행 성공 여부와는 관계없이 일단 보험금에 접근하려는 목적 달성이 가능하기 때문에 빚어지는 필연적인 현상이라고 볼 수 있다. 교통사고 관련 보험사기의 유형에는 위장사고, 고의사고, 단독사고, 보행자 사고, 운전자 바꿔치기, 피해자 끼워넣기, 허위 신고 등이 있다.

2) 병 · 의원 관련 보험사기

보험관련 병 · 의원 비리라 함은 보험급여와 관계된 병원의 각종 위법행위 일체를 말한다. 최근의 병원비리는 IMF사태 이후 급증하고 있으며 오직 병원의 수익에만 급급한 많은 의사들과 보상금액 협의과정을 유리하게 하려는 환자들과 경제적 이해가 동일목적으로 결탁되어 아무런 죄의식없이 불필요한 입원과 허위 청구가 만연되고 있는 실정이다. 이 유형에는 허위입원, 허위치료 및 처치, 허위진단서 발급, 과잉진료, 리베이트 수수, 인가 병상수 초과, 병원 관리 부실, 보상과정 개입 등이 있다.

3) 살인, 방화 등 일반범죄 관련 보험사기

보험금을 노린 살인의 경우에는 당해 보험금의 수익자가 통상 친 · 인척 등 신분상 관계가 있는 자이므로 동 범행에서 금전적 이익을 취할 수 있는 자를 중심으로 수사하여야 한다. 특히 보험금 편취 목적으로 중대범죄인 살인을 하는 경우에는 반드시 그에 상응한 대가를 취득하여야 할 당위성을 지니므로 범인은 대체적으로 2개 이상 다수의 보험에 가입한 경우가 많으며 이때의 보험료는 자신의 수입에 비하여 과도한 경우가 많다. 또한 교통사고를 가장한 살인인 경우 통상 초동수사를 하는 교통사고조사 전담 경찰관들은 운전자 또는 보행자의 과실로 처리하는 경향이 있어 사망원인을 간과하는 경우가 발생한다. 따라서 교통사고와 관련된 사안이라 하더라도 사망사건인 경우 반드시 사망자 명의의 보험가입 내역을 확인하고 조금이라도 불분명할 시에는 즉시 내부 및 검사에게 보고하고 부검을 실시하도록 하여 살인이 단순 교통사고로 종결되는 일이 없도록 하여야 한다.

4) 기 타

자해 등 신체상해 관련 보험사기, 자살 · 선박 또는 재물 보험사기, 차량 등 도난 관련 보험사기 등이 있다.

제 2 절 선거사범 수사

1 선거사범의 특징

1) 조직적 · 집단적 형태

특정 후보자의 당선을 목적으로 한 선거운동이 일반적이고 대다수가 정당 · 후원회 · 지원단체 · 학연 · 지연 · 혈연 등 개인간의 특수한 관계 및 조직을 활용하여 조직적 · 집단적으로 행하여진다.

2) 죄의식의 희박

선거가 임박한 시기부터 선거기간에 걸쳐 집중적으로 발생하며 다른 범죄에 비하여 죄의식이 희박하다.

2 선거사범 수사시 유의사항

1) 신속 · 엄정한 사법처리

선거사범은 단기 공소시효가 적용되므로, 신속히 수사를 진행하여야 한다.

선거일 후 6개월이 경과하면 공소시효 완성(원칙), 범인 도피시는 3년 경과 후 완성

2) 적법절차 준수, 신중한 처리

첩보수집 · 수사 및 송치에 이르기까지 당사자 및 정당간 실질적 형평이 유지되도록 적법절차를 유지하며 신중하게 처리한다.

3) 배후 근원자에 대한 추적수사

선거사범은 조직 또는 정당기구 등을 통하여 조직적으로 전개되는 것이 일반적이므로 외부로 드러난 개개의 위반행위에 대한 수사처리만으로는 소기의 성과를 기대하기 어렵다. 그러므로 조직적 범죄임이 추정될 경우 그 배후와 궁극적인 책임자에 대해 철저히 추적수사하여 단속효과를 높이도록 한다.

4) 명확한 처벌 법규적용

공직선거법의 특성상 피의자의 선거법상 신분, 범죄의 목적 등에 따라 하나의 위반행위에 대해 여러 가지 조항 적용이 가능하다. 그러므로 범죄자의 선거법상 신분 확인 및 범죄의 의도, 위반내용 등을 충분히 파악하여 가정 적절한 법조 및 경합범을 적용하도록 한다.

3 사이버공간에서의 선거사범

1) 사이버공간에서의 선거운동 유형

(1) 인터넷홈페이지 게시판 등을 이용한 선거운동.

(2) 인터넷, pc통신의 대화방・토론실 등 참여에 의한 선거운동.

(3) 여론조사 형태.

(4) 전자우편 이용.

2) 중점단속 대상

(1) 인터넷・pc통신상의 게시판 등에 상대후보 등에 대한 흑색선전 및 비방하는 글 게시행위.

(2) 선거운동을 할 수 없는 자가 인터넷 등을 이용하여 선거운동을 하는 행위.

(3) 선거운동 기간이 아닌 때에 인터넷 등을 이용하여 선거운동에 해당하는 행위를 하는 경우.

〈단속사례〉

* 모정당 국회의원은 98.6.4. 지방선거시 광역시 후보 ○○○를 지지하는 유세를 하면서 "○○○ 사람이 시장이 되어서 어떻게 하겠다는 말이냐" 등의 지역감정 조장 발언을 한 혐의로 1심에서 유죄판결.
* 99.12.23. 인터넷상에 개인홈페이지를 설치하여 의원회관에서 도박을 한 국회의원 13명의 사진을 게재한 정○○를 불구속(종로서).
* 2000.1.16. ○○군청에서 운영하는 홈페이지 열린마당 게시판에 "○○○쪽으로 가면 공사잡부가 모자라 ○○○도 사람을 스카웃 해가고 필요치 않은 비행장을 건립다"는 등 지역감정 문구 및 우리 함께 힘을 모아 거창을 위하고 나라를 위하는 마음으로 팔이 빠지도록 ○○○를 밀어드립시다"라는 내용을 게시한 피의자 불구속.

제 3 절 신용카드사범 수사

1 개념 및 특성

1) 개 념

신용카드 범죄에 대한 명확한 정의가 없어 신용카드 거래과정에서 발생하는 부정행위만을 신용카드범죄라고 하는 견해도 있으나, 신용카드를 범죄의 수단 또는 그 목적으로 하거나 신용카드 거래제도를 이용해 이루어지는 모든 범죄를 신용카드 범죄라고 보는 것이 바람직하다.

2) 신용카드 범죄의 특성

(1) 범행의 신속성 · 집중성: 신용카드를 절취, 습득, 위조한 자의 부정사용 등 범행은 카드회원, 카드회사, 가맹점이 사고사실을 인지하여 사고통지가 이루어지기 이전 최단시간내에 범행이 신속하게 집중적으로 이루어져 착수 후 완료까지 불과 몇 분에서 길게는 하루 이내의 시간이 소요되는 것이 보통이며, 사용건수도 수십 회에 걸쳐 반복 · 대량으로 발생하므로 피해금액도 고액화 되는 경향을 보이고 있다.

(2) 범행의 조직성 · 전문성: 카드깡의 경우 불법사채업자를 중심으로 가맹점과 공모 또는 위장가맹점을 설립하고, 이용자 유인, 카드정보 중개, 허위매출 발생 위장 가맹점 운영 등 조직체계를 구비하고 있고, 위조범죄의 경우에도 신용카드정보 취득 및 위조자재 수집책, 복제기를 이용한 신용카드 위조책, 위조카드 사용책 등으로 분화되는 등 조직화 · 전문화 추세에 있다.

(3) 범행의 광역성 · 국제성: 신용카드범죄는 가맹점이 있는 곳이면 어디든 범행이 가능하므로 국외에서 범행이 이루어지는 경우도 많고, 일정지역에서 반복 범행시 검거될 확률이 높으므로 지역을 이동하며 범행을 하고 있다. 또한 외국에서 위조한 신용카드를 가지고 입국하여 고가의 물품을 구입하는 수법도 자주 발생한다.

2 신용카드 범죄 유형

1) 신용카드 위 · 변조

불법적으로 입수한 타인의 신용정보를 플라스틱판에 Embossing하여 불법사용, 불법적으로 입수한 타인카드(카드담보대출 등으로 입수)의 Magnetic Strips에 또 다른 회원의 정보를 재입력하여 불법사용 정상회원의 카드 뒷면 자기기록(M/S)을 복제기로 무단복제하여 공카드에 엔코팅하여 M/S위조카드 제조 타인명의 가맹점을 양수한 후 프린트 내장형 단말기를 통하여 매출행사, 공란 플라스틱 카드판의 M/S에 사용 가능한 카드번호 등 회원정보 사항을 입수입력, 가맹점 명의를 빌려 프린트 부착형 단말기를 이용하여 매출전표를 작성하는 방법 등이 이용된다.

2) 매출전표 위조(일명 '짜집기, 엠보싱')

타인의 신용카드 정보를 알아낸 후 사용치 못하는 카드의 번호를 잘라내어 이를 퍼즐형태로 조합한 후 매출전표를 위조하거나(짜집기) 카드번호를 프라스틱에 찍어낸 후(엠보싱) 매출전표를 위조하여 허위의 가맹점을 개설한 후 위조한 매출전표를 카드사에 접수시켜 가맹점 명의의 통장으로 대금을 입금받아 편취하는 수법이다. 사용치 못하는 여러 장의 신용카드를 정교한 칼로 오려내 퍼즐형태로 새로이 카드를 제작하여 수동전표에 의한 매출전표 위조도 있다.

3) 신용카드 M/S(Magnetic Stripe) 위조

M/S란 Magnetic Strips의 약자로 신용카드 뒷면의 검은 자성 테이프를 말한다. 여기에는 회원의 성명, 계좌번호, 비밀번호 등의 각종 정보가 기록되어 있다. M/S란 금융거래의 안정성은 있으나 그 보안에 있어서는 취약하여 장비만으로도 이 마그네틱에 저장되어 있는 정보를 읽거나 입력할 수 있다. 이런 점을 이용한 타인의 정보값을 읽어 다른 카드의 마그네틱에 복사해 넣거나 원하는 숫자나 영문명을 입력하는 등의 수법이 국내 카드 위 · 변조의 주종을 이루고 있다.

제 4 절　비제도금융의 불법행위 수사

1 대부업 등의 등록 및 금융이용자 보호에 관한 법률(대부업법)

대부업이란 금전의 대부(어음할인 · 양도담보, 그 밖에 이와 유사한 방법을 통한 금전의 교부를 포함한다) 또는 그 중개를 업으로 하거나 등록대부업자 및 여신금융기관으로부터 대부계약에 따른 채권을 양도받아 이를 추심하는 것을 업으로 하는 것을 말한다.

2 수사 착안사항

1) 무등록대부업

명함광고(속칭 찌라시), 생활정보지, 인터넷 등 광고매체를 수거하여 대부광고를 하는 업체를 파악하는 것이 가장 용이하고, 부등록대부업의 경우 대부분 이자율 제한을 위반하고 있다는 점에 유의해야 한다(대부업자가 개인 또는 소규모법인에 대부를 하는 경우 그 이자율은 연 39%를 초과할 수 없다).

2) 불법채권추심행위

보통 대부업자는 핸드폰 등 전화를 이용해 협박 등 불법채권추심행위를 하므로 채무자가 전화녹음 등 증거를 확보하기가 쉽지 않다. 또한 채무자와 연락이 가능함에도 채무와 관련이 없는 친·인척 등 제3자에게 계속 전화하여 허위사실을 알리거나 변제를 독촉하는 경우가 많다.

3) 대출 중개수수료 선입금 요구(대출사기)

대출사기업체는 실제 대출을 해 주지 않고 회원가입비, 대출수수료, 보증보험수수료 등의 명목으로 대출이 실행되기 이전에 돈을 입금하라고 요구하기 때문에 우선 입금 계좌번호에 대한 금융거래정보를 파악한다.

4) 금융회사 대출·알선중개시 수수료 징수

상호저축은행에서 대출모집인들이 다단계로 대출중개를 하는 경우 하위 대출모집인이나 대출모집업체의 직원이 채무자로부터 수수료를 따로 받는 경우가 있다. 이때, 상호저축은행에서 해당 채무자의 대출을 중개한 최상위 대출모집인을 통하여 하위 모집인의 수수료 수취 여부를 조사한다.

제 5 절 어음·수표범죄의 수사

1 어음 · 수표의 의의

약속어음은 발행인이 자신이 증권에 기재한 특정인(수취인) 또는 그가 지시하는 자에게 일정한 날에 일정 금액을 지급할 것을 약속하는 증권이다. 약속어음은 보통 기존의 확정채무를 이행하고자 하나 자금이 없으므로 신용을 창출하는 수단으로 발행한다. 따라서 만기는 거의 발행일로부터 상당 기간 이후로 정해진다. 수표는 발행인이 증권에 기재한 수취인 또는 그 이후의 취득자에게 일정한 금액을 지급할 것을 제3자, 즉 지급인에게 위탁하는 증권이다. 수표도 지급위탁증권이라는 점에서 환어음과 성질을 같이한다. 그러나 수표는 일람출급증권(언제든지 제시하면 지급되어야 하는 증권)이므로 환어음과 달리 만기라는 개념이 없다는 점에서 차이가 있다.

2 어음 · 수표이용의 범죄 유형

1) 부도어음 이용 사기

사기회사가 상품을 사들일 때에 처음에는 현금 또는 단기의 어음으로써 확실히 결제하고 점차 어음기간을 연장함과 동시에 거래금액을 높이고 최후에 그러한 어음들을 모두 부도로 하여 다액의 상품을 편취하는 수법이다.

2) 융통어음 이용의 사기

융통어음은 사업어음에 비하여 부도가 날 위험성이 많다. 처음부터 부도를 낼 의사로서 기승어음을 발행하고 그 정을 알지 못하는 제3자를 속여 어음할인이라는 명목으로 현금화하거나 또는 상품매입대금의 지급에 충당한 경우에는 사기죄 성립,

3) 사용료 어음(매어음) 이용의 사기

사용료 어음은 일종의 융통어음으로 어음부로커 또는 금융부로커사이에서 어음이 1매에 얼마인가, 액면이 몇 푼인가로서 매매되어 어음할인 또는 편취 사기의 수단 등에 사용되며, 사용료 어음은 며칠 후에는 반드시 부도가 나서 어음의 최종 소지인에게 피해를 준다.

4) 딱지어음 이용 사기

부도날짜를 미리 정해놓고 금액란을 백지로 하고 어음지급일자나 수표발행 일자는 예정된 부도날짜 이후로 작성 발행하여 시중에 유통시키는 어음이나 수표를 말하며, 일반적으로 자금책이 자금을 지원하고 개인을 '바지'(명의를 빌려주는 사람)로 세워서 주식회사를 위장 설립하거나 대리점 등을 개점, 사업자 등록을 하게 하고 그 명의로 은행에 당좌구좌를 개설하여 어음과 수표 용지를 교부받아 딱지로 이용하는 방법이다.

제 4 장
마약류 수사

제 1 절 마약류의 개념

마약(drug)[1]이란 모르핀, 코카인, 아편 등과 그 유도체로서 미량으로 강력한 진통작용과 마취작용을 지니며 계속 사용하면 습관성과 탐닉성이 생기는 물질로서 사용을 중단하면 격렬한 금단증세를 일으켜 마약을 사용하지 않고는 정상적인 생활을 할 수 없게 되는 물질이다. 이런 물질이 의료 및 연구 이외의 목적에 남용되는 위험을 방지하기 위하여 규정한 법률상 용어가 마약이다.[2] 즉, '약물 남용과 중독(drug abuse and poisoning)', '약물문제(drug problem)' 등의 용어에서 'drug'은 사회적으로 마약류를 포함한 향정신성의약품, 흡입제, 술, 담배 등을 '약물 또는 마약류'라는 의

---

1) 'drug'과 'narcotic'은 '마약'을 뜻하지만, 'drug'은 마약류와 일반 의약품을 포괄하여 "약물 또는 약품"을 의미하고, 우리나라뿐만 아니라 공통적으로 '마약류'라는 의미로 사용하고 있다. 'narcotic'(마약)은 그리스어의 무감각을 뜻하는 'narkotikos'에서 유래하여 마취, 진통, 환각을 일으키는 아편 추출물을 의미하는 협의의 '마약'을 의미한다. 아편(Opium), 코카인(Cocaine), 대마(Marijuana) 등 천연마약과 메스암페타민, 엑스터시 등과 같은 향정신성물질(psychotropic agents) 및 술, 담배, 본드, 부탄가스, 신나 등, 화학적 성질에 의해 생명체의 구조나 기능에 특이한 영향을 미치는 일체의 물질(substance)을 'drug'(마약류 및 약물)의 개념으로 사용하고 있다.

2) 마약이란 용어는 의존성이 있으면서 오·남용되는 물질로 특별한 구분없이 마약, 대마, 향정신성의약품을 총괄하는 의미로도 사용되었으며, 「마약류관리에관한법률」(2000. 1.12. 법률 제6146호)에 마약류의 개념을 명확히 규정하였다.

미로 사용되고 있어 동일한 의미로 사용한다.

우리나라 「마약류중독자 치료보호규정」 제2조 제2호에는 마약류 중독자란 '마약류를 남용하여 마약류에 신체적·정신적으로 의존 상태에 있는 사람'이라고 설명하였다. 「사회보호법」 제8조 제1항 제2호에는 '마약, 향정신성의약품, 대마 기타 남용되거나 해독작용을 일으킬 우려가 있는 물질을 섭취, 흡입, 흡연 또는 주입받는 습벽이 있거나 그에 중독된 사람'으로 규정하였다. 마약류 사용으로 인한 중독현상을 일으키는 용어를 아래와 같이 구분하고 있다.

의약품을 정상적인 의약용으로 적절히 사용하는 것을 사용(Use)이라고 하며, 남용(Abuse)은 의학적·사회 일반적 관습을 벗어나 정신·육체적으로 흥분이나 쾌락 등의 반응을 얻기 위해 사용하는 행위를 말한다. 반대로 오용 (Misuse)이란 '약물을 의학적인 목적으로 사용하지만 임의로 사용하거나 의사 및 약사의 처방대로 사용하지 않는 것'을 말하며, 의료용으로 사용하는 점에서 남용(Abuse)과 구별된다.

의존(dependence)은 마약류 사용을 계속하여 주기적으로 사용하여 정신적·육체적 변화로 인해 중단하거나 조절이 어렵게 상태를 말한다. 중독(toxication)이란 '특정 물질'을 사용하면 만족감을 얻기 때문에 지속적으로 반복하고, 사용을 중단하면 금단 증상으로 심리적·육체적으로 의존하는 현상'이다. 도취약물뿐만 아니라, 물질의 섭취 또는 일중독, 놀이중독 등 인간의 활동이나 태도 일체가 중독의 대상이 될 수 있다.

내성(Drug Tolerance)은 '약물을 계속 복용할 경우 인체 내에 저항력이 생겨 동일한 효과를 위해서는 복용량을 점차 증가하는 것'을 말한다. 금단증상(Withdrawal Symptom)은 '중독자가 복용하던 마약류를 중단하게 되면 육체적으로 견디기 힘든 특이한 현상'을 말한다.

제 2 절 마약류의 종류와 남용 원인

1 마약류의 종류

구분	종류	약리학적 분류	의학적 용도	중독성 (육체적 의존)	습관성 (정신적 의존)
마약	아편, 헤로인, 모르핀, 코데인, 메사돈, 데메롤	중추신경 억제제	진통제 진해제 진정제	있음	있음
	코카인	중추신경 흥분제	국소 마취제	없음	없음
환각제	LSD, DMT, DET, STP, LBJ, XTACY, 메스카린, 펜실리딘	중추신경 흥분제/그리고 또는 억제제	없음	없음	있음
	대마(마리화나) 해쉬쉬	중추신경 흥분제/억제제	없음	없음	있음
흥분제 (각성제)	암페타민(필로폰), 벤지드린, 덱스드린, 메테드린	중추신경 흥분제	기면증 비만증	있음	있음
억제제 (진정제, 수면제)	바비탈류, 페노바비탈 아미탈, 세코날, 넴부탈	중추신경 억제제	진정제 항경련제 수면제	있음	있음
신경 안정제	디아제팜(바리움) 클로로디아제폭사이드 (리브리움), 로라제팜(아티반)	중추신경 억제제	안정제 근육이완제 수면제	있음	있음
흡입제 (본드, 가스)	톨루엔, 헥산, 아세톤 개솔린, 신나	중추신경 억제제	없음	있음	있음
술	포도주, 맥주, 위스키	중추신경 억제제	진정제 혈관확장제 수면제	있음	있음

담배	Cigarette, Cigars 파이프담배, 씹는 담배, 코담배	중추신경 억제제	없음	있음	있음

2 마약류 남용의 원인

1) 생물학적 요소

생물학적 요소는 인간의 육체는 물질로 구성되어 특정한 물질이 신체적 조건과 부합되어 쉽게 적응하는 경향이 있다. 어떤 물질이 육체적·정신적으로 긍정적이면서 쾌감을 준 감정이 유전적 또는 신경학적 요소의 영향을 받아 쉽게 이입되어 동일한 감정을 느낀다. 알코올의 경우 유전적 요소가 적극적으로 작용하고 있음이 확인되었다. 신경학적 요소에서 마약류 사용자의 뇌에 전달되는 긍정적이고 쾌감을 느끼는 신경물질인 도파민의 만족도는 마약류 종류와 분량, 빈도와 개인의 뇌 신경물질 특성에 따라 다르게 작용한다.

2) 심리적 요소

마약류 사용은 개인의 충족되지 않은 여러 가지 정신적 욕구에 대응한 행위이다. 정신적 불안감이나 우울에서 탈출하고 욕구의 대리만족을 추구는 수단으로 마약류를 사용한다. 대인관계의 불안감을 해소하고 자신에 대한 특별대우 및 반항과 소외로 부터 벗어나고, 집단 내의 동질감 확인을 위해서 사용하기도 한다.

“미국의 법집행에 대한 대통령 자문위원회(the President's Commission on Enforcement and Administration of Justice)의 보고서에 의하면, 엄마와 살고 있는 15~16세 사이의 비행자나 마약류 남용자에 대해 사회학자들은 여성 중심적(female-centered)이라 부른다. 이들은 성인남자에 대해 자신과 일체감을 형성할 만큼 잘 알지 못하고, 적절한 교육마저 받지 못할 경우에 성취욕구의 부족, 자기비하 등의 경향이 나타난다고 한다(전보경, 2009: 92).”[3]

3) 미국정부의 마약류남용위원회(National Commission on Marijuana and Drug Abuse)는 마약류 남용 사회적·문화적 배경으로 경제성장에 따른 물질적 풍요, 시간적인 여유의 증가, 빈부 격차로 인한 소외된 계층의 존재, 청소년들에 대한 설득력 있는 생활지침 및 인생 목표의 부존재 등을 지적하

인터넷이나 자극적인 주변의 문화에 동화하거나 정상적인 사회활동에서 벗어나려는 욕구의 표현으로 마약류를 사용하기도 한다. 이와 같이 호기심, 주변 환경, 동료의 권유, 성격 등을 이유로 접하게 된 약물이 내성이 생겨서 더 강력한 약물을 접하게 되는 악순환을 반복하면서 중독자로 변신한다.

3) 사회적 요소

마약류 남용은 개인과 주변 환경, 성격, 기존 마약류 사용자와 연결 등 복합적인 변수의 영향을 받는 사회적 행위이다. 주변의 역할모델의 마약류 사용 여부 및 사용 또래집단과 성인과의 교제, 부정적인 것보다 긍정적인 감정의 이입이 더 강하고 사용에 대한 긍정적인 정의를 하는 또래집단의 영향력으로 발생한다. 가족 1인의 마약류 남용은 가정과 가족 전체에게 심각한 피해를 주고, 동료의 압력과 집단 내의 마약류 사용에 대한 긍정적인 분위기는 죄의식을 약화시키고 쉽게 마약류에 접한다. 이 외에도 사회적 현상으로 발생하는 마약류 남용 원인을 아래와 같이 정리할 수 있다.

개인적 요인으로서는 행복추구권과 연관하여 '타인에게 피해를 주지 않고 개인의 심적 행복추구 행위, 알코올 사용자보다 문제성이 없다'는 인식을 가진 도덕적 해이도 한 원인이 될 수 있다. 그러나, 개인의 마약류 사용으로 인하여 중독현상이 심해져서 마약류 구입을 위해 살인, 강도, 절도 등 범죄를 저지르거나, 마약류 공급, 밀매 등 조직범죄와 연결되어 사회적 불안 요인으로 변하게 된다. 사용 원인은 호기심, 동료와 환경적 상황 등 많은 주변의 영향으로 무의식중에 접하는 경우가 많다. 연령적으로는 10대 청소년은 본드, 부탄가스, 담배, 술 등을 매개로 하여 처음에는 값싼 물질에서 다른 물질로 옮겨 가면서 저항없이 마약류와 접하여 남용자로 변신한다.

경제적 요인은 경제적 이론과 가장 가까운 마약류 확산 원인으로 조직범죄와의 관련 등을 들 수 있다. 비록 고 위험을 부담하지만 가장 적은 비용으로 단시간에 수십 배의 차익을 남기는 마약류의 생산, 밀매, 유통은 매력적인 경제적인 이익을 창출하고, 유통 과정 중 어디서나 분산하여 판매가 가능하여 고수익이 가능하다. 전통적으로 우리나라 조직범죄집단은 지역의 유흥업소나 상권의 이권개입을 주로 하고 직접적인 마약의 대량 유통 등에 대규모 개입사례가 적었으나, 조선족이나 동남

였다.

아 지역인을 중심으로 하는 결혼이나 취업 등 이주민의 증가가 더불어 외국의 범죄 조직이 침투하여 언제든지 대규모 개입사례가 발생할 수 있다.

과거 전통적인 마약인 아편, 코카인, 대마 등과는 달리 메스암페타민(필로폰), 야바(YABA),[4] 엑스터시(MDMA), 해시시 등과 같은 생산도 용이하고 운반도 편리한 순수 합성 마약은 가격이 저렴하고 지속 효과도 높아 조직범죄 단체에서 가장 많이 공급되고 있다.

조직범죄 집단이 관련된 마약류 범죄는 2010년 37개 파 51명으로 사용사범 17명에 비해 밀수 7명, 밀매 19명으로 공급사범의 비율이 전년에 비해 증가하였다.[5] 체계적인 명령·지휘계통과 조직원을 가진 폭력조직이 개입하면 마약류가 급속히 확산될 수 있고, 국제범죄조직과 연계되어 거대 범죄조직으로 확대될 가능성도 있다. 2010년 4월 신림동 이글스파 중국에서 메스암페타민 46,58g 밀수, 2010년 4월 중국 흑사회에서 메스암페타민 900g 밀수 사례도 있다.[6]

문화적 요인으로는 1960~70년대 주한미군을 통하여 유행한 대마초 흡연은 일종의 반항의 표시, 히피(hippy)문화의 유행 등 문화적인 의미로 대학생과 연예인을 중심으로 크게 유행하였다. 검찰은 1975년 이후부터 대마초 흡연 단속을 시작하면서 연예인들을 공개하거나 방송출연을 금지하기도 하였다. 특정 마약류를 사용하는 집단을 역할모델로 인식하고 동질감을 느끼는 하위문화이론(Sub-culture Theory)[7]으로 설명하기도 한다.

당시 대마초 흡연이 유행한 가장 큰 이유는, 우리나라는 오랫동안 삼베의 원료인 대마를 재배하여 손쉽게 구할 수 있고 흡연을 위한 제조나 특별한 기구가 필요 없으며, 도취감과 환각을 느끼는 흡연효과가 있기 때문이었다.

2000년 7월 시행한 '의약분업정책' 이전에는 의사의 처방없이 자가진단으로 손쉽게 사용한 약물 오남용이 마약류 남용으로 이어진 문화적 요인으로 지적할 수 있다.

인터넷과 친숙한 청소년들을 중심으로 급속히 전파되고 있는 '아이도저(I-Doser)'

---

4) 필로폰에 카페인을 첨가한 정제형 합성마약으로 약마(藥馬)란 뜻으로 말처럼 힘이 세어진다고 함.
5) 대검찰청(2010), 『마약류범죄백서』, p.149.
6) 대검찰청(2010), 『마약류범죄백서』, p.154.
7) 대표적인 학자는 Walter Mille는 하류층만의 고유의 문화를 가지고 있고, 그 문화는 다음 세대로 전이된다고 하였다. 하류층의 주요 문화적인 기준은 문제성, 강인함, 교활함, 흥미위주, 운명론, 방탕과 방황 등을 지적하였다.

로 불리는 사이버 마약은 중독성을 가진 마약의 개념보다는 인터넷 문화로 거부감 없이 접하고 있는 대표적인 문화적 현상이다. 히피족, 레게음악 등과 같이 20대를 중심으로 유행하였던 1970년대의 대마초, 흡연, 파티약으로 알려진 X-tacy 등의 유행도 문화적 원인이 될 수 있다.

환경적 요인으로는 마약류 남용자들의 주변에는 마약류와 관련된 친구, 애인, 가족, 친지 들 중 투약자, 소지자 등으로 부터 직·간접적으로 사용을 권유받아 무의식 중에 반복 사용하여 중독이 되는 경우가 많다. 또 청소년기에 본드, 신나 등 유해물질이나 담배, 술 등을 사용한 경험자가 이를 시작약물(Gate drug)로 접하여 마약류와 더 빨리 친숙해지는 사회학습이론(Social Learning theory)과 연결된다.

우리나라의 지리적 특성이나 국민성을 이용하여 여행객들에게 가방을 전해달라는 간단한 심부름이 본의가 아닌 마약사범으로 체포되어 외국의 교도소에 수감된 사례도 있다.[8] 마약 청정지역인 우리나라는 마약세탁을 위한 경유지역(transit point)으로 이용[9]하거나 마약사용을 금기시하는 특성을 이용하는 범죄지역으로 이용되기도 한다.

특히 산업인력으로 집단거주하는 동남아인을 중심으로 타국의 외로움과 힘든 노동을 이겨내는 수단으로 자국에서 쉽게 접하던 마약류와 가까워질 수 있고, 이를 공급하는 범죄조직이 접근하기도 한다. 예로서 야바(YABA)는 태국에서는 일상적으로 사용하지만 국내에서는 단속대상이다. 또 1990년대 이후 미국을 중심으로 출국하였던 조기 유학생들이 성인이 되어 유학지에서 죄의식 없이 사용한 마리화나 등이 문제가 되기도 한다.

---

8) 연합뉴스(2008. 9.23) '프랭크 마약운반' 한국인 11명 추가연루 정황.
9) 아시아투데이(2009.12.14.) 검찰, 40억원대 국제마약 밀매조직 적발: 대만화교 왕모·박모는 태국일대에서 생산된 헤로인 4.94kg은 운반책을 고용하여 한국을 경유하여 대만으로 직접 배달하는 등 마약 유통.

제3절 마약류사범 수사와 함정수사

1 마약류 수사

마약수사는 범죄의 특성상 함정수사의 기법을 사용하는 경우가 많다. 함정수사라 함은 일반적으로 수사관이 일반 사인을 가장하거나 정보원을 이용하여 상대방이 범죄를 실행하도록 하고, 범죄를 실행하는 순간 검거하는 수사방법이다. 즉, 수사기관이 정보원 甲을 미끼로 하여 매도인 乙로부터 필로폰을 매수하도록 하여 乙이 甲에게 매도할 때 체포하는 것이 후자의 예이고, 수사관이 스스로 중독자임을 가장하여 乙에게 접촉하여 필로폰을 매도하도록 요구하여 이를 내어놓을 때 체포하는 것이 전자의 예이다.

2 범인의 처벌과 수사관의 책임

판례는 함정수사 이전에 이미 범의가 있는 자를 함정수사한 경우에 범죄를 실행한 자를 처벌한 판결이 있으나 유죄의 인정은 구체적인 사안에 따라 결정해야 할 것이므로 어떠한 한도에서 함정수사의 방법을 이용할 수 있는가에 대하여는 구체적 사안과 사회통념에 따라 합리적으로 결정해야 할 것이며, 필로폰사범이라고 믿을 만한 합리적 근거가 있는 자에 대하여 그 자유의지를 강제하지 않을 정도의 수단을 써야 할 것이다. 또한 범인의 자유의사에 따른 고의를 갖고 실행행위를 한 경우 함정수사를 한 수사관은 처벌할 수 없다는 것이 통설이다.

3 대법원의 입장

대체로 미국의 판례와 비슷한 입장으로서 주관적 기준설에 따라 함정수사에 의하여 피고인의 범의가 비로소 야기된 것이거나 함정수사에 의하여 범행이 비로소 이루어진 것이 아니라면 그 범행을 처벌할 수 있다는 태도이다(이윤 외, 2012: 559).

제 5 장
사이버범죄 수사

제 1 절 사이버범죄의 개념

1 사이버범죄의 정의

사이버범죄(cybercrime)란 일반적으로 인터넷과 같은 정보통신망으로 연결된 컴퓨터시스템이나 이들을 매개로 형성되는 사이버공간(cyberspace)을 중심으로 발생하는 범죄행위를 총칭하는 표현으로 사용된다. 사이버범죄의 개념 정의는 학자간에 일치하지는 않는데 용어적으로 보면 학교폭력, 가정폭력, 지하철범죄와 같이 범죄가 행해지는 장소를 부각시킬 목적으로 가상의 사이버공간을 장소화하여 호칭하는 것이라고 할 수 있다.

2 사이버범죄의 분류

사이버범죄를 구분하는 방식은 매우 다양하여 통일된 것을 찾기 어렵다. 이것은 사이버범죄라는 개념의 정의를 내리기 어려운 것과 같은 이유이다. 따라서 그 유형을 구분하는 데 있어서도 사이버범죄행위의 수법형태별로 구분하거나 컴퓨터와 네트워크의 범죄관련성별로 구분하는 등 여러 가지 구분방식이 활용되고 있다.

경찰에서는 사이버범죄를 해킹, 바이러스, 서비스거부공격 등의 수단을 사용하는 사이버테러형범죄와 그렇지 않은 일반사이버범죄로 구분하고 있다. 명칭은 다르더라도 이러한 분류는 일반적인 사이버범죄의 대분류 구분과 일치하는데 실무적으로 이를 원용하는 이유는 사이버테러형범죄는 그 수단의 특징으로 인하여 기술적·인적인 대응방법이 일반사이버범죄와 다르기 때문이다.

3 사이버범죄의 특성

사이버공간의 범죄특성에 대한 여러 연구들은 범죄가 사이버공간에서 용이하게 실행될 수 있는 것에 반하여 범죄를 통제하는 문제는 물리적인 범죄보다 어렵다는 결론을 내리고 있다. 이에 대한 특성을 정리하면 다음과 같다.

(1) 초국가적 본질과 관할문제.

(2) 문리적 제약의 부재.

(3) 접근성의 불필요.

(4) 대규모, 다중의 피해.

(5) 위법성 논란.

(6) 완벽한 익명성.

(7) 속도(Velocity).

제 2 절 사이버범죄와 국제공조

많은 경우 국제범죄의 성격을 지니게 되는 사이버범죄에 대응 국제적인 공조는 수사기관의 관심일 뿐 아니라 국제연합을 비롯한 많은 국제기구 등 국제사회가 주목하는 관심사이기도 하다. 예를 들어 서방선진 8개국 회담(G8)은 1997년 법무·내무각료회의에서 다음과 같은 하이테크 범죄에 대응한 10대 원칙을 천명한 바 있다.

(1) 정보기술을 남용한 사람에게는 절대 안전한 도피처가 있어서는 안 된다.

(2) 국제적인 하이테크 범죄의 수사와 기소는 피해 발생지가 어느 곳이든 지에 관계없이 모든 관련국가 사이에 조율되어야 한다.

(3) 법집행관(수사요원)은 하이테크 범죄에 대처하기 위한 교육훈련을 받아야 하고 하이테크 범죄에 대처하기 위한 준비가 되어 있어야 한다.

(4) 전자자료의 비밀성, 무결성, 가용성과 컴퓨터 시스템의 부권한자에 의한 침해로부터 보호는 법 제도적으로 보장되어야 하며 심각한 위법행위는 처벌받도록 규정되어야 한다.

(5) 범죄수사에 결정적으로 필요한 전산데이터의 보존과 이에 대한 신속한 접근이 법제도적으로 허용되어야 한다.

(6) 국제적인 첨단기술범죄와 관련된 사건에서 신속한 증거수집과 교환이 가능하도록 상호협력체제를 갖추어야 한다.

(7) 공개적으로 이용 가능한 정보에 대한 법집행기관에 의한 국경을 넘는 전자적 접근은 데이터가 존재하는 국가의 승인을 필요로 하지 않는다.

(8) 전자적 데이터가 범죄수사와 기소에 사용될 수 있도록 하기 위해서는 전자적 데이터의 검색과 인증에 대한 감정기준이 개발되고 적용되어야 한다.

(9) 정보통신시스템은 가능한 한 네트워크 범죄의 방지와 탐지가 가능하도록 설계 되어야 하며 범인의 추적과 증거수집도 용이하게 할 수 있도록 만들어져야 한다.

(10) 노력의 중복을 방지하기 위하여 이 분야에서의 다른 연구는 다른 관련 국제포럼의 연구와 서로 조정되어야 한다.

제 3 절 인터넷 추적과 통신수사

Email주소, IP주소, 도메인네임, ID, Mas주소, 컴퓨터 이름과 같은 것은 모두 인터넷에서 사용되는 상대방의 식별부호이다. 다양한 인터넷상의 식별부호는 사이버공간에서의 범인의 성명이자 주민등록번호이고 주소이다. 하지만 인터넷의 식별부호는 주민등록전산과 같이 실제 범인의 인적사항 그 자체가 아니라 실제 범인을 추적할 수 있는 단서일 뿐인 것이다. 또한 범인들은 IP주소의 세탁, 해킹을 통한 로그

파일의 삭제, 공중pc의 이용을 비롯한 다양한 추적회피 기술을 사용하고 있으며 그러한 기술 또한 급속도로 발전하고 있는 상태이며 그러한 추적회피 기술을 알고 좀 더 고도의 기술로 추적회피 기술을 가치없게 만드는 것이 또한 사이버수사관의 중요한 일이 되고 있는 것이다.

이러한 추적기술은 단순히 사이버범죄의 수사에만 활용되는 것이 아니라 많은 다른 범죄사건의 용의자를 추적하는 용도로도 사용된다. 그러한 범죄자들은 일반적으로 사이버공간에서의 추적회피 기술에 대해 잘 모르는 경우가 많기 때문에 추적의 성공확률은 사이버범죄사건의 수사에 뒤지지 않는다.

부록

1. 형사사법절차 전자화 촉진법
2. 형사사법절차 전자화 촉진법 시행령
3. 약식절차 등에서의 전자문서 이용 등에 관한 법률

형사사법절차 전자화 촉진법(약칭: 형사절차전자화법)

[시행 2021. 12. 28.] [법률 제18653호, 2021. 12. 28., 일부개정]

법무부(형사법제과) 02－2110－3307~8

제1조(목적) 이 법은 형사사법절차의 전자화를 촉진하여 신속하고 공정하며 투명한 형사사법절차를 실현하고, 형사사법 분야의 대국민 서비스를 개선하여 국민의 권익 신장에 이바지함을 목적으로 한다.

제2조(정의) 이 법에서 사용하는 용어의 뜻은 다음과 같다. <개정 2014. 3. 18., 2014. 11. 19., 2017. 7. 26., 2021. 12. 28.>

1. "형사사법업무"란 수사, 공소, 공판, 재판의 집행 등 형사사건의 처리와 관련된 업무를 말한다.
2. "형사사법업무 처리기관"이란 법원, 법무부, 검찰청, 경찰청, 해양경찰청, 고위공직자범죄수사처 및 그 소속 기관과 그 밖에 형사사법업무를 처리하는 기관으로서 대통령령으로 정하는 기관을 말한다.
3. "형사사법정보"란 형사사법업무 처리기관이 형사사법업무 처리와 관련하여 형사사법정보시스템을 이용하여 작성하거나 취득하여 관리하고 있는 자료로서 전자적 방식으로 처리되어 부호, 문자, 음성, 음향 또는 영상 등으로 표현된 것을 말한다.
4. "형사사법정보시스템"이란 형사사법업무 처리기관이 형사사법정보를 작성, 취득, 저장, 송신·수신하는 데 이용할 수 있도록 하드웨어, 소프트웨어, 데이터베이스, 네트워크, 보안요소 등을 결합시켜 구축한 전자적 관리체계를 말한다.
5. "형사사법정보공통시스템"이란 형사사법정보시스템(이하 "시스템"이라 한다) 중 둘 이상의 형사사법업무 처리기관이 공동으로 사용하는 시스템을 말한다.
6. "형사사법포털"이란 국민이 형사사법정보에 쉽고 신속하게 접근할 수 있도록 형사사법정보공통시스템(이하 "공통시스템"이라 한다)에 구축된 형사사법 관련 서비스 포털을 말한다.

제3조(형사사법절차의 전자화 촉진) ① 형사사법업무 처리기관은 형사사법절차의 전자화에 필요한 제도 개선과 이를 반영할 수 있는 시스템 개발을 위하여 노력하여야 한다.

② 형사사법업무 처리기관은 형사사법절차의 전자화를 위하여 시스템의 유통표준을 준

수하고 시스템이 안정적으로 운영될 수 있도록 협력하여야 한다.

제4조(형사사법절차 전자화 계획) 형사사법업무 처리기관이 수립하는 「국가정보화 기본법」 제6조제4항의 국가정보화에 관한 부문계획에는 다음 각 호의 사항이 포함되어야 한다.

1. 형사사법업무 전자화 추진의 기본방향
2. 형사사법업무 전자화 추진조직 및 체계에 관한 사항
3. 전자화 대상 문서 등의 선정·개발 등에 관한 사항
4. 공동 활용되는 형사사법정보의 범위에 관한 사항
5. 형사사법업무 전자화에 따르는 관련 법령 및 제도의 정비에 관한 사항
6. 전자화된 형사사법절차에서의 정보공개, 정보보호 대책 등 기본권 보장에 관한 사항
7. 그 밖에 형사사법업무의 전자화 촉진을 위하여 필요한 사항

제5조(시스템의 안정적 운영을 위한 협력 의무) ① 형사사법업무 처리기관은 판결문, 공소장, 영장, 조서 등 형사사법업무와 관련된 문서를 시스템을 이용하여 저장·보관하여야 한다. 다만, 업무의 성격상 시스템을 이용하는 것이 곤란한 경우에는 법무부, 검찰청, 경찰청, 해양경찰청 및 고위공직자범죄수사처의 업무에 관하여는 대통령령으로, 법원의 업무에 관하여는 대법원규칙으로 예외를 정할 수 있다. <개정 2014. 3. 18., 2014. 11. 19., 2017. 7. 26., 2021. 12. 28.>

② 형사사법업무 처리기관은 제1항의 문서를 작성하거나 활용할 때 시스템에서 정하는 형사사법정보의 유통표준에 따라야 한다.

③ 형사사법업무 처리기관은 형사사법정보를 생성하거나 유통할 때에는 그 형사사법정보의 정확성을 유지하여야 한다.

제6조(정보의 공동 활용을 위한 협력 의무) ① 형사사법업무 처리기관은 형사사법정보가 시스템을 통하여 공동 활용되고 신속히 유통되도록 노력하여야 한다.

② 형사사법업무 처리기관은 형사사법업무를 신속하고 정확하게 처리하기 위하여 필요하면 제9조에 따른 형사사법정보체계 협의회가 정한 형사사법정보를 시스템을 통하여 다른 형사사법업무 처리기관에 제공할 수 있다.

③ 형사사법업무 처리기관은 형사사법업무 처리 외의 목적으로 형사사법정보를 수집·저장 또는 이용할 수 없다.

제7조(대국민 포털서비스) 형사사법업무 처리기관은 형사사법정보에 국민이 쉽고 신속하게 접근할 수 있도록 형사사법포털을 통하여 형사사법 관련 서비스를 종합적으로 제공한다.

제8조(시스템의 운영 주체) ① 시스템의 운영·관리는 이를 사용하는 각 형사사법업무 처리기관이 한다. 다만, 형사사법포털 및 각 형사사법업무 처리기관이 운영·관리하는 시스템을 연계·지원하는 공통시스템은 법무부에 운영기구를 두어 운영·관리한다.

② 제1항의 운영기구의 조직과 운영 등에 필요한 사항은 대통령령으로 정한다.

③ 각 형사사법업무 처리기관은 시스템의 안정적인 운영과 관리를 위하여 필요하다고 인정하면 시스템의 유지·보수 등 지원업무의 일부를 다른 국가기관 또는 정보화를 지원하는 법인에 위탁할 수 있다.

제9조(형사사법정보체계 협의회) 시스템의 유통표준에 영향을 미치는 변경, 개발 및 개선에 관한 사항 및 전자화를 통한 형사사법절차의 개선 등을 협의·조정하기 위하여 형사사법정보체계 협의회(이하 "협의회"라 한다)를 구성한다.

제10조(협의회의 구성) ① 협의회는 법무부차관, 법원행정처 차장, 대검찰청 차장검사, 경찰청 차장, 해양경찰청 차장 및 고위공직자범죄수사처 차장으로 구성한다. <개정 2014. 3. 18., 2014. 11. 19., 2017. 7. 26., 2021. 12. 28.>

② 협의회의 위원장은 위원 중에서 호선(互選)한다.

제11조(협의회의 회의) ① 협의회의 정기회의는 반기(半期)에 1회 개최한다.

② 협의회에서 협의할 사항이 있으면 각 위원은 위원장에게 임시협의회 개최를 요구할 수 있다.

③ 협의회의 협의와 조정은 위원 전원의 합의에 의하여 한다.

④ 협의회는 제12조제1항 각 호의 사항 중 대한변호사협회의 소관 사무와 관련되는 내용이 있는 때에는 대한변호사협회의 의견을 들어야 한다.

⑤ 제1항부터 제4항까지에서 규정한 사항 외에 협의회의 운영 등에 필요한 사항은 대통령령으로 정한다.

제12조(협의회의 기능) ① 협의회는 다음 각 호의 사항에 대하여 협의·조정한다.

1. 형사사법업무의 전자화를 통한 형사사법절차의 개선에 관한 사항
2. 형사사법정보의 유통표준 및 그 변경에 관한 사항
3. 시스템을 통한 형사사법업무 처리기관 간 형사사법정보의 공동 활용 및 그 변경에 관한 사항
4. 공통시스템을 통한 형사사법정보의 공개 등 형사사법포털의 내용 및 운영에 관한 사항
5. 공통시스템의 대상, 범위, 변경, 운영 및 관리에 관한 사항
6. 형사사법업무 처리기관 간 공동 활용되는 형사사법정보의 보호에 관한 사항
7. 형사사법정보의 유통표준에 영향을 미치는 시스템의 변경, 개발 및 개선에 관한 사항

② 협의회의 운영에는 각 형사사법업무 처리기관의 시스템 운영상의 독립성이 존중되어야 한다.

제13조(실무협의회) ① 협의회의 업무를 효율적으로 지원하기 위하여 협의회에 형사사법정보체계 실무협의회(이하 "실무협의회"라 한다)를 둔다.

② 실무협의회는 협의회의 회의에 부칠 의안(議案)을 미리 검토·조정하며, 협의회로부터 위임받은 사항을 처리한다.

③ 실무협의회는 협의회의 각 위원이 지명하는 사람으로 구성한다.

④ 제1항부터 제3항까지에서 규정한 사항 외에 실무협의회의 운영 등에 필요한 사항은 대통령령으로 정한다.

제14조(형사사법정보의 보호 및 유출금지) ① 형사사법업무 처리기관은 형사사법업무를 처리할 때 형사사법정보가 분실, 도난, 유출, 변조 또는 훼손되지 아니하도록 안전성 확보에 필요한 조치를 하여야 한다.

② 형사사법업무에 종사하는 사람 또는 제8조제3항에 따라 시스템의 지원업무를 위탁받아 그 업무에 종사하는 사람은 권한 없이 다른 기관 또는 다른 사람이 관리하는 형사사법정보를 열람, 복사 또는 전송하여서는 아니 된다.

③ 형사사법업무에 종사하거나 종사하였던 사람 또는 제8조제3항에 따라 시스템의 지원업무를 위탁받아 그 업무에 종사하거나 종사하였던 사람은 직무상 알게 된 형사사법정보를 누설하거나 권한 없이 처리하거나 타인이 이용하도록 제공하는 등 부당한 목적으로 사용하여서는 아니 된다.

제15조(벌칙) ① 형사사법업무 처리기관의 업무를 방해할 목적으로 형사사법정보를 위작(僞作) 또는 변작(變作)하거나 말소한 사람은 10년 이하의 징역에 처한다.

② 제14조제3항을 위반하여 형사사법정보를 누설하거나 권한 없이 처리하거나 타인이 이용하도록 제공하는 등 부당한 목적으로 사용한 사람은 5년 이하의 징역 또는 5천만원 이하의 벌금에 처한다.

③ 제14조제2항을 위반하여 권한 없이 다른 기관 또는 다른 사람이 관리하는 형사사법정보를 열람, 복사 또는 전송한 사람은 3년 이하의 징역 또는 3천만원 이하의 벌금에 처한다.

제16조(벌칙 적용 시의 공무원 의제) 제8조제3항에 따라 위탁받은 업무에 종사하는 법인의 직원은 「형법」 제129조부터 제132조까지의 규정에 따른 벌칙을 적용할 때에는 공무원으로 본다.

제17조(위임규정) 형사사법정보의 정확성 유지 등 이 법 시행에 필요한 사항 중 법무부, 검찰청, 경찰청, 해양경찰청 및 고위공직자범죄수사처 관련 사항은 대통령령으로 정하고, 법원 관련 사항은 대법원규칙으로 정한다. <개정 2014. 3. 18., 2014. 11. 19., 2017. 7. 26., 2021. 12. 28.>

부칙 <제18653호, 2021. 12. 28.>

제1조(시행일) 이 법은 공포한 날부터 시행한다.

제2조(협의회 및 실무협의회 구성·운영에 관한 경과조치) 이 법 시행 당시 종전의 규정에 따라 구성·운영되는 협의회 및 실무협의회의 구성·운영에 관하여는 제10조제1항의 개정규정에도 불구하고 종전의 규정에 따른다.

형사사법절차 전자화 촉진법 시행령

(약칭: 형사절차전자화법 시행령)

[시행 2022. 4. 5.] [대통령령 제32562호, 2022. 4. 5., 일부개정]

법무부(형사법제과) 02－2110－3307~8

제1조(목적) 이 영은 「형사사법절차 전자화 촉진법」에서 위임된 사항과 그 시행에 필요한 사항을 규정함을 목적으로 한다.

제1조의2 삭제 <2022. 4. 5.>

제2조(형사사법정보시스템을 이용하는 것이 곤란한 문서) 「형사사법절차 전자화 촉진법」(이하 "법"이라 한다) 제5조제1항 단서에 따라 형사사법업무 처리기관은 다음 각 호의 문서를 저장·보관하는 경우에는 형사사법정보시스템(이하 "시스템"이라 한다)을 이용하지 않을 수 있다. <개정 2020. 7. 14., 2022. 4. 5.>

1. 피의자, 피해자, 참고인 등 사건관계인이 직접 작성하는 문서
2. 시스템에 작성 기능이 구현되어 있지 아니한 문서
3. 시스템을 이용할 수 없는 시간 또는 장소에서 불가피하게 작성하여야 하거나 시스템 장애 또는 전산망 오류 등으로 시스템을 이용할 수 없는 상황에서 불가피하게 작성하여야 하는 문서

제3조(형사사법정보의 유통표준에 관한 준수사항) ① 형사사법업무 처리기관은 법 제5조제2항에 따른 형사사법정보의 유통표준을 정할 때 다음 각 호의 사항을 준수하여야 한다.

1. 송신 대상 형사사법정보는 전자문서 출력물의 내용과 동일할 것
2. 전자문서 출력물의 내용과 송신 대상 형사사법정보가 동일하다는 사실을 추정할 수 있도록 전자문서 출력물에는 출력기관, 출력일, 면수 및 총면수, 문서의 고유식별번호 등이 표시될 것

② 전자문서 출력물의 간인(間印)은 면수 및 총면수를 표시하는 방법으로 한다.

제4조(송신·수신되는 정보의 정확성 유지) 형사사법업무 처리기관은 법 제9조에 따른 형사사법정보체계 협의회(이하 "협의회"라 한다)가 법 제12조제1항에 따라 시스템을 통하여 다른 형사사법업무 처리기관에 제공하도록 정한 형사사법정보의 정확성을 유지하기 위

하여 다음 각 호의 사항을 준수하여야 한다.

1. 형사사법업무 처리기관 간에 송신·수신되는 정보의 세부적인 사항은 제5조에 따른 각 기관의 운영세칙에 명시할 것
2. 형사사법업무 처리기관은 유통문서의 내용과 송신 정보가 정확히 일치되도록 노력하여야 하며, 일치하지 않은 정보가 송신된 경우에는 일치하는 정보를 다시 송신할 것
3. 형사사법업무 처리기관은 다른 형사사법업무 처리기관의 시스템에 영향을 미칠 수 있는 시스템상의 장애가 발생한 경우에는 즉시 그 사실을 통보하고, 시스템 개발 등의 사유로 시스템 가동을 일시 정지할 필요가 있는 경우에는 미리 그 사실을 통보하여 다른 형사사법업무 처리기관의 업무 처리에 지장이 없도록 할 것

제5조(시스템 운영세칙) 법무부장관, 검찰총장, 경찰청장, 해양경찰청장 및 고위공직자범죄수사처장은 법 제8조제1항에 따라 시스템을 안정적으로 운영·관리하기 위하여 기관별로 운영세칙을 수립·시행하여야 한다. <개정 2022. 4. 5.>

제6조(형사사법공통시스템 운영단의 구성 등) ① 법 제8조제1항 단서에 따라 형사사법정보공통시스템(이하 "공통시스템"이라 한다)을 운영·관리하기 위하여 법무부에 형사사법공통시스템 운영단(이하 "운영단"이라 한다)을 둔다.

② 운영단은 법무부 소속 공무원과 형사사법업무 처리기관이나 관계 행정기관에서 파견된 공무원으로 구성한다.

③ 법무부장관은 운영단을 운영하기 위하여 필요한 경우에는 다른 형사사법업무 처리기관이나 관계 행정기관에 소속 공무원의 파견을 요청할 수 있다.

④ 운영단의 조직 및 정원에 관한 세부사항은 법무부령으로 정한다.

제7조(운영단의 기능) 운영단은 다음 각 호의 업무를 수행한다.

1. 공통시스템 관련 하드웨어, 시스템소프트웨어, 응용소프트웨어 등에 대한 운영·관리 및 정보보호에 관한 업무
2. 형사사법업무 처리기관 간 정보유통 연계관리 등 공통시스템의 지원 업무
3. 공통시스템의 고도화 등 공통시스템 개발사업에 관한 업무
4. 그 밖에 운영단의 업무를 추진하기 위하여 필요한 업무

제8조(운영단의 의무) ① 운영단은 형사사법업무 처리기관이 형사사법업무를 처리하는 데에 지장이 없도록 공통시스템을 안정적으로 관리하여야 한다.

② 운영단은 형사사법업무 처리기관의 시스템이 변경되어 공통시스템의 변경이 필요한 경우 적극 협조하여야 한다.

제9조(관계 기관·단체 등에의 협조 요청) 운영단의 장은 운영단의 업무를 수행하기 위하여 필요한 경우에는 전문지식과 경험이 있는 관계 공무원 또는 관계 전문가에게 의견을 듣거나, 관계 기관·단체 등에 필요한 협조를 요청할 수 있다.

제10조(보수 등) ① 운영단에 파견된 공무원의 보수는 원소속 기관에서 지급한다.

② 운영단에 파견된 공무원에게는 예산의 범위에서 수당 및 여비, 그 밖에 필요한 경비를 지급할 수 있다.

제11조(협의회의 위원장 등) ① 협의회 위원장(이하 "위원장"이라 한다)의 임기는 2년으로 한다.

② 위원장은 동일한 형사사법업무 처리기관 소속 위원이 연임할 수 없다.

③ 협의회에 간사 1명을 두며, 간사는 위원장이 속한 기관의 법 제13조에 따른 형사사법정보체계 실무협의회의 위원(이하 "실무협의회 주관위원"이라 한다)이 된다.

제12조(협의회의 개최) ① 법 제11조제1항에 따른 협의회의 정기회의는 특별한 사정이 없으면 매년 3월, 9월에 개최한다.

② 협의회의 각 위원은 서면으로 법 제11조제2항에 따른 임시협의회의 개최를 요구할 수 있다.

③ 제2항에 따른 요구가 있는 경우 위원장은 특별한 사유가 없으면 요구가 있은 날부터 14일 이내에 임시협의회를 개최하여야 한다.

④ 위원장이 정기회의 또는 임시협의회를 소집할 때에는 회의 개최 7일 전까지 회의 안건, 일시 및 장소를 각 위원에게 서면으로 알려야 한다.

⑤ 법 제11조제4항에 따라 대한변호사협회의 의견을 들어야 하는 경우 위원장은 회의 개최 7일 전까지 회의 안건, 일시 및 장소를 대한변호사협회에 통보하여 의견을 제출하도록 하여야 한다.

제13조(협의회의 협의 등) ① 협의회는 업무를 수행하기 위하여 필요한 경우에는 전문적인 지식과 경험이 있는 관계 공무원 또는 전문가 등을 회의에 참석하게 하여 의견을 들을 수 있다.

② 위원장은 필요하다고 인정하는 경우에는 협의회 위원 전원의 합의를 거쳐 회의를 비공개로 진행할 수 있다.

③ 협의회 위원 전원이 합의한 내용은 회의록 외의 별도 서면으로 작성할 수 있다.

제14조(회의록) ① 협의회는 회의록을 작성하여 갖추어 두어야 한다.

② 회의록은 협의회의 각 위원이 열람한 후 서명함으로써 확정된다.

③ 위원장은 협의회의 각 위원에게 확정된 회의록 사본 1부씩을 내주어야 한다.

④ 회의록은 위원장이 관리하며, 10년간 보존한다.

제15조(형사사법정보체계 실무협의회의 구성) 법 제13조에 따른 형사사법정보체계 실무협의회(이하 "실무협의회"라 한다)의 위원은 판사, 검사, 고위공직자범죄수사처 검사, 총경 이상 경찰공무원, 형사사법업무 처리기관 소속의 4급 이상 일반직공무원, 운영단의 장 중에서 협의회의 위원 각자가 1명씩 지명하는 6명으로 한다. <개정 2022. 4. 5.>

제16조(실무협의회의 개최) ① 실무협의회의 회의는 정기회의와 임시회의로 구분한다.

② 실무협의회 정기회의는 특별한 사정이 없으면 매년 3월, 9월에 개최한다.

③ 법 제11조제2항에 따른 임시협의회의 안건을 미리 검토·조정할 필요가 있는 경우 또는 실무협의회의 각 위원이 실무협의회 임시회의의 개최를 요구하는 경우에는 실무협의회 임시회의를 개최할 수 있다.

④ 실무협의회의 회의는 실무협의회 주관위원이 주관한다.

⑤ 실무협의회의 각 위원은 실무협의회 주관위원에게 서면으로 제3항에 따른 임시회의의 개최를 요구할 수 있다.

⑥ 제5항에 따른 요구가 있는 경우 실무협의회 주관위원은 요구가 있은 날부터 14일 이내에 회의를 개최하여야 한다.

⑦ 실무협의회 주관위원은 회의 개최 7일 전까지 회의 안건, 일시 및 장소를 실무협의회의 각 위원에게 서면으로 알려야 한다.

제17조(회의록) ① 실무협의회는 회의록을 작성하여 갖추어 두어야 한다.

② 회의록은 실무협의회의 각 위원이 열람한 후 서명함으로써 확정된다.

③ 실무협의회 주관위원은 실무협의회의 각 위원에게 확정된 회의록 사본 1부씩을 내주어야 한다.

④ 회의록은 실무협의회 주관위원이 관리하며, 10년간 보존한다.

제18조(민감정보 및 고유식별정보 등의 처리) 형사사법업무 처리기관(제5호의 사무에 대해서는 법 제8조제3항에 따라 형사사법업무 처리기관의 업무를 위탁받은 자를 포함한다)은 다음 각 호의 사무를 수행하기 위하여 불가피한 경우 「개인정보 보호법」 제23조에 따른 민감정보, 같은 법 시행령 제19조에 따른 주민등록번호, 여권번호, 운전면허의 면허번호, 외국인등록번호나 그 밖의 개인정보가 포함된 자료를 처리할 수 있다.

1. 법 제3조에 따른 형사사법절차의 전자화 촉진에 관한 사무
2. 법 제5조에 따른 시스템의 안정적 운영을 위한 사무
3. 법 제6조에 따른 형사사법정보 공동 활용에 관한 사무
4. 법 제7조에 따른 형사사법 관련 서비스 제공에 관한 사무
5. 법 제8조에 따른 시스템의 운영·관리를 위한 사무
6. 제1호부터 제5호까지의 규정에 따른 사무를 수행하기 위하여 필요한 사무

[본조신설 2014. 8. 6.]

부칙 <제32562호, 2022. 4. 5.>

이 영은 공포한 날부터 시행한다.

약식절차 등에서의 전자문서 이용 등에 관한 법률
(약칭: 약식전자문서법)

[시행 2020. 12. 10.] [법률 제17354호, 2020. 6. 9., 타법개정]

법무부(형사법제과) 02－2110－3307~8

제1조(목적) 이 법은 「형사소송법」 제4편제3장에 따른 약식절차 등에서 전자문서의 이용·관리에 관한 기본 원칙 및 절차를 규정함으로써, 약식절차 등의 정보화를 촉진하고 신속성과 효율성을 높여 국민의 권리 보호에 이바지함을 목적으로 한다. <개정 2016. 1. 6.>

제2조(정의) 이 법에서 사용하는 용어의 뜻은 다음과 같다. <개정 2010. 2. 4., 2016. 1. 6.>

1. "전자문서"란 형사사법정보시스템에 의하여 전자적인 형태로 작성되어 송신·수신되거나 저장되는 정보로서 문서형식이 표준화된 것을 말한다.
2. "전자화문서"란 종이문서나 그 밖에 전자적 형태로 작성되지 아니한 문서를 형사사법정보시스템이 처리할 수 있는 형태로 변환한 문서를 말한다.
3. "형사사법정보시스템"이란 「형사사법절차 전자화 촉진법」 제2조제4호의 형사사법정보시스템(이하 "시스템"이라 한다)을 말한다.
4. "형사사법포털"이란 「형사사법절차 전자화 촉진법」 제2조제6호의 형사사법포털을 말한다.
5. "전자서명"이란 「전자서명법」 제2조제2호의 전자서명을 말한다.
6. 삭제 <2020. 6. 9.>
7. "행정전자서명"이란 「전자정부법」 제2조제9호의 행정전자서명을 말한다.
8. "형사사법업무 처리기관"이란 「형사사법절차 전자화 촉진법」 제2조제2호의 형사사법업무 처리기관을 말한다.
9. "전자적 처리절차"란 형사사법업무 처리기관이 전자문서 또는 전자화문서를 이용하여 약식사건(「형사소송법」 제4편제3장에 따른 약식절차에 따라 처리하는 사건을 말한다) 및 불기소사건(검사가 불기소 처분을 하는 사건을 말한다)을 처리하는 절차를 말한다.

제3조(대상 사건) ① 이 법은 검사가 「형사소송법」 제448조에 따라 약식명령을 청구할 수

있는 사건 중 피의자가 전자적 처리절차에 따를 것을 동의한 다음 각 호의 어느 하나에 해당하는 사건에 대하여 적용한다. <개정 2014. 12. 30., 2016. 1. 6., 2018. 12. 24.>

1. 「도로교통법」 제148조의2제3항, 제152조제1호 및 제154조제2호에 해당하는 사건
2. 제1호에 해당하는 사건과 관련되는 「도로교통법」 제159조에 해당하는 사건

② 이 법은 「교통사고처리 특례법」 제3조제2항 본문에 해당하는 사건 중 같은 항 본문 또는 같은 법 제4조에 따라 공소를 제기할 수 없음이 명백한 사건에 대하여 적용한다. <신설 2016. 1. 6.>

③ 제1항 및 제2항에도 불구하고 다음 각 호의 어느 하나에 해당하는 사건에 대하여는 전자적 처리절차에 따르지 아니한다. <개정 2016. 1. 6.>

1. 제1항 또는 제2항에 해당하는 사건과 그러하지 아니한 사건을 병합하여 수사하거나 심판하는 경우
2. 피의자가 제4조제3항에 따라 제1항의 동의를 철회한 경우
3. 추가적인 증거 조사가 필요한 경우 등 수사의 진행 경과에 비추어 전자적 처리절차에 따르는 것이 적절하지 아니한 경우

④ 다음 각 호의 경우 검사나 사법경찰관리는 그때까지 해당 사건과 관련하여 작성된 전자문서와 전자화문서를 출력한 종이문서를 해당 사건의 기록에 편철한다. 이 경우 제9조제2항을 준용한다. <개정 2016. 1. 6.>

1. 제1항 또는 제2항에 해당하는 사건과 그러하지 아니한 사건을 병합하여 수사하게 된 경우
2. 다음 각 목의 어느 하나에 해당하는 경우 등 전자적 처리절차에 따르는 것이 적절하지 아니한 경우
   가. 추가적인 증거 조사가 필요한 경우
   나. 피의자에 대하여 구속영장이나 체포영장 등을 신청하거나 청구하는 경우

제4조(피의자의 동의 및 철회) ① 제3조제1항의 동의는 피의자가 시스템에 사용자등록을 하고, 동의서를 전자문서로 작성·제출하는 방식으로 하여야 한다.

② 제1항의 동의서에는 제8조제2항에 따라 약식명령이 형사사법포털에 올라 있는 사실을 통지받을 전자적 수단(전자우편 또는 휴대전화 문자서비스를 말한다)을 적어야 한다.

③ 피의자가 제3조제1항의 동의를 철회하려면 약식명령 청구 전까지 종이문서나 전자문서로 철회서를 제출하여야 한다.

④ 제3항의 철회를 접수한 검사나 사법경찰관리는 그때까지 해당 사건과 관련하여 작성된 전자문서와 전자화문서를 출력한 종이문서를 해당 사건의 기록에 편철한다. 이 경우 제9조제2항을 준용한다.

⑤ 제1항의 동의서를 작성할 때 피의자는 전자서명을, 검사나 사법경찰관리는 행정전자

서명을 하여야 하고, 제3항의 철회서를 전자문서로 작성할 때 피의자는 전자서명(서명자의 실지명의를 확인할 수 있는 것을 말한다)을 하여야 한다. <개정 2020. 6. 9.>

제5조(전자문서의 작성) ① 검사나 사법경찰관리는 제3조제1항 또는 제2항에 규정된 사건을 수사하는 경우 다음 각 호의 문서를 전자문서로 작성한다. <개정 2016. 1. 6.>

1. 피의자신문조서 및 진술조서
2. 체포 및 석방에 관한 문서
3. 음주운전자에 대한 음주측정 정황·결과 및 음주운전자의 운전정황을 적은 문서
4. 무면허운전자에 대한 운전면허 조회 결과 및 무면허운전자의 운전정황을 적은 문서
5. 범죄경력 조회 회보서
6. 그 밖에 수사상 필요한 문서

② 검사는 제3조제1항에 규정된 사건에 관하여 약식명령을 청구할 경우 시스템을 통하여 전자문서로 하여야 한다.

③ 검사는 제3조제1항에 규정된 사건에 관하여 불기소 처분을 하는 경우 시스템을 통하여 전자문서로 한다. <신설 2016. 1. 6.>

④ 검사는 제3조제2항에 규정된 사건에 관하여 「교통사고처리 특례법」 제3조제2항 본문 또는 같은 법 제4조에 따라 불기소 처분을 하는 경우 시스템을 통하여 전자문서로 한다. <신설 2016. 1. 6.>

⑤ 법원은 제2항에 따라 약식명령이 청구된 경우 약식명령이나 그 밖의 소송에 관한 서류를 전자문서로 작성한다. <개정 2016. 1. 6.>

⑥ 제1항부터 제5항까지의 전자문서 작성자는 전자문서에 행정전자서명을 하여야 하고, 진술자에게 전자서명을 하게 하여야 한다. <개정 2016. 1. 6.>

⑦ 제6항의 행정전자서명과 전자서명은 「형사소송법」에서 정하는 서명, 서명날인 또는 기명날인으로 본다. <개정 2016. 1. 6.>

⑧ 제1항부터 제5항까지의 전자문서의 간인(間印)은 면수(面數)를 표시하는 방법으로 한다. <개정 2016. 1. 6.>

제6조(전자화문서의 작성) ① 형사사법업무 처리기관 소속 공무원은 제3조제1항 또는 제2항에 규정된 사건에 관한 전자적 처리절차에서 제출된 종이문서나 그 밖에 전자적 형태로 작성되지 아니한 문서(이하 "전자화대상문서"라 한다)를 전자화문서로 작성한다. <개정 2016. 1. 6.>

② 전자화문서는 스캐너를 이용하여 전자화대상문서와 그 내용과 형태가 같게 변환되도록 작성되어야 하며 작성자는 전자화문서에 행정전자서명을 하여야 한다.

③ 전자화문서 작성자의 소속 기관은 전자화대상문서를 약식명령이나 판결이 확정될 때까지 또는 검사의 처분이 있을 때까지 보관하여야 한다. 다만, 전자화문서 작성자의 소속

기관이 전자화대상문서를 다른 기관에 송부한 경우에는 송부받은 기관에서 전자화대상문서를 보관하여야 한다. <개정 2016. 1. 6.>

제7조(전자문서 및 전자화문서의 제출) 검사는 제5조제2항에 따라 약식명령을 청구할 경우 같은 조에 따라 작성된 전자문서 및 제6조에 따라 작성된 전자화문서를 약식명령을 하는 데 필요한 증거서류로서 법원에 제출한다.

제8조(약식명령 등의 전자적 송달·통지) ① 법원은 제5조제2항에 따라 약식명령이 청구된 경우 검사와 피고인에게 약식명령이나 그 밖의 소송에 관한 서류를 시스템을 이용하여 전자적으로 송달하거나 통지한다.

② 제1항의 경우 법원서기관, 법원사무관, 법원주사 또는 법원주사보(이하 "법원사무관등"이라 한다)는 약식명령을 시스템에 올린 후, 피고인에게 그 사실을 동의서에 적힌 전자적 수단으로 알려야 한다.

③ 제2항의 경우 송달을 받을 사람이 형사사법포털에 올려진 약식명령을 확인한 때에 약식명령이 송달된 것으로 본다.

④ 제2항의 경우 송달을 받을 사람이 형사사법포털에 올려진 약식명령을 확인하지 아니하는 경우에는 법원사무관등이 제2항에 따라 약식명령을 올린 사실을 알린 날부터 2주가 지난 날에 송달된 것으로 본다. 다만, 송달을 받을 사람이 책임질 수 없는 사유로 형사사법포털에 올려진 약식명령을 확인하지 못한 경우에는 「형사소송법」 제458조에서 준용하는 같은 법 제345조부터 제348조까지의 규정에 따른 정식재판청구권 회복의 청구를 할 수 있다.

⑤ 시스템을 통한 전자적 송달과 통지의 구체적인 절차는 대법원규칙으로 정한다.

제9조(출력물로써 하는 약식명령 등의 송달) ① 법원은 제5조제2항에 따라 약식명령이 청구된 경우 시스템의 장애로 전자적 송달이 불가능하거나 그 밖에 대법원규칙으로 정하는 사유가 있는 경우에는 약식명령이나 그 밖의 소송에 관한 서류를 종이문서로 출력하여 송달할 수 있다.

② 제1항에 따른 출력물은 시스템을 통하여 다음 각 호의 요건을 모두 갖추어 출력되어야 한다. 이 경우 그 출력물은 그 전자문서의 등본으로 본다.

1. 출력일, 면수 및 총면수, 문서의 고유 식별번호
2. 복사 및 위조·변조의 방지 표지(標識)

제10조(공판절차 등에 따라 심판하는 경우의 처리) ① 「형사소송법」 제450조 또는 제453조에 따라 공판절차에 따라 심판하는 경우, 법원은 그때까지 시스템을 통하여 제출된 소송에 관한 서류 및 증거서류를 검사에게 전자적으로 송부하고, 이를 받은 검사는 종이문서로 출력하여 법원에 제출하여야 한다.

② 검사가 약식명령을 청구하지 아니하고 공소를 제기하는 경우에는 이미 작성된 전자문

서와 전자화문서를 종이문서로 출력하여 법원에 제출한다.

③ 검사가 제3조제2항에 규정된 사건을 불기소 처분하지 아니하고 약식명령을 청구하거나 공소를 제기하는 경우에는 이미 작성된 전자문서와 전자화문서를 종이문서로 출력하여 법원에 제출한다. <신설 2016. 1. 6.>

④ 제1항부터 제3항까지의 경우 제9조제2항을 준용한다. <개정 2016. 1. 6.>

[제목개정 2016. 1. 6.]

제11조(전자문서 등에 의한 집행 지휘) ① 검사는 이 법에 따른 약식명령이 확정된 경우에는 「형사소송법」 제461조 본문에도 불구하고 전자문서로 형의 집행을 지휘한다.

② 제1항에 따라 전자문서로 형의 집행을 지휘하기 곤란할 경우에는 전자문서로 작성된 약식명령을 종이문서로 출력하여 형의 집행을 지휘한다. 이 경우 제9조제2항을 준용한다.

제12조(위임 규정) 이 법에서 규정한 사항 외에 제3조제1항에서 정한 사건에 관한 약식재판절차에서 전자문서의 이용·관리에 필요한 사항은 대법원규칙으로 정한다.

제13조(다른 법령과의 관계) 전자적 처리절차에 관하여 이 법에 특별한 규정이 없으면 「형사소송법」 등 다른 법령을 적용한다. <개정 2016. 1. 6.>

부칙 <제17354호, 2020. 6. 9.> (전자서명법)

제1조(시행일) 이 법은 공포 후 6개월이 경과한 날부터 시행한다. <단서 생략>

제2조 부터 **제6조**까지 생략

제7조(다른 법률의 개정) ①부터 ⑧까지 생략

⑨ 약식절차 등에서의 전자문서 이용 등에 관한 법률 일부를 다음과 같이 개정한다.

제2조제6호를 삭제한다.

제4조제5항 중 "공인전자서명"을 "전자서명(서명자의 실지명의를 확인할 수 있는 것을 말한다)"으로 한다.

⑩부터 ㉒까지 생략

제8조 생략

참고문헌

경찰수사연수원 (2016). 과학수사 기본서.

경찰청 (2021). 성폭력 근절 매뉴얼.

경찰청 (2023). 선도적 미래치안 구현을 위한 경찰 미래비전 2050. 범신사.

김동현 (2019). 예측치안분야 편향 해소 방안. 한국정보화진흥원. Special Report 2019-7.

김현호 (2023). 소법전, 법문북스.

대검찰청 (2010). 마약류 범죄백서.

박성우 · 홍성우 (2005). 수사와 과학.

박영수 · 박형식 · 조형근 · 한상철 (2017). 범죄수사론. 도서출판 오래.

서울성동경찰서 (2023). Q&A로 알아보는 여청사용설명서.

손봉선 (2000). 범죄수사론. 도서출판 법문사.

신광은 (2017). 형사소송법. 중앙경찰학교.

신현덕 · 윤흥희 (2021). 범죄수사규칙. 법률미디어.

오세경 (2022). 대법전. 법전출판사.

유재두 (2013). 범죄수사론. 도서출판 그린.

이윤 외 4인 (2012). 경찰수사론. 경찰대학.

장광호 (2020). 스마트치안: 4차혁명시대 혁신적 경찰활동. 박영사.

전보경. (2009). 미국정부의 마약류남용위원회(National Commission on Marijuana and Drug Abuse).

조해균 (1990). 보험범죄의 발생원인과 그 처방에 관한 연구. 보험학회지(35).

한국화재조사연구원 (2008). 손해보험협회.

허재영 · 김문기 · 김세진 · 조춘선 · 최준호 · 최태경 (2017). 경찰수사. 충주 중앙경찰학교.

홍현표 (2004). 경찰교양법전. 도서출판 씨앤에스정보출판.

Ferguson, A. (2014). “Big data and predictive reasonable suspicion”. University of Pennsylvania Law Review, 163.
John, E. (2017). “The undue influence of surveilance technology companies on polic-ing”. New York University Law Review, 91.

“검찰, 40억원대 국제마약밀매 조직 적발”. 아시아투데이, 2009.12.14.
프랭크 마약운반 보도, 연합뉴스, 2008.9.23.

경찰대학 홈페이지: http://www.police.ac.kr
경찰수사연수원 홈페이지: http://www.kpia.go.kr
경찰청 홈페이지: http://www.police.go.kr
국가법령정보센터 홈페이지: http://www.law.go.kr
법제처 홈페이지: http://www.moleg.go.kr
중앙경찰학교 홈페이지: http://www.cpa.go.kr

https://terms.naver.com/entry.naver?docId=3583976&cid=43659&categoryId=43659
https://tomsdigitalstory.tistory.com.
https://www.hankyung.com/it/article/2017090388461
https://www.sciencetimes.co.kr/?p=140285&cat=29&post_type=news&paged=152.
https://www.sciencetimes.co.kr/?news.
https://www.dongascience.com/news.php?idx=5709.
(최종검색일: 2023.7.24)

찾아보기

ㅇ

[저자 소개]

박영수

연세대학교 행정대학원 행정학 석사
한성대학교 일반대학원 행정학 박사
한국경찰연구학회 정회원
한국치안행정학회 이사
한국기업경영학회 이사
서울시남부노인보호전문기관 자문위원
경비지도사시험 출제위원
전) 세명대학교 경찰학과 교수
전) 중앙경찰학교 외래교수(형사소송법)
현) 법무부 법무연수원 외래교수
현) 한양대학교 미래인재교육원 겸임교수
현) 동국대학교 법무대학원 PIA탐정 최고위과정 지도교수

[저서]
– 행정학 입문, 미래사회와 행정, 법학개론, 경찰수사론
– 보험범죄의 감소 방안에 관한 고찰 등

[논문]
– 마약 중독의 문제인식과 확산방지를 위한 정책적 연구(2014)
– 보험범죄 감소 방안에 관한 연구(2014)
– 가정폭력의 현황과 대책에 관한 연구(2016)
– 보험범죄 방지를 위한 형사정책적 연구(2019)
– 노인학대의 실태와 개선방안에 대한 고찰(2021)
– 범죄수사에서 탐정의 공익적 보완 역할(2021) 등

오세연

동국대학교 대학원 경찰행정학 경찰학 박사
현) 세명대학교 경찰행정학과 부교수
현) 세명대학교 인권센터 전문위원
현) 한국사회안전범죄정보학회 편집이사
현) 한국공안행정학회 편집위원
현) 사회융합연구 편집위원
현) 충남지방경찰청 손실보상 심의 평가위원

현) 충남지방경찰청 징계심의위원회 위원
현) 세종경찰청 세종자치경찰위원회 정책자문위원
현) 충청북도 제천경찰서 범죄예방 협의회 자문위원
현) 충청북도 정책연구용역 심의의원
현) 충청북도 도정정책자문단 자치경찰분과위원
현) 충청북도 제천경찰서 경미범죄심사위원회 위원
현) 충청북도 제천교육지원청 학교폭력대책심의위원회 심의위원 외 다수의 경력

[논문]
– 사례분석을 중심으로 한 가스라이팅 범죄의 진행분석에 관한 연구(2021)
– 빅데이터 기반 성폭력범죄자 재범방지를 위한 사회지원모델에 관한 연구(2021)
– 불법게임물 유통금지에 관한 연구(2022)
– 메타버스 기반 경찰 교육훈련모델 구축 방안에 관한 연구(2022)
– 메타버스 내 아동과 청소년을 대상으로 한 성착취 진행과정에 관한 연구(2022)

조형근

광운대학교 정보복지대학원 마약범죄학 석사
광운대학교 일반대학원 범죄학 박사수료
전) 서울방배경찰서 형사팀장, 실종팀장, 과학수사팀장, 강력팀장

[저서]
– 범죄수사론, 로드맵 범죄수사론, 경찰수사론 등

[논문]
– 마약범죄자 사회복귀지원 방안 외 다수

이창용

경찰대학교 치안대학원 범죄학(범죄분석 전공) 석사
순천향대학교 대학원 경찰학과 재학
전) 중앙경찰학교 교무과 교수요원
전) 서울경찰청 수사부 형사과 현장강사
현) 경찰인재개발원 교무과 교수요원

[논문]
– 성폭력 범죄에 대한 지역경찰 현장 출동의 긴급성에 관한 연구(2020)
– 대상자 특성이 경찰 물리력 행사에 미치는 영향 연구(2021)
– 인권기반 경찰 동료개입프로그램의 한국형 모델에 관한 고찰(2023)

범죄수사론

2023년 8월 20일 초판 인쇄
2023년 8월 25일 초판 1쇄 발행

저 자 박 영 수 외 3 人
발행인 배 효 선

발행처 도서출판 法 文 社

주 소 10881 경기도 파주시 회동길 37-29
등 록 1957년 12월 12일/제2-76호(윤)
전 화 (031)955-6500~6 FAX (031)955-6525
E-mail (영업) bms@bobmunsa.co.kr
(편집) edit66@bobmunsa.co.kr
홈페이지 http://www.bobmunsa.co.kr

조 판 (주) 성 지 이 디 피

정가 32,000원 ISBN 978-89-18-91425-1